炎黄文化研究

第十九辑

●中华炎黄文化研究会
●湖南省炎帝陵基金会
●河南省黄帝故里文化研究会
●河南省黄帝故里基金会
●山西省高平市炎帝文化研究会
主办

主编　王震中

大象出版社
·郑州·
中原出版传媒集团
中原传媒股份公司

图书在版编目(CIP)数据

炎黄文化研究. 第十九辑 / 王震中主编.— 郑州 :
大象出版社, 2019. 6
ISBN 978-7-5711-0174-9

Ⅰ. ①炎… Ⅱ. ①王… Ⅲ. ①中华文化—研究
Ⅳ. ①K203

中国版本图书馆 CIP 数据核字(2019)第 081637 号

炎黄文化研究 第十九辑
YANHUANG WENHUA YANJIU DI SHIJIU JI
王震中 主编

出版人 王刘纯
责任编辑 李小希
责任校对 牛志远 裴红燕 安德华
装帧设计 张 帆

出版发行 大象出版社(郑州市郑东新区祥盛街 27 号 邮政编码 450016)
发行科 0371-63863551 总编室 0371-63863572
网 址 www.daxiang.cn
印 刷 河南文华印务有限公司
经 销 各地新华书店经销
开 本 787mm×1092mm 1/16
印 张 19.75
字 数 383 千字
版 次 2019 年 6 月第 1 版 2019 年 6 月第 1 次印刷
定 价 56.00 元
若发现印、装质量问题,影响阅读,请与承印厂联系调换。
印厂地址 新乡市获嘉县亢村镇工业园
邮政编码 453800 电话 0373-5969992 5961789

编辑委员会

目　录

文物与考古

文献整理与研究

探索与争鸣

中华学人

书　评

综　述

担负起新的文化使命，大力传承和弘扬中华优秀传统文化[①]

◇徐光春

一、担负起新的文化使命

习近平总书记在党的十九大报告中明确指出："中国共产党从成立之日起，既是中国先进文化的积极引领者和践行者，又是中华优秀传统文化的忠实传承者和弘扬者。当代中国共产党人和中国人民应该而且一定能够担负起新的文化使命，在实践创造中进行文化创造，在历史进步中实现文化进步！"

（一）要做中国先进文化的积极引领者和践行者

"先进文化"，按照习近平总书记对中国特色社会主义文化的论断，应该包括革命文化和社会主义先进文化这两类文化。革命文化，是从 1921 年中国共产党成立后开始，在中国共产党人团结带领全国人民进行反对帝国主义、反对封建主义、反对官僚资本主义所进行的艰苦卓绝的革命斗争中形成的文化。社会主义先进文化，是从中华人民共和国成立、社会主义制度在中国确立开始，在中国共产党人团结带领全国人民进行社会主义建设和改革开放的伟大实践中形成的文化。革命文化以民族独立、人民解放为主线，融入革命斗争的方方面面，成为夺取革命斗争胜利响亮的战斗号角和强大的战斗力量。社会主义先进文化以强国富民为主线，融入社会主义建设的方方面面，成为夺取社会主义建设伟大胜利响亮的奋斗号角和强大的奋斗力量。作为中国革命、建设和改革事业的坚强领导核心，无论在革命斗争时期，还是在社会主义建设和改革时期，中国共产党都是革命文化和社会主义先进文化的积极引领者和践行者。中国共产党从革命、建设和改革的实际出发，根据革命、建设和改革的全局需要，对一个时期的文化工作制定方针政策，作出决策部署，提出希望要求，动员和组织全党、全国人民进行文化创造，推进文化发展，服务革命、建设和改革。中国共产党从中央到各级组织带头创造文化、运用文化、发展文化，把文化作为贯彻落实党的理论路线、大政方针、使命任务、决策部署的重要工具和力量，普遍运用于革命、建设和改革的

---

① 本文为作者在"灿烂的孤竹文化——第二届河北迁安'轩辕黄帝文化'研讨会"上的主旨演讲。

各项工作中，有力地发挥了革命文化和社会主义先进文化对于革命、建设和改革的引导作用、凝聚作用、鼓舞作用、推动作用。

（二）要做中华优秀传统文化的忠实继承者和弘扬者

中华传统文化源远流长、博大精深，有力地推动了中华文明五千年的永续发展，在人类文化发展史和文明发展史上散发出夺目光彩，不仅是中华民族珍贵的历史文化遗产，世界文化、文明宝库中的奇宝重器，而且是中华民族生存发展、成长壮大强大的精神食粮，是助推人类文明发展的重要力量。中国共产党从成立开始就高度重视中华优秀传统文化的传承和弘扬。我们党在传承和弘扬中华优秀传统文化的工作中，着力做了这样几件事：一是确立中华优秀传统文化在中华文化中的牢固地位。我们党始终强调中华文化源远流长，中华优秀传统文化是中华文化的根和源，发展革命文化、发展社会主义先进文化，不能断了根、枯了源。二是去除糟粕，取其精华，积极挖掘、发现优秀的中华传统文化。中华传统文化如大江大河，浩浩荡荡、奔腾不息。这浩淼的江河之水，少不了有浊水污泥。中国共产党做了一件非常英明的事情，滤其浊水，去其污泥，将鲜亮清澈的、富有营养的、美味可口的文化之水，引入革命、建设和改革的时代大潮中，让中华优秀传统文化在革命、建设和改革的伟大事业发展中发挥积极的作用。三是古为今用，推陈出新，将中华优秀传统文化融入革命文化、社会主义先进文化之中。中国共产党提出了“古为今用，推陈出新”的方针，要求对中华传统文化中具有正确内涵和积极意义的思想观念、人文精神、道德规范、处世哲学、治国经验等，加以挖掘、加工和选择，赋予其新的运用价值和时代意义，并将其推广运用于党和国家的各项工作中，以推动革命、建设和改革的发展。四是对中华优秀传统文化进行创造性转化、创新性发展。这是习近平总书记在中国特色社会主义新时代提出的关于运用和发展中华优秀传统文化的重要思想。在坚持和发展中国特色社会主义的伟大实践中，如何运用好、发展好我们中华民族五千年来不断发展、不断丰富的传统文化，使其焕发新的生命力，助推新时代中国特色社会主义发展，关键是要对中华优秀传统文化进行创造性转化、创新性发展。这不仅为中华优秀传统文化的生存发展指出了正确途径，而且为新时代中国特色社会主义文化的繁荣发展寻找了新的力量。

（三）在实践创造中进行文化创造，在历史进步中实现文化进步

这是习近平总书记在党的十九大报告中讲到我们党和人民担负的新的文化使命中提出的重要要求。这个要求的核心内容，一是不要脱离实践，要在实践中进行文化创造。文化是创造性的工作，也是创造性的成果，但是文化创造不能闭门造车，一定要结合实践、深入实践、研究实践，把创造建立在丰富、生动的实践基础上，才能创造出符合实践情况、满足人民需要、切中社会要害的文化精品。新时代中国特色社会主义是无比壮阔的伟大实践，我们只有关注这一实践、参与这一实践、研究这一实践、反映这一实践，才能产生有助于推进这一伟大实践取得胜利的文化创造。二是不要偏离时代，要在追随时代中实现文化进步。文化是时代的产物，每个时期的文化都深深地打有时代的烙印，并为那个时代服务，在服务时代的过程中实现文化进步。这就是时代与文化的发展逻辑。新时代中国特色社会主义是中国特色社会主义发展的新阶段，是中国特色社会主义发展又一个新的进步。因此，我们的文化必须顺着这个时代前进的足印，合着这个时代前进的节拍，去反映这个时代、讴歌这个时代、推进这个时代，在这个过程中实现文化进步。这就是习近平总书记在党的十九大报告中告诉我们要担负的新的文化使命的真谛。

二、从孤竹文化的发掘看中华优秀传统文化的传承弘扬

诞生于公元前1600年即商朝初年的孤竹国，是滦河流域最早的奴隶制诸侯国。它的出现标志着古中国的东北方的一块大地已开始从蒙昧和野蛮的黑暗中苏醒过来，望到了文明的曙光，从原始社会跨进了文明社会的门槛。这一件伟大的事情，距今已有3600多年。孤竹国存世近千年，它兴于殷商，衰于西周，亡于春秋。孤竹文化由于其在中国古代文化中的独特性、代表性、深刻性和传承性，很值得我们去发掘和研究。

（一）孤竹文化的独特性

孤竹是华夏殷族的一支，孤竹国是殷商王朝的诸侯国，所以孤竹文化的主体是殷商中原文化。但是由于特殊的地理位置、特殊的居民结构，中原的农耕文化与北方的游牧文化在这块既有平原又有山丘的土地上结合起来，形成了中原华夏族与北部山戎、东胡等少数民族混居、农业经济与渔猎畜牧经济并存的局面。这就使孤竹文化既以中原文化为主体，又融合北方少数民族文化复合性、多元性的特点，既显示出中原文化的深厚精髓，又散发着少数民族文化的闪亮色彩。

（二）孤竹文化的代表性

孤竹文化是中国原始社会向奴隶社会过渡时期的文化。3600年前的中国，蒙昧的时代已经过去，文明的时代已经降临，文明之树在广袤的大地上开始成长，文明之花含苞欲放。这个时期的文化新鲜夺目，但还不成熟，更没有结出硕果。孤竹文化就是中国文明发展史上这一个时期杰出的代表性文化之一。

（三）孤竹文化的深刻性

伯夷、叔齐是孤竹文化的创造者，伯夷、叔齐人生中蕴含的思想精神是孤竹文化的内核。伯夷、叔齐是孤竹国国君亚微的大儿子和小儿子。亚微欲立叔齐为他的继承人。亚微死后，叔齐不愿继承君位，要把君位让给长兄伯夷。伯夷坚决不接受，并且离开了都城，在这种情况下，叔齐为躲避继位，也离开了都城，于是国人就拥立亚微的二儿子为国君。后来伯夷、叔齐听说西周国君姬昌（后来的周文王）敬老尊长，喜纳贤人，便去投奔他。到了西周，周文王已死，他的儿子

周武王正车载文王灵柩，统兵伐商。伯夷、叔齐上前叩马而谏："父死不葬，爰及干戈，可谓孝乎？以臣弑君，可谓仁乎？"周武王灭商后，伯夷、叔齐以归顺西周为耻，义不食周粟，隐居首阳山，采野菜过日，不久便饿死。死前写下《采薇歌》以示志。《采薇歌》的大意是：登上首阳山，采食野菜充饥。周朝是以武王这个暴君代替商纣那个暴主而掌天下的，还不知其错。神农、虞舜、夏禹崇尚仁义、尊重礼数、秉持廉孝已久，在周朝忽然消失了，我们的归宿在哪儿？我们要死了，是我们的命运衰落，不遇大道之时。在《史记》记载的这个故事中，我们可以感受到伯夷、叔齐是忠诚爱国和廉让节义的楷模，表现了崇礼、守廉、求仁、重义的思想精神。这种思想精神构成了孤竹文化的精髓和内核，反映了孤竹文化思想内涵的深刻性。

（四）孤竹文化的传承性

从《史记》等古代文献的记载中，我们可以明显地看到一个先秦文化链条。这一文化链条的前端是炎黄文化。伯夷、叔齐在《采薇歌》中哀叹道：周武王以暴易暴，周兴商亡，"神农、虞、夏忽焉没兮，我安适归矣"？意思是周灭商，神农、虞舜、夏禹的思想精神、道德操守忽然消失了，我们往哪儿去呢？舜、禹是黄帝的子孙，是黄帝文化的杰出代表。伯夷、叔齐对炎帝、黄帝充满了崇敬和爱戴，对炎黄文化精神在周武王灭商后的消失深感悲哀，也表明了伯夷、叔齐是炎黄文化精神的忠实继承者和弘扬者。同时，伯夷、叔齐的崇礼、守廉、求仁、重义的思想精神，极大地影响了孔孟之道的形成和发展，《论语》中有五处提到伯夷、叔齐，《孟子》中有十三处提及伯夷、叔齐，而且都给予了高度评价和推崇。可以说，孔、孟开创的以仁、义为核心的儒家思想，继承和开创了伯夷、叔齐的思想精神。从这个意义上讲，孤竹文化是儒家思想的重要来源之一，儒家文化便是这一文化链条的后端，孤竹文化是先秦思想文化承前启后的连接环。

从炎黄文化到孤竹文化，再到儒家文化，中华传统文化前2500年左右的发展状况，不仅使我们梳理清楚了中华传统文化继承发展的脉络，更让我们深深感觉到对于中华传统文化的传承和弘扬，必须做到创造性转化、创新性发展的重要性。孤竹文化之所以在中国古代思想文化史上产生重要影响、占有重要地位，显然是对炎黄文化的创造性转化和创新性发展的结果，仁义道德在炎黄文化中是一棵幼苗，在孤竹文化中就逐渐长成一棵大树。儒家文化成为古代中国的主流思想文化，影响中国两千多年，同样是对孤竹文化等丰富的古代思想文化的创造性转化和创新性发展的结果，仁义道德在孤竹文化中是一棵大树，在儒家文化中就开出美丽的花朵，并结出丰硕的果实。

三、对发掘、研究、弘扬孤竹文化的意见

孤竹文化在中华传统文化特别是先秦文化中具有重要影响和重要地位，但

是现在对其的发掘、研究与弘扬还不够。特别是在习近平总书记把传承和弘扬中华优秀传统文化作为我们党在新时代新的文化使命的形势下，我们更应把发掘、研究、弘扬孤竹文化这件事摆到议事日程上来。

（一）要充分认识孤竹文化在中华传统文化中的地位

孤竹文化作为中国从原始社会向文明社会过渡时期的标志性文化，集中地反映了当时中国先民们的思想意识、道德观念和精神追求，既是当时社会生活的产物，又是推动当时社会发展进步的力量；既是对炎黄文化的继承和发展，又是对儒家文化的启蒙和催生；既是中原文化的延伸和拓展，又是边疆少数民族文化的孕育和创造。它在中华传统文化的发展中起着重要的作用，不可忽视和偏废，应该引起各方面的高度重视。

（二）要进行全面系统的挖掘和研究

20世纪70年代，随着孤竹国文化遗产的发掘，曾经在学术界掀起一股孤竹文化研究热，出了一些好成果。但总的来说，孤竹文化的研究不全面、不系统、不持久，呈现孤立性、碎片化状态，至今关于孤竹文化仍缺乏全面系统、科学辩证、正确可靠、深入透彻的认识，在这方面需要进一步加强。

（三）要把研究和宣传结合起来

做到在研究中宣传，在宣传中研究，通过研究与宣传的结合，把孤竹文化继承下来，把孤竹文化弘扬开来，特别是迁安、卢龙等古孤竹国主要属地的党委政府、学术机构、群众团体，要肩负起传承和弘扬中华优秀传统文化新的文化使命，带头把孤竹文化发掘好、研究好、传承好、弘扬好，推动当地的精神文明建设和物质文明建设，开创新时代中国特色社会主义文化发展的新局面。

（作者：徐光春，河南原省委书记）

《史记》所构建的黄帝文化体系

◇刘文学

当今,关于黄帝文化的研究仍处于初始阶段,研究成果支离破碎,犹似雾里看花、瞎子摸象,看不到它的具体实像。司马迁《史记·太史公自序》中说:“罔罗天下放失旧闻,王迹所兴,原始察终,见盛观衰,论考之行事,略推三代,录秦汉,上记轩辕,下至于兹。”早在两千多年前中国史学之父司马迁就以感天动地之魄、雷霆万钧之力、光芒万丈之笔,纵横捭阖,去芜存菁,去伪存真,去粗存精,写下了千古绝唱。《史记》记述了上自黄帝下迄汉武帝天汉四年近 3000 年的历史,是中国第一部纪传体通史,是先秦和汉初典籍之集大成,是先秦和汉初文化之集大成。《史记》最早整合先秦文化,构建了一个黄帝文化体系,我称之为六二五五体系。

所谓“六”是指六个整合。一是指对四位始祖的整合。《史记》一开篇就推出了少典、黄帝、炎帝、蚩尤四位始祖。这四位始祖是中国历史舞台上最早的演员,其中黄帝是主演,主导着剧情的发展。在先秦时期他们便散见于各典籍:《孔子家语》介绍了少典与黄帝的关系,说:“黄帝者,少典之子也。”《国语》介绍了少典与黄帝、炎帝的关系,说少典娶有蟜氏生黄帝、炎帝。《逸周书》介绍了炎帝与蚩尤的关系,说蚩尤是炎帝臣,而后世的《太白阴经》皆说蚩尤是炎帝之裔。因此《史记》开篇整合的这四位始祖,少典是黄帝、炎帝的父族,是蚩尤的祖族,他们原本同属一个族系,同祖同根。这四位始祖中的黄帝、炎帝、蚩尤三个子孙族,在中华大地上首次上演了惊天动地、威武雄壮的中国五千年文明史的序幕!

二是指对根亲祖地的整合。《史记》以前,关于黄帝的父族、黄帝族的起源地的记述是支离破碎的,如《国语》仅记述了黄帝与少典的父子关系,《竹书纪年》只记述了有熊地名、国名,《世本》仅记述了黄帝居轩辕之丘。而《史记》则对以上典籍进行了整合,在《五帝本纪》中记述了三句话。第一句说:“黄帝者,少典之子。”交代了少典与黄帝的父子关系。第二句说:“自黄帝至舜、禹,皆同姓而异其国号,以章明德。故黄帝为有熊,帝颛顼为高阳……”黄帝的国号是有熊,黄帝是有熊国人,建都于有熊。这句话又在《史记·三代世表》中说:“黄帝号有熊,帝颛顼……号高阳,帝喾……号高辛,帝尧……号唐,帝舜……号虞,帝禹……号夏。”第三句说:“黄帝居轩辕之丘,而娶于西陵之女,是为嫘祖。嫘祖为黄帝正妃,生二子,……其一曰玄嚣,……其二曰昌意。”这三句话交代了黄帝是少典之子，是有熊国人，居于有熊国轩辕之丘，都于有熊的事实。对于司马迁的这个整合，同代人焦延寿的《焦氏易林》说："黄帝者，有熊国君少典之子也。有熊，今河南新郑是也。"晋代皇甫谧的《帝王世纪》说："黄帝……受国于有熊，居轩辕之丘，故因以为名，又以为号。……有熊，今河南新郑是也。"司马迁的这三句话构成了黄帝族起源地的一个体系，即黄帝是有熊国君少典之子，居于有熊国的轩辕之丘，都于有熊，而少典、黄帝是有熊国人，轩辕之丘、有熊皆在今河南新郑，也就是说中华民族的根亲祖地在今河南新郑的轩辕之丘。

三是指对地缘政治的整合。黄帝统一天下之前，中华大地上有万国氏族部落，其中有三大部落联盟，黄帝部落集团占据中原，炎帝部落集团占据南方和西方，蚩尤部落集团占据东方和北方，其他还有许许多多的氏族部落散居各地。黄帝通过同炎帝、蚩尤、薰鬻、三苗及其他氏族部落的战争，统一了天下，将这些四分五裂的地域整合为一个统一的有熊国的政治版图，其疆域东至大海，西至崆峒，南抵交趾，北达幽陵。

四是指对各氏族部落的整合。黄帝统一天下之前，中华大地上有黄帝、炎帝、蚩尤三大部落集团及万国诸侯，黄帝通过兼并战争，将这三大部落集团和万国诸侯整合为一个大的集合体，形成了以黄帝族为核心，以黄、炎、蚩三族为主体，并融合其他四方氏族部落为一体的华夏族团。

五是指对五帝三代谱系的整合。《史记》以本纪、世家、表等整合了五帝三代及秦汉谱系。这个整合主要包括两个方面：一是五帝三代至秦汉，历代帝王一脉相传；二是从姓氏文化上看，中华姓氏主要源自黄帝谱系。

六是指对四方地域文化的整合。《史记》记述黄帝统一天下，建立了中国历史上的第一个王朝，首次实现了万国氏族部落的大开放、大交流、大融合、大创新、大发展，形成了以中原文化为核心、融四方文化为一体的华夏文化。

所谓"二"是指《史记》记述了两条线：一条是从黄帝所建有熊国开始，以下历记高阳、高辛、陶唐、有虞、夏、商、周、秦、汉等王朝，这是一条中华文明的文脉发展线；另一条是中华姓氏发展线。《史记》所记姓氏发展线是对《国语·晋语》和《世本·帝系》的整合。黄帝居轩辕之丘，娶了嫘祖、彤鱼氏、女修氏、嫫母四位夫人，生二十五子，得姓者十四人，为十二姓，这十二姓是姬、酉、祁、已、滕、箴、任、荀、僖、姞、儇、衣。黄帝的二十五子被封为地方诸侯，他们从有熊国的轩辕丘出发，迁往全国各地，开枝散叶，其子孙或为帝，或为王，或为侯，或为相，繁衍了成千上万个姓氏。这是一条中华民族的血脉发展线。

第一个"五"是指五个大一统：一是中华民族同祖同根同源的大一统，二是中华民族的大一统，三是中国国家政权的大一统，四是中华文化的大一统，五是中华民族的根亲祖地在有熊国的轩辕之丘的大一统。对于司马迁《史记》所构建的大一统思想，《史记》专家张大可在他的《论司马迁的历史观》一文中作了精辟的表述："孔子删书，《尚书》起于尧，《周易》起于庖羲。《史记》上限却起于黄帝，旨在突显大一统历史观。……从黄帝的统一到秦皇、汉武的大一统，象征着历史的发展方向，象征着帝王德业的日益兴盛。中华民族不断壮大，各民族互相融合，远方殊俗日益统一，这就是司马迁大一统历史观的内容，贯穿在《史记》全书中。夏、商、周三代之君，秦汉帝王，春秋以来列国诸侯，四方民族，无不为黄帝子孙。匈奴是夏桀之后，勾吴与中国之虞为兄弟，越王勾践禹之后，楚是颛顼之后，其苗裔为滇王。中华民族皆黄帝子孙，这一民族一统观念就奠基于《史记》。"①

第二个"五"是指《史记》奠定了五个历史地位：一是黄帝是中华民族的共同始祖；二是黄帝是中华民族的缔造者；三是黄帝是中国的奠基者；四是黄帝是中华文明的肇始者；五是有熊国之轩辕丘是黄帝故里故都，是中华民族的祖根地。对于司马迁《史记》所构建的黄帝文化体系，或者说中华民族大一统理论，在史学界虽有学者稍有微词，但它顺应了历史发展潮流，深入人心，融于人们的血脉之中，这对于中华民族的认同、中华民族的大团结和大凝聚有无可估量的作用。

（作者：刘文学，中华炎黄文化研究会原理事，河南省黄帝故里文化研究会副会长，新郑市姓氏文化研究会会长）

① 张大可：《论司马迁的历史观》，《史记研究》，兰州：甘肃人民出版社，1985 年，第 362—363 页。

黄帝故里与祭祀

◇马世之

黄帝是中华人文始祖，被誉为“五帝之首”。中国古代哲人庄子说过：“世之所高，莫若黄帝。”国学大师钱穆在《黄帝的故事》中指出：“黄帝是中国历史上第一个伟人，是奠定中国文明的第一座基石。”黄帝故里当然是学术界探讨的热点问题之一，过去曾经存在多种说法，归纳起来主要有古巴比伦、匈牙利、俄罗斯、蒙古高原、河北涿鹿、江苏徐州、山西南部汾水流域、湖南长沙、陕西北部、山东曲阜、甘肃清水、河南新郑诸说。其中河南新郑说具有很大的优势，颇受学术界青睐。为了缅怀人文始祖的丰功伟绩，每年农历三月初三，新郑举办规模巨大的黄帝故里拜祖大典。不过近年来，有的人不仅否认新郑黄帝故里，而且反对在新郑举办拜祖大典，甚至主张所谓“黄帝”纯属子虚乌有，与“尧”同为一人。对此有必要进行深入探讨，以明辨是非。

一、黄帝故里在新郑

史乘所在，黄帝居有熊，生于轩辕丘。今本《竹书纪年》载：“黄帝轩辕氏。……元年，帝即位，居有熊。”《史记·五帝本纪》说：“黄帝居轩辕之丘。”《大戴礼记·五帝德》谓：“孔子曰：‘黄帝，少典之子也，曰轩辕。’”《帝王世纪》说：“黄帝……受国于有熊，居轩辕之丘，故因以为名，又以为号。”前秦王嘉《拾遗记》载：“轩辕黄帝。轩辕出自有熊之国。”唐李泰《括地志》云：“郑州新郑县，本有熊氏之墟也。”《元和郡县图志》载：“新郑县，本有熊氏之墟。”僧一行《大衍历》云：“三台分系九州，轩辕星对中台，二星下为有熊墟，县正有熊氏故都。”后晋刘昫《旧唐书·天文志》说：“新郑为轩辕、祝融之墟。”宋罗泌《路史·国名纪》云：“有熊帝之开国，今郑之新郑。”明陆应明《广舆记》说：“轩辕丘新郑，古有熊氏之国，黄帝生此故名。”《大明一统志·开封府上·古迹》说：“轩辕丘，在新郑县境，古有熊氏之国，轩辕黄帝生于此，故名。”《大清一统志》云：“轩辕丘在新郑县西北故城。”清王谟《汉唐地理书钞》云：“郑州新郑县，本有熊氏之墟也。”陈芳绩《历代地理沿革表》谓：“新郑，古有熊氏之墟。”此外，其他历史文献多有类似记载，此不一一列举。当代许多权威专家也都认同河南新郑说。李学勤先生在《黄帝故里文献录》的序中指出：“这些都是历代权威性著述。由此可见，黄帝生于轩辕之丘，所居在新郑，其说渊源有自，凿然可据。”1997 年 5 月 29 日，他在《始祖山中华圣地建设促进会成立大会上讲话》中说：“从文献上看，新郑作为‘有熊氏之墟’和作为‘少典之国’这一点是没有问题的。在我们国家的历史上，经《史记》和《史记三家注》等书记载下来，应该说，两千年左右的时间里，没有人提出任何有力的证据来怀疑这一点。”此外，1992 年 9 月 25 日，时任全国人大常委会副委员长的历史学家周谷城先生写给“炎黄文化与中原文明”学术研讨会的贺信中指出：“黄河中游的中原地带，是中华民族古代文明的摇篮，新郑是相传的轩辕黄帝故里。”并题词：“轩辕黄帝故都”。1999 年 10 月，中国古都学会会长史念海先生题词：“中华第一古都——为新郑黄帝故里题。”陕西师范大学教授、历史地理学家朱士光先生在《中国古都研究》(第十五辑)的序中指出：“新郑市是我们中华民族的人文始祖黄帝出生地——轩辕之丘的所在地。”同黄帝时代大体相近的仰韶文化遗址，在新郑附近密集分布，特别是近年来郑州地区先后发现两座仰韶文化城址，更加证明河南新郑作为黄帝故里与故都并不存在什么问题。

1992 年 10 月 6 日至 10 日，中华炎黄文化研究会、河南省炎黄文化研究会与新郑县人民政府联合在新郑召开“炎黄文化与中原文明”学术讨论会，来自全国各地的专家学者 142 人与会。会议纪要指出：“学者们从不同学科、不同侧面研究，认为轩辕故里在新郑地区是可信的。考古学研究说明，新郑地区具有丰富的文物遗存，从裴李岗文化到仰韶文化、龙山文化、二里头文化、商周文化，一脉相承，延续不断，处于中国文明萌生的核心地带。历史文献比较研究的结果显示，新郑县应是轩辕故里。神话与民俗学研究结果发现，新郑及周围地带是黄帝神话密集地带，神话集群在以新郑为核心地带的发生，说明新郑远古时曾为天下之中，黄帝居新郑。因此，学者们认为，关于黄帝生于轩辕之丘，都有熊，其地望在新郑县的记载是可信的。”会后曾将部分文章集结成册，定名为《黄帝故里——新郑》，于 1993 年 9 月由河南科学技术出版社出版。该书出版 20 年之后，著名先秦史学家赵世超先生写作了《黄帝陵所在地之我见》(以下简称《黄陵我见》)一文，对新郑作为黄帝故里提出了不同的意见，对此我们就其某些观点提出一点不同的看法，错误之处敬请指正。

《黄陵我见》一文中谈到的黄帝陵，与我们所说的黄帝故里，二者所述内容本不相同，而且，该文在对新郑黄帝故里进行分析时指出：

> 然而，近来祭黄活动搞得颇具声势的河南却另有说辞。他们坚持认为，不仅黄帝生于新郑，县城北关就有轩辕故里旧址，而且黄帝宫在新密，黄帝铸鼎处及黄帝陵在灵宝，总之，都不能出现今该省的行政管辖范围之外。由于观点大胆而新奇，很惹人关注，我便翻了一些文章，发现作者所引用的较早材料只有两条。其一是皇甫谧的《帝王世纪》，主要的一段文字为：“黄帝都涿鹿，于《周官》幽州之域，在汉为上谷。……今上谷有涿鹿县及蚩尤城。阪泉地又有黄帝祠。皆黄帝战蚩尤之处也。或曰：黄帝都有熊，今河南新郑

县是也。”为了突出重点，引者多用断章取义的手法，舍弃“或曰”及其以前的部分，只保留最后两句。于是，古书为增广异闻而采入的“或说”就变成“正说”了。其二是《续汉书·郡国志》梁人刘昭的注。但引者多将志文“河南尹新郑”与注文“古有熊国，黄帝之所都”拼接，造成结论出自司马彪的印象。而且注文前的“皇甫谧曰”四字也被径行删去。实际上，不仅“黄帝都新郑”仅是注释梁人刘昭的意见，而且刘昭早已老实承认自己的意见是袭自皇甫谧《帝王世纪》的。至于被用作证据的其他典籍，如宋乐史的《太平寰宇记》，明陆应明的《广舆记》，清吴乘权等辑的《纲鉴易知录》、郭袁恒的《历代帝都考》、康熙二十四年的《开封府志》及王先谦的《汉书补注》等，其成书年代更较晚近，且因袭之迹，斑斑可寻。如此看来，对“河南说”的鼓吹与炒作虽然万人汹汹，势头甚猛，而风源却只有一个，那就是《帝王世纪》。而如前所言，《帝王世纪》远远算不上是上乘的史学著作，若仅凭此立论，起码也有“孤证不立”之弊；况且，作者皇甫谧把黄帝“都新郑”列为“或说”，表明连他本人都不十分自信。

这里有几点需要澄清：第一，新郑黄帝故里、新密黄帝宫、灵宝黄帝铸鼎原与黄帝陵等，不仅文献有记载，而且尚有史迹存在，这些都证明了其地不大可能出于今河南省行政管辖范围之外。第二，在引用《续汉书·郡国志》刘昭注时，将志文与注文拼接，造成结论出自司马彪的印象。这种说法与事实不符。高敏先生在《略论有关炎黄文化研究的几个问题》中写道：“随后，又有著名史家司马彪在其《续汉书·郡国志》‘河南尹新郑’条下刘昭补注引皇甫谧曰：‘古有熊国，黄帝之所都。’足见梁人刘昭也认定今之新郑，曾为黄帝之所都即部族定居点。”第三，晋代学者皇甫谧所著《帝王世纪》，大约在宋人南渡时亡失。现在通行的版本，主要是搜集补正前人的辑录，前人引书往往与原文不尽相同，从而造成了一事而各处字不同的现象。《黄陵我见》的引文出自《太平御览》卷一百五十五。而《试析炎黄文化的发祥地》一文，据《通鉴外纪》卷一上注引皇甫谧云：“新郑，古有熊国，黄帝之所都，受国于有熊，居轩辕之丘，故因以为名，又以为号。”又据《水经注·洧水》载：“皇甫士安《帝王世纪》云：或言县故有熊氏之墟，黄帝之所都也。郑氏徙居之，故曰新郑矣。”并未删除“或言”二字。这同《黄陵我见》文中所引并非出自一处，因此也并非断章取义，舍弃“或曰”及其以前的部分，将“或说”变成“正说”。第四，《黄陵我见》一文中说“皇甫谧把黄帝‘都新郑’列为‘或说’，表明连他本人都不十分自信”。皇甫谧虽然在这里使用了“或曰”，并不代表他对黄帝都新郑“不十分自信”。再看《续汉书·郡国志一》注、《水经注·洧水》、《通鉴外纪》卷一上注、《路史·后纪五》等处均引用皇甫谧《帝王世纪》说黄帝都新郑。如果仅仅为了“增广异闻”，为什么要再三强调黄帝都新郑呢？

皇甫谧《帝王世纪》一书并未涉及黄帝陵祭祀问题，但《黄陵我见》一文仅仅因为该书谈到新郑黄帝故里故都问题，认为是“河南说”的风源，便将皇甫谧这个布衣史家及其所著《帝王世纪》贬得一钱不值，说他“是一个因终身未离偏远乡野而眼界未开的人，是一个‘守学好古’的食古不化者。……现代严肃的学者及其著作也认为《帝王世纪》是皇甫谧‘大抵依据汉以来纬书等等之说’‘自己编造的’”。这样的批评，有欠公允。臧励和等编《中国人名大辞典》中说，皇甫谧“年二十余，乃感激就学，居贫，躬自稼穑，带经而农，遂博综典籍百家之言，沉静寡欲，有高尚之志，以著述为务”。徐宗元《帝王世纪辑存》自序云：“《帝王世纪》是一部上起三皇、下迄汉魏的史书，其中多采古文《尚书》及六经图谶。……唐宋以前，《帝王世纪》这部书是颇受重视的。……《帝王世纪》亡佚后，元明以来很多学者如陶宗仪、王谟、张澍、臧庸、宋翔凤、顾观光、钱保塘、王仁俊等人，都相继做过此书的辑录工作，企图恢复原书面目。”如果此书是一个“眼界未开”“食古不化”的迂儒自己编造的谎言，怎会引起历代学者的重视，并频频加以引用呢？《黄陵我见》一文中还提到皇甫谧“看见有什么材料，就抱着‘行不敢离缝际，动不敢出裈裆’的态度照录下来，不作任何的分析和判断，不成想，他录下的一条‘或说’在给某些后人带来便利的同时，也给历史增添了混乱”。这里的分析一面说《帝王世纪》是皇甫谧胡编乱造的，一面又说书上的史料是皇甫谧一条一条照录下来的。显然前后矛盾，不可取信，而且也完全没有必要去讽刺挖苦一个居贫且有高尚之志的古代平民学者。皇甫谧所言的“或曰：黄帝都有熊，今河南新郑县是也”并没有什么原则错误，这句话又能给历史添了什么混乱呢？即使有人在引文时省了“或曰”二字，也不至于同“别有用心”联系起来。

新郑黄帝故里为国家重点文物保护单位，又为海峡两岸文化交流基地。这些称号与荣誉都证明了新郑黄帝故里作为国家重要的历史文化遗迹，值得我们进一步地开发与研究，同时在此举行的祭黄活动，也成了海峡两岸交流的纽带，具有深远的意义。

二、盛世庆典拜轩辕

《黄帝故里——新郑》一书收录的论文仅限于同黄帝故里有关的论文，并没有论及黄帝祭祀问题。但《黄陵我见》一文，不仅将“黄帝故里——新郑”字样隐去，仅以“炎黄文化研究丛书（四）”代替书名，还借题发挥，除否定黄帝故里“河南说”外，又大肆反对新郑祭黄活动：

> 纪念性的黄帝陵庙可以分布于各地，但朝廷却只能选择其一作为官方祭祀场所。历代王朝为此都用颁诏的形式作出过规定，这不仅有助于规范祀典，更在客观上起到了加强政治统治和文化认同的作用。……但历代王朝用规范礼制的办法确定下来的陵庙祭祀地点却具有约定俗成的意义，因而也带有唯一性。自觉遵守成规，有助于中华民族彻底摆脱琐细的分割，巩固历史形成的统一，这是大局；相对而言，地方利益再大，也是小局；以小局

服从大局,应是每个国人立言、立事、立功的基本出发点。封建帝王尚且懂得按一人一地原则规范历代帝王陵庙的重要性,今日之大人先生者流,却懵懵懂懂,随意为左右袒,岂不是太缺乏政治智慧了吗?

至此我们明白,大力否定新郑黄帝故里的原因,在于河南祭黄活动搞得颇具声势,有违历代王朝颁诏定下的祭祀场所,未能巩固历史形成的统一。

新郑作为黄帝故里真的不能举办祭黄活动吗?

黄帝故里拜祖大典是指每年农历三月初三在河南省新郑市举办的祭黄活动。古有"三月三,拜轩辕"的传统,新郑拜祖活动源远流长。我国第一部诗歌总集《诗经》所记的表现三月三"上巳节"的内容是典型的祭黄拜祖遗风传承的体现。《水经注·洧水》中提到:"洧水又东迳新郑故城中。……城内有遗祠,名曰章乘是也。"这个名叫"章乘"的遗祠,就是北魏以前祭祀黄帝的场所。正如2015年2月,黄帝故里拜祖大典组委会的请柬所云:"农历三月初三,在新郑朝拜轩辕黄帝古来有之,春秋时代的历史典籍中就有记载。唐代以后渐成规制,盛世时由官方主拜,乱世时由民间自办,绵延至今。"现在的黄帝故里占地面积达80亩,分为广场区、故里祠区、鼎坛区、轩辕丘区和黄帝文化艺术苑区等多个区域,气势宏大,蔚为壮观。黄帝故里拜祖大典由河南省人民政府、政协河南省委员会、国务院台湾事务办公室、国务院侨务办公室、中华全国归国华侨联合会、中华全国台湾同胞联谊会、中华炎黄文化研究会共同主办。2008年6月7日,"新郑黄帝拜祖祭典"被国务院列入第一批国家非物质文化遗产名录。目前,这一盛大典礼已成为炎黄子孙礼拜先祖、传承华夏文明、增进民族感情、祈福社会和谐、促进祖国统一、共谋和平发展的盛世庆典,成为全世界华人寻根问祖、增强民族自豪感、推动实现中华民族伟大复兴中国梦的重要平台。就是这样受到海内外炎黄子孙一致认同的祭祀活动,却遭到了某些人的百般诋毁,把参与祭祀大典的领导和群众,说成是"懵懵懂懂"的"大人先生者流",骂他们"随意为左右袒",还不如"封建帝王","太缺乏政治智慧了"。这样的言论实在令人匪夷所思。

三、不应数典忘祖

当我们正在讨论黄帝故里与祭祀问题时,忽然发现认为黄帝并不存在,人文始祖纯属子虚乌有的观点存在。这真让人有点儿啼笑皆非。赵世超在发表《黄陵我见》一文的同时又抛出了《防风氏散论》一文,提出了"五帝新说",主张世上没有所谓的"黄帝",黄帝与尧为同一人。《史记·五帝本纪》中的"五帝"被简化为尧、舜二帝。他说:

到了五帝时代,图腾社会已进入了它的晚期阶段。那时虽然尚无文字记载,但却有三件大事因影响深远而长期存留在人们的记忆中。一是所谓的黄帝，即熊氏族的大酋长，率领着他的近亲部落罴、貔、貅、貙、虎，从西北高原迁到现今河南省的西、北部，占了黄河与洛水之间的地域，杀了蛇氏族大酋长蚩尤，并强迫战败了的部族去服治水的劳役；二是黄帝晚年，没有把位子传给他的儿子丹朱，而是经过某种形式的推举，传给了曾与他结盟、共同对付过蚩尤的东夷族的舜，这表明父系制度尚未正式建立，继承关系还不稳定；三是蚩尤族的遗民经过两代人的努力，凭借在治水过程中积累起来的资本，重新复兴，蚩尤的孙辈禹不仅放逐了舜，并且在年老以后，拒不把位子传给曾帮助"烈山氏"的伯益，却径直传给了自己的儿子启。以此为枢轴，图腾社会开始走向宗法社会，半开化状态开始让位于文明。不过，仍有一点需要予以交代，即《史记·五帝本纪》中的五帝是黄帝、颛顼、帝喾、尧、舜，但王国维曾说帝喾即舜，宿白曾说颛顼即舜，孙作云先生更著有长文，证明百家所言的黄帝即儒家称颂的尧。这样，五帝便只剩下二帝，五帝故事实可视为尧、舜故事的分化，而图腾社会晚期的历史也可概括为以尧杀蚩尤、尧禅舜、禹放舜为关键点的熊、蛇、鸟三大族团此长彼消的斗争史。

这段文字可以归纳出以下八点：

(1)颛顼、帝喾、舜为同一人；

(2)黄帝与尧为同一人；

(3)对照《史记》中的五帝，实际简化为尧(黄帝)、舜(颛顼、帝喾)二帝，所有五帝的故事，均系尧、舜故事的分化；

(4)黄帝与舜结盟；

(5)黄帝(尧)的儿子是丹朱；

(6)战败蚩尤的是尧；

(7)尧禅舜；

(8)禹的祖辈是长期治水的蚩尤。

按照上述观点，世上本来就没有黄帝，"所谓的黄帝，即熊氏族大酋长"与尧为同一人。那么有关黄帝的史迹也都应更名，如新郑黄帝故里改为尧故里，黄帝都有熊改为尧都有熊，黄陵县的黄帝陵改为尧陵，灵宝黄帝铸鼎原改为尧铸鼎原，甚至连"炎黄子孙"的称谓也得改为"炎尧子孙"。整个五帝时代的历史也应该重写，如有蟜氏女附宝，生下了尧；尧与神农氏战于阪泉之野；尧讨蚩尤于涿鹿之野；尧娶西陵氏之女嫘祖为妻……遍查史书，不论是正史还是野史，不论是儒家学派的著述还是其他学派的著述，甚至纬书，关于黄帝和尧的大量记述，都是泾渭分明、不容混淆的。诚如许小丽所云："黄帝与尧出生地不同，死葬地不同，建都地不同，其后裔发展也不同，不论是对照文献记载还是考古学文化，黄帝与尧都要有几百年甚至上千年的时差。大量的故事不同不用说了，即这五个不同的两大史前人物，怎么能糅合为同一人？难道都是世代史学家编造出来的？如果说黄帝即尧，试想：黄帝陵、黄帝铸鼎原、黄帝居有熊都轩辕丘，炎黄蚩尤大战，都得改成尧;把尧都平阳的陶寺古城,也可以改成黄帝都;把炎黄子孙改成炎尧子孙,谁能接受?”近年来,有关黄帝的奇谈怪论时有发生,如有人著《黄帝为女性考》,曾引来学界一片哗然。不过,虽然主张黄帝是女儿身,却还认同黄帝的存在。现在有人“更上一层楼”,竟然宣布所谓的黄帝并不存在,黄帝与尧为同一人,这种说法未免太离谱了。这样的观点同弘扬民族文化与培育社会主义核心价值观是格格不入的。窃以为,黄帝是黄帝,尧是尧,不要数典忘祖,应该尊重黄帝作为中华人文始祖的崇高历史地位,还历史以本来面目。

(作者:马世之,河南省社会科学院研究员)

浅谈社会主义核心价值观与炎帝文化相融相济的一致性

◇米东明

炎帝是中华民族人文始祖,炎帝文化是中华文化根脉之源。培育和践行社会主义核心价值观,离不开对中华优秀传统文化的继承和发扬。习近平总书记指出:"培育和弘扬社会主义核心价值观必须立足中华优秀传统文化。牢固的核心价值观,都有其固有的根本。抛弃传统,丢掉根本,就等于割断了自己的精神命脉。博大精深的中华优秀传统文化是我们在世界文化激荡中站稳脚跟的根基。"认真总结探索炎帝文化对社会主义核心价值观形成与发展所产生的重大影响,对于传承中华优秀传统文化,巩固马克思主义在意识形态领域的指导地位,巩固全党全国人民团结奋斗的共同思想基础;对于促进人的全面发展,引领社会全面进步;对于全面建成小康社会,实现中华民族伟大复兴的中国梦具有重要的现实意义和深远的历史意义。

一、社会主义核心价值观传承着炎帝文化的基因

中华文明绵延数千年,形成了独特的价值体系,潜移默化地影响着中国人的思想方式和行为方式,成为中华民族的内在基因,社会主义核心价值观的形成正是这一基因的发展和延伸。神农炎帝作为农耕文明的始祖,在他身上集中体现着以下几种精神:

(一)敢为人先的开拓创新精神

早在北齐天保二年(551),山西高平的羊头山就有碑刻记载:"神农圣灵所托,远瞩太行。"北宋时期的地理总志《太平寰宇记》说得更为详尽,羊头山为"神农尝五谷之所,山形象羊头"。作为华夏民族的始祖,炎帝为中华文明的肇始与发展,立下了汗马功劳,作出了不朽的贡献。"因天之时,分地之利,教民播种五谷,作陶冶斤斧,为耒耜锄耨,……又尝百草酸咸之味,……日中为市,以聚货帛。……削桐为琴,绳丝为弦,以通神明之德。"史籍记载,神农炎帝创立了十项具有开创意义的丰功伟绩,综合起来可以概括为:始种五谷以为民食,制作耒耜以利民耕,遍尝百草以治民恙,织麻为布以御民寒,陶冶器物以储民用,日中为市

以利民生，制弧剡矢以抵侵凌，台榭造屋以安民居，削桐为琴以怡民情，观天察地以立节气。神农炎帝开创的农耕文明，从根本上改变了原有的生产生活方式，从此人类完成了食物由自然采摘到自觉生产、自然型经济社会向生产型经济社会转变的质的飞跃。这个飞跃是人类历史上自掌握用火以后又一次伟大的经济革命，总体上使社会经济和文化达到了一个崭新的高度。

（二）粒我烝民的敬业奉献精神

早在远古时期，我们的先民就十分崇礼敬德，并在此基础上形成了敬业乐群的核心价值观念。宋朝朱熹说："'敬业'就是'专心致志以事其业'。"也就是说，要用一种恭敬严肃的态度对待自己的工作，认真负责，一心一意，任劳任怨，精益求精。神农炎帝之前，"民人食肉饮血，衣皮毛。至于神农，以为行虫走兽难以养民，乃求可食之物，尝百草之实，察酸苦之味，教民食五谷"。《淮南子·齐俗训》说他"身自耕，妻亲织，以为天下先"。《淮南子·修务训》说"神农憔悴"，"圣人之忧劳百姓甚矣"。又说他为了祛除百姓疾病之苦，不惜牺牲生命，亲尝"百草之滋味，水泉之甘苦"。为了人民福祉，炎帝"一日而遇七十毒"，但他从来没有停止不前，而是一如既往地努力前行。这种一心为民的奉献精神，从孔子的"爱民"到陆贾的"民无不为本"，再到范仲淹的"先天下之忧而忧，后天下之乐而乐"，成为炎黄文化最高的人生准则。

（三）百折不挠的顽强进取精神

五千多年前，人类对自然、社会的认识尚处于原始阶段，在恶劣的自然环境下，为了让人民过上"卧则居居，起则于于"的美好生活，面对困难与曲折，神农炎帝以坚韧不拔、团结一致、勇敢拼搏、自强不息的奋斗精神，推动着历史向前发展。《山海经·北山经》中所记载的发鸠山就在山西高平市的西北部，据传此山有精卫鸟，是炎帝小女儿溺死在东海后变成的，因此它总是衔西山的木石，投入东海，想把海填平。虽然这只是神话传说，却充分反映了炎帝及其部族与大自然做斗争的英雄气概。《周易》说"天行健，君子以自强不息"，"刚健而文明，应乎天而时行"。这种百折不挠、自强不息的精神，贯穿于中华民族数千年历史之中。

（四）民主友善的公正和谐精神

中华民族的民主友善、公正和谐精神源远流长，这其中凝聚着中华民族最深沉的价值追求和价值共识，传承着中华民族最根本的精神基因和伦理品质。炎帝时代是母系氏族社会向父系氏族社会过渡的时代，生产资料公有，氏族成员共同劳动、共同消费，民主友爱，人人平等。"昔者，神农之治天下也，神不驰于胸中，智不出于四域，怀其仁诚之心，……养民以公。其民朴重端悫，不忿争而财足，不劳形而功成，因天地之资而与之和同。"（《淮南子·主术训》）炎黄时期先民们的精神标识和价值追求，是中华民族生生不息、与时俱进的丰厚滋养和动力源泉，也是社会主义核心价值观形成与发展的源头活水和精神依托。

二、社会主义核心价值观与炎帝文化在内涵上的一致性

每个时代都有每个时代的精神，每个时代都有每个时代的价值观念。党的十八大强调要积极培育和践行社会主义核心价值观，倡导富强、民主、文明、和谐，倡导自由、平等、公正、法治，倡导爱国、敬业、诚信、友善，这24个字是社会主义核心价值观的基本内容，其中每项内容都传承着炎帝文化的基因，凸显出丰富的相同相济的一致性。

（一）自由平等、民主和谐与社会主义核心价值观的通融性

在我国的传统文化中，人们总喜欢用“尧天舜日”来形容天下的太平、安宁、自由、平等、民主、和谐。因为尧、舜都是《礼记·礼运》中所倡导的“大道之行也，天下为公”的圣贤君王。北宋《太平御览·炎帝神农氏》中有这样一段记载：“《尸子》曰：神农氏夫负妻戴，以治天下。尧曰：‘朕比之神农，犹旦之与昏也。’”尧帝对炎帝的礼赞，实际上就是对那个时代价值观的肯定。

神农炎帝的天下为公的理念或许是朴素的，也有着其认识上的局限性，但他一心为公、率先垂范、为民造福的精神却有着不朽的价值，这也正是社会主义核心价值观的题中之义。

（二）为民造福、务实敬业与社会主义核心价值观的契合性

炎帝能够开启农耕文明、医药文明、商贸文明，在诸多领域取得巨大成就，重要原因之一是在自然环境十分险恶、人们的认识水平相对低下的原始社会，他不畏惧不退缩，自强进取，不求玄虚，脚踏实地，在改造自然的过程中始终保持积极健康的向上精神，为中华民族的繁荣和发展提供了强大的精神力量，正如德国著名哲学家黑格尔在《历史哲学》中所指出的，底格里斯河和幼发拉底河沿岸的那些古老文明已经香消玉殒，波斯文明也已难再寻觅踪迹，寂静的尼罗河上的埃及文明如今只存在黄泉下面，“只有黄河、长江流域的那个中华帝国是世界上唯一持久的国家”。当前，实现中华民族伟大复兴已成为全国各族人民的共同理想，是社会主义核心价值体系的主题所在。

（三）勇于探索、不断进取与社会主义核心价值观的同向性

神农炎帝勇于探索、开拓创新、自强不息的精神，是一种不因时代变迁而褪色的中华民族的伟大精神。中华民族优秀传统文化历来主张道不可坐论，德不能空谈，从知行合一上下功夫，事才能做实，人才能做好。“天下难事，必作于易；天下大事，必作于细。”正是有了炎帝“一日而遇七十毒”而前行不止的自强不息的精神，才有了中华农耕文明。当前，我们大力弘扬以改革创新为核心的时代精神，在“十三五”规划期间要全面建成小康社会，就必须把小事当作大事干，一步一个脚印往前走。滴水可以穿石，只要坚韧不拔、百折不挠，就一定能够走向成功的彼岸。

三、培育和践行社会主义核心价值观要充分体现浸润着炎帝精神的中华优秀传统文化

习近平总书记在北京大学师生座谈会上讲话时强调："人类社会发展的历史表明，对一个民族、一个国家来说，最持久、最深层的力量是全社会共同认可的核心价值观。核心价值观，承载着一个民族、一个国家的精神追求，体现着一个社会评判是非曲直的价值标准。"北齐刘昼说："《神农之法》曰：'丈夫丁壮而不耕，天下有受其饥者；妇人当年而不织，天下有受其寒者。故天子亲耕，后妃亲织，以为天下先。'"这就是神农炎帝时期对当时核心价值观的认识。诸如此类的还有"神农之世，卧则居居，起则于于。耕而食，织而衣，无有相害之心，此至德之隆也"等。这些理念，不论是过去还是现在，都有其鲜明的民族特色，都有其永不褪色的时代价值。

《论语》说："三年不为礼，礼必坏；三年不为乐，乐必崩。"一部《论语》，既是对炎帝文化的传承，也是当代人道德人伦的行为指南。大力倡导以富强、民主、文明、和谐、自由、平等、公正、法治、爱国、敬业、诚信、友善为主要内容的社会主义核心价值观，是人类社会进步发展的内在要求。炎帝文化中包含着"孝、悌、忠、信、礼、义、廉、耻"等丰富内容。"礼义廉耻，国之四维，四维不张，国乃灭亡。"这是古代贤人对德治的精辟论述，用现代的话说，就是人生在世，要有正确的社会主义核心价值观，应该懂得憧憬什么，畏惧什么；什么是对的，什么是错的；什么是真善美，什么是假恶丑。总之，老百姓"从行不从言"，践行社会主义核心价值观，要从小从细从实抓起，就像习近平总书记所说的，要抓铁有痕，踏石留印。

一方面要以德孝亲民为轴心，培育和践行社会主义核心价值观。古人说："大学之道，在明明德，在亲民，在止于至善。"核心价值观其实就是一种德，既是个人的德，也是国家的德、社会的德。国无德不兴，人无德不立。炎帝文化的基本内核就是粒我烝民，懿德亲民，天下为公。弘扬炎帝文化，就要把以德化人、以孝为先作为培育和践行社会主义核心价值观的轴心，紧紧抓在手上，落实在行动上；就要深入挖掘炎帝优秀传统文化，加强道德伦理教化，发展特色文化旅游，发挥德孝文化的正能量，努力营造"小德立身，大德爱国"的德孝文化氛围，增强广大群众的文化自觉和文化自信。

另一方面要以当地特色文化为载体，培育和践行社会主义核心价值观。李学勤先生在为《炎帝古庙》一书作序时说过一段非常中肯且很有见地的话："高平地处晋东南上党地区，历史文化底蕴深厚，尤以有关炎帝的传说遗迹最为繁富，如羊头山上的神农城、神农泉、五谷畦、神农庙，以及庄里的炎帝陵、故关的炎帝行宫等，引人瞩目。"了解炎帝历史传说，自然不可忽略高平。大力开发炎帝

文化，把炎帝文化作为培育和践行社会主义核心价值观的有效载体，进而发挥炎帝文化怡情养志、涵育文明的重要作用；认真挖掘和梳理炎帝文化中的思想精华，作出通俗易懂的时代表达，赋予其新的时代内涵，使之与中国特色社会主义核心价值观相适应，让这一优秀传统文化在新的历史条件下进一步发扬光大：这些都是十分必要的。

（作者：米东明，山西高平炎帝文化研究会会长）

论具茨山与具茨山文化

◇张国硕

黄帝文化是中国古代文明的源头。以中原地区为中心的黄帝文化灿烂辉煌,奠定了中华文明的基础。黄帝是中华民族的人文始祖,是中原诸多族群的共同祖先。具茨山是黄帝部族的主要活动地,黄帝部族活动的中心区域是在具茨山地区。具茨山文化是黄帝时代文化的代表,在中国古代文明起源与形成上具有十分重要的地位。具茨山文化具有独特的分布区域、文化内涵和文化特性。

一、具茨山是黄帝时期的圣山

具茨山位于河南省中部新郑、禹州、新密、登封、长葛等市相邻地带,属于伏牛山系嵩山余脉,东西绵延约55公里。具茨山海拔500—800米,主要山峰有荟萃山、崆峒山、九里山、大鸿寨山、风后岭、老山坪、石牛山、陉山等。山体由下元古界的千枚岩、片岩、石英岩构成,局部地层为寒武系、奥陶系灰岩。地形地貌独特,沟、山、岭、背、台地错落分布,沟壑纵横。山势陡峻,一般坡度大于35度,局部地段近于直立。风后岭或风后顶(始祖山)是具茨山系的主要山峰,位于新郑市辛店镇西南部,东西长2公里,南北宽1.5公里,面积3平方公里,海拔793米,相对高度540米,相传因黄帝臣风后封地而得名。该峰地质复杂,悬崖峭壁直插云霄,怪石林立,有鹰嘴石、一线天、龟驮石等,气势壮观。山上水源丰富,到处溪流潺潺,山北坡有黑龙潭,南坡有白龙潭。

早期文献材料显示,黄帝常在具茨山一带举行各类活动。如《庄子·徐无鬼》记载有黄帝见大隗于具茨山的故事。其曰:"黄帝将见大隗乎具茨之山,方明为御,……至于襄城之野,七圣皆迷,无所问涂。适遇牧马童子,问涂焉,曰:'若知具茨之山乎?'曰:'然。''若知大隗之所存乎?'曰:'然。'""大隗"亦作"泰隗",古时候至人形象。唐陆德明《经典释文》云:"大隗,神名也。""具茨之山"当为今新郑、新密、禹州之间的具茨山。"襄城"即今具茨山之南的襄城县。此记载是说黄帝带领方明等七个圣人到具茨山会见神人大隗,驾车走到襄城之南旷野时迷失方向,遂问路于牧马童子。北魏郦道元《水经注·溪水》中明确指出黄帝登具茨山所举行的活动。其云:"溪水出河南密县大騩山,大騩,即具茨山也。黄帝登具茨之山,升于洪堤上,受《神芝图》于华盖童子,即是山也。"此外,《庄子·在宥》又载黄帝在具茨山区的崆峒山拜见广成子求问“至道”。其曰:“黄帝立为天子十九年,令行天下,闻广成子在于空同之上,故往见之,曰:‘我闻吾子达于至道,敢问至道之精。’”“广成子”为古代传说中的神仙。“空同”即“崆峒”,属于具茨山系的重要山峰。明《河南府志》:“崆峒山,在钧州西北五十里,上有逍遥观,相传黄帝修炼之处。”“钧州”即今禹州市。崆峒山在今禹州城西北 20 公里。该山为东西走向,长 1.5 公里,宽 1 公里,岗岭交错,古木叠翠,山水相宜。

具茨山历代被誉为黄帝时期的圣山,是几千年来炎黄子孙登山朝圣、寻根拜祖的民族圣地。新郑风后岭上黄帝文化遗迹遍布山野,有轩辕阁、风后祠、迎日推策台、梳妆台、嫘祖庙、黄帝大宗祠、黄帝屯兵洞、黄帝避暑宫、幽胜宫、黑龙潭、白龙潭等古迹。始建于汉代的始祖庙,其系石质建筑,堪称“中华一绝”。在唐代,具茨山是唐皇帝祭祀的“神山”之一。《旧唐书·高宗本纪》记载,永淳二年(683)春正月,唐高宗与武则天游览嵩山之南的奉天宫,“遣使祭嵩岳、少室、箕山、具茨等山”。历代每年阴历三月三,是炎黄子孙登山朝圣、寻根拜祖的节日。这里山清水秀,风景如画,令人心旷神怡,感慨万千。杜甫诗云:“不必陪玄圃,超然待具茨。”李颀诗云:“吾闻仙地多后身,安知不是具茨人。”乾隆作《晏饮歌》曰:“缅崆峒问道,虚怀谒具茨。”此外,禹州崆峒山上有逍遥观、问道处、得道庵、广成子庙和大仙观等古迹,令人遐思连连。

二、具茨山地区是黄帝族群活动的中心区域

以新郑、新密为中心的具茨山及相邻地区,是中华文明始祖轩辕黄帝出生、建都、发迹之地,也是黄帝部族活动的中心区域,留下了难以计数的黄帝时代的文化遗存。

新郑一带为黄帝建都之地。黄帝,号有熊氏。《史记·五帝本纪》云:“黄帝者,少典之子,姓公孙,名曰轩辕。”《世本·帝系》:“少典生轩辕,是为黄帝。”这里言黄帝为少典氏族后裔。关于黄帝的出生地,历来说法不一。如《史记·五帝本纪》索隐引皇甫谧:“黄帝生于寿丘,长于姬水,因以为姓。”正义曰:“生黄帝于寿丘。寿丘在鲁东门之北,今在兖州曲阜县东北六里。”又引《舆地志》:“涿鹿本名彭城,黄帝初都,迁有熊也。”“彭城”即今徐州市。是知黄帝的出生地有“曲阜说”和“徐州说”。此二说值得商榷。因山东和苏北地区乃是我国古代东夷族的活动中心,属于华夏集团的黄帝不大可能出生在那里。综合各种因素分析,黄帝部族最早的活动地域应在今河南新郑市境内,都于有熊。早期的文献《世本·帝系》、戴德《大戴礼记》等都说黄帝“居轩辕之丘”,今本《竹书纪年》也言黄帝“居有熊”,《白虎通义·号篇》称“黄帝有天下,号曰有熊”。西晋皇甫谧《帝王世纪》对黄帝事迹记载较详:“黄帝有熊氏,少典之子,……以土承火,位在

中央,故曰黄帝。龙颜,有圣德,受国于有熊,居轩辕之丘,故因以为名,又以为号。”对于“有熊”和“轩辕之丘”的解释,《史记·五帝本纪》集解引皇甫谧:“有熊,今河南新郑是也。”《续汉书·郡国志》“河南尹新郑”条下刘昭注引皇甫谧:“古有熊国,黄帝之所都。”《水经注·洧水》:“(新郑县)故有熊氏之墟,黄帝之所都也。”《史记·周本纪》正义引《括地志》:“郑州新郑县,本有熊氏之墟也。”《元和郡县志·河南道》:“新郑县……本有熊之墟。”由此可见,有熊和轩辕之丘的所在,历代史家多认定是在今河南省新郑市。至今新郑、新密一带仍保存有诸多传说性的黄帝活动遗迹,如轩辕故里、具茨山、风后顶、大隗山、力牧台、黄帝宫等,说明古代黄帝部族应最早活动于此地并建都有熊。因此,新郑一带当为“黄帝故里”或“轩辕故里”。

与黄帝部族有姻亲关系的西陵氏位于具茨山以南的西平一带。嫘祖又作“傫祖”“累祖”“雷祖”,是黄帝之妻、西陵氏之女。《史记·五帝本纪》记载:“黄帝居轩辕之丘,而娶于西陵之女,是为嫘祖。嫘祖为黄帝正妃。”索隐引皇甫谧:“元妃西陵氏女,曰累祖。”《世本·帝系》:“黄帝居轩辕之丘,娶于西陵氏之子,谓之嫘祖。”《大戴礼记》:“黄帝居轩辕之丘,娶于西陵氏,西陵氏之子谓之嫘祖氏。”其他文献也有类似的记载,且多言嫘祖与养蚕业有关。如《路史·后纪》载:“黄帝元妃西陵氏女曰傫祖,以其始蚕,故又祀之先蚕。”目前,有关嫘祖故里较有影响的观点主要是湖北的黄冈说、宜昌说(宜昌市夷陵区),四川盐亭说(金鸡镇嫘祖村)及河南西平说。对诸说进行分析不难发现,这些观点的主要依据大都称汉代以后当地就已被称作“西陵”,如“西陵县”“西陵郡”或“西陵峡”等,当地大多也都流行着与嫘祖有关的民间传说和风俗习惯,故仅仅从文献所载西陵地望和当地民俗方面驳倒某一观点是十分困难的。探寻嫘祖故里,最为关键的途径是要在嫘祖所属的西陵氏部族与黄帝部族的关系上下大功夫。首先是黄帝部族与西陵氏部族居地相距不会太远,二者应毗邻,以便于通婚、人员来往和文化交流。其次,嫘祖文化应属于黄帝文化圈的组成部分,反映在考古学文化面貌上,必然是西陵氏部族文化与黄帝部族文化都属于同一文化圈,二者应该有相当大的一致性,但也不排除有一定的差异。在空间上,西陵氏部族文化不应该位于黄帝文化的中心区域,而有可能分布于黄帝文化圈的外围地区。研究表明,黄帝轩辕氏的活动中心在今天的河南新郑地区,属于黄帝文化的仰韶文化分布的中心区域是在今河南中西部。那么与黄帝部族有姻亲关系的嫘祖西陵氏部族,应在距离今新郑及河南中西部不太远且属于仰韶文化分布区的某一地方。河南中南部的驻马店一带属于仰韶文化分布的东南外围地区,隶属驻马店市的西平县,已发现董桥等多处仰韶文化遗址,与嫘祖西陵氏部族文化属于黄帝文化圈的特点相吻合。西平一带与新郑及河南中西部黄帝文化中心区域是近邻,二者相距大约120公里,远近适中,古代两部族之间交往相对方便,完全存在黄帝部族与西平当地部族联姻的可能性。西平一带与嫘祖为西陵氏女的记载相吻合。这里汉代存在“西陵”地名，因“西陵平夷”而得名“西平”，《水经注》《三国志》等文献对西平之西陵都有明确的记载，甘肃武威出土的汉简更明确说出西汉成帝时西平即称“汝南西陵县”①。而且西平历代地方志中也多有西平与嫘祖西陵氏相关的记述，当地民间又有许多与嫘祖文化有关的传说，如嫘坟、嫘祖庙、桑蚕节、祭蚕神等。故与现今有关嫘祖故里诸说进行认真比较，综合各种因素，西平说显然最具说服力和可信性②。嫘祖故里在西平的观点，也为黄帝故里在新郑提供了旁证。

具茨山以西今三门峡灵宝市一带也是黄帝部族的主要活动区域。《史记·孝武本纪》索隐云：“鼎湖，县名，属京兆，后属弘农。昔黄帝采首阳山铜铸鼎于湖，曰鼎湖，即今之湖城县也。”湖城在今河南灵宝市。灵宝一带历代也有诸多与黄帝有关的传说，铸鼎原上还有黄帝祠和黄帝陵。20世纪90年代以来，在今灵宝市的铸鼎原、西坡一带，考古发现了丰富且规格较高的与黄帝时代关系密切的仰韶文化遗存，说明豫西地区当为黄帝时代文化分布的重要区域。

三、具茨山文化是中国古代文明的重要组成部分

具茨山得名于黄帝时代，后代文献屡见，比得名于东周以后的中岳嵩山出现年代要早，知名度更大。黄帝时代具茨山是黄帝部族主要的活动地，是当时举行祭祀、会盟等各项重要活动的场所。具茨山及周围地区古代文化遗存丰富，规格高，种类多，历史悠久，具有独特的分布区域、文化内涵和文化特性。如此重要且有特色的文化遗存，若仅仅用“具茨山岩画”命名是涵盖不了具茨山及周围地区文化之博大精深的；而通常所用的“黄帝文化”一词概念太大，涉及区域范围太广，突出不了这一区域的文化特色。因此，有必要把这一区域称作“具茨山地区”，把这个区域的文化遗存称作“具茨山文化”，用来概括特定时期内这一区域物质文化和精神文化的总和。

由于具茨山地区古代文化的辉煌时期和特色鲜明阶段是史前时期至夏代早期，故具茨山文化的年代范围应限定在史前时期到夏代前后。

具茨山文化的分布范围，当以具茨山区为中心，包括今新郑、新密、登封、禹州、长葛等市在内的颍水中上游地区。

具茨山文化以黄帝文化、岩画文化、中国古代文明重要发祥地及根亲文化为主要内涵，具有历史悠久、文化先进、辐射性强等特点，存在着诸多独一无二的闪光点。

---

① 李并成：《武威王杖简与汉代尊老扶弱制度》，《人民政协报》2000年10月23日。

② 张国硕：《嫘祖故里探寻》，《2006中国西平学术研讨会论文集》，北京：文物出版社，2007年，第71页。

以新郑裴李岗遗址命名、距今七八千年的裴李岗文化，以石磨盘、带齿石镰、红陶小口折肩双耳壶等器物为代表，已发明原始耕种农业和畜牧业。该文化是目前已确认的中原地区最早的史前时期考古学文化，为其后形成的仰韶文化的直接源头。

以具茨山地区为中心的黄帝文化是当时社会最为先进的文化，奠定了五千年中华文明的基础，对周边地区产生了广泛而深远的影响。建都于有熊的黄帝部族修德振兵，通过与炎帝、蚩尤等部族的战争，最终一统华夏。从《史记·五帝本纪》《史记·封禅书》《世本》等文献可知，黄帝时代已种植五谷，作宫室，制衣服，营殡葬，制定天文历法，作舟车，制音律，创医学等。一般认为，黄帝部族所处的时代距今5300—4500年，与仰韶文化中晚期、庙底沟二期文化时代大约一致。仰韶文化、庙底沟二期文化分布的区域包括今河南大部、陕西关中盆地、晋南等地，其影响区域更加广泛，但中心分布区域则是包括具茨山地区在内的豫中、豫西地区及关中平原地带。具茨山地区发现了新郑唐户、新密沙石嘴、登封唐庄、禹州谷水河等诸多仰韶文化遗址。学界研究表明，仰韶文化分布的区域当属于黄帝文化圈，以庙底沟类型、大河村类型、庙底沟二期文化为代表的文化遗存应属于黄帝部族文化。仰韶文化中晚期，大型聚落开始建造，形成了像河南新郑市唐户遗址、灵宝市北阳平遗址和西坡遗址那样的大型聚落。在仰韶文化晚期，筑城技术被发明，以郑州西山为代表的早期城市开始修筑。由于仰韶文化庙底沟类型的文化先进性，其对周围广大地区产生了广泛而深远的影响，充分反映出此文化具有较强的辐射功能。

在尧、舜、禹时代，以登封、新密、禹州、新郑为中心的具茨山地区，形成了光辉灿烂的龙山时期文化：陶器以轮制为主，器类复杂，技术先进；生产工具石器磨制较精，穿孔石器普遍；出现了冶铜业，凿井技术业已发明，水利灌溉已在应用；发现的居址遗址，房子既有半地穴式，又有地面建筑。在登封王城岗、新密古城寨和新砦发现这个时期的大型城址，说明这个时期已进入文明社会阶段。

具茨山地区是夏文化的发源地。一般认为，龙山文化煤山类型、新砦期遗存和二里头文化与夏文化关系密切，而早期夏文化当分布在具茨山所在的颍水中上游地区。煤山类型龙山文化主要分布于嵩山以南地区，应是包括大禹在内的夏族文化遗存。这里发现的登封王城岗城址为文献所载的“禹都阳城”①，禹州瓦店大型遗址有学者认为与“启都阳翟”有关②。此区域发现多处属于河南龙山文化晚期的文化遗存，充分说明这里是早期夏族活动的中心区域。新砦期遗存是晚于河南龙山文化、早于二里头文化一期的一种考古学文化遗存，整体特征更

① 河南省文物研究所等：《登封王城岗与阳城》，北京：文物出版社，1992年，第323页。
② 河南省文物考古研究所：《禹州瓦店》，北京：世界图书出版公司，2004年，第1页。

接近二里头文化系统①,其年代应属于包括夏启在内的夏王朝早期②。新砦期遗存主要分布于颍水中上游的新密、登封、禹州、汝州一带。考古工作者在新密新砦发现了这个时期的大型城址,其或即为文献记载的“启居黄台之丘”。夏王太康时期,夏王朝的政治中心由具茨山地区所在的颍水中上游地区迁往西北方的伊洛盆地,从而形成二里头都城遗址,即“太康居斟寻”③。

近年来,在数百平方公里的具茨山山区,有关人员发现诸多岩画和巨石文化遗存④。巨石文化遗存数量较多,散布于荟萃山、九里山、崆峒山、大鸿寨、龙门、大牧场等地。从巨石文化遗存所处的位置和石头堆积的朝向来判断,可能与祭祀、天文记录等早期人类社会行为有关。具茨山的岩画内涵丰富,具有数量大、分布面积广、类型丰富多样等特点。这些岩画延续年代可能较长,部分岩画应为史前时代人类活动所形成的文化遗存。具茨山岩画为研究包括黄帝文化在内的古代历史提供了重要的实物材料。

(作者:张国硕,郑州大学历史学院教授、博士生导师)

① 赵芝荃:《略论新砦期二里头文化》,《中国考古学会第四次年会论文集》,北京:文物出版社,1985年,第17页。

② 张国硕:《夏纪年与夏文化遗存刍议》,《中国文物报》2001年6月20日。

③ 张国硕:《论二里头遗址的性质》,《二里头遗址与二里头文化国际学术研讨会论文集》,北京:科学出版社,2006年,第37页。

④ 刘五一编著:《具茨山岩画》,郑州:中州古籍出版社,2010年,第13、41页;刘五一编著:《中原岩画》,郑州:中州古籍出版社,2012年,第26页。

炎帝文化在高平

◇许永忠

高平是中华始祖炎帝的故里,境内有关神农炎帝文化方面的遗迹遗存和故事传说到处可见,其年代之久、数量之多、内容之全、影响之深,绝非他处可比。

一、遗存碑记年代久远

根据考古发现,在高平境内,新旧石器时期、仰韶文化时期的古遗址有多处。在羊头山南麓有旧石器时期的李家河遗址,羊头山的神农城考古发现了很多仰韶文化时期的红陶片,2012 年在羊头山东面的陈区镇发现有一个石琮,专家考证其大约是五千年前祭祀天地神灵的产物。这些遗迹与遗存,从一个侧面说明,在远古时期,有先民在这里生存生活而且先民中有可能有过部落的首领。如石琮就有可能是神农炎帝部落中炎帝祭祀天地神灵的祭器。

北齐至唐、宋以来,碑刻文字和流传在民间的大量传说,也从一个侧面证明了高平极有可能是炎帝生存生活的地方。

先看北齐天保二年(551)的残碑。石碑已残,保留的文字有“神农圣灵所托,远瞩太行,傍接大□,□沁水之□”,还有“地称唐公,山号羊头”等。该碑距今已有 1400 余年,是迄今已知记载炎帝事迹最早的碑刻。该碑现存高平市羊头山神农庙内。

再看唐武周朝天授二年(691)羊头山清化寺的碑刻。碑文记载:“此山炎帝之所居也。昔者摄提纪岁之后,燧人化火之前,穴处巢居,茹毛饮血。爰逮炎皇御宇,道济含灵,念搏杀之亏仁,嗟屠戮之残德。寻求旨味,以替膻腥,遍陟群山,备尝庶草。届斯一所,获五谷焉。记此灵奇,显其神异,石类羊首,遂立为名。于是创制耒耜,始兴稼穑;调药石之温毒,除瘵延龄;取黍稷之甘馨,充虚济众。人钦圣德,号曰神农。历代崇恩,峰亭享庙。其山也,左连修岭,横巨嶂而峙沧波;右接遐峰,列长关而过绛阙。烈山风穴,泛祥气而氤氲;石鼓玉泉,泄云雷而隐轸。芬敷花药,春夏抽丹。蓊郁松萝,秋冬耸翠。人天交集,仙圣游居。譬鹫岭之灵宫,犹鹿苑之佳地。播生嘉谷,柱出兹山矣。”这段文字详细记载了炎帝得嘉禾、播五谷,制耒耜、兴稼穑和尝百草、调药石、疗民疾的伟大功绩。还记载了羊头山(烈山)的气候变化和居住的优良条件,以及炎帝的儿子柱在此山中出生的情况。

关于神农乡，在唐、五代至北宋的墓志中有明确的记载。神农乡位于羊头山下，其名湮没了近千年。1995 年 4 月，高平市团池乡团池村一农民在村南开发荒地时，发现了载有“神农乡”的墓志，遂大白于天下。这一发现说明，在唐宋时期乃至唐宋以前，高平县的乡级区划中，就有“神农乡”之称，其辖地就是高平羊头山一带。此后，又先后发现四合载有“神农川和神农乡”的墓志。这些墓志的发现，不仅为高平为神农故里提供了重要的佐证，也为高平的炎帝文化研究和开发拓宽了视野，增加了新的内容，提供了重要的线索和依据。

这些载有“神农乡”的墓志记载如下：

唐天祐七年(910)《毕刚墓志》记载：“……贯居泽州高平县丰溢乡魏庄村明城里之人也。……维大唐天祐七年岁次庚午正月壬辰朔三日甲午，固迁祖茔，先在神农乡神农里团池店南一达之东。”

五代后晋天福二年(937)《唐故浩府君墓志铭》记载：“贯祝泽郡，户寄高平，乡神农，团池村人也。……后倚烈山大岭。”

北宋元符二年(1099)《宋故郭府君墓志铭》记载：“泽州高平县神农乡团池村……”

唐武周朝长安三年(703)《大周故处士泽州高平县李君墓志之铭》记载：“谨于长安三年，次岁癸卯正月癸亥朔廿日壬午，合葬于高平县东北廿里‘神农川’东原之礼也。斯乃东瞻峻岭，连桂岫于仙峰；西望韩山，接长峦之翠岩；前观来岳，游魂于秦赵之场；却眺羊头，散魄于炎皇之地。……仍恐移山逐雨，变海为田，故勒斯铭用旌，报美赵群之璧。神农盛德，位列三槐，门传九□。天柱英灵，自然岐嶷；日下驰名，云间振翼。”

北宋淳化四年(993)《大宋昭德军故魏府君墓志铭》记载：“……魏氏之先，案姓系云，元宗自周武王母弟，受封于毕万仕晋封魏城，因为姓氏，即唐左丞相郑国公魏征之后。公即为裔绪者，众乃冀州鼓□郡为祖望，本泽州高平县神农乡阎魏庄人也。世充厥职抓派于斯，今为潞人也。……附葬于上党县太平乡郝家庄西北祖茔里也。”

金元以下至明、清、民国，有关神农炎帝的宇庙、碑刻和典籍记载更多。如金元时期创建和重修的五谷庙、炎帝中庙、邢村炎帝庙、团西村炎帝寝宫，保存完好的明万历三十九年(1611)的炎帝陵碑等。明代律学家朱载堉在其所著的《羊头山新记》中，详细地记载了羊头山及炎帝陵的地理位置，此处不再一一详述。

二、遗存碑记数量众多

高平神农炎帝的遗迹、遗存数量众多，有两个方面的表现：一是类别多，二是数量多。

先说类别多。(1)农耕生产方面。羊头山是炎帝得嘉禾、播五谷,制耒耜、教稼穑,农耕生产最重要的地方。山上还有试种五谷的五谷畦。《黑暗传》中明确记载:“炎帝上了羊头山,仔细找,仔细看,发现粟子有一粒,寄在枣树上,忙去开荒田,八种才有小米饭。”北魏《风土记》也记载:“神农城在羊头山,其下有神农井,皆指此地也,地名井子坪,有田可种,相传神农获嘉谷于此,始教播种,谓之五谷畦焉。”(2)生活方面。羊头山上有神农城,至今还留有神农城的遗址。2015年11月2日,山西省考古研究所考古队在羊头山古文化遗址考察挖掘时,发现该处附近埋藏有较多仰韶时期的尖底瓶、红陶钵及红陶夹砂罐的陶片;在遗址之上有一道东西走向的人工石砌围墙,通过对石砌围墙基础的调查,发现围墙建在仰韶时期的遗址上,其石砌围墙的时代与仰韶时期遗址的时代相当或稍后,迄今有5000年左右的历史,这充分说明当时在羊头山出现了频繁的人类活动和以农业为主的生业模式。历史记载的“神农城”,其可能的时代为新石器时代仰韶时期,与新发现的仰韶时期的羊头山遗址时间、地点相吻合。在神农城南山麓,还有神农泉、神农井。在羊头山一带,唐宋时期更有“神农乡”的称谓。在神农镇的村落中,还有炎帝行宫、炎帝寝宫等庙宇。(3)医药方面。炎帝除农耕方面功绩外,还尝百草,疗民疾。炎帝采药的炎帝岭,位于羊头山西南方向,高平市野川镇与寺庄镇的交界处,岭的走向从西北到东南。山上有多种中草药。2014年7月,在高平市西北的庄上村,笔者发现一块记载该村山脉走向的明代刻石,其上文字记载:“炎帝岭发脉芦家山(野川镇),过穴洞上孔家山,打盘大石山,结顶牛岭,来龙行至朱砂砚台之穴,西山卯向,向大梁山云月寺,吉之兆也。风鉴度岭遗题。”炎帝采药误食断肠草中毒的故事,更是广泛流传。至今,羊头山下神农乡东北一带流传着的炎帝中毒回返时经过村落的故事中还留下了完整的地名、村名。在炎帝岭上曾有炎帝的一处高庙,并举办有庙会。庙毁后,庙会移在野川镇后沟村。关于人们去炎帝庙求药的故事,在高平民间世代流传。(4)民俗民风与祭祀节令方面。据《泽州府志》《高平县志》记载,每年农历四月初八,官府都要举行祭祀炎帝的活动,官员亲临炎帝庙祭祀。高平的炎帝上庙、中庙和下庙,就是每年祭祀的地方。民间祭祀更为普遍。清康熙年间曾任高平知县的柯贞干在《重修东关炎帝庙碑》中,记载有当时四月初八祭祀炎帝的盛况:“四月维夏,因庙社之会,聚四方之民,陈百货而交易之,各得其所。礼行乐作,神人胥悦。”在庄里村,每年的农历四月初八,要举办祭祀炎帝的五谷庙会。各村民众聚集庙里,由社首抬着炎帝像,敲锣打鼓,到附近村社去出场,场面宏大,非一般村落庙会可比。民间曾流传着“走扬州,下汉口,不如五谷庙里当社首”的歌谣。除此以外,还有六月初六的麦祭、七月十五的谷祭等。在羊头山上至今仍保留有祭天台,县城和乡村有大量的庙宇,多称炎帝庙、神农庙和五谷庙,甚至还有祭祀炎帝夫人的“炎帝奶奶庙”、祭祀炎帝女儿的“玉女祠”、祭祀炎帝儿子的“太子殿”等。(5)羊文化与羊图腾。羊是炎帝文化崇拜的神兽。在高平,与羊有关的羊图腾文化相当多。在羊头山巅，原有一整块状如羊形的大石，后因地震，该石断裂，加之风雨剥蚀，形状难辨，经人指点，尚能看出雏形。据说因该石羊的头朝向高平，尾朝向长子，所以高平人说“我”为“咩”，长子人说“我”为“屙”。如今高平方言中的“我”，依然是“咩”，和羊的叫声相近。在羊头山上的北魏隋唐的石塔上，也刻着羊头的图腾，而在民间的木雕、砖雕和石雕工艺中，羊的图腾更是随处可见，其图案有“三羊开泰”“五羊衔穗”“牧羊图”等。在民俗文化中，还有在正月十五和七月十五日送面羊的习俗。有的是女儿送给父母，有的是母亲送给女儿。儿女婚嫁时，友人邻居要给女方送拴成一百或二百一串的烤面羊，俗称元羊。婚嫁当天，女方要在女儿的陪嫁中放烤面羊，次日再派人去男方家送羊。节庆祭祀等活动中，也有蒸面羊的，在高规格的祭祀活动中，羊和猪、牛，作为三牲太牢共祭。在婴儿出生后满月时，长辈在给婴儿的金银锁链和手镯上，也有饰羊图案，雕“三羊开泰”等字样。羊文化在人们的日常生活中到处可见。

再说数量多。高平境内祭祀神农炎帝的各种宇庙，世传最盛时多达 100 多座。现存有 40 余座，保存基本完好的有 35 座。还有单独祭祀其夫人和儿女的祠庙 2 座（韩王山玉女祠、长畛村娘娘庙）。这些宫庙名称各有不同，有神农庙，炎帝庙，炎帝行宫，炎帝寝宫，炎帝上、中、下庙，五谷庙等。还有专门求药的疙瘩神庙，如寺庄清凉寺的疙瘩神庙、石末南山的疙瘩神庙等。

碑刻数量也十分可观，兴盛时多达近千通，现收入《炎帝古庙》一书的有 100 多通。李学勤先生在该书序言中写道：“高平地处晋东南上党地区，尤以有关炎帝的传说遗迹最为繁富，……了解炎帝的历史传说，自然不可忽略高平。”《炎帝古庙》一书，广泛收集整理晋东南地区现存炎帝庙中碑刻 100 余通，其中分布于高平的占其四分之三，建立时代上起魏晋，下至清末民初，纵跨 1500 余年。这充分表明炎帝历史传说在这一地区源远流长，值得深入探索研究。

三、文化内容全面完整

关于炎帝故里，有多种说法，全国各地也从不同的角度进行过论证：陕西宝鸡以炎帝出生地而说炎帝，湖南株洲以炎帝陵而谈炎帝，湖南会同因连山易而演绎炎帝故里，湖北随州因厉山为烈山而宣传炎帝故里，河南柘城以炎帝朱襄氏陵而称炎帝故里。相比之下，真正能称得起炎帝故里的唯有高平。因为这里有数量众多的神农炎帝宇庙和记载神农炎帝的碑刻，有丰富密集的遗址、遗存和传说故事，更重要的是，这里有系统的、完整的炎帝文化，而且深度远、面积广。

第一，从生产生活方面看。在羊头山上保存有神农城的遗址。2015 年，山西省文物考古研究所考古队在羊头山挖掘考察后，推测出这处遗址可能就是历史上的神农城遗址，距今应该已有 5000 年左右的历史。在神农城的山下，有神农井、神农泉、五谷畦。在炎帝岭，有炎帝尝草药的传说和地名。在神农镇，有炎帝尝百草中毒回返的路径和村名。在羊头山下的村庄中，有炎帝行宫、炎帝寝宫。在长畛村，有炎帝夫人的传说和炎帝夫人娘娘庙，该村还有天气干旱晒炎帝的求雨方式。在羊头山西 10 余里的地方，有发鸠山，山上有发鸠寺，这就是传说中炎帝的女儿化为精卫鸟衔石填海的地方。

第二，从炎帝尝百草中毒身亡的传说看，该传说有着完整的故事情节，且有至今尚存的地名为佐证。相传炎帝在炎帝岭采药时，误食一种名为断肠草（学名附子的中草药，一说是百足虫）的中药中毒后，骑马回返。当行到羊头山东南的一个村庄时，腹内疼痛难忍，下马由人抬着走，后人将该地称为“换马村”。人们抬着炎帝，边走边呼唤，又路过一个村子时，呼唤炎帝，已不再应声，人们将该村称为“不应村”，后改为“北营村”。炎帝殁后，尸体停放在一个山弯处，人称该地为“卧龙湾”。炎帝装殓安葬后，派人在陵前看护，后户籍渐增，形成一个村落，该村名为“装殓村”，以纪念该地是炎帝装殓安葬地。再后来，村人认为装殓不祥，遂改为“庄里村”。炎帝殁后，其坐骑悲痛不已，沿着陵旁的一个山岭奔跑，最后力竭而亡。人们为炎帝坐骑这种忠诚殉主的精神而感动，将炎帝坐骑安葬于炎帝陵旁，那个山岭被称为“跑马岭”。

第三，从炎帝的陵寝看。高平有炎帝陵，俗称皇陵。陵地有祭祀的宇庙，人称五谷庙，庙内有戏楼、钟鼓楼，配殿有厢房、碑亭，正殿为五谷殿。陵寝四周原有围墙，俗称佳城。陵前还完整地保存着明万历三十九年的炎帝陵碑，这是现今全国唯一保存完好的古代炎帝陵碑。相传陵旁有地道，通地宫，地宫内有盏万年灯，每年县府官员来此祭祀时，要向灯内添油。每年的农历四月初八，四乡八村的村民还要举行隆重的民间祭奠活动，其规格之高、礼仪之繁、人员之多、仪式之隆，绝非一般寺庙可比。古时陵旁的大路边，还立有一通下马碑。上面刻着“文官下轿，武官下马”八个字。所有路经此地的文武官员都要下马，向着炎帝陵遥拜后，方徒步经过。抗战时期，国民革命军途经这里，见到下马碑，军队长官亦下马脱帽致礼后，方率军前行。

第四，从后人对炎帝的祭拜情况看。高平全市 450 多个村落，最盛时有神农炎帝宇庙 100 多座。在紧靠羊头山一带的村落，几乎村村都有炎帝庙，有的村落在其他庙中设殿祭祀。现记载明确、保存完好的宇庙有 35 座。还有很多村落的宇庙，因年代久远，不能详辨。这些庙宇的祭祀活动，多和人们的生产生活息息相关。除一般的逢年过节祭祀外，夏季收麦后，在农历六月初六有蒸麦穗馍祭祀，秋季在农历七月十五有蒸谷穗馍祭祀，而且蒸的数量还要在家中人数的基础上多蒸一个，称“余口”。干旱时要到炎帝庙求雨，长畛村专以晒炎帝求雨。韩王山一带生子求子要到炎帝女儿玉女祠去祭祀。

第五，高平有着丰富的炎帝文化传说故事和民俗民风。2000 年高平政协编纂的第五辑《高平炎帝陵》史料中，收集传闻故事多达 41 个，其中有炎帝创业羊头山，羊头山神农得嘉禾、创耒耜的传说，炎帝战麒麟，女娃斗蛟，紫峰金牛的传说，炎帝神农之死，炎帝岭跑马岭的来由，炎帝行宫的传说，老龙湾话古，炎帝庙里的香火，炎帝下庙的故事，长畛村为何曝晒炎帝，神头岭的传说等。这些故事传说，世代流传遍布境内，这里不再一一赘述。

四、历史传承影响深远

高平是一个多文化聚集的地方。在这块土地上，有佛教文化、道教文化、伊斯兰教文化、基督教文化，有以长平之战为主的古军事文化，还有很多其他颇具特色的地方文化。但是没有一种文化能和炎帝文化相比。在高平，炎帝文化植根最深、影响最大。

（一）炎帝文化是从农耕文明的摇篮中诞生出来的文化

高平的炎帝文化是农耕文明的产物，是从五千年农耕文明的摇篮中诞生出来的文化。（1）羊头山是农耕文明的发祥地，炎帝在这里得嘉禾、播五谷，制耒耜、教稼穑，羊头山南麓的五谷畦，世称炎帝试种五谷的地方，还有神农泉、神农井、祭天台等。（2）祭祀炎帝的神庙。炎帝世称农神，祭祀农神的庙，毋庸置疑和农耕文化关系最密切。旧时炎帝陵的享殿，人称五谷庙，直接和农耕文明衔接。虽大多以炎帝或神农命名，但从其祭祀活动的内容看，从天旱求雨、夏时麦祭、秋时谷祭到时序节令的风调雨顺、五谷丰登祭，都和农耕文明有关。

（二）炎帝文化是与人们的生产生活息息相关的文化

从农耕文明的摇篮中诞生的炎帝文化，无时无刻不和人们的生产生活息息相关。五谷畦告诉人们，永远不能忘记生我养我的黄土地。神农炎帝庙是敬畏天地、敬畏农神的圣殿。祭祀神农炎帝，就是敬畏天地、敬畏先祖，也是佑护根本、佑护自己。

（三）炎帝文化滋生出众多与农耕文明相关的文化

在高平，与炎帝文化相关的文化，还有丝绸文化、造纸文化、仓颉文化、黄梨文化、黑陶文化、冶铸文化等。高平的丝绸文化，不但是潞绸文化的根基之一，高平还是潞绸文化延续至今的唯一传承地。因种桑养蚕而衍生的桑皮造纸，千年不衰。羊头山西面不远处的朗公山，山巅和山下永录一带的仓颉庙，形成独有特色的仓颉文化，永录乡东庄村仓颉庙的“受图创字”“六书始详”石匾，令人深思不已。作为“黄梨之乡”的高平盛产大黄梨，铁炉贡梨因清肺止咳等药用功能而被载入《神农本草经》。名传四海的高平黑陶，是仰韶文化、龙山文化红陶与黑陶的延续和传承。高平煤铁之乡的冶铸文化，延绵几千年。铁器的出现，推动了农耕文明的进展。炎帝以火德王，作为火神，他还是高平很多地方的灶神。

（作者：许永忠，高平市政协副主席）

炎帝农耕文化中的民俗事象

◇贺尔丹

炎帝农耕文化作为中华优秀传统文化的根脉，是华夏儿女在漫长的历史进程中创造、传承和积累起来的。纵观中华优秀传统文化，尤其是上古时期文化，大都附有一定的民俗行为和相关的心理活动。山西省委书记骆惠宁在省党代会的报告中将炎帝农耕文化摆在了十分突出的地位，认真研究高平炎帝农耕文化中的民俗事象，可以帮助我们进一步认识省委、省政府的战略构想和中华优秀传统文化的博大精深与源远流长。

在我国的传统文化中，“民俗”一词很早就已出现。如《礼记·缁衣》：“故君民者章好以示民俗。”“民俗”有时又被称为“风俗”“习俗”“谣俗”等。民俗事象的产生，离不开人类的群体活动，它是群体智慧的结晶，靠一代又一代集体的心理、语言和行为传承下来。但是，民俗事象的集体性并不排除历史英雄人物的倡导和引领。比如高平的众多民俗事象就与神农炎帝的主要活动和主要事迹有着千丝万缕的联系。可以说，没有神农炎帝的历史存在，高平就不会有那么丰富的炎帝农耕文化民俗事象，并成为一种规范人们行为、语言和心理的基本力量。

一、源远流长的“羊”元素

在高平众多与神农炎帝相关的民俗事象中，影响最为深远、最为广泛的当数“羊”元素。《国语·晋语四》说：“昔少典取于有蟜氏，生黄帝、炎帝。黄帝以姬水成，炎帝以姜水成。成而异德，故黄帝为姬，炎帝为姜。”人类早期的自然崇拜、图腾崇拜、巫术占卜等，在氏族部落社会几乎是每个成员的事。从一定意义上讲，图腾制就是氏族社会的社会结构，人们的语言、观念和行为都会受到十分严格的约束。炎帝以羊图腾得姜姓，姜、羌同源。《说文解字·女部》：“姜，神农居姜水，以为姓。从女羊声。”《羊部》释羌为“西戎牧羊人也，从人从羊，羊亦声”。炎帝部落与羊的特殊关系由此可见一斑。

《山海经》说羊头山“山形像羊头，炎帝之所居也”。羊头山实际上是早期人类崇拜羊的习俗在地名上的反映。以羊头山为中心的上党地区，山头多，草场丰润，特别适合牧羊。王士性在《广志绎》卷三中说，明代山西的牧羊人就把羊群赶到“楚中洞庭湖诸湖左右泽薮度岁，春深而回”。可见，羊在上古时期人们生产生活中的地位和作用,羊作为炎帝部落图腾物也就再自然不过了。

从众多古典文献中,我们也可以看出羊在人们生活中不可替代的作用。许慎在《说文解字》卷四中说:“美,甘也。从羊从大。羊在六畜主给膳也。”羊肉是农牧社会人们主要的食用肉类,羊皮是人们御寒乃至彰显富贵的标志。《诗·郑风·羔裘》云:“羔裘如濡,洵直且侯。”《诗·小雅·无羊》云:“谁谓尔无羊?三百维群。谁谓尔无牛?九十其犉。尔羊来思,其角濈濈。尔牛来思,其耳湿湿。”许许多多的牛羊聚集在一起,气象很是壮观,同时也是财富多的象征。实际上,高平自古以来就有养羊的习惯。据粗略统计,20 世纪 70 年代前后,高平县食品公司和村集体养羊数量超过 20 万只。春、秋两季,每当夜幕降临,将成百上千只羊圈到第二天即将耕作的地里。一夜下来,地里尽是羊屎羊尿,俗称“卧地”,由此衍生出来的“看黑羊”一词在高平民间流传了几千年。

在纷繁复杂的民俗事象中,由于历史的濡染和民俗固有的稳定性和传承性,“羊”元素深深地植入了高平人民的生产生活中。羊头山上的碑座,不是普遍流传的“龟驮碑”,而是一只头向南、尾朝北的硕大石羊。传说古时候,石羊面对高平,整天“咩咩”地叫个不停,于是,高平方言中的第一人称叫“咩”不叫“我”。时至今日,高平本地人交流,无论是大人还是孩童,依然习惯于用“咩”代替“我”,比如“咩不去”“咩有”等。

近年来掀起的炎帝文化热,使不少专家学者深入高平民间探源民情、民风、民俗。岁时风习和人生礼仪中一种关于蒸面羊、托面羊的习俗引起了专家学者们的高度关注。大年初一,高平人要给神农祖先献蒸面羊;元宵节要献托面羊;七月十五,嫁出去的女儿要回娘家给父母亲敬面羊。更有趣的是,孩子过满月时,要蒸一只大羊、十二只小羊,大羊小羊均呈圆弧状,但两条羊腿不能连在一起,然后用一条红绳将这十三只羊拴起来,让孩子坐在羊中间,表示孩子拥有一群羊,即拥有很多财富。男女双方结婚开锁子时,同样要蒸一大十二小共十三只面羊,但羊腿不再留豁口,而要圆圆实实地粘在一起,象征着孩子已经长大成人。用红绳拴着的羊群,一方面代表着财富,另一方面则表示孩子婚后的生活会圆圆满满、红红火火、富富足足。显而易见,这些习俗的形成和传承,与上古时期炎帝部族对羊的崇拜有着千丝万缕的联系。

二、影响深远的“黍”元素

在中华民族的历史上,农业文明中的“五谷文化”长期受到广泛关注。史载“神农尝五谷”。“五谷”为何?《周礼·天官·疾医》中郑玄注:五谷为“麻、黍、稷、麦、豆也”。《现代汉语词典》释为稻、黍、稷、麦、豆。由此足见黍在早期农业中所占的主要地位。黍是上古人民的主食,这从先秦文献中可见端倪。如《山海经·大荒东经》:“有黑齿之国,……姜姓,黍食。”杨操正先生认为,中原地区黍的栽培并使之成为人类的主粮起源于新石器时期，最早的黍或粟距今已有一万年左右。

炎帝神农氏首植五谷（黍）于高平羊头山，史籍早有记载。宋《太平寰宇记》云："羊头山，在县北三十五里。……神农尝五谷之所。"《魏书·地形志》云："羊头山下有神农泉，北有谷关，即神农得嘉禾处。"唐《元和郡县志》云："神农城在羊头山上，山下有神农泉，即神农得嘉谷之所。"嘉禾""嘉谷"究竟指何物？唐张怀瑾释为"上党羊头山嘉禾八穗，炎帝乃作穗书，用颁时令"。东晋王符《拾遗记》解释为"九穗禾"："时有丹雀衔九穗禾，其坠地者，帝乃拾之，以植于田。"《隋书·律历志》则认为："上党之黍，……阳地黍乃自高平界也。"以上文献记载的黍的栽培历史，都在向我们传递着一个重要信息——"嘉禾""嘉谷"即指"黍"。羊头山周围的黍，一般为四至五穗，六穗以上即为嘉禾，故《泽州府志》说"炎帝尝百草至羊头山得秬黍"。

上古及其之后的商周时期，至少在中原和上党地区，黍是主粮，《诗经》为我们留下了大量有关黍的描写。《诗·王风·黍离》："彼黍离离，彼稷之苗。"《诗·小雅·黍苗》："芃芃黍苗，阴雨膏之。"《诗·周颂·良耜》："载筐及筥，其饷伊黍。"脍炙人口的《诗·魏风·硕鼠》生动地以丰收后大老鼠食黍之状表达了对统治者残酷剥削的不满："硕鼠硕鼠，无食我黍。"明人王基《重修神农庙记》中也有类似描述："洪荒之世，民未粒。炎帝生其间，肇耕稼之利，味黍稷之分。民天一开，厚生永赖。"总之，上古社会很长一段时间内，黍在人们的生产生活中占着极其重要的地位。

高平羊头山的秬黍不仅是人们生活的主粮，而且还有着特殊的文化功能。魏晋南北朝时期已有"上党之黍，有异他乡，其色至乌，其形圆重，用之为量，定不徒然"的评价，且将其作为度量衡的基准而闻名于世。"上党之黍"主要指"羊头山黍"，明代皇族贵裔、律历学家朱载堉在他的《羊头山新记》中写道："律家考秬黍，率曰羊头山。"北周建德六年（577），周武帝欲统一度量衡，选择上党羊头山黍作为参考基准。《汉书·律历志》："以子谷秬黍中者，一黍之广，度之九十分，黄钟之长。"晋代未用羊头山之黍定律历，"今尺长于古尺几于半寸，乐府用之，律吕不合；史官用之，历象失占；医署用之，孔穴乖错"（《晋书·挚虞传》）。北宋朝廷改制大乐，初时取京郊秬黍定律铸钟，致使钟音不准，后不得不改用羊头山秬黍（《宋史·律历志》）。至明代，朝廷制律历，仍以"羊头山秬黍中者……以定律尺之度"（明王廷相《律尺说》）。

《说文解字》释"黍"为"禾属而黏者也"。黍的黏性很高，在古代有粘鞋的用途。《尔雅翼·释草二》云："古人作履，黏以黍米，谓之黎。"《辞海》对"黎"字的注释是："古时用黍米做成的胶质，用以粘鞋。""高平十大碗"源远流长、闻名遐迩，据说最早是先民们用来纪念和祭拜炎帝的，其中有两碗要用黍做食材。一碗是天鹅蛋，把黍去皮碾成面粉，用煮熟的红薯与黍面和在一起搅拌均匀，然后再揉捏成天鹅蛋形,放入油锅中炸制,待表皮显出脆黄,可从油中捞出,放入蜂蜜在锅中翻炒,待天鹅蛋能拔出丝后即可端上餐桌食用。另一碗是软米饭,同样是把软黍去皮放入锅中煮成稠粥状,然后盛入碗中,放少许碎红枣、柿饼块、青红丝、白砂糖,在笼中蒸半个多小时,笼盖打开后,黄澄澄的软米饭香甜可口,特别惹眼。洪洞县的传统名吃"重八席",据说当地人曾用此招待过春秋明君晋文公重耳,故有"重八席"之称,其中也有一碗类似"高平十大碗"的"软米饭"。

娶亲嫁女时,除献面羊外,还要准备用黍穗扎成的笤帚,待开锁子仪式结束后,如果是女儿出嫁,父亲拿起笤帚朝女儿背上向门外拍打三下,表示女儿从此要远离娘家了。反之,如果是女婿入赘,父亲就要用笤帚把女儿往门里轻轻拍打三下,表示女儿从此成了父姓的实际继承人,待来年生儿育女后,子女要从母姓。

丧葬长辈时,女儿、儿媳要手拿黍穗扎成的笤帚,依次到墓里祭扫,然后把所有的笤帚放在用彩色纸扎成的"服侍者"身旁,并用针刺一下"服侍者"的双耳,告诉他们要帮助逝者打扫厅厨,把逝者侍候好。死者入棺前,要把事先准备好的带皮的五谷(黍、谷、麻、麦、豆)撒在棺木里。埋棺前,同样要把五谷往墓里撒一层,表示死者将来也会过上五谷丰登的好日子。

修房盖屋是人生中的一件大事,自古以来,高平民间就特别讲究。开工之前,要在建房地基上请出炎帝后裔姜子牙,将用黄纸写的"姜子牙在此,诸神退位"几个字焚化,用土埋实,然后才能大兴土木。房屋封顶前,家家户户都要写画梁。画梁上多写开工及完工日期、房主及工匠姓名,最后必须用五色线绑上一束黍穗、几粒红枣和古时候用的铜钱系在画梁上,以驱邪镇宅,永续平安。

由此可见,羊头山秬黍曾经有过辉煌的历史,并深刻地影响着高平人民的生活观念和生活习惯。直到今天,这些观念和习惯仍然流淌在他们的血液中,并一代又一代地延续着。

三、心生敬畏的"神"元素

炎帝对中国宗教文化产生了很大影响,但他不像神话传说中的一些神,虚无缥缈,幻化无穷,而是实实在在地存在于人们的生产生活和思想观念中。高平羊头山唐天授二年(691)清化寺碑对此说得明明白白:"此山炎帝之所居也,昔者摄提纪岁之后,燧人化火之前,穴处巢居,茹毛饮血。爰逮炎皇御宇,道济含灵,念搏杀之亏仁,嗟屠戮之残德。寻求旨味,以替膻腥,遍陟群山,备尝庶草。届斯一所,获五谷焉。"周山先生在《中华古代文明概述》中的一段论述恰好是对唐碑所记内容的精辟阐述:"所谓三皇,是指燧人氏、伏羲氏、神农氏。燧人氏的功绩,是发明燧木取火,让人们从生食进入熟食时代。而继后的伏羲氏,则将中国带进了一个使用文字的文明社会。伏羲氏虽然创造文字替代了结绳记事,但还是一个'作结绳而为罔罟,以佃以渔'的渔猎社会。神农氏的出现,将中国古代文明带入了以农业生产为主要生活来源的农牧社会。神农氏不仅发明耜、耒等生产工具,开始了农业活动,还倡导了以货易货的贸易活动。"由于炎帝对中国农业、药业和贸易等与人们生产生活息息相关的多个方面的深远影响,炎帝就成了人们心目中的"神"。诚如马克思所说:"每一个社会时代都需要有自己的伟大人物,如果没有这样的人物,它就要把他们创造出来。"无疑,炎帝就是那个特殊时代创造出来的伟大人物,并因为他治天下"务利之而已矣。不望其报,不贪天下之财,而天下共富之。所以其智能自贵于人,而天下共尊之"(《越绝书》)。与其历史功绩相对应的,炎帝神农氏分别被尊为农神、药神、火神、灶神。《淮南子·氾论训》说:"炎帝作火,死而为灶。"《论语·八佾》记载王孙贾问孔子:"与其媚于奥,宁媚于灶,何谓也?"孔子曰:"不然。获罪于天,无所祷也。"民以食为天,所以,炎帝神农氏被后人看成是天意的代表。

(一)祈福风调雨顺,五谷丰登

明崇祯十六年(1643)《重修炎帝行宫碑记》:"崇祯十六年功始告成。伏望冥中默佑,俾一方庆丰登,歌大有,永不遭饥馑饿殍之苦。固以见是宫之神威,显应有灵,亦以见重修之功德,食报不爽。"高平至今还流传着这样一首民谣:"四月八,神农活,炎帝子孙都记着,祖先种地全靠他。"每当农历四月初八,被推举出来的社首要组织炎帝巡游活动。先是将炎帝神农塑像从五谷庙中请出,四人小轿抬到附近各村田间地头巡视庄稼,巡查民间善恶。巡视的时间从巳时(上午 9 点—11 点)开始,轿顶上有串珠,四角雕龙,轿杆约五米长,轿门上挂红布帘,除四人抬轿外,前边还有大、小太尉引路,红、白二将军护驾,其他人则敲锣打鼓簇拥炎帝巡游。每过一村,都要在村里炎帝庙祭台上香、放炮,村里男女老少皆出迎跪拜炎帝,最后返回庄里村五谷庙神归原位。西羊头山下的釜山、贾村、高良三个村都有炎帝庙和庙会。庙会前一天,都要敲锣打鼓、举旗持幡到神头岭炎帝老庙用轿子把炎帝祖爷请到庙会上,炎帝神像上轿前,人们都要跪拜,献五谷果蔬,默念"儿孙们请炎帝祖爷子去赶庙会",祈福夏秋两季有个好收成。

(二)祈求除病祛灾,转凶迪吉

无论是历史文献还是高平 110 多通炎帝文化碑记,乃至脍炙人口的民间故事与传说,关于炎帝为民尝药治病的记载比比皆是。如《资治通鉴》载,炎帝"尝百草酸咸之味,……一日而遇七十毒,神而化之"。《增补资治通鉴》云:"民有疾病,未知药石,炎帝始味草木之滋,察其温平寒热之性,……以疗民疾,而医道立矣。"唐宋以来,尤其是元代以降,在高平众多炎帝庙的碑记中,我们屡屡见到疗民疾、立医道,春祈秋报、转凶迪吉的历史记载。前文说过,炎帝姜姓,熬姜汤治疗感冒据说就是炎帝发明的。20 世纪 80 年代之前,高平民间治疗感冒最为通常的办法就是请上一炷香,熬上一碗姜汤,让患者趁热喝下肚,盖上棉被,发发汗,第二天就神清气爽了。老人们会顺口说,还是炎帝老爷的秘方灵验。寺庄村清凉寺农历三月十八有拜神农药祖("疙瘩老爷")的习俗。传说古时候泫水(今丹河)上游有瘴气毒雾,生活在这里的人多生疮害疙瘩。故民俗农历三月十八,十村八里的人都要去寺庄清凉寺拜神农药祖,有求必应。庙里制药的大师傅制药秘不示人,且平时不动手,临会前才赶制。有好奇者偷窥其所,只见屋内灶台上有一大锅汤,大师傅几乎赤身裸体,水雾中汗流满面蹲在锅边制药,身边尽是一堆疙疙瘩瘩的东西,入锅即成药丸。偷窥者惊讶中禁不住"噢"了一声,大师傅闻声入庙坐化。因其所制药丸为疙疙瘩瘩的中草药,后人又称神农药祖为"疙瘩老爷"。神农尝百草本身就是一件非常危险的事,"一日而遇七十毒"是预料中的事。不仅如此,据说炎帝尝百草、疗民疾还得罪了瘟神,他的二夫人是神农镇长畛村人,他们的小儿子一出生就疾病缠身。由于先天不足,中草药治病又在初始阶段,吃过多服中药后,孩子的病情始终不见明显好转。而且孩子屡屡拒绝服药,趁人不注意,就把草药倒进了村南头的泥土里。至今,长畛村的地里还有许多小药球。长畛村的东北建有一座瘟神庙,每年农历正月十六,方圆十几里的人都要赶到瘟神庙,从流出的小溪里舀水,并用此水供敬瘟神,驱邪祛瘟,转凶迪吉。

(三)祈愿民风淳朴,励志为善

我们知道,人是文化的产物,民俗作为一种文化现象,在个人社会化过程中占有决定性的地位。美国民俗学者本尼迪克特在《文化模式》一文中写道:"个体生活历史首先是适应由他的社区代代相传下来的生活模式和标准。从他出生之时起,他生于其中的风俗就在塑造着他的经验和行为。"明成化十一年(1475)《重修神农炎帝行宫碑记》载:"庶乎神有所栖,民有所赖。凡一乡春祈秋报者在此,转凶迪吉者在此。然一方子民,淳后所真,变浇漓之俗为礼义之乡。无非神农炎帝德泽,有利于斯土也大矣。后人之所以修庙以久功德于无穷者,岂不宜哉?"明洪武癸丑年(1373)《重修神农庙记》说得更为直白:"追崇礼典,国家之公也;建庙岁享,里人之礼也。公祀私享虽异,报功感德则一。非私创淫祠以惑世污民也。"教化民俗,淳朴民风,劝人为善,励志图强,是几千年来炎帝文化在高平、上党地区始终枝繁叶茂的根本原因之一,并由此衍生出许许多多妇孺皆知的民俗事象和民间传说。明嘉靖年间,高平考中进士 11 人,名震三晋。据说他们当中有位姓申的,出身贫苦,卖炭为生,除维持生计外,剩下的钱全部买了书和纸墨,寄居在西火村的炎帝庙里,把炎帝庙打理得秩序井然,并时常献供上香。后来,他高中进士,成为历朝历代父母教育子女成才立业的榜样。

总之,炎帝农耕文化中的民俗事象丰富多彩,纷繁复杂,良莠皆存,既折射出千百年来基本的社会经济活动,也彰显出各个历史时期不同的社会关系和意识形态。

(作者:贺尔丹,山西高平炎帝文化研究会副会长)

嫘祖传说的演变与中国丝绸文明

◇王震中

今天，趁着在湖北宜昌市远安县隆重举办“嫘祖文化节”和“嫘祖文化论坛”的大好时光，我来到了美丽的远安。早在 1994 年 7 月，中华炎黄文化研究会、湖北省炎黄文化研究会和宜昌市人民政府，就在宜昌成功举办了“94 中华嫘祖文化学术研讨会”。我参加了那次研讨会，游览了美丽的“小三峡”，并向研讨会提交了题为《从仰韶文化与大溪文化的交往看黄帝与嫘祖的传说》的论文，该论文在《江汉考古》1995 年第 1 期上发表。今天，远安人民以充分挖掘、大力弘扬嫘祖文化的当代价值为宗旨，继“2016 年湖北远安嫘祖文化论坛”之后，在远安举办第二届嫘祖文化节和学术论坛，具有重要意义。

一、嫘祖传说演变的两大阶段

有关嫘祖的古史传说可分为两大阶段：第一阶段是从先秦到南北朝，嫘祖只是以黄帝之元妃的身份出现，尚未与养蚕缫丝相结合；第二阶段是从南北朝时期的北周开始，嫘祖在作为黄帝之元妃的同时，也被尊奉为蚕神和养蚕缫丝的先祖、创始者。

在先秦文献中，《山海经·海内经》说：“黄帝妻雷祖，生昌意，昌意降处若水。”“雷”通作“累”和“嫘”，这里的“雷祖”即“嫘祖”。《世本》也说：“黄帝娶于西陵氏之子，谓之累祖，产青阳及昌意。”

到了汉代，《世本》和《山海经》的这些记载，在司马迁的《史记·五帝本纪》中得到较完整的记述：

> 黄帝居轩辕之丘，而娶于西陵之女，是为嫘祖。嫘祖为黄帝正妃，生二子，其后皆有天下：其一曰玄嚣，是为青阳，青阳降居江水；其二曰昌意，降居若水。

这样的记述也见于汉代成书的《大戴礼记·帝系》篇：

> 黄帝居轩辕之丘，娶于西陵氏之子，谓之嫘祖氏，产青阳及昌意。青阳降居泜水（江水），昌意降居若水。

再到南北朝时期，嫘祖西陵氏开始被尊奉为蚕神“先蚕”，出现在正史的记载中。《隋书·礼仪志》载：“后齐为蚕坊于京城北之西，……置先蚕坛……。每岁季春,谷雨后吉日,使公卿以一太牢祀先蚕黄帝轩辕氏于坛上,无配,如祀先农。礼讫,皇后因亲桑于桑坛。……后周制,皇后乘翠辂,率三妃……至蚕所,以一太牢亲祭,进奠先蚕西陵氏神。”从《隋书·礼仪志》的这段记载可以看出,南北朝时期的北齐是把黄帝轩辕氏作为蚕神“先蚕”进行祭祀的,而北周则把西陵氏作为蚕神“先蚕”加以祭祀。北齐和北周在祭祀蚕神时,皇后都要亲自到桑坛进行祭祀。

南北朝之后,宋代张君房撰写的《云笈七签》说:“帝(轩辕黄帝)娶西陵氏于大梁,曰嫘祖,为元妃。……元妃西陵氏,始养蚕为丝。”这是明确地说轩辕黄帝元妃嫘祖乃养蚕缫丝的先祖、创始者。宋代高承撰写的《事物纪原》在说到“蚕丝”一项时说:“《皇图要记》曰:伏牺化蚕为丝。又黄帝四妃西陵氏始养蚕为丝。”宋代罗泌在《路史·后纪五·黄帝》中说:“(黄帝)命西陵氏劝蚕,稼月大火而浴种,夫人副袆而躬桑,乃献茧丝,遂称织维之功,因之广织,以给郊庙之服。”又说:“元妃西陵氏曰嫘祖,生昌意、玄嚣、龙苗。……帝之南游,西陵氏殒于道,式祀于行,以其始蚕,故又祀先蚕。”这是说,嫘祖活着的时候,因养蚕缫丝和纺织而有功于民;死后,因她是养蚕缫丝的始祖而被尊奉为蚕神“先蚕”。这样的记载也见于宋代刘恕《资治通鉴外纪》:“西陵氏之女嫘祖,为帝元妃,始教民育蚕,治丝茧以供衣服,后世祀为先蚕。”这些宋人书籍中所讲到的对嫘祖的认识,应该是宋代民间一种普遍的看法,作为轩辕黄帝之妃的嫘祖,因其是养蚕缫丝的先祖、创始者,也被尊奉为蚕神。

尽管如此,但是无论是周秦汉唐,还是宋辽金元明时期,在正史和国家祀典礼仪中,作为蚕神被祭祀的主要是笼统的“先蚕”,一般不加嫘祖一名。例如,《后汉书·礼仪上》记载:“(汉明帝永平二年三月)是月,皇后帅公卿诸侯夫人蚕。祠先蚕,礼以少牢。”只是说皇后率领公卿等夫人们,以少牢之祭礼祭祀先蚕,而没有提到嫘祖。《晋书》卷十九记载:“《周礼》,王后帅内外命妇蚕于北郊。汉仪,皇后亲桑东郊苑中,蚕室祭蚕神,曰苑窳妇人、寓氏公主,祠少牢。魏文帝黄初七年正月,命中宫蚕于北郊,依周典也。”《晋书》说的皇后亲自到东郊蚕室祭祀蚕神时,蚕神的名字是苑窳妇人和寓氏公主。《宋书》卷十七也载有:“汉仪,皇后亲桑东郊苑中。蚕室祭蚕神曰:‘苑窳妇人、寓氏公主。’祠用少牢。”把蚕神的名字说成是苑窳妇人和寓氏公主。这说明从汉代到宋代这段时间,正史中有时说蚕神是苑窳妇人、苑窳妇人、寓氏公主,而不是嫘祖。当然,较为一般的记载是只记有“祠先蚕”而没有具体人名。如《旧唐书》《大唐开元礼》《明史》《大明会典》等一般都只说祭祀“先蚕”而无具体人名。

值得注意的是,《清史稿》在讲到“先蚕”时,特别强调说是“黄帝元妃西陵氏始蚕”而不是其他称谓。《清史稿》卷八三记载:

> 先蚕　清初未列祀典。康熙时,立蚕舍丰泽园,始兴蚕绩。雍正十三年,河东总督王士俊疏请祀先蚕,略言:“《周礼》郑注上引房星,以马神为蚕

神。蚕、马同出天驷，然天驷可云马祖，实非蚕神。《淮南子》引《蚕经》，黄帝元妃西陵氏始蚕，其制衣裳自此始。汉祀菀窳妇人、寓氏公主，事本无稽。先蚕之名，《礼经》不载。隋始有坛，建宫北三里，高四尺。《唐会要》，遣有司飨先蚕如先农。宋景德三年，命官摄祀。有明釐正祀典，百神各依本号，如农始炎帝，止称先农神，则蚕始黄帝，亦宜止称先蚕神。按周制，蚕于北郊。今京师建坛，亦北郊为宜。"部议然之。侍郎图里琛奏立先蚕祠安定门外，岁季春吉巳，遣太常卿祀以少牢。

清人王士俊所说的"周制"，历代史书在说到祭祀"先蚕"的典礼时也每每提到它，其来源实为《周礼》和《礼记》。《周礼·天官·内宰》说："中春，诏后帅外内命妇始蚕于北郊，以为祭服。"是说仲春时节，王后率领内外命妇开始在北郊养蚕，以制作祭服。《周礼》的这个记述，《礼记·祭义》叙述得较为具体："古者天子诸侯必有公桑、蚕室，近川而为之。……及大昕之朝，君皮弁、素积，卜三宫之夫人、世妇之吉者，使入蚕于蚕室，……岁既单矣，世妇卒蚕，奉茧以示于君，遂献茧于夫人。夫人曰：'此所以为君服与？'遂副、袆而受之，因少牢以礼之。古之献茧者，其率用此与？"这是说，古时天子、诸侯都一定设公桑园和养蚕室，设在河川旁边。到了阳春三月初一早晨，国君头戴皮弁，身穿白衣素服，对三宫的夫人和世妇进行占卜，吉利的，就让她们到蚕室养蚕。三月春天过完之后，世妇养蚕完毕，捧着蚕茧给国君看，把茧献给国君夫人。夫人说："这是给国君做祭服用的吧。"于是夫人头戴被称之为"副"的头饰，身穿袆的祭服而接受所献的蚕茧，就此用少牢之礼款待养蚕的世妇。古代献蚕的，大概都用这种礼。① 从《周礼》和《礼记》的这些记载可以看到，古代种桑养蚕的典礼始见于《周礼》，祭祀蚕神"先蚕"，是古代传统祭礼之一，这种祭礼在西周时与夫人和世妇养蚕时的典礼相联系。

梳理、概括上述文献记载可以看出：第一，就时间而论，有关嫘祖的传说可划分为两大阶段。在南北朝之前的古史传说中，嫘祖是以黄帝正妃的身份出现的；从南北朝到宋代，嫘祖不但是黄帝的正妃，而且还是养蚕缫丝的先祖、创始者，被尊奉为蚕神。第二，就"二十四史"中的正史礼仪志和《周礼》《礼记》《大唐开元礼》《大清通礼》等礼书中对蚕神"先蚕"的祭祀礼仪而论，自古以来一直存在着每年春天王后亲自到公桑蚕室举行养蚕缫丝典礼和祭祀"先蚕"的祭礼，只是在这些礼仪志和礼书中，所谓"先蚕"是一个笼统的蚕神而无具体的名字，其中《晋书》等虽然提到具体的蚕神名字，却说是"苑窳妇人""寓氏公主"等而没说是嫘祖。到了康熙年间，河东总督王士俊在其疏奏中对"苑窳妇人""寓氏公主"等说法特别加以纠正，强调蚕神应该和黄帝元妃西陵氏始蚕相联系。王士俊的这一

① 《礼记·祭义》这段译文，采用杨天宇《礼记译注》(下)，略有改动，上海：上海古籍出版社，2004年，第619页。

纠正，来自中国传统文化中人们对丝绸文化的起源与嫘祖传说具有密切关系的认识这一历史传承。

二、嫘祖与蚕丝相关联的缘由

那么，在南北朝、宋代、清代等历史时期，人们何以能够把黄帝之妃嫘祖与养蚕缫丝的先祖、创始者和蚕神"合户"（合而为一）呢？我以为至少有如下几方面的缘由。

（一）黄帝时代是中国迈向文明社会的英雄时代，黄帝时代有诸项重大发明。《世本》说，黄帝的臣下胡曹作衣、作冕，伯余作衣裳。① 《周易·系辞》说："黄帝、尧、舜垂衣裳而天下治。"这是说自黄帝起，衣与裳开始分开。上衣下裳分开的发明归于胡曹和伯余，同时制作衣裳的材料的改进，如发明养蚕缫丝，归功于黄帝之元妃嫘祖便是很自然的。根据《周易·系辞》的说法，天下的治理是与衣服的穿着讲究相关联的，而用丝织品制作的衣服应该是最讲究、最高级的衣服，这大概也是礼仪之邦的一种表现。

（二）在男耕女织的中国古代农业文明中，在农耕礼仪方面，王或皇帝亲自率领三公九卿等臣下举行躬耕仪式，"祠先农"即祭祀农神；在纺织礼仪方面，王后或皇后亲自率领诸妇到公桑蚕室举行养蚕缫丝典礼，"祠先蚕"即祭祀蚕神。由于"祠先蚕"与"祠先农"是对应的，"祠先农"没有具体的农神名字，"祠先蚕"一般情况下当然也只能是笼统的，而不会有具体的蚕神名字。这是中国传统文化对农神和蚕神抽象化的结果。但由于民间自古以来就广泛流传着"嫘祖始蚕"，即流传着嫘祖是养蚕缫丝创始人的传说，受这样的古史传说的影响，有些史书或著述也会对此有所记载。

（三）考古发现证明中国的缫丝和丝织品出现得很早，并形成很有特色的丝绸文明。在新石器时代人们已开始利用蚕丝。1926 年，我国考古学者发掘山西夏县的仰韶文化遗址时，就曾出土了人工割裂的蚕茧。② 1980 年，在河北正定南杨庄仰韶文化遗址内发现两件陶蚕蛹，中国科学院动物研究所郭郛教授在观察了出土的陶蚕蛹后指出："当时陶蚕蛹制作的工艺师是对照蚕蛹实物而制作的，或者可以说这位工艺师是非常熟悉蚕蛹的。"③1960 年，在山西芮城西王村仰韶

---

① 《世本》："伯余制衣裳。胡曹作衣，胡曹作冕。"宋衷注曰：胡曹"黄帝臣也"。（《世本八种·秦嘉谟辑补本》，北京：中华书局，2008 年，第 357 页）《淮南子·汜论训》："伯余之初作衣也。"高诱注曰："伯余，黄帝臣也。《世本》曰：'伯余制衣裳。'一曰：伯余，黄帝。"

② 李济：《西阴村史前遗存》，清华学校研究院丛书第三种，1927 年。

③ 郭郛：《从河北省正定南杨庄出土的陶蚕蛹试论我国家蚕的起源问题》，《农业考古》1987 年第 1 期。

文化遗址中也曾发现一件蛹形陶饰，其形制和南杨庄遗址出土的陶蚕蛹非常相似。① 此外，1977 年，在浙江河姆渡遗址第二期发掘中，曾发现一件牙雕，有人认为上面刻的 4 条类似蠕动的虫纹，其身上的环节数，均与家蚕相同，被看作对家蚕的形象的模拟。② 这些都说明，中国的育蚕织绸，在黄河流域的山西、河北，起源于 5000 多年前；在长江流域，起源于六七千年前。③

在丝织品方面，1958 年，浙江吴兴钱山漾遗址出土了绢片、丝线、丝带等，经鉴定，它们为家蚕丝织物，织物密度约为每平方厘米 48 根，可见当时的纺织技术已经达到相当高的水平。④

从上述三个方面我们可以看出，嫘祖传说由黄帝之妃演变为既是黄帝之妃亦是养蚕缫丝的先祖、创始者和蚕神，有其合理性和必然性。也许，自古以来，在民间一代一代的口耳相传中，嫘祖始终就是蚕丝的发明者，到了南北朝和宋代，史学家和文人们只是把流传已久的这些传说记录在书中而已。

三、丝绸在中国文明史上的地位

在中国古代文明史中，丝绸占有重要的地位。衣食住行是人类物质生活不可或缺的，而其中的衣是以纺织为基础的。在生产技术上，如果说五六千年前，麻布纺织对每个家庭妇女来讲已习以为常，那么从养蚕缫丝到纺织成绢，其技术性的要求显然在增强。鉴于丝织即使在近代也不是一般家庭妇女所能胜任的，织丝机和工艺程序也较织布复杂，所以丝织品应该是织丝技术专业化的产物，它要求专心从事这项行业的妇女在技术上精益求精。考古学者在浙江杭州反山 23 墓出土了一套由两端镶有玉质部件的卷布轴、分经杆（或卷经轴）和机刀组成的踞织机织具，长度为 34 厘米。此织机部件大致与河姆渡遗址发现的木质踞织机部件的长度相近，但分经杆为并列的双杆，比河姆渡进步。卷布轴由两片错缝夹片组成，机刀亦很轻巧，表明织物经、纬相当纤细，属于丝织专用织机，这也可作为在距今 4000 多年的良渚文化已出现丝织专业化的物证。⑤ 由此可知，伴随着养蚕缫丝和纺织成绢的是妇女丝织技术的专业化。所以，丝绸的出现不仅是衣装的华丽、生活的富足，也是纺织技术水平和生产方式巨大进步的结果。

---

① 唐允明：《浅述河北纺织上的几项考古发现》，《中国纺织科技史料》第五集，北京：北京纺织科学研究所，1981 年。

② 陈维稷主编：《中国纺织科学技术史》（古代部分），北京：科学出版社，1984 年。

③ 唐云明：《我国育蚕织绸起源时代初探》，《农业考古》1985 年第 2 期。

④ 浙江省文管会：《吴县钱山漾遗址第一、二次发掘报告》，《考古学报》1960 年第 2 期。

⑤ 牟永抗、吴汝祚：《水稻、蚕丝和玉器——中华文明起源的若干问题》，《考古》1993 年第 6 期。

在古代，丝织品不但是生活中的高贵物品，而且与人们的精神生活联系在一起。如前所述，《周礼》《礼记》说，仲春时节，王后要率领夫人、世妇之吉者在公桑蚕室养蚕缫丝，以制作供郊庙之祭服。后世史书的礼仪志也都有类似的记述。这就是说，古代作为“国之大事”的祭祀和庙堂之上的衣服着装是要求用丝织品来制作的。

丝织品也被用于其他重要礼仪场合。古代每每“玉帛”连称，“玉帛”之“帛”即指丝织物。《论语·阳货》曰：“礼云礼云，玉帛云乎哉？乐云乐云，钟鼓云乎哉？”在春秋时期的孔子看来，礼呀礼呀，不仅仅说的就是玉帛一类的物质；乐呀乐呀，也不仅仅说的就是钟和鼓一类的器物，孔子追求的是通过玉帛这些形式所代表的礼的内容。但玉帛钟鼓本身即与礼相关联也是不可否认的，这就是古人所说的“器以载礼”的道理。依据古史传说，在夏代之前的五帝时代，即已形成会盟、朝贺时手持玉帛以为礼的礼制。如《左传·哀公七年》载：“禹合诸侯于涂山，执玉帛者万国。”又如《史记·五帝本纪》记载：舜代帝尧摄政，东巡守，祭泰山，见东方君长，“修五礼五玉三帛二生一死为挚”。手持玉帛以为礼，就在于玉和帛被赋予崇高的文化品质和内涵。

当今，中国要与东西诸国共建“一带一路”。“一带”即“丝绸之路经济带”；“一路”即“二十一世纪海上丝绸之路”。这样的“一带一路”是历史上形成的。以往，人们把西汉张骞开辟贯通欧亚大陆的贸易通道称为丝绸之路。在几千年的中外交往和贸易中，丝绸及其制品一直深受中亚、西亚和欧洲人的喜爱，在中外交流史上具有突出的意义。中国在输出丝绸的同时，也输出了中国文化和文明，丝绸之路就是中华文明与世界其他文明相交流融合之路，丝绸在中国文明史上具有极其重要的意义。“慎终追远，民德归厚矣。”今天，我们纪念嫘祖，弘扬嫘祖文化，就是将嫘祖及其所代表的中华丝绸文化，作为中华文明史上辉煌耀眼的明珠加以宣传；把玉帛所象征的和平与安宁加入我们的文化建设中。

（作者：王震中，中国社会科学院学部委员，中国社会科学院古代史研究所副所长，中国殷商文化学会会长，中华炎黄文化研究会副会长）

汉代“嫘祖”的历史记忆与文化影响

◇王子今

当前学界关注丝绸之路研究，而对丝绸之路史的考察，不能忽略丝绸的历史源头。据《史记》卷一《五帝本纪》记载，“嫘祖为黄帝正妃”。司马迁以“太史公曰”的形式，言“百家言黄帝，其文不雅驯，荐绅先生难言之”，称“择其言尤雅者”作为《史记》开篇文字。① 即以“雅”“雅驯”为可靠性标尺进行了对传说性质文献的选择，保留了接近历史真实的记忆，其中就有“嫘祖”的事迹。按“嫘”的文字学分析，由“细丝曰糸”可以进行蚕桑业早期发明史的回顾。《礼记》中关于“先蚕”纪念的礼俗，体现当时对这种产业开创功绩的崇敬。现在看来，黄帝“淳化”“虫蛾”的成就作为帝业基础，有嫘祖之功的因素。而“嫘祖好远游”“因以为行神”的传说，暗示嫘祖的社会贡献还包括丝绸生产成品的流通及丝绸制作技术的传播。考察与“嫘祖”相关的传说，有益于对早期织作技术认识的深入，也有益于明确丝绸之路最初的源头。这一主题的学术考察或许可以充实有关上古纺织史的知识，而蚕丝业早期进程及其历史意义，也可以因此有所说明。

一、“嫘祖为黄帝正妃”

司马迁以黄帝史事“著为本纪书首”，据说是经过对传说材料的认真删选的。其中有关于嫘祖的记载为：

> 黄帝居轩辕之丘，而娶于西陵之女②，是为嫘祖。

裴骃集解曰：“徐广曰：‘祖，一作“俎”。嫘，力追反。’”司马贞索隐曰：“一曰雷祖，音力堆反。”张守节正义曰：“一作‘傫’。”

《五帝本纪》还写道：

> 嫘祖为黄帝正妃。生二子，其后皆有天下。③

司马贞索隐曰：“案：皇帝立四妃，象后妃四星。皇甫谧云：‘元妃西陵氏女，

① 《史记》，北京：中华书局，1959 年，第 46 页。

② 张守节正义曰：“西陵，国名也。”

③ 崔适《史记探源》卷二：“案此文出自《五帝德》《帝系姓》孔子答宰我之言也。”崔适著，张烈点校：《史记探源》，北京：中华书局，1986 年，第 21 页。

曰累祖，生昌意。次妃方雷氏女，曰女节，生青阳。次妃彤鱼氏女，生夷鼓，一名苍林。次妃嫫母，班在三人之下。’案：《国语》夷鼓、苍林是二人。又案：《汉书·古今人表》彤鱼氏生夷鼓，嫫母生苍林，不得如谧所说。”①

还有可能年代更早的文献记录。如《太平御览》卷七九引《山海经》曰：

> 黄帝妻嫘祖，生昌意，降处若水；生干流，取倬子，曰河女，生帝颛顼。②

又《太平御览》卷一三五“黄帝四妃”条，分别引录《史记》《汉书》《帝王世纪》《列女传》：

> 《史记》曰：黄帝娶于西陵女，是为累祖，为黄帝正妃，生二子，其后皆有天下。
>
> 《汉书·古今表》曰：黄帝妃方雷氏，生玄嚣，为青阳；妃累祖，生昌意；妃彤鱼氏，生夷鼓；妃嫫母，生苍林。③
>
> 《帝王世纪》曰：黄帝四妃，生二十五子。元妃西陵氏累祖，次妃方雷氏曰女节，次曰彤鱼氏，次曰嫫母。④
>
> 《列女传》曰：黄帝妃曰嫫母，于四妃之班居下，貌甚丑，而最贤心，每自退。⑤

所引“《汉书·古今表》曰”，即《汉书》卷二十《古今人表》：“方雷氏，黄帝妃，生玄嚣，是为青阳。”“累祖，黄帝妃，生昌意。”“彤鱼氏，黄帝妃，生夷鼓。”⑥王利器认为：“《史》以嫘祖为正妃，则当列方雷之前，《表》失其序矣。”⑦《国语·晋语四》：“同姓为兄弟。黄帝之子二十五人，其同姓者二人而已；唯青阳与夷鼓皆为己姓。青阳，方雷氏之甥也。夷鼓，彤鱼氏之甥也。其同生而异姓者，四母之子别为十二姓。凡黄帝之子，二十五宗，其得姓者十四人为十二姓。姬、酉、祁、己、滕、箴、任、荀、僖、姞、儇、依是也。”韦昭注：“方雷，西陵氏之姓。彤鱼，国名。《帝系》曰：‘黄帝娶于嫘祖，实生青阳。’姊妹之子曰甥。声，雷、嫘同也。”⑧《史

---

① 《史记》，北京：中华书局，1959年，第10页。

② 〔宋〕李昉等撰：《太平御览》，北京：中华书局，上海涵芬楼影印宋本1960年2月复制重印版，第371页。

③ 《艺文类聚》卷一五引《汉书》曰：“黄帝妃方雷氏，生玄嚣，为青阳。妃累祖，生昌意。妃彤鱼氏，生夷鼓。妃嫫母，生苍林。”〔唐〕欧阳询撰，汪绍楹校：《艺文类聚》，上海：上海古籍出版社，1965年，第277页。

④ 以上三条四见“累祖”，文渊阁《四库全书》本均作“嫘祖”。

⑤ 〔宋〕李昉等撰，《太平御览》，北京：中华书局，上海涵芬楼影印宋本1960年2月复制重印版，第655页。

⑥ 《汉书》，北京：中华书局，1962年，第867页。

⑦ 王利器、王贞珉著，乔仁诚索引：《汉书古今人表疏证》，济南：齐鲁书社，1988年，第56—57页。

⑧ 上海师范学院古籍整理组校点：《国语》，上海：上海古籍出版社，1978年，第356—357页。

记》卷一《五帝本纪》："嫘祖为黄帝正妃，生二子，其后皆有天下：其一曰玄嚣，是为青阳，青阳降居江水；其二曰昌意，降居若水。"①梁玉绳《史记志疑》："案：《路史》言嫘祖生昌意、玄嚣，则昌意乃玄嚣之兄，未知孰是。至青阳固别一子，《国语》谓帝妃方雷氏所生，则玄嚣、青阳实是一人。"梁玉绳又说："吴韦昭《国语》注以方雷即类嫘祖之姓，恐非。"②

虽然嫘祖的传说存在纷乱矛盾情节，但是司马迁"特于百家杂乱之中""极力收拾"③，经"深思""深考"，认真择取。他在《史记·五帝本纪》写道："太史公曰：学者多称五帝，尚矣。然尚书独载尧以来；而百家言黄帝，其文不雅驯，荐绅先生难言之。孔子所传《宰予问五帝德》及《帝系姓》，儒者或不传。余尝西至空桐，北过涿鹿，东渐于海，南浮江淮矣，至长老皆各往往称黄帝、尧、舜之处，风教固殊焉，总之不离古文者近是。予观《春秋》《国语》，其发明《五帝德》《帝系姓》章矣，顾弟弗深考，其所表见皆不虚。书缺有间矣，其轶乃时时见于他说。非好学深思，心知其意，固难为浅见寡闻道也。余并论次，择其言尤雅者，故著为本纪书首。"④司马迁不满意关于"黄帝"的"百家"之言，认为"其文不雅驯"，遂考定古文献相关内容，并在传说黄帝行历的地方"长老"口述所"称""不离古文者近是"者，"择其言尤雅者"，记入《五帝本纪》中。

我们读到的所谓"嫘祖为黄帝正妃"等记录，是司马迁经过考察甄别之后所著录的比较可靠的文字。

二、嫘、傫、纍、絫、缧、纝

《古今姓氏书辩证》卷三"嫘"条："《元和姓纂》曰：'出自西陵氏女嫘祖为黄帝妃，后世以嫘为氏。'"⑤

前引《五帝本纪》张守节正义言"嫘"，"一作傫"。"嫘祖"即"傫祖"。

《五帝本纪》中的"嫘祖"，《艺文类聚》卷一五引《汉书》作"累祖"。⑥《古今姓氏书辩证》卷三"累"条："《风俗通》曰：'嫘祖之后，或为累氏。谨按《左传》，晋七舆大夫有累虎。'"卷四"西陵"条又写道："西陵，古侯国也。黄帝娶西陵女为妃，号曰嫘祖。《元和姓纂》曰：'《世本》春秋时有大夫西陵羔。'"⑦

---

① 《史记》，北京：中华书局，1959 年，第 11 页。

② 〔清〕梁玉绳：《史记志疑》，北京：中华书局，1981 年，第 6 页。

③ 〔宋〕叶适：《习学纪言序目》卷一九《史记一·本纪》，北京：中华书局，1977 年，第 263—264 页。

④ 《史记》，北京：中华书局，1959 年，第 46 页。

⑤ 文渊阁《四库全书》本。

⑥ 〔唐〕欧阳询撰，汪绍楹校：《艺文类聚》，上海：上海古籍出版社，1965 年，第 277 页。

⑦ 文渊阁《四库全书》本。

《集韵》卷一《平声一·东》:"纍,缧,伦追切。《说文》:缀得理也。一曰大索。一曰不以罪死曰纍。或作缧。文四十五絫十桼为累,一曰十丝纝。"①

嫘,傫,累,纍,絫,缧,纝,字皆从"糸"。《说文·糸部》:"糸,细丝也。象束丝之形。凡糸之属皆从糸。读若覛。"段玉裁注:"丝者,蚕所吐也。细者,微也。细丝曰糸。糸之言蔑也,蔑之言无也。"对于"象束丝之形",段玉裁解释说:"此谓古文也。古文见下。小篆作糸,则有增益。"②

"嫘祖"之"嫘"及其他异写形式,都由自"纍"的多种变化。"嫘"之字源与"丝""细丝"有密切的关系。

三、"嫘祖始教民育蚕治丝,以供衣服"

有说嫘祖南朝宋以后被奉祀为"先蚕"(蚕神)。其实,"先蚕"名号很早就已出现。

明彭大翼《山堂肆考》卷一四四《民业》"祭西陵氏"条写道:"黄帝元妃西陵氏嫘祖始教民育蚕治丝,以供衣服。后世祀为先蚕。《周官·内宰》诏皇后蚕于北郊,斋戒,享先蚕,及《礼记·皇祀》祭先蚕西陵氏是也。"③以为"先蚕"礼祀已见于《周礼》《礼记》。明王三聘《事物考》卷五《礼仪》"先蚕"条也说:"西陵氏之女嫘祖为黄帝元妃,始教民育蚕治丝茧,以供衣服。后世祀为先蚕。《周礼·内宰》诏王后蚕于北郊斋戒享先蚕。"④

明徐光启《农政全书》卷三一《蚕桑》引王祯《先蚕坛序》曰:"先蚕,犹先酒、先饭,祀其始造者。坛,筑土为祭所也。黄帝元妃西陵氏始蚕,即先蚕也。"又注道:"按:黄帝元妃西陵氏曰嫘祖,始劝蚕稼。月大火而浴种,夫人副袆而躬桑,乃献茧,称丝织纴之功,因之广织,以供郊庙之服。《皇图要览》云:'伏羲化茧,西陵氏养蚕。'《淮南王蚕经》云:'西陵氏劝蚕稼,亲蚕始此。'"⑤

所谓《淮南王蚕经》,虽标榜"淮南王",当然未可确信为西汉书。但是郑樵《通志》卷六六《艺文略·食货》列入"豢养"一类,作"《淮南王蚕经》三卷"。元代农学家王祯《农书》卷一《农桑通诀·农事起本》引《淮南王蚕经》云:"西陵氏劝稼亲蚕,始此。"同样是元代学者的梁益在他的《诗传旁通》卷一《国风·采蘩》解释"亲蚕"时写道:"《皇图要览》曰:'伏羲化蚕,西陵氏始养蚕。'故《淮南王蚕

---

① 文渊阁《四库全书》本。

② 〔汉〕许慎撰,〔清〕段玉裁注:《说文解字注》,上海古籍出版社据经韵楼藏版1981年10月影印版,第643页。

③ 文渊阁《四库全书》本。

④ 文渊阁《四库全书》本。

⑤ 明崇祯平露堂本。

经》云：‘西陵氏劝蚕稼，亲蚕，始此。’”《淮南王蚕经》引文略有不同。这部书作为重要农学遗产，应保留了若干可能在汉代已经形成定说的认识。

明孙瑴《古微书》卷十七引《物原》：“轩辕妃嫘祖始育蚕。”①明董斯张《广博物志》卷三八引《法苑珠林》有一段说明服饰史诸多发明的文字，其中写道：“有巢始衣皮。轩辕妃嫘祖始育蚕绢麻，以兴机杼，而成布帛。唐尧加以絺苎、木绵、草布、毛罽。虞舜加以锦绣。秦始皇作夹缬。伏羲作裘。轩辕臣胡曹作衣，伯余为裳，因染采以表贵贱。舜始制衮及黻深衣。禹作襦袴。伊尹作夹袄。傅说作袍。唐高祖作半臂。马周作襕衫。轩辕始定服色，凡人君所尚服色，各依五运更之色。周公始制天子服，四时各以其色。隋文帝始制天子服，专尚黄。唐韦韬始请天子用器皆以黄色。伊尹始制妇人大袖。秦始皇制霞帔。二世作背子。隋阳帝作长袖。”②在一系列有关服用的发明史中，“轩辕妃嫘祖始育蚕”贡献尤为显著。

嫘祖传说影响久远。清人戴文灯《忆江南》写道：“春蚕熟，八茧耀吴都。酌醴四时祠嫘祖，采桑终岁走罗敷。因忆故乡无。”题序写道：“春莫往来岭表，杂吟小阕，亦竹枝、杨柳之意尔。”③可知“祠嫘祖”后来已经是“江南”“吴都”“岭表”的民间礼俗。

四、“嫘祖”事迹与黄帝“淳化”“虫蛾”成就

《史记》卷一《五帝本纪》颂扬轩辕氏之所以得“黄帝”称号，有多种功业为帝业基础：

> 东至于海，登丸山，及岱宗。西至于空桐，登鸡头。南至于江，登熊、湘。北逐荤粥，合符釜山，而邑于涿鹿之阿。迁徙往来无常处，以师兵为营卫。官名皆以云命，为云师。置左右大监，监于万国。万国和，而鬼神山川封禅与为多焉。获宝鼎，迎日推筴。举风后、力牧、常先、大鸿以治民。顺天地之纪，幽明之占，死生之说，存亡之难。时播百谷草木，淳化鸟兽虫蛾，旁罗日月星辰水波土石金玉，劳勤心力耳目，节用水火材物。有土德之瑞，故号黄帝。④

李学勤指出：“如不少学者在讨论炎黄文化时所说的，古史传说从伏羲、神农到黄帝，表现了中华文明萌芽发展和形成的过程。《史记》一书沿用《大戴礼记》所收《五帝德》的观点，以黄帝为《五帝本纪》之首，可以说是中华文明形成的一种

① 文渊阁《四库全书》本。
② 明嘉靖四十二年刻本。
③ 〔清〕戴文灯：《甜雪词》卷上，清乾隆刻本。
④ 《史记》，北京：中华书局，1959年，第6页。

标志。”“本纪所说黄帝,‘迁徙往来无常处,以师兵为营卫’,尚有部落时代的遗风,而设官置监,迎日推策,‘顺天地之纪,幽明之占,死生之说,存亡之难。时播百谷草木,淳化鸟兽虫蛾(蚁),旁罗日月星辰水波土石金玉,劳勤心力耳目,节用水火材物’,又表现出早期文明的特点。”①其中“时播百谷草木,淳化鸟兽虫蛾”,强调了农作物开发与动物驯化对于文明进步的重要意义。

关于“淳化鸟兽虫蛾”,“淳化鸟兽”言家禽家畜的驯养,比较好理解。而“淳化”“虫蛾”则需要进行涉及昆虫学史的考察。司马贞索隐曰:“为一句。蛾音牛绮反。一作‘豸’。言淳化广被及之。”张守节正义曰:“蛾音鱼起反。又音豸,豸音直氏反。蚁,蚍蜉也。《尔雅》曰:‘有足曰虫,无足曰豸。’”②读“虫蛾”为“虫蚁”,是有很多依据的。不过,“淳化”“蚁”,则颇费解。其实,“蛾”很早就有蚕蛾的意义。《荀子·赋》说“蚕”,有“食桑而吐丝,前乱而后治”“蛹以为母,蛾以为父”的文句,称颂其“功被天下,为万世文”③。“淳化”“虫蛾”,意味着蚕丝业的早期启动。

《荀子·赋》言“蚕”“功被天下”,与《五帝本纪》司马贞索隐“言淳化广被及之”可以对照理解。

“淳化”“虫蛾”是黄帝之政治成功的条件,是符合历史发展进程的,确实“表现出早期文明的特点”。

而这一功绩,应当归于嫘祖。这一认识早有学者提出。清代学者惠士奇《礼说》卷一〇《夏官一》写道:“轩辕娶于西陵氏之子,谓之嫘祖氏,淳化鸟兽虫蛾。故后周以先蚕为西陵氏。”④

我们今天在进行丝绸之路研究、丝绸之路史研究时,有必要关注与丝绸之路密切相关的“丝绸”发明的考察。而丝绸制作的最初开创与丝绸产品的早期流通与嫘祖的关系,自然不宜忽视。

五、“淳化”“虫蛾”的考古学实证

考古发现的桑蚕茧和早期丝织品遗存,对于“淳化”“虫蛾”的伟大发明提供了历史研究的文物实证。“仰韶文化中期约3800年前的山西夏县西阴村遗址,出土有经人工割裂的半个蚕茧,可能是食桑叶的野蚕结茧。”研究者认为,“参考中国民族志资料,在未掌握缫丝抽取茧丝长纤维之前⑤,对茧丝的简单利用方式

---

① 李学勤:《论古代文明》,《走出疑古时代》,沈阳:辽宁大学出版社,1997年,第41页。
② 《史记》,北京:中华书局,1959年,第9页。
③ 梁启雄:《荀子简释》,北京:中华书局,1983年,第359页。
④ 文渊阁《四库全书》本。
⑤ 按:原文如此,应当为“在掌握缫丝抽取茧丝长纤维的技术之前”。

中,就是要剪开蚕茧,或直接利用其丝絮,或经撕松捻丝打线以供绣花边、织腰带之用。西阴村出土茧壳经人割裂当非偶然所为,可能正反映了先民在早期阶段对桑蚕丝的一种原始利用的方式”①。

纺织史学者曾经指出考古资料所见最早的育蚕技术的发明。“一九二六年在山西夏县西阴村出土的仰韶遗存中,曾发现有半个人工割裂的茧壳②,这说明当时已懂得育蚕。一九五八年在浙江吴兴钱山漾新石器时代文化遗存中发现的丝织品,包括绢片、丝带和丝线等,经过鉴定,原料是家蚕丝。作为丝的表征是经、纬粗细相仿,纤维表面有茸毛状和微粒状结晶体,呈灰白色或白色透明状。成为线的由十多根粗细均匀的单丝紧紧绞捻在一起,保存的织品有尚未炭化而呈黄褐色绢片和虽已炭化仍保有一定韧性的丝带和线绒。绢片是平纹组织,经纬密度每厘米四十八根。③ 这些事例证明,我们的祖先约在五千年前,就已在我国黄河流域和长江流域养蚕织绸了。”④西阴村的发现“表明五千多年前,我们的祖先已经知道利用蚕茧”,钱山漾出土“一匹四千七百年前的丝织品”,“表明当时的丝织技术已有一定水平”⑤。

可靠的考古资料还有,“至仰韶文化晚期约公元前3500年的河南荥阳青台遗址,发现有炭化蚕桑丝织物,是经缫丝形成的长丝束织造出平纹组织的‘纱’(纨)和绞经组织的‘罗’两种织品,后者还经染成绛色。这是中国目前发现年代最早的丝织品实物遗存,表现出缫、织、染三者具备的丝织工艺已达到较高的技术水平”⑥。研究者这样的判断应当说是准确的:继麻织品应用之后,“考古发现了桑蚕茧和丝织物遗存,可见先民还懂得利用昆虫的吐丝纤维以制成较高级的产品。中国丝织品的出现,是史前纺织领域的重大创新成果,也是一项具有世界意义的伟大发明”⑦。借助相关信息理解司马迁《五帝本纪》有关黄帝“淳化”“虫蛾”的记载,可以获得更真切的历史认识。

---

① 中国社会科学院考古研究所编著:《中国考古学·新石器时代卷》,北京:中国社会科学出版社,2010年,第789页。

② 原注:“详见李济著《西阴村史前的遗存》。”

③ 原注:“浙江省文物管理委员会:《吴兴钱山漾遗址第一、二次发掘报告》,《考古学报》1960年2期。”

④ 李仁溥:《中国古代纺织史稿》,长沙:岳麓书社,1983年,第4—7页。

⑤ 田自秉:《中国染织史》,上海:上海人民出版社,1986年,第1页。

⑥ 原注:“张松林、高汉玉:《荥阳青台遗址出土丝麻织品观察与研究》,《中原文物》1999年第3期。”

⑦ 中国社会科学院考古研究所编著:《中国考古学·新石器时代卷》,北京:中国社会科学出版社,2010年,第789页。

六、“嫘祖好远游”，“因以为行神”

《史记》卷五九《五宗世家》记载临江闵王刘荣的故事：“上征荣，荣行，祖于江陵北门。既已上车，轴折车废。江陵父老流涕窃言曰：‘吾王不反矣！’荣至，诣中尉府簿，中尉郅都责讯王，王恐，自杀。葬蓝田。燕数万衔土置冢上，百姓怜之。”这是关于“祖”即“祖道”后言“祖饯”的重要的史例。关于“祖于江陵北门”之事，司马贞索隐曰：“祖者行神。行而祭之，故曰祖也。《风俗通》云‘共工氏之子曰修，好远游，故祀为祖神’。又崔浩云‘黄帝之子累祖，好远游而死于道，因以为行神’，亦不知其何据。盖见其谓之祖，因以为累祖，非也。据《帝系》及《本纪》皆言累祖黄帝妃，无为行神之由也。”①

可能与“车同轨”形势下交通行为普及、远程行旅频繁有一定关系，汉代“祖神”崇拜盛行。《风俗通义》有关“祖神”的说法体现了比较广泛的社会层面的共同的交通理念。居延汉简所见“祖道钱”简文，反映西北丝绸之路方向的相关礼俗。

宋丁度《集韵》卷一《平声一·脂》认同“黄帝娶于西陵氏之女，是为嫘祖”的意见，但仍取崔浩“累祖好远游”，“为行神”之说：“黄帝娶于西陵氏之女，是为嫘祖。嫘祖好远游，死于道。后人祀以为行神。”司马光《类编》卷三五《女》有相同的内容。② 于是两相结合，嫘祖既是黄帝的配偶，也是“好远游，死于道”的“行神”。

《史记》司马贞索隐批评崔浩的说法：“不知其何据。盖见其谓之祖，因以为累祖，非也。”

宋高承《事物纪原》卷九“方相”条说：“《轩辕本纪》曰：帝周游时，元妃嫘祖死于道。令次妃嫫母监护，因置方相，亦曰防丧。此盖其始也。俗号险道神，抑由此故尔。《周礼》有方相氏，狂夫四夫大丧先柩及墓入圹，以戈击四隅，驱方良。故葬家以方相先驰。”③又宋佚名《轩辕黄帝传》写道：“帝巡狩，东至海，登桓山于海滨，得白泽神兽，能言，达于万物之情。因问天下鬼神之事，自古精气为物，游魂为变者，凡万一千五百二十种。白泽言之，帝令以图写之，以示天下。帝乃作辟邪之文以祝之。帝周游行时，元妃嫘祖死于道。帝祭之，以为祖神。令次妃嫫母监护于道，以时祭之。因以嫫母为方相氏。”又说：“向其方也。以护丧，亦曰防丧氏。今人将行，设酒食先祭道，谓之祖饯、祖送也。颜师古注《汉书》曰：‘黄帝子为道神。’乖妄也。崔寔《四民月令》复曰‘黄帝之子’，亦妄也，皆不

① 《史记》，北京：中华书局，1959年，第2094页。

② 文渊阁《四库全书》本。

③ 明弘治十八年魏氏仁实堂重刻正统本。

得审详‘祖，嫘祖’之义也。”①《轩辕黄帝传》或与宋张君房《云笈七签》卷一百《纪・轩辕本纪》有关。有关嫘祖的说法是类同的：“帝周游行时，元妃嫘祖死于道。帝祭之，以为祖神。令次妃嫫母监护于道，以时祭之。因以嫫母为方相氏。”又注曰：“向其方也。以护丧，亦曰防丧氏。今人将行，设酒食先祭道，谓之祖饯、祖送也。颜师古注《汉书》曰：‘黄帝子为道神。’乖妄也。崔寔《四人月令》复曰‘黄帝之子’，亦妄也，皆不得审详‘祖，嫘祖’之义也。”②所谓“颜师古注《汉书》曰：‘黄帝子为道神’”，即《汉书》卷五三《景十三王传》：“上征荣。荣行，祖于江陵北门，既上车，轴折车废。江陵父老流涕窃言曰：‘吾王不反矣！’荣至，诣中尉府对簿。中尉郅都簿责讯王，王恐，自杀。葬蓝田，燕数万衔土置冢上。百姓怜之。”就“祖于江陵北门”，颜师古注：“祖者，送行之祭，因飨饮也。昔黄帝之子纍祖好远游而死于道，故后人以为行神也。”③此所谓“黄帝之子纍祖”，应当就是“嫘祖”。

所谓“方相”是一种特殊的交通形式的监护者。而“帝周游时，元妃嫘祖死于道”之说，显然是我们讨论与“嫘祖”相关的文化现象时应当重视的。黄帝号“轩辕”，可能是先进车辆型式的发明者，又“披山通道，未尝宁居”，“迁徙往来无常处”。④ 嫘祖随同黄帝“周游”“周游行”，是以交通实践辅佐黄帝的助手。从另一视角考察，所谓“嫘祖好远游”，“因以为行神”，或许暗示嫘祖的文化创造与社会贡献包括丝绸成品的流通与丝织技术的传播。

正如临江闵王刘荣事迹所反映的，汉代是社会普遍风行“祖神”“行神”崇拜礼俗的历史时期。《汉书》卷六六《刘屈氂传》记载：“贰师将军李广利将兵出击匈奴，丞相为祖道，送至渭桥。”⑤汉代祖道仪式有时十分隆重。《汉书》卷七一《疏广传》写道，汉宣帝时，太傅疏广和兄子少傅疏受一起主动辞职，告老归乡，一时轰动朝廷，“公卿大夫故人邑子设祖道，供张东都门外，送至车数百乘”⑥。蔡邕的作品中，有一篇用于祖道时祝诵的《祖饯祝》，其中写道：“令岁淑月，日吉时良。爽应孔嘉，君当迁行。神龟吉兆，休气煌煌。著卦利贞，天见三光。鸾鸣噰噰，四牡彭彭。君既升舆，道路开张。风伯雨师，洒道中央。阳遂求福，蚩尤辟

---

① 清嘉庆《宛委别藏》本。

② 《四部丛刊》景明正统《道藏》本。元赵道一《历世真仙体道通鉴》卷一《轩辕黄帝》沿承此说。明正统《道藏》本。看来道教学说继承并宣传嫘祖“为祖神”的传说。明陈耀文《天中记》卷二一“丑妇”题下也引录《轩辕本纪》“帝周游行时，元妃嫘祖死于道，令次妃嫫母监护于道，以时祭之，因以嫫母为方相氏”说。文渊阁《四库全书》本。

③ 《汉书》，北京：中华书局，1962 年，第 2412 页。

④ 《史记》卷一《五帝本纪》，北京：中华书局，1959 年，第 6—7 页。参看王子今：《轩辕传说与早期交通的发展》，《炎黄文化研究》第 8 期（《炎黄春秋》增刊，2001 年 9 月）。

⑤ 《汉书》，北京：中华书局，1962 年，第 2883 页。

⑥ 《汉书》，北京：中华书局，1962 年，第 3040 页。

兵。仓龙夹毂,白虎扶行。朱雀道引,玄武作侣。勾陈居中,厌伏四方。君往临邦,长乐无疆。"①除上层社会通行这一风习之外,我们还看到居延汉简有如下简文:

候史褒予万岁候长祖道钱出钱十付第十七候长祖道钱

……☐道钱出钱十付第廿三候长祖道钱

……☐道钱出钱十

……出钱☐(104.9,145.14)②

这大概是同事间共同"出钱"办理祖道事宜的一份记账单。可见远在西北边塞,基层军事组织中也曾经通行这一礼俗。看来,行旅祖道风习社会影响之广泛,可能确实如同晋人嵇含在《祖道赋序》中所写的:"祖之在于俗尚矣,自天子至庶人,莫不咸用。"③

(作者:王子今,中国人民大学国学院、出土文献与中国古代文明研究协同创新中心教授,陕西理工大学汉江学者)

---

① 《太平御览》卷七三六引,〔宋〕李昉等撰:《太平御览》,北京:中华书局,上海涵芬楼影印宋本1960年2月复制重印版,第3264页。

② 谢桂华、李均明、朱国炤:《居延汉简释文合校》,北京:文物出版社,1987年,第173页。

③ 《西晋文纪》卷一八,文渊阁《四库全书》本。

古代丝绸文化及蚕神嫘祖

◇李玉洁

中国古代有辉煌的丝绸文化，这是中华民族对世界文化的卓越贡献，中国也是闻名世界的丝绸之国。发明蚕桑的人被称为“先蚕”，即蚕神。中国古代处于万国万邦时期，如果对古史传说中的先蚕(蚕神)进行考源，根据古史的记载，中国传说中的蚕神主要有黄帝的元妃嫘祖、菀窳妇人、寓氏公主、蚕丛氏、马头娘等。笔者认为，黄帝的元妃嫘祖是中国历代王朝祭祀的正统的蚕神，其余则为地方或民间的蚕神。本文对嫘祖及其故里进行研究，以正于史学界的同人与方家。

一、中国古代的丝绸文化

远古时期，人们从穿树叶、兽皮到穿葛、麻制成的衣服，是人类文明迈上的第一个台阶。《后汉书·舆服制下》云：“上古穴居而野处，衣毛而冒皮，未有制度。后世圣人易之以丝麻，观翚翟之文，荣华之色，乃染帛以效之，始作五采，成以为服。见鸟兽有冠、角、髯胡之制，遂作冠冕缨蕤，以为首饰。”在服饰发展的过程中，很多时候，人们在各种鸟兽的花纹、羽冠的启发下，对衣冠进行装饰，以追求衣冠之美。自古以来，中华民族就非常重视自己的衣冠美。山顶洞人遗址中就发现有骨针，说明距今两万年左右，人们已经能够缝制衣衫，御寒求美。随着时代的发展，人们又不断地发现新的衣服材料，如葛、麻等，并利用各种植物的颜色把葛、麻染成不同的色彩，以表现衣冠之美。

大约五千年前，伟大的中华民族发明了蚕桑业。中国是最早植桑养蚕、发明丝绸的国家。当人们发现蚕茧可以缫丝织布制衣，人类文明就向前迈进了大大的一步。中国是蚕桑业的发明者，在几千年的历史长河中，中国人民以自己的勤劳智慧使蚕桑业迅速发展，用蚕丝制成美丽的绫罗丝绸等，中国是闻名世界的丝绸之国。

中国古代有为的皇帝都把“劝农桑”当成治国之要，因为吃和穿是国计民生的第一要素。

中国古代家家户户植桑养蚕，说明蚕桑对于国人有多么大的意义。司马迁《史记·货殖列传》说：“被服饮食，奉生送死之具也。”衣、食皆是人们赖以生存的最基本条件。在满足最基本的必需之后，人们考虑怎样吃得更好、穿得更美，这是社会发展过程中的必然。服饰,就是为了使衣服更美而对衣服进行的装饰。

中国为什么被称为“华夏”“中华”?《左传·定公十年》孔颖达疏云:“夏,大也;中国有礼仪之大,故称夏;有服章之美,谓之华。”服和饰不仅有御寒的功能,还能大幅度增加人们的美丽,体现人们的气质和风度。中华民族是一个爱美的、善于学习的民族。古老的中国是个重视服饰之美的国家。

丝绸,至今还是最华丽、最高贵的衣料之一。用丝绸制成的衣服,柔软轻便又美丽,用丝绵做成的棉衣有极强的御寒保暖功能。

丝绸以其华丽、高贵、实用受到世人的喜爱。于是,中国的丝绸沿着草原丝路、沙漠丝路、西南丝路、海上丝路等数条丝绸之路传向四方,中国的丝绸以其夺目的绚丽和光华照耀全世界。中国是丝绸文化的创造者,对世界古代文明做出了伟大的贡献。

二、中国传说中的蚕神

中华民族把蚕桑业的发明者尊为“先蚕”,即蚕神。

(一)先秦时期的“蚕马同气”说

先秦时期,我国有“蚕马同气”说,认为蚕身柔婉似女子,头类马首;古代有蚕马相化的传说,所以古人认为蚕为龙精。蚕马同气,战国时就有“蚕为龙精”的说法。《荀子·赋篇》云:“此夫身女好而头马首者与?屡化而不寿者与?善壮而拙老者与?有父母而无牝牡者与?冬伏而夏游,食桑而吐丝,前乱而后治,夏生而恶暑,喜湿而恶雨。蛹以为母,蛾以为父。三俯三起,事乃大已。夫是之谓蚕理。”

在中国古代的传说中,蚕与马同气,属于同一个星座。

马在天上的星宿为房星,即天驷,蚕与马同气,蚕亦为天驷。

宋王与之《周礼订义》中《夏官·司马下》云:“春祭马祖执驹。”郑康成正义曰:“马祖,天驷也。”郑锷曰:“马未尝有祖,此言马祖者,贾氏谓天驷也。以天文考之,天驷,房星也。房为龙马。马之生者,其气实本诸此,则马祖为天驷可知。于春则祭。春者万物始生之时,驹始生之马,血气未定,不可通淫。顺春祭祖之时,则执而维縶之,以驯其始生之。”

《周礼·夏官·马质》中言“禁原蚕者”。郑玄注曰:“天文,辰为马。《蚕书》,蚕为龙精。月直大火,则浴其种,是蚕与马同气。物莫能两大,禁再蚕者,为伤马与?”原,再也,一年不许两次养蚕。

先蚕虽然称天驷,但天驷只是一个星宿,而不是神。清秦蕙田《五礼通考·吉礼》还说:“天驷,可谓蚕祖而非先蚕者也。”

中国传说中的蚕神即先蚕有多种说法:黄帝的元妃嫘祖、菀窳妇人、寓氏公主、蚕丛氏、马头娘等。本文拟对诸蚕神及其故里进行考源。

（二）菀窳妇人、寓氏公主

东汉时期，人们把菀窳妇人、寓氏公主称为蚕神。

《后汉书·礼仪志·先蚕》云："是月，皇后帅公卿诸侯夫人蚕，祠先蚕，礼以少牢。"刘昭补注："《汉旧仪》曰：'春桑生而皇后视桑于菀中，蚕室养蚕千薄以上。祠以中牢羊豕，今蚕神曰菀窳妇人、寓氏公主，凡二神。"这里《后汉书·礼仪志·先蚕》并没有提到菀窳妇人、寓氏公主二神，只说皇后帅公卿诸侯夫人以少牢之礼祭祀先蚕；而刘昭"补注"中引用《汉旧仪》提到此二神。可以看出，东汉时期菀窳妇人、寓氏公主已成为人们祭祀的蚕神。

宋秦观所撰《蚕书·祷神》亦云："卧种之日，升香以祷。天驷，先蚕也。割鸡设醴以祷妇人、寓氏公主，盖蚕神也。毋治堰，毋诛草，毋沃灰，毋室入外人，四者神实恶之。"

这个记载说明，自汉至宋，人们把"先蚕"与菀窳妇人、寓氏公主区分开来。菀窳妇人、寓氏公主是人们祭祀的蚕神，而"天驷，先蚕也"。

晋干宝所撰《搜神记》卷十四云："汉礼，皇后亲采桑祀蚕神，曰菀窳妇人、寓氏公主。公主者，女之尊称也；菀窳妇人，先蚕者也。故今世或谓蚕为女儿者，是古之遗言也。"宋人祝穆《古今事文类聚前集》卷三十六亦云："干宝云：祀菀窳妇人、寓氏女之尊称，先蚕也。"

干宝把菀窳妇人、寓氏公主当作先蚕。菀窳妇人、寓氏公主是见于正史最早记载的蚕神。有人认为，"菀窳妇人"之"窳"，是《山海经·北山经》中的"窳"，是一种"形象奇特的怪兽"。

干宝认为，"菀窳妇人，先蚕者也"，即菀窳妇人是最早发明蚕桑的人，是有一定道理的。"菀"，通"苑"，是养禽兽、植树木的地方。"窳"与"寙"相通；"寙"，《说文》脱此字；"寙"，唐孔颖达《毛诗注疏》卷二十五《大雅·召旻》疏引《说文》云："寙，懒也。草木皆自竖立，唯瓜瓠之属卧而不起，似若懒人常卧室。故字从穴，音眠。"

这些记载很明显，"菀窳"是田园种植之意，"菀窳妇人"就是田园种植瓜果的妇人。田园种植的妇人发明蚕桑是完全可能的。

干宝的《搜神记》又云："公主者，女之尊称也。"干宝认为，之所以把"寓氏公主"称为蚕神，是因为她的地位尊贵。"寓氏公主"之"寓氏"，与《尚书·尧典》中的"堣夷"，可能有相通之意。"堣夷"，今属于东夷地区，寓氏公主可能为东夷地区的人，今山东人。《汉书·地理志》云：齐地"故其俗弥侈，织作冰纨绮绣纯丽之物，号为冠带衣履天下"。颜师古注云："冰，谓布帛之细，其色鲜絜如冰者也。纨，素也。绮，文缯也，即今之所谓细绫也。纯，精好也。丽，华靡也。纨音丸。纯音淳。""言天下之人冠带衣履，皆仰齐地。"齐地，即今山东之地。先秦时期的齐国，即东夷地区，"冠带衣履天下"，是当时丝织业的中心。"寓氏公主"与东夷地区有一定的关系是完全可能的。

“菀窳妇人”“寓氏公主”当是东夷传说中民间的蚕神，曾在汉代受祭于皇家的祭坛。

（三）蚕丛氏

宋高承《事物纪原》卷八“蚕市”条云：“《仙传拾遗》曰：‘蜀蚕丛氏王蜀，教人蚕桑，作金蚕数千，每岁首出之以给民，家每给一所养之，蚕必繁孳，罢即归于王。王巡境内，所止之处，蚕成市。蜀人因其遗事，每年春有蚕市也。’”

相传四川为蚕丛国。李白《蜀道难》云：“蚕丛及鱼凫，开国何茫然。尔来四万八千岁，不与秦塞通人烟。”蚕丛是今四川境内的一个古国的首领。《事物纪原》中记载“蜀蚕丛氏王蜀，教人蚕桑”，所以蚕丛氏当为巴蜀地区所供奉的蚕神。

（四）马头娘

马头娘的传说当出自四川古蜀之地。晋干宝《搜神记》卷十四记载：“旧说，太古之时，有大人远征，家无余人，唯有一女。牡马一匹，女亲养之。穷居幽处，思念其父，乃戏马曰：‘尔能为我迎得父还，吾将嫁汝。’马既承此言，乃绝缰而去，径至父所。父见马惊喜，因取而乘之。马望所自来，悲鸣不已。父曰：‘此马无事如此，我家得无有故乎？’亟乘以归。为畜生有非常之情，故厚加刍养。马不肯食。每见女出入，辄喜怒奋击。如此非一。父怪之，密以问女。女具以告父，必为是故。父曰：‘勿言，恐辱家门。且莫出入。’于是伏弩射杀之。暴皮于庭。父行，女与邻女于皮所戏，以足蹙之曰：‘汝是畜生，而欲取人为妇耶？招此屠剥，如何自苦？’言未及竟，马皮蹶然而起，卷女以行。邻女忙怕，不敢救之。走告其父。父还，求索，已出失之。后经数日，得于大树枝间，女及马皮，尽化为蚕，而绩于树上。其茧纶理厚大，异于常蚕。邻妇取而养之，其收数倍。因名其树曰‘桑’。桑者，丧也。由斯百姓竞种之，今世所养是也。言桑蚕者，是古蚕之余类也。”

干宝作《搜神记》时，关于“蚕马同气”“菀窳妇人”“寓氏公主”的传说已经存在，故《搜神记》中的“女儿化蚕”说即“马头娘”的传说当为晚出。《搜神记》对巴蜀地区有很大影响。宋代时蜀中有很多寺观供奉“马头娘”，当是从《搜神记》的故事演化而来。

宋戴植《鼠璞》卷下“蚕马同本”云：“唐《乘异集》载蜀中寺观，多塑女人披马皮，谓马头娘以祈蚕。”

宋祝穆《古今事文类聚前集》卷三十六云：“蜀之风俗，宫观诸化塑女像披马皮，谓之马头娘，以祈蚕焉。”

“马头娘”的传说当然与古代蚕马同气、蚕马相化有关，而与晋人干宝所作的《搜神记》亦有很大的关系。“马头娘”的传说当出自四川古蜀之地。

三、中国古代正统的蚕神嫘祖考源

中国古代是一个农业国。农业收成的好坏直接关系封建国家的存亡，故历代帝王都非常关心农业生产，“劝农桑”是历代帝王治理国务的重要内容，因而对农神的祭祀是古代帝王们的重要大典。农神中有神农氏、后稷、先农等。蚕桑是农业生产的重要内容，蚕神是农业神中的重要神灵，古代帝王对蚕神的祭祀也是非常隆重的。

如前所述，中国古代有许多蚕神：嫘祖、菀窳妇人、寓氏公主、蚕丛氏、马头娘等。古代朝廷祭蚕神，必须是皇后躬亲，那么接受封建王朝正统祭祀的就是古代中国的蚕桑主神。

然而，菀窳妇人，从名义上看，地位不高；寓氏公主，当是一个皇室女儿，在中国古代社会中，嫁出的女儿，就不再继承皇家的血统；蚕丛氏，当是偏邦诸侯的首领；马头娘，是民间女儿。这些可以说都当不起皇后亲自祭祀的人物。

从后周开始，黄帝的元妃嫘祖成为古代中国的蚕桑主神。元朝司农司官编写的《农桑辑要》卷一云：“《通典》周制享先蚕。先蚕，天驷也。蚕与马同气。汉制，祭蚕神曰菀窳妇人、寓氏公主。北齐，先蚕祠黄帝轩辕氏，如先农礼。后周祭先蚕，西陵氏。”

嫘祖是黄帝的元妃，就是后代的皇后。黄帝被认为是中华民族的正统祖先，嫘祖的地位是得到国人认可的。

宋罗泌《路史·疏仡纪》卷十四《后纪五·黄帝纪上》：黄帝“命西陵氏劝蚕稼，月大火而浴种。夫人副祎而躬桑，乃献茧丝，遂称织维之功，因之广织以给郊庙之服”。“《皇图要览》云：‘伏羲化蚕，西陵氏始养蚕，故《淮南王蚕经》云西陵氏劝蚕稼，亲蚕始此。’”“帝之南游，西陵氏殒于道，式祀于行。以其始蚕，故又祀先蚕。”

这里记载的是，因西陵氏嫘祖是最早教人们养蚕的人，人们为了纪念她，称她为“先蚕”，即蚕神。嫘祖为蚕神的观念很快为国人所接受，嫘祖成为中国古代正统的蚕神。

清秦蕙田《五礼通考》卷一二六疏云：“黄帝之妃西陵氏始蚕，后世祀为先蚕；或天子先告黄帝，而后乃祀西陵与？《路史》：‘黄帝有熊氏命西陵氏劝蚕稼，月大火而浴种，夫人副祎而躬桑。’《通鉴外记》：‘西陵氏之女嫘祖，为帝元妃，始教民育蚕，治丝茧以供衣服，后世祀为先蚕。’……蕙田案：圣王祀典，凡有利于民者，必报之，故饮食必祭原其始也。凡先圣、先师、先农、先老、先医、先牧、先炊、先仓，皆始为之者之神，盖理与事之所必有，而不必实指其为谁何也。先蚕之名，旧说为天驷，为黄帝，为西陵氏，为菀窳妇人、寓氏公主，夫既为始蚕之人，则非天驷，显然而西陵氏已下，则亦无明据也。祀先蚕礼自汉以后具有之，陈氏考之特详,但其正义则经无明文耳。惟《月令》鞠衣之荐,为近于祀事。今取《通典》及《礼书》说,附于经文之下,从其类也。至先蚕之神,似当与祭诸先同例,而不必求其人以实之与傧议礼者质焉。”

《古征书》卷十七云:“《物原》曰:‘有巢始衣皮,轩辕妃嫘祖始育蚕。’”

清惠士奇《礼说》卷十云:“轩辕娶于西陵氏之子,谓之嫘祖氏,淳化鸟兽虫蛾,故后周以先蚕为西陵氏。然则先蚕,犹先牧始养蚕者,而马蚕之祖,则龙精也。”

宋郑樵《通志·礼略·吉礼上》云:“晋武帝太康六年,蚕于西郊,与藉田对其方也。先蚕坛高一丈,方二丈,为四出陛,陛广五尺。在皇后采桑坛东南,帷宫外门之外。而东南去帷宫盖十丈,在蚕室西南,桑林在其东。”《通志》很明显地记载了先蚕坛是自晋代以后开始出现的。

元王祯《农书·蚕缫门》卷二十云:“元妃西陵氏为先蚕,实为要典。若夫汉祭菀窳妇人、寓氏公主,蜀有蚕女马头娘,又有谓三姑为蚕母者,此皆后世之溢典也。然古今所传立像而祭,不可遗阙,故并附之。稽之古制,后妃祭先蚕,坛壝牲币,如中祠。此后妃亲蚕祭神礼也。《蚕书》云:‘卧种之日诘旦,升香割鸡,设醴以祷先蚕,此庶人之祭也。自天子后妃至于庶人之妇,事神之礼虽有不同,而敬奉之心一。’”

王祯的《农书》记载了祭祀有皇家之祭,有庶人之祭,那么由此可以知道,黄帝元妃嫘祖西陵氏为先蚕,即正统的蚕神;而菀窳妇人、寓氏公主在汉代亦曾为正统的蚕神享受皇家的祭祀,而后由于其地位不高而被淘汰,让位于嫘祖西陵氏。至于蜀地蚕从氏、马头娘等当是民间祭祀的蚕神。

(作者:李玉洁,河南大学黄河文明与可持续发展研究中心教授,河南大学特聘教授)

女性意识与社会转型

◇刘志琴

从社会文化史的角度看女性群体,有些值得中国妇女史研究者注意的社会现象,一是古代女中豪杰多与男子称雄,二是近代转型中女子的性意识往往比男性更激进。

一、女性自古多豪杰

中国自古以来就有"巾帼不让须眉""女中丈夫"之谓,现在通行的女性尊称"女士",出自《诗经》:"厘尔女士。"指女子有男士的作风。女郎之称最早见于古乐府《木兰辞》:"同行十二年,不知木兰是女郎。""女郎"即女中之郎。男女有别是天然的性别意识,用男子的作为来比喻女子的行事是社会对女子的评价,是女子的敢作敢为改变了男强女弱的社会观念。

称誉是社会现实的反映,裙钗中自有勇冠天下的女强人,中国第一位女将军,是四千年前商代的妇好。在她的墓葬中出土有刀斧剑戟等各种兵器,安阳殷墟博物馆有一座其全身戎装的塑像,威镇四方、雄视天下的气概,足以表现她指挥千军万马的威力。明末抗清名将秦良玉是一个秀外慧中的女强人,她用比武招亲觅得如意郎君,夫妇长年驰骋沙场,直到马革裹尸,荣归故里,被誉为"鸳鸯袖里握兵符"。至于窦太后、武则天、慈禧太后等女皇帝、女政治家的权谋和魄力,威震青史,代不乏人。在民众喜闻乐见的神话小说中更多这样的传说,《搜神记》中生动地描绘了一名 13 岁的少女李寄,为民除害,不惜以身做诱饵,引蛇出洞,一剑斩杀了七八丈长的大蛇。穆桂英挂帅、佘太君出征的飒飒英姿亦被人津津乐道。农民战争中的英雄红娘子、洪宣娇等虚虚实实的故事在民间长诵不衰。

在男女不平等的封建社会制度下,拥有这样的业绩和称誉的女子,大多是不可多得的人才。而对广大普通妇女群体来说,更多的是以男子风貌,展现自己的追求和个性。

身为女子着男装,是中国古代社会的另一种景观。

在社会生活中,衣冠服饰是衣食住行之首,它最显著、最充分地表现人们的身份地位。封建社会的等级制度在衣冠服饰上有显著的表现,同时着装与礼制相结合，成为礼制的重要内容。历代王朝都以“会典”“律例”“典章”或“车服制”“舆服制”“丧服制”等各种条文律令，规范和管理各阶层的服装，从质料、色彩、花纹和款式都有详尽的规定，不遗琐细地区分君臣士庶、男女服装的差别，森严的等级管制深入到穿衣戴帽，违者要以僭礼逾制处以重罚，这是中国服饰制度的重要特色。

然而，自古以来中国女性就不乏违背服制，身着男装的事例。中国第一个朝代夏朝国君桀的宠妃妺喜，公然身穿男子衣冠，招摇天下，《汉书·外戚传》说“女儿行，丈夫心”，《晋书·五行志》说“末喜冠男子之冠”。

唐朝声名赫赫的太平公主亦偏爱男子服饰，常常身穿紫袍，腰围玉带，头戴折角巾，随身的佩带也是男子用物，如砺石、佩刀、火石等。清朝光绪的宠妃珍妃，经常身穿男装在后宫嬉戏，赢得皇帝的欢心。不仅是宫庭或官宦人家的女性有此行径，民间女子亦有着男装的事例。明代秦淮河名妓柳如是初会大儒钱谦益，“常衣儒服，飘巾大袖”。这一身男子装束，使江南才子钱谦益一度退缩，交谈之下终为柳如是的才智和美貌所感动，相约终身，结为夫妇。按规定妓女只能为妾，可柳如是却被扶为正室，成为夫人。明亡后，柳如是自尽，临终前嘱咐“悬棺而葬”，表示生为明朝人，死为明朝鬼，不踏清朝之地。她的风貌和气节为一代文人所标榜，当代著名学者陈寅恪挥笔写下《柳如是别传》的皇皇巨著。

这些都是贵妇人或文人雅士的逸事，生活在最底层的妇女只求吃饱穿暖，穿衣着装只求保温、方便，很少有着男装的闲情雅趣，但却以民歌的形式喊出了女性内心的呼声，渴望与男性同等的爱情追求。试看几首明清之际的流行歌谣：

《同心》：“你是男，我是女，怎知我二人合一个心肠，若将我二人上一上天平也。你半斤我八两。”

《姐儿生得》：“姐儿生得滑油油，遇着子情郎就要偷，正像个柴擦上火烧处处着，葫芦结顶再是囫囵头。”

《不希罕》：“想当初，这往来，也是两相情愿，又不是红拂私奔到你跟前，又不曾央媒人将你来说骗。你要走也由得你，你若不要走，就今日起你便不来缠，似雨落在江心也，那希图你这一点。”

《偷》：“结识私情弗要慌，捉着子奸情奴自去当，拼得到官双膝馒头跪子从实说，咬钉嚼铁我偷郎。”

《小尼姑》：“小尼姑猛想起把偏衫撇下。正青春，年纪小，出什么家？守空门便是活地狱，难禁难架，不各蓄好了青丝发，去嫁个俏冤家。念什么经文也，守什么的寡。”①

众所周知，明清时代是提倡妇女守节最严酷的时期，仅徽州一地明清两代所立的节妇牌坊就有六千多座，然而就在这禁锢最深的地方，女性要求自主择偶，

① 均见《明清民歌时调集》上册《私部》，上海：上海古籍出版社，1987年。

不畏众议，走出家门与情人私奔，出了事自己承担的勇气，令人惊叹。这些民歌没名没姓，但民歌中的女性敢于冒人言之大不韪，为争取爱情献身亡命，何尝没有豪杰的胸怀？这与正史宣扬的节烈观形成强烈的反差。

这自发生成的民间吟唱，不加修饰地把女性的情欲抒发得淋漓尽致。这种景象是不入正史的，可这又是活生生的存在，是与官方意识形态相悖的另一种存在，这一存在是以女子性意识的自白出现，正如郑振铎在《中国俗文学史》中所说："中国妇女们的心情，也只有在这里才能大胆的、称心的不伪饰的倾吐着。"这是与正史记载不同的另一种社会景象、另一种妇女群像。

二、性意识在社会转型中的沉浮

中国素来是讲究男女大防的国度，防什么，是防男女情事的公开化，尽管谁也离不开男欢女爱，此种防范甚至扩大到儿童，所谓男女"七岁不同席"，可见禁忌之深重。正因为如此，近代的新文化运动，争取男女社交公开、婚姻自由，成为反封建的号角，对中国人起了震聋发聩的作用。

20 世纪初婚姻自主、妇女解放形成社会思潮，这是在知识界的层面。实际上早在 19 世纪的 80 年代，沿海一些大城市就有一批处在社会下层的女性，以自己的行动勇敢地突破礼教的禁区，争得自己的社交自由和自主择偶权，并出现了台基——中国最早的情人旅馆。尽管对这一形式的男女幽会，舆论各有评说，毫无疑问的是，这是容留男女私情的产物。

台基是 19 世纪 80 年代在上海、苏杭和天津等地开设的专供男女偷情的"小客寓"，又称"花客栈""转子房"。起初是从小戏班子为借台演戏而租借的基地发展而来的，所以有"台基"这一名称，像这类的小客栈在上海英法租界多至二三百家。这一行业的兴旺反映社会需求的盛行不衰，这在中国是前所未有的现象。

台基与妓院不同的是，活跃其中的女性并不是妓女，多是良家妇女，当时人记述说："小客寓俱系妇女辈开设，苟痴男怨女未获遂其欲者，即可借此为安乐窝，每夕只需赁值二百文。"①这些女子来到台基，约见相好，"携手同行，入室相叙"，"一度春风，默然以去"。其数量不容忽视，据称"中人之家，其妇之堕行于此中，与夫不知根由被诱被哄者岂少也哉"②！这是小台基的情景。设备好一些的称为大台基，往往受到大家妇女的垂青，来此幽会的男女，"男则冠玉之貌，翩翩年少；女则舆仆而至，金饰翠翘，明珠满髻"③。出入台基的虽不乏有暗娼，但

① 《申报》1874 年 10 月 14 日《安乐窝》。

② 《申报》1877 年 6 月 16 日《论禁令宜申》。

③ 《申报》1877 年 6 月 18 日《论禁令宜申后》。

主要是良家男女偷情或是寻求婚外情的场所，其中也有令人动情的故事。据当时报纸记载，上海有一烟花女子与裁缝相好，但裁缝苦于穷困，没有钱进妓院，相约在台基相会，不料情事不密，被妓院老鸨跟踪，抓回来打得体无完肤。这事发生在明代可以写入“三言二拍”传为美谈，何以到近代却被指责为淫事呢？主要是因为台基为追求婚外情和自主择偶的女性提供了方便，这点最遭世人的谴责，认为“娼家之妓女有限，良家之妇女无穷”，指斥情人旅馆比妓院更坏。

自古以来，男性可以妻妾成群，更有妓院可供寻欢作乐，女性则被禁锢在家庭，如今女性有了台基与情人偷情的场所，这是大逆不道的行为，官方三令五申加以禁止，可在上海这样的大都市又呈现出不可扼制的趋势。近代新式学校开办以后，为了男女能不能同校读书的问题，屡遭诽谤，几多非难，几番起落，可知道男女大防在中国仍然是一大禁区。1917 年京师万牲园开放，这是中国第一座西式动物园，游览规则规定男女不同游，周一、周三、周五、周日对男性开放，周二、周四、周六对女性开放，可见男女壁垒之森严。“五四”以后，有的女校还要检查女生的信件，规定男教师要年满 50 岁，留胡须，讲课时双目仰视，不准看女学生。女子争取婚姻自由更是难中之难。所以从男女社交自由和自主择偶来看，当社会制度、传统观念束缚重重难以突破的时候，社会下层却我行我素、无法无天地敞开了大门，出现了台基现象，高压之下出现畸变，这是一个很奇特的社会现象。

这种现象的复杂性在于，首先闯入这一禁区的，是一批处于社会底层的人士，这从小台基的简陋和兴旺可以知道，它们的常客大都是为上层社会所贱视的阶层。19 世纪后期随着城市化和商业化的发展，农民进城谋生的日益增多，大量单身男女流入城市，造成夫妻关系的空隙和寻求爱情的渴望。在传统的小农生活中，男耕女织，足不出户，生活范围狭窄，眼界短小，家庭稳定，夫妻关系稳固。农民进城谋生，扩大了生存空间和社会交往。生活方式的变化、城市生活的刺激、单身男女的情感饥渴，促使他们突破礼教的约束，追求婚外情、自由恋爱，出入公共场所找寻娱乐和消遣的日渐增多，台基成为“露水鸳鸯”的栖身之地。甚至有的女子就是为争取婚姻自主流入城市的，这种情况报纸时有披露：“小家璧玉，年甫破瓜，假佣趁之名来上海，以自选婿者，渐染既久，父母不能拘束。”① 也有进入城市后变化的：“乡间妇女至沪佣工，当其初至时，或在城内帮佣，尚不失本来面目。略过数月，或迁出城外，则无不心思骤变矣。妆风雅，爱打扮，渐而时出吃茶，因而寻姘头，租房子，上台基，无所不为，回思昔日在乡之情事，竟有判若两人者。”②

这种一年土、二年洋、三年寻找新伴郎的心态，是不能用简单的道德价值观

---

① 《申报》1883 年 8 月 7 日《书乐陈氏愿归原夫事》。

② 《申报》1879 年 9 月 21《论男女无耻》。

念来评判的。生活在下层的民众，由于文化水平的限制，很少看书读报接受文化影响，主要是从生活境遇的变化中改变自己的行为和观念的。“露水鸳鸯”的出现对传统家庭和社会伦理具有一定的破坏性。这种被时人指责为世风败坏的行为，虽然也有道德问题，重要的是经济生活的发展、生活方式的变化必然带来的两性关系的新变动。不论这种变动是如何为舆论所不容，也不论当事人是何种意识，实际上这是自主择偶的欲望长期被压抑的冲撞，是背弃传统礼教的挑战性的行为，客观上汇入争取婚姻自由的潮流。虽然这是发生在少数大城市的现象，但也说明在性意识解放问题上，社会下层与上层并非同一轨道，女性往往比男性更勇敢。

从传统社会向现代社会的更进中，第一波当是“五四”新文化运动，女性常有惊世骇俗之举，身先士卒的往往抹杀性别的区分以向男性挑战，如涌现了一批女作家。据说当时出版社要组织“女作家专号”向丁玲约稿，被她拒之门外，原因是她认为作家就是作家，干吗要加一个“女”字，断然否定女性文学的存在。

女性意识的觉醒不仅要求男女平权，在性爱意识上也有与男子同享的渴望，与男性相比甚至有过之而无不及。在这方面研究较多的是自主择偶的社会意义，殊不知对传统贞节观冲击最大，也是对社会震荡最大的是性的放纵。当初流行一句话叫“杯水主义”，即男欢女爱，就像喝一杯水那样简单。这观念来自十月革命后的苏联，提倡者是苏联第一个女部长柯伦泰。在她看来，恋爱不足道，满足性欲才是人生的需要，男男女女可以随意发生关系，女性应和男性一样获得性爱的乐趣，这被西方女权主义者奉为先驱女革命家，将性爱还原成单纯的生物学。这一观念在当时盛行一时，并传播到中国。20 世纪初在中国知识分子中出现的试婚、同居现象就与这一思潮有关，在许多小说中屡有表现。文学作品中最有代表性的是丁玲的《莎菲女士的日记》，其将女性玩弄男子的心态表现得淋漓尽致。1927 年 3 月 8 日的武汉，国民政府举行纪念“三八妇女节”游行，有的女性认为最革命的解放运动就是敞开女性身体的隐秘，进行裸体游行，因而有女子脱光衣服，裸体高呼“中国妇女解放万岁”的事件。这说明在苏联和中国都是女性冲在最前面成为性解放的弄潮儿。

中华人民共和国成立后，女性最崇尚的思潮是“中华儿女多奇志，不爱红装爱武装”，列宁装、红卫兵服风行一时。从“男女都一样”到不分性别地工作、着装，表现了中国妇女翻身前所未有的力度，甚至超越男女不同性别的分工，从着装到心理，性别意识淡化，女子男性化成为社会时尚。

改革开放是中国社会的又一次大转型，在 20 世纪 80 年代，随着思想解放的深入，各种新生事物蓬勃兴起，新旧交替。这时期有关性爱的数据，虽然没有具体的统计，但女性思想意识已有深刻的变化，这从大学生有关择偶标准的民意测验中就已显出端倪。中国第一个漂流长江的勇士尧茂书成为 80 年代女大学生心目中的白马王子，男大学生钟情的更多是山口百惠。尧茂书是中华民族中少有的富有开拓精神的冒险家，得到女大学生的青睐，反映女性的择偶观念从看重门第、地位的传统向追求个性和知音的转化。山口百惠一如中国传统女性的相夫教子，得到男性的青睐。在社会的大转型中，女大学生的婚恋观比男性更为敏感地反映了时代潮流的趋向。这一趋向在离婚现象中也有表现，据刊载于《前沿》杂志2011年第6期的向月波的文章披露，在2009年中国的离婚案件中，由女方提出离婚的比例高达70%—80%，调查说明女性离婚率最高的群体是国家公务员、党群组织和企业单位的高级管理者，其共同的特点是受过良好教育，有一定的社会地位和经济能力的知识分子。这表明女性比男性更注重婚姻的质量，因而更容易意识到婚姻的裂痕，追求婚恋的幸福。2011年9月18日《北京青年报》报道，在一场大型单身青年相亲大会中，大多为女方约男方，女性比男性更主动。

在社会流行时尚中，不论男女都热衷于女性选美，何曾想到首先举起反旗的是女性。2012年9月18日《北京青年报》报道，武汉高校女生于9月16日在某高校门口，将“大眼睛”“水蛇腰”“高鼻梁”等美女标签，贴在一个大花瓶上，高喊“不做花瓶，只做自己”的口号，砸破花瓶。

复杂的是，当社会向更高文明形态演进的时候，女性的自我意识并非直线上扬，当初被丁玲不屑冠以“女”的女性作品，现在不仅以“小女人”自称，还以“美女”招揽，用所谓的“美女作家”加以包装。作家本当以作品取胜，又何以用美女作推销，这样的女性意识是前进还是后退？更有甚者，提出“干得好不如嫁得好”的问题，梦想找一个有钱有势的丈夫作为人生的归宿，难以预料的是，这也可能是一厢情愿，女性如果丧失自我，依附丈夫，一旦被抛弃岂不有更大的失落？在社会转型之际前进与倒退、革新与保守、光明与黑暗的矛盾在女性观念上有敏锐的反映。

值得注意的是，近年来两则有关女性的社会事件，值得妇女史研究者深思。一为常艳的《一朝忽觉京梦醒，半世浮沉雨打萍》一文在网上流传。作者讲述了自己与中央编译局局长衣俊卿相识并发生性关系到衣局长另结新欢的经过。文中详细记录了两人17次开房的时间、地点和心态。由于对方号称是研究马克思主义的专家和部级干部，这一偷情实录轰动了中国知识界。尽管对这件事的评价不一，但这不同于民间文学，而是实名实事的记述，书中暴露的权色交易切中了今日中国的时弊。难得的是，这本书以第一人称的亲身感受来作记录性的诉说，大大增加了可信度，连编译局官方也不得不承认基本上属实，使得当事人无从狡辩和掩饰。常艳以自毁毁人的方式挑破这一脓疮，有多大的勇气和胆量！可悲的是，这一事件的结果，肇事者衣俊卿被调离领导岗位，依然享受部级待遇，而常艳却丢了工作，失去了谋生的机会，这种处置是极大的不公！令人难以置信的是，在女权伸张的21世纪，竟然出现中世纪式的结局。

再一件事是海南万宁市第二小学校长和一名政府官员到旅馆开房，6名小女生遭到性侵犯。这一事件暴露后，广西民间女权工作室创办人叶海燕，到校门口抗议，高喊“校长开房找我，放过小学生”！横遭殴打，被警方拘留。广东中山大学教授艾晓明要求保护女权，释放叶海燕，用自身脱光上衣的半裸照片传至网络，声称“这是我生过养过的身体，为了叶海燕，我豁出去了，救救小学生，反抗性暴力”。这是中国女教授第一次以性意识反抗权力强暴的事件，是无奈也是勇敢的壮举。

为什么百年中国妇女解放的过程，女性往往用性意识的觉醒向社会的不公进行最后的冲击？在性意识思潮中女性比男性更勇敢，原因又在哪里？为此吁请妇女史工作者予以关注、研究。

（作者：刘志琴，中国社会科学院近代史研究所研究员）

嫘祖是中华始祖群体中女性的优秀代表

——试论嫘祖的人文历史地位

◇刘永国

西陵氏之女嫘祖是人文始祖黄帝的正妃，同时也是中华蚕祖。在社会生活的实践中，她掌握了养蚕、缫丝、织丝技术，不辞辛劳地奔走于三山五岳、九州大地，传播、推广蚕桑、丝织技术，以至“死于道”，因此被誉为“蚕神”“行神”。嫘祖传播、推广蚕桑、丝织，适应了黄帝“垂衣裳以治天下”的需求，推进了炎帝神农以降的“男耕女织”的社会架构，促进了中华民族数千年社会结构的稳定。

嫘祖出则服务社会，入则生儿育女；政治上辅佐夫君，人伦上完成血脉传承，树立了中华优秀女性形象。嫘祖以其巨大贡献，无愧于中华人文始祖群体中的一员；嫘祖入列中华人文始祖群体，完善了中华始祖群体的性别结构。

盘古、伏羲、三皇五帝，在中华古史的源头，那些闪耀人文光辉的代表性人物，无一不是叱咤风云的男性形象。嫘祖和比她更早一些的女娲是例外，她们彪炳史册，丰富了中华古史。嫘祖作为优秀的女性、华夏文明史源头的母亲形象，在中华文明史上占有重要地位。

一、嫘祖的人文历史形象

关于嫘祖的史料，不是很多，但从有限的史书记载、民间传说及考古发现中，今人仍可窥见嫘祖的史迹、功德，粗线条地描摹出这位女性人文始祖的人文历史形象。

（一）嫘祖是中华蚕祖

根据现有的史料，嫘祖生活于黄帝轩辕之世，时当新石器时代晚期。

汉代史学家司马迁《史记·五帝本纪》云：“黄帝居轩辕之丘，而娶于西陵之女，是为嫘祖。嫘祖为黄帝正妃，生二子，其后皆有天下：其一曰玄嚣，是为青阳，青阳降居江水；其二曰昌意，降居若水。昌意娶蜀山氏女，曰昌仆，生高阳，高阳有圣德焉。黄帝崩，葬桥山。其孙昌意之子高阳立，是为帝颛顼也。”

司马迁是治学严谨的史学家，他在《史记》里的这段记述，讲清了嫘祖的家世、婚姻、家庭。

《隋书·礼仪志》云:“后齐为蚕坊于京城北之西,……置先蚕坛……如祀先农。礼讫,皇后因亲桑于桑坛。……后周制,皇后乘翠辂,率三妃……至蚕所,以一太牢亲祭,进奠先蚕西陵氏神。”这里的后齐、后周,即南北朝时期的北齐、北周,是北方少数民族入主黄河流域后建立的政权。他们宣称是炎帝神农的后代,祭炎帝神农为先农,祭嫘祖为先蚕,系统地确立起自己的始祖谱系。这个始祖谱系与中原华夏族是一致的,这正是中华民族大融合的结果。

《隋书·礼仪志》的记载,是官方祭嫘祖西陵氏为先蚕的较早记载,但这并不表明“嫘祖西陵氏”至南北朝方与“先蚕”画等号。官祭的基础应来自民间,北朝皇室的祭祀应有汉族政权此前的列祭为借鉴。据湖北宜昌远安县、四川绵阳盐亭县、河南西平县等地的民间传说,先秦时期,民间已在祭祀蚕神嫘祖。因此,确认嫘祖为“先蚕”当在南北朝以前。譬如明代徐光启《农政全书·蚕桑》引汉《淮南王蚕经》云:“西陵氏劝蚕稼,亲蚕始此。”这说明,汉代的人们已认为嫘祖西陵氏是养蚕、缫丝的发明人和传播者。在民间口传史和文士的国史里,嫘祖是中华养蚕、缫丝第一人,是当之无愧的蚕祖、蚕神。

《史记》《隋书》后,嫘祖始蚕的记述代代相传,历朝历代尊嫘祖为“先蚕”“蚕神”,受到上至皇室下至庶民的祭祀和膜拜。

西陵氏嫘祖故里,传说有多处地方。与嫘祖文化相关的有湖北远安的嫘祖镇、四川盐亭的嫘祖村。

近年,在四川盐亭县金鸡镇嫘祖村,发现了唐开元二十一年(733)二月的石碑,碑文云:“黄帝元妃嫘祖……生前首创种桑养蚕之法,抽丝编绢之术,……是以尊为先蚕。”碑文是唐时蜀中的大学问家赵蕤所撰。赵蕤是李白出川以前的老师。

宋人作《路史》云:“元妃西陵氏曰嫘祖,……以其始蚕,故又祀先蚕。”宋人刘恕作《资治通鉴外纪》也云:“西陵氏之女嫘祖,为帝之妃,……治丝茧以供衣服,后世祀为先蚕。”

考古发现为古籍记载和数千年的民间传说提供了印证。

1926 年,在对山西南部的夏县进行考古发掘时,一处仰韶文化遗址中出土了一枚人工割裂的蚕茧。这枚蚕茧告诉我们,距今 5000 年左右的夏代,先民已掌握养蚕、缫丝技艺。

1958 年,浙江吴兴钱山漾良渚文化遗址出土了丝线、丝带和平纹绢残片,经鉴定为家蚕丝织物。绢片为平纹组织,织物密度为每厘米 47 根,其年代距今 5300 年以上。

1983 年,河南荥阳青台村仰韶文化遗址考古发掘,考古工作者发现了炭化丝织物,经上海纺织科学研究所检验,确认为丝麻类纺织品,时间距今 5000 多年。这是我国目前发现最早的桑蚕丝织实物,时间上与黄帝、嫘祖所处的时代一致。这为嫘祖“育蚕、取丝、造机杼织绸做衣”的传说,提供了实物佐证。

从以上的材料可以看出，在仰韶文化时期，人们在长期的生产实践中，已经对蚕有了很深的了解，已经出现了桑蚕织物。因此可以说，早在距今5000多年的黄帝时期，先民已经认识了蚕的属性，并开始了育蚕制衣的历史。当然，古人开始育蚕并以蚕丝织物，并非一人一时之功，嫘祖是千千万万个“织女”的代表，而被后人景仰。

（二）嫘祖永远在路上：风尘仆仆的“行神”

嫘祖始蚕、缫丝、织丝，如同当年炎帝神农始耕推广五谷种植，需四海奔波传播耕作技术一样，也需要跋山涉水，传播推广养蚕、缫织技术。山岳羊肠，九州阡陌，嫘祖风尘仆仆，总在道上。行走中，她看到一簇簇古代文明的嫩芽掀翻蛮荒；奔波中，她的身后是无数蚕姑娘的长成、吐丝，服装文明五彩缤纷。感动于嫘祖的行走与奔波，后世人尊她为“行神”。

宋代丁度《集韵》卷一云：“黄帝娶于西陵氏之女，是为嫘祖。嫘祖好远游，死于道。后人祀以为行神。”

宋人《轩辕黄帝传》云：“（黄）帝周游行时，元妃嫘祖死于道。帝祭之，以为祖神。”

颜师古注《汉书》云：“黄帝子为道神。”这里的“黄帝子”即黄帝“内子”，指正妃（妻子）嫘祖，“道神”“行神”是一个意思。

汉代经济活跃，人们的社会活动范围扩大，“祖神”崇拜盛行。一些文士的著述，有讲共工氏为“祖神”的，也有讲嫘祖为“祖神”的。司马贞索隐云：“祖者，行神。行而祭之，故曰祖也。”宋代归于众口一词，文士著述多云“嫘祖好远游，死于道。后人祀以为行神”。

依据以上史料和民间传说，行神、祖神指的是嫘祖当无问题。但嫘祖本是“先蚕”“蚕神”，怎么又成为了“行神”呢？一个“好远游”说得太模糊，甚至有点儿离谱。嫘祖养蚕、缫丝、织丝，都是埋头苦干、聚精会神的事情，“远游”与埋头苦干相矛盾。其实，她的远游应该是当时社会条件下必须完成的事情：其一，养蚕、缫丝、织丝不能一枝独秀，需要被大众掌握，为了传播与辅导，嫘祖必须跋山涉水，远游四方；其二，与黄帝结成夫妻后，作为正妃，陪同黄帝出巡成为经常，而且正好借陪同黄帝巡视的机会宣传养蚕、缫丝、织丝技术，加大推广传播的力度。黄帝需要“垂衣裳以治天下”，也乐于帮嫘祖“远游”。嫘祖推广传播养蚕、缫丝、织丝技术，组织起千千万万的蚕妇、织女，扩大丝织品来源，正是黄帝治国理政之所需。

“元妃嫘祖死于道。帝祭之，以为祖神。”细读这段记述，嫘祖四处传艺、奔忙于道的形象如在眼前。当嫘祖跋山涉水累死于途中时，黄帝深受感动，一是祭，二是封，“以为祖神”。官方称“祖神”，民间称“行神”。

从擅长养蚕、缫丝、织丝，为人们找到柔美的衣料，到跋山涉水传播推广养蚕、缫丝、织丝技术，发展蚕丝生产，为社会提供充足的美服之源，嫘祖无与伦比的功德、业绩，决定了她既是“蚕神”，也是“行神”。前者称誉的是她的蚕桑专长，后者肯定的是她对蚕桑生产、织造技术的传播与推广。

（三）嫘祖是人文始祖黄帝轩辕氏的正妃

嫘祖有自己的事业，有自己的业绩与创造，她“首蚕”的非凡业绩与贡献，赢得了中华文明史上“蚕神”“行神”的称誉。在中华人文史上，她还有一个重要身份，那就是黄帝的正妃。

黄帝和嫘祖的婚姻关系，古籍《世本》和《大戴礼记·帝系》是这样记载的：“黄帝居轩辕之丘，娶于西陵氏之子，谓之嫘祖氏，产青阳及昌意。青阳降居泜水，昌意降居若水。昌意娶于蜀山氏，蜀山氏之子谓之昌濮氏，产颛顼。”这是黄帝与嫘祖婚配的较早记述。这段记述，不仅着墨于黄帝与嫘祖的婚姻关系，还记录了黄帝嫘祖夫妻的血脉传承，开华夏宗法伦理链条之端。

到写《史记》的时候，治史严谨的司马迁综合了先秦以来的“谱牒旧闻”和各种资料，在《五帝本纪》中对黄帝和嫘祖的身世与婚姻关系作了更为准确的记述：“黄帝……娶于西陵之女，是为嫘祖。嫘祖为黄帝正妃，生二子，其后皆有天下：其一曰玄嚣，是为青阳，……其二曰昌意，……生高阳，……黄帝崩，葬桥山。其孙昌意之子高阳立，是为帝颛顼也。”司马迁的记述，不仅涉及黄帝与嫘祖的婚姻、血脉传承，而且明确表述“嫘祖为黄帝正妃”。“正妃”即正妻、主母，在后世重宗法谱系的岁月里，正妃意义重大。

同样是汉代，班固撰汉书时似乎着意模糊嫘祖正妃的身份，《汉书·古今人表》云：“方雷氏，黄帝妃，生玄嚣，为青阳。”“累祖，黄帝妃，生昌意。”“彤鱼氏，黄帝妃，生夷鼓。”“嫫母，黄帝妃，生苍林。”《汉书·古今人表》与《史记》中关于嫘祖的记录有两大差异：一是《史记》明确记述“嫘祖为黄帝正妃”，而《汉书·古今人表》罗列了黄帝四妃，嫘祖排在第二；方雷氏列四妃之首，但也没说她是正妃。二是《史记》言嫘祖生玄嚣（青阳）、昌意二子，“其后皆有天下”，而《汉书·古今人表》却把嫘祖二子之一的玄嚣（青阳）列在方雷氏名下。

后代史学家总比前代幸运，他们有机会在前辈的书丛中选择。班固所处的东汉这一页历史，在魏、蜀、吴三方纷争的鼓角声中轻轻翻过，史学家皇甫谧在晋代的时空里撰《帝王世纪》，书云：“黄帝四妃，生二十五子。元妃西陵氏嫘祖，次妃方雷氏曰女节，次曰彤鱼氏，次曰嫫母。”《帝王世纪》既承继了《史记》的“嫘祖正妃”说，也采信了“黄帝四妃”说，完善了黄帝的婚姻、家庭，也廓清了嫘祖的身份，确定了嫘祖作为正妃的历史地位。

二、嫘祖的人文历史定位与影响

（一）完善华夏初史“男耕女织”的社会架构

嫘祖在中华民族发展史上的历史地位，是由嫘祖始蚕、始缫、始织的历史性功德决定的。

嫘祖与黄帝婚配，做黄帝的正妃，这说明她生活在黄帝时代。近二三十年炎黄文化研究，论者倾向于认为炎帝神农的世纪早于黄帝轩辕的世纪，炎前黄后，炎黄相衔，走过了中华文明的史前时代。

炎帝神农以“先农”著称，《国语・鲁语》云：“昔烈山氏之有天下也，其子曰柱，能殖百谷百蔬。”

炎帝神农发明和推广五谷百蔬，开创华夏农耕文明，是华夏农耕文明的奠基者、代表者，后世尊他为“五谷爷”“农皇爷”“农神”，是当之无愧的“中华农祖”。

炎帝神农在农耕文明方面的发明很多，但也存在缺憾，从史料中可以看出，炎帝神农“殖五谷”“尝百草”解决的是“吃饭”与“医病”，那“穿衣”问题呢？

《庄子・盗跖》云：“古者民不知衣服，……神农之世，……耕而食，织而衣。”描述了炎帝神农时代男耕女织的社会生活，成为我国数千年农耕生活的社会蓝本，对中华社会影响深远。

《商君书・画策》也说：“神农之世，男耕而食，妇织而衣。”进一步勾画了神农之世的“耕织图”。

根据历史资料，炎帝神农之世没有棉花，也未见有蚕丝的记载。炎帝神农之“织”，织的是什么呢？炎帝神农之“织”，存在“织”的具体化问题。终于，嫘祖这位聪明智慧而伟大的女性出现了。她发现了蚕，发明了蚕茧缫丝，掌握了织丝技术，她孜孜不倦地推广传播，将养蚕、缫丝、织丝技术传播到了长江南北、大河上下、四海之内。

根据《庄子・盗跖》《商君书・画策》的说法，炎帝神农之世已有“织”，但不是棉织，也不是丝织，应是葛麻之类的自然纤维，基本结束了古人衣树叶、着兽皮的原始蛮荒生活，但这种自然纤维的织物是粗糙的、低劣的，无论从质量上还是从数量上都不能满足民众及精英们对衣着美观、柔软、调节体温的需求。

嫘祖对蚕桑丝织技术的发明和推广应用，结束了先民对野生自然纤维的依赖，使得先民们在人类发展史上第一次按照自身的愿望与需求生产纤维，获得衣料。丝织品的量产，不仅从量上提供了衣着之源，而且从质上出现了衣着的分档，为黄帝初创国家制度、官冕等级提供了可能。

耕织是农耕文明的一体两翼，男耕女织是农耕社会的基本架构。嫘祖在养蚕、缫丝、织丝方面的开创性贡献，将男耕女织的“织”落到了实处。炎帝神农“先农”，嫘祖“先蚕”，一前一后，开创了中华文史源头的“耕”与“织”，开辟了中华民族的耕读岁月，开启了人类文明的新时代，为中华民族生存发展作出了重大贡献。丝绸是光辉灿烂的东方文明象征之一，中华文化通过丝绸之路传播至世界各地，对促进东西方物质文化的交流和人类社会的进步，做出了不可估量的巨大贡献，产生了深远而广泛的影响。

（二）完善中华始祖群体性别结构

中华民族的人文始祖，是一个星光灿烂的群体。尽管他们不一定是户籍意义上的具体的人，甚至有点像神，或半人半神，但史前传说已将他们塑造为具体的、鲜活的人。他们是史前原始文明的一个个符号、一幅幅画面、一段段史实。我们既有理由也有必要相信他们是一个个存在过的人，是人祖，是文化意义上的人。这一个个文化意义的人祖，构成了中华民族的始祖群体。

我们的始祖群体要从挥起巨斧劈开"混沌"的盘古说起，接着是华胥氏、伏羲、女娲。他们开天辟地，补天造人，忙的是厘清天地秩序、天人关系、人之繁衍的事情。天地秩序既定，玉宇澄清，生命繁衍，燧人氏、有巢氏便出世了，中华大历史赋予了他们发明用火、造房（在树上或是地面）的重任。接着炎帝神农问世了，这位善于发明创造的始祖，殖五谷，尝百草，率领大众解决了吃饭、医病两大民生问题。

燧人氏、有巢氏、炎帝神农氏，其名赫赫，其德煌煌。但这些始祖都是男性。男性的天空群星璀璨，女性的天空有些落寞。当然，嫘祖之前已有华胥氏、女娲，她们半神半人，还有待我们进一步以敬畏之心进行解读。

终于，美丽聪慧的嫘祖出现了，她是地地道道的人，人祖里的女性，她身前身后没有神的光环。《资治通鉴外纪》云："西陵氏之女嫘祖，为帝之妃，……治丝茧以供衣服，后世祀为先蚕。"客观地说，炎帝神农时代不仅有了五谷，还有了编织，要不然"耕而食，织而衣"（见《庄子·盗跖》）从何说起？但嫘祖发明养蚕、缫丝、织丝，"治丝茧以供衣服"，不仅让衣裳之料有了稳定的来源，还提高了衣服的档次，拓展了衣服的社会功能，为衣分等、人分群提供了物质基础，适应了黄帝"垂衣裳而治天下"的需求。国家治理初现端倪，社会等级悄然萌芽。所以嫘祖"治丝茧以供衣服"具有划时代的进步意义。

吃、住、穿，是人类生存的基本需求。嫘祖的出现，不仅在燧人氏、有巢氏、炎帝神农氏解决吃、住两大民生的基础上解决了穿衣问题，而且，作为女性人文始祖，她的出现，完善了中华人文始祖群体有男有女、有父有母的性别结构和人伦秩序。

嫘祖与人文始祖黄帝婚配，作为第一后妃，她出则"远游"，传播推广蚕桑丝织技术，入则养儿育女；她内外兼修，是专家、政治家、贤德妻后、优秀母亲，也是对后世影响深远的人文始祖。

嫘祖作为女性进入人文始祖群体，完善了人文始祖性别结构，也符合人文源头的历史真实。华胥氏、女娲氏、嫘祖在人文源头的脱颖而出，华胥氏的当家作主、女娲氏的炼石补天，带有母系社会的痕迹；嫘祖之世已进入男系社会，她作为后妃，能够有自己的事业，无拘无束地活动于广阔的社会天地，是第一人，甚至也是最后一人。此后，男尊女卑、重男轻女的观念基本上主宰了华夏历史的天空。即便间或有女性在政治上出众、有所作为，也备受观念的桎梏或是讥评。

（三）树立中华女性形象的典范

嫘祖终其一生干了四件大事。一是她热爱生活，善于细致观察，发现了蚕吐丝的现象，对蚕进行了驯养，形成了家养桑蚕，总结出了养蚕、缫丝、织丝为绸的技术，被后世尊为“蚕神”。

二是她热爱大众，跋山涉水、孜孜不倦地传播推广养蚕、缫丝、织丝技术，把一己之专变为大众之能。她随黄帝远巡途中，逝于衡阳道。帝念其德，封为“祖神”，后世尊她为“行神”，这是华夏文明源头“男耕女织”的盛大开篇。

三是嫘祖与黄帝联姻，结为夫妻，辅佐黄帝治理天下。嫘祖的出名应在与黄帝联姻之前，是她的美丽与专长吸引了黄帝。黄帝不仅需要美丽的妻子，还需要“垂衣裳而治天下”，他初创的国家规范、政治制度中，包括了丝、麻织品的分类与等级划分，嫘祖手中掌握的圣洁、高贵的丝织物，正是黄帝梦寐之所求。

西陵氏之女嫘祖与黄帝婚配，是当时的强强结合，黄帝是经天纬地的政治精英，嫘祖是经纬在胸的丝织专家。“嫘祖为黄帝正妃”，司马迁在《史记·五帝本纪》中言明“正妃”，确立黄帝四妃中嫘祖为“正”，有着深刻的历史意义和人伦价值。嫘祖为正妃，是其功德所系。

作为正妃，嫘祖辅佐黄帝的方式是多方面的，如推广丝织、制衣作裳、稳定社会，陪同巡视、建言献策、推进部落联盟、建立统一国家，德率后妃、生儿育女、营建秩序良好的帝王后院。

四是母仪天下，垂范万世。《史记·五帝本纪》云：“嫘祖……生二子，其后皆有天下。”嫘祖生的两个儿子，其一是玄嚣，又叫青阳；其二是昌意。昌意娶蜀山氏女为妻，生高阳，有圣贤德行。黄帝逝世后，孙子高阳受到拥立，就是五帝之一的颛顼帝。

颛顼之后，玄嚣（青阳）的孙子高辛，受到拥立，即五帝之一的帝喾。这也就是前文所述，嫘祖两个儿子——玄嚣（青阳）、昌意“其后皆有天下”。有德者治天下。帝喾之后，其子挚、放勋先后执政，放勋就是帝尧。此时世袭制尚未完全确立，嫘祖与黄帝所生的两个儿子的后人，先后被拥立为帝，他们的圣德有他们个人的修为，也有来自源头——嫘祖母仪淑德的浸润。

嫘祖血脉先后有颛顼、帝喾、帝尧三人受到拥立，颛顼、帝喾列入五帝，尧是千古圣君。由此可见，嫘祖为母亲、为祖母对中华文明源流乃至血脉传承的巨大贡献。

这四件大事表明，嫘祖是优秀的“蚕妇”“织女”，是大爱无疆的“技术专家”，是有专长、有贤德、有政治理想的君王正妃，是淑仪天下的母亲、祖母。她贤惠聪颖，才德出众，胸怀四海，行遍九州，相夫教子，是中华始祖群体里优秀的女性代表，是中华女德的典范。

（作者：刘永国，湖北省随州市委宣传部原副部长，随州日报社原社长、总编辑，高级编辑，中华炎黄文化研究会理事，随州市炎黄文化研究会副会长）

论嫘祖文化的内涵及其在中华文化史上的地位

◇刘玉堂　吴成国

嫘祖是黄帝元妃、华夏文明之母。历来关于嫘祖故里之争众说纷纭,在不同阶段呈现出不同的时代特点。这从一个侧面反映了嫘祖文化贡献之巨大和影响之深远,而贡献巨大表现在其内涵丰富,影响深远表现在其地位突出。其内涵主要有:启蒙先民、植桑养蚕、缫丝织绸,开文明之先;辅佐黄帝安邦定国、统一诸夏,奠一统之基;制定礼仪、以德治国、协和万邦,凿和谐之源;首劝蚕桑、被奉为人神,并肩轩辕,倡平等之始。其突出地位是:齐肩炎黄文化,是中华文化的重要源流;提倡道德教化,践行和谐价值观,是对现实有重要指导意义的文化;有利于增强民族向心力和凝聚力,是华夏文化的代表之一;促进旅游资源开发,是各地重要的文化品牌之一。

中国传统文化是社会主义核心价值观的重要源泉,弘扬社会主义核心价值观离不开对传统文化的合理继承。2014 年 5 月 4 日,习近平总书记在北京大学师生座谈会上的讲话指出:“中华文明绵延数千年,有其独特的价值体系。中华优秀传统文化已经成为中华民族的基因,植根在中国人内心,潜移默化影响着中国人的思想方式和行为方式。今天,我们提倡和弘扬社会主义核心价值观,必须从中汲取丰富营养,否则就不会有生命力和影响力。”

嫘祖是中华人文先祖黄帝之妻,是中华圣母、华夏母亲,谈炎黄文化少不了要谈嫘祖文化。近年来,关于嫘祖的非物质文化遗产价值日趋受到重视,嫘祖故里之争在全国形成了从多地纷争到今天三地竞争(湖北宜昌远安、河南西平、四川盐亭)的局面。在弘扬社会主义核心价值观的当下,合理继承嫘祖文化自有其价值所在,有关嫘祖的若干重要问题还有待深入阐释,使得公众对嫘祖文化有更为理性的认知。本文拟对嫘祖故里之争作必要考述,并对嫘祖的文化内涵及嫘祖的文化地位等问题作一探讨。

一、嫘祖故里之争

史传,作为黄帝之妻,嫘祖发明了养蚕和缫丝织绸技术,才使“黄帝、尧、舜垂衣裳而天下治"①。衣裳之治,是先民告别野蛮、走向文明的一个标志。柳诒徵先生在《中国文化史》中论曰:"中夏之文明,首以冠裳衣服为重,而南北之别,声教之暨,胥可于衣裳觇之,此《系辞》所以称'垂衣裳而天下治'欤!"②嫘祖始教先民植桑养蚕、缫丝制衣,使古人从此脱去树叶、兽皮,为中华文化做出了卓越贡献。

关于嫘祖其人,文献有载。《山海经 · 海内经》云:"黄帝妻雷(嫘)祖,生昌意,昌意降处若水。"《史记 · 五帝本纪》云:"黄帝居轩辕之丘,而娶于西陵之女,是为嫘祖。嫘祖为黄帝正妃,生二子,其后皆有天下:其一曰玄嚣,是为青阳,青阳降居江水;其二曰昌意,降居若水。"正义云:"西陵,国名也。"索隐司马贞按:"黄帝立四妃,象后妃四星。皇甫谧云:元妃西陵氏女,曰累祖,生昌意。"《隋书 · 礼仪志》载:"后周制,皇后乘翠辂,率三妃……至蚕所,以一太牢亲祭,进奠先蚕西陵氏神。"《资治通鉴外纪》曰:"西陵氏之女嫘祖,为帝之妃,始教民育蚕,治丝茧以供衣服,后世祀为先蚕。"《路史》云:"(黄帝)元妃西陵氏曰嫘祖,……以其始蚕,故又祀先蚕。"《通志 · 氏族》释:"西陵氏:古侯国也。黄帝娶西陵氏女为妃,名累(嫘)祖。"凡此种种,都阐明嫘祖为黄帝元妃,发明养蚕与缫丝织绸技术,确认其籍贯为"西陵氏"之女。

"西陵"究竟在何处?这是一个比较难解的学术问题。综合过去对嫘祖故里的讨论,大致可分为两个阶段。20 世纪 90 年代左右是前一阶段,进入 21 世纪为后一阶段。前一阶段,各地学者多以单篇文章的形式介绍提出一些嫘祖故里的证据,有些地方还召开了地方性的文化研讨会,形成了河南西平说、山东费县说、山西夏县说、陕西黄帝陵说、四川绵阳盐亭说、湖北宜昌说、湖南湘潭说、浙江杭州说等③。但是,这一阶段有关嫘祖故里的争论还未引起多方关注,影响甚微。后一阶段,提出嫘祖故里的主要是湖北宜昌远安、河南西平、四川盐亭,呈现三地竞争的局面。

与前一阶段相比,后一阶段嫘祖之争有四个方面的特点。

第一,政府、民间协会、学术机构、媒体广泛参与其中。2006 年由中华炎黄文化研究会、河南炎黄文化研究会主办的"中国 · 河南西平嫘祖文化研讨会"在河南西平召开,吸引全国各地的专家、学者 70 余人,出版会议论文集《嫘祖文化研究》,全书共收录 51 篇论文。与会专家从历史学、考古学、文献学、民族学、民俗学、社会学、姓氏源流等方面论证西平就是嫘祖故里。2015 年 1 月 15 日,西平县倾力打造"嫘祖故里"品牌,融祭祀、观光和文化体验于一体的嫘祖文化苑

---

① 黄寿祺、张善文译注:《周易 · 系辞下》,上海:上海古籍出版社,2001 年,第 572 页。

② 柳诒徵:《中国文化史》,上海:上海古籍出版社,2007 年,第 43 页。

③ 郑祥杰:《嫘祖故里探讨》,高沛主编:《嫘祖文化研究》,北京:文物出版社,2007 年,第 67 页。

主题工程完工，举办嫘祖祭奠，以嫘祖诞辰申报"中国母亲节"。与西平召开全国性的学术会议相比，湖北远安的嫘祖纪念活动则显得形式更为灵活，内容更为丰富。远安汲取嫘祖庙会传统的民俗元素，由政府投资兴建嫘祖文化广场，竖立嫘祖塑像，还运用各种媒介传播的方式，创办远安嫘祖文化网，录制音乐艺术片《嫘祖蚕娘》，收到了一定的传播效果。2015 年 5 月 3 日，湖北远安举行嫘祖庙会，百姓祭拜"中华圣母"；2015 年 7 月 22 日，远安嫘祖镇嫘祖文化广场中的高 12 米、重达 400 多吨的汉白玉嫘祖雕像完成落地安装。而四川盐亭嫘祖文化广场于 2012 年 12 月破土动工，嫘祖文化广场与锦街的打造推动了旧城改造，提升了城市整体形象，形成"游盐亭、仰嫘祖、逛锦街"的亮丽风景线。2017 年 3 月 16 日开幕的"盐亭华夏母亲嫘祖故里祭祖大典暨嫘祖文化旅游活动周"紧密结合国家"一带一路"发展倡议，将嫘祖文化研究开发放到丝绸之路经济带建设的大局中，更注重文化传承①。

第二，有关嫘祖故里的争论，学术性增强。近年来嫘祖故里的讨论文章，更加注重学术规范，学术讨论与辩证的理性精神得以显现，文献资料与考古资料的证据被充分发掘，跨学科的研究试图突破传统历史研究理论方法的局限。与前一阶段各地对其他的"嫘祖故里说"不闻不问，仅凭若干文献证据或文化遗址，用带有类似文学想象的方法推论嫘祖故里相比，该阶段学者们更注重广泛收集之前的研究成果，充分利用史料与考古发现，并对有关史料的真伪进行认真的辨析，文献资料与地下考古发现相互印证的科学方法被广泛采用。此外，一些人类学、民俗学、甲骨文字学的方法与经验引入到嫘祖故里的研究中，体现了学者们对嫘祖故里研究学术价值的重视。

第三，以现有的证据作出确凿的嫘祖故里判断，还为时尚早。目前三地竞争之中，河南西平率先被中国民间文艺家协会命名为"中国嫘祖文化之乡"，而四川盐亭于 2008 年被中华炎黄文化研究会认定为"嫘祖文化圣地"，靠协会、研究会认定或命名或难服人。拿"西平说"来看，可商榷的地方不少。相信"西平说"的专家们论证逻辑基本上是：《水经注图》与《武威汉简 · 王仗十简》中出现西平的名称，汉代又称"西陵"，正合《史记 · 五帝本纪》中对嫘祖是西陵氏女的记载，是牢靠的文献证据；当地发现的文化遗址，有蚕桑缫丝的文物，是确凿的实物证据。可是，坚持"西平说"的专家们似乎都没有解答一个关键的问题。刘恕的《资治通鉴外纪》是目前最早明确记载嫘祖是西陵氏之女并教民养蚕的史料。《隋书 · 礼仪志》只记载北周开始以西陵氏为蚕神，《史记 · 五帝本纪》仅叙述嫘祖是西陵之女。三则相隔数百年的史料，不能因为其中文字的偶合，就简单地叠加联系在一起，认定西平是嫘祖故里。如何证明北周文献中的西陵氏与宋代文

---

① 黄小芹：《华夏母亲嫘祖故里祭祖大典暨嫘祖文化旅游活动周 16 日开幕》，《绵阳日报》2016 年 3 月 10 日第 1 版。

献中的西陵氏含义相同,恐怕不能依靠简单的直线式的推理。在没有更有力的证据出现前,就认为西平是嫘祖的故里,条件似乎还不成熟。

第四,嫘祖故里之争,背后蕴含着当代社会对历史传统的文化心理与经济利益诉求。近现代以来,民族国家意识凸显,促使现代国家内部进一步进行文化整合。黄帝被历代尊奉为中华民族人文始祖,亦为中华民族之父,而嫘祖作为黄帝元妃,理当被尊奉为中华民族之母。近年来,伴随着黄帝祭奠活动的大规模兴起,逐渐形成了以颂扬和纪念嫘祖为主要内涵的"嫘祖热"。前几年,全国有四省五地争夺炎帝故里。炎帝故里之争关涉湖北随州、陕西宝鸡、山西高平,以及湖南株洲炎陵县和会同县,争夺名人文化资源的实质当然是对巨大经济效益的追求,各地围绕炎帝故里大做文章,景区打造、文化旅游开发、招商引资,总投资突破百亿元。

著名历史学家朱绍侯先生认为:"嫘祖毕竟是上古传说时代的历史人物,其事迹是靠传说流传下来的,故史书追记其事迹时就难免互有出入,站在不同角度,使用不同资源,自然会得出不同结论。"①如此谨慎的治学态度为我们树立了典范。朱先生提出,只要有嫘祖传说和遗迹的地方,联合起来共同宣传嫘祖,不失为暂时搁置嫘祖故里之争、共同开发嫘祖文化资源的高见。

二、嫘祖文化的内涵

嫘祖作为中国早期最杰出的女性之一,被历代视为"先蚕",特别是汉代以来,历代皇室有"祀先蚕"的大规模祭祀仪式和活动,其目的就在于通过这些仪式和活动,"以劝蚕事",推进栽桑养蚕事业的发展,进而促进农业的兴旺,带动经济的繁荣。随着历史的发展,嫘祖已经演变为一种文化符号,成为激励人们不断推动社会进步的一种动力。同时,作为黄帝元妃,嫘祖受到历代皇室的高度尊崇,因而又被树立为"中华民族之母"的崇高形象。今天,我们纪念和研究嫘祖,又被赋予了新的时代内涵。为此,我们应深入发掘嫘祖文化的内涵,并加以大力弘扬,以推动社会的全面进步和协调发展。

(一)植桑养蚕,开拓创新

在天地玄黄、宇宙洪荒的上古时期,人们在极度恶劣的自然环境中艰难地生存、繁衍和发展。嫘祖最伟大的历史功绩,就在于她不仅是植桑养蚕、缫丝织绸的发明者,还是这一技术的传播者。她终生致力于传播养蚕、缫丝技术,播撒文明的种子,为桑蚕丝绸业的发展做出了重要的贡献,从此彻底改变了远古人类的生活方式,使中华民族步入文明时代。嫘祖是中国养蚕缫丝的鼻祖,为了缅怀她的伟大功绩,在民间几千年来一直把她作为人神来敬奉。

---

① 朱绍侯:《嫘祖故里试探》,《嫘祖文化研究》,北京:文物出版社,2007年,第47页。

中国的丝绸在世界文明史上享有崇高的地位。早在汉代，中国的丝绸就远销到南亚、西亚甚至欧洲，那里的人们赞誉东方有个丝绸国家。自隋唐以后，中国文明走向了世界，西安、洛阳成了国际大都市，政治、商贸、文化交流达到了高潮，其中影响最大的是中国的丝绸远销海外，因此，海内外人士把汉唐时期中外交通渠道称为“丝绸之路”。追根溯源，这一切都应归功于中国丝绸最早的发明家——黄帝正妃嫘祖。

在上古时代，文化创新的活力最初表现在社会的底层，随着人类社会的发展而向表层演进。文化的创新在传统的承载中是不灭的灵魂，也是一个民族生生不息的火种。在人类的历史长河中，文化创新从文明伊始就表现出一种具有巨大能量的活力。中华民族是一个富有创新精神的民族，中华民族的祖先在长期的生产实践、社会实践及思维实践中，创造了灿烂的中华文化，形成了优秀的文化传统。它不仅成为凝聚中华民族的精神纽带和中华儿女的精神家园，而且对东方文明的形成和发展产生了广泛而深刻的影响，对人类文明做出了重大贡献。黄帝时代是中国史前历史发生重大变化的时代，不但社会分化加剧，战争频繁，各地区之间的文化交流和文化重组增多，文明与国家起源的各种因素日益出现，而且在物质文化和科学技术上还产生了许多新的发明创造，如《世本·作篇》记载“作市”“作兵器”“作煮盐”“始穿井”“作旃”“作冕旒”“作占日”“作占月”“作占星气”“造律吕”“作甲子”“作算数”“作调历”“作书”“作图”“作衣裳”，以及其他诸多发明创造，丝绸应该是其中的重大发明创造之一。勤劳勇敢、自强创新的嫘祖，正是因为深入生活和实践，充分发挥了善于创造的精神，认真发现和总结自然规律，经过细致反复而艰苦卓绝的观察和实验，最后才发明和创造了植桑、养蚕、缫丝、织帛之术，实现了中华民族乃至全人类历史上这一系列的伟大变化，对人类从愚昧走向文明做出了巨大贡献。

中国是世界上丝绸的原产地，素有“丝国”之称。我国著名的考古学家夏鼐就曾说过：“我国是世界上最早饲养家蚕和织造丝绸的国家，并且在一个相当长的时期内是唯一的这样一个国家。”①考古发现的诸多文化遗址证明嫘祖养蚕织丝的传说并非空穴来风，中国的蚕桑丝织业与中国的文明史一样悠久。嫘祖作为蚕桑丝织业的发明者，将永远在中国乃至人类文明史上绽放丝绸般绚烂的色彩。

（二）辅佐黄帝，安邦定国

长期以来，人们对嫘祖教民植桑养蚕的历史功绩给予了充分的肯定，但对于嫘祖“谏诤黄帝，奠国基，统一中原”之治国方略则知之甚少，特别是由于受中国封建社会长期的男尊女卑观念的影响，人们只知道黄帝的伟大贡献，不知道嫘祖辅佐黄帝建功立国的功劳。其实，嫘祖与黄帝联姻结盟后，苦心经营中原地区，

① 夏鼐：《我国古代蚕、桑、丝、绸的历史》，《考古》1972年第2期。

政治、经济、军事力量大大加强。黄帝联合了熊、罴、貔、貅、虎等为图腾的众多部落，经过三次大的血战，终于打败了神农部落。接着，黄帝乘胜东进，渡过黄河，在今河南新郑建都立国。因黄帝以熊为图腾，故史称“有熊国”，成为当时势力最大的方国。

黄帝击败炎帝，占据中原后，嫘祖力谏黄帝，要巩固国基，统一中原，免除后顾之忧，就必须安抚炎帝余部，与炎帝结成联盟，以对付强悍好战的蚩尤。经过长时间的准备，黄帝下定决心要诛灭蚩尤。传说他们大战了 71 场，却依旧难分胜负。此后不久，黄帝与蚩尤开始了规模更大的“涿鹿之战”。在这场战争中，蚩尤联军被打败，蚩尤残部向南逃窜，后被杀，身体和头颅也被黄帝分埋到两个地方，以防其再作乱。①

黄帝击败炎帝和蚩尤后，建立了中原华夏族方国联盟政权，结束了远古各部族、方国彼此隔绝的局面，也打破了种族界限和地理阻隔。人们互相通婚与联姻，互相往来，互通有无，为中华民族的形成奠定了坚实的基础。黄帝与嫘祖就成为上承洪荒、下启文明的伟大的历史巨人。

（三）以德治国，构建和谐

嫘祖嫁给黄帝后，不仅在政治、经济、军事上帮助黄帝，以武力夺取天下，而且在治理国家方面，为了中华民族长治久安的千秋伟业，也充当起了贤内助的角色，表现出了杰出的政治才能。为了维护中华民族的团结和统一，支持轩辕黄帝成就统一大业，嫘祖首先将自己的儿子改为姬姓，全部落也归附了黄帝部落。《国语》记载：“黄帝之子二十五人，其同姓者二人而已，唯青阳与夷鼓皆为己姓。青阳，方雷氏之甥也。夷鼓，彤鱼氏之甥也。其同生而异姓者，四母之子别为十二姓。凡黄帝之子，二十五宗，其得姓者十四人为十二姓。姬、酉、祁、已、滕、蒧、任、荀、僖、姞、儇、依是也。唯青阳与苍林氏同于黄帝，故皆为姬姓。”②因为黄帝所处的时代正是从母系氏族向父系氏族过渡的时代，大多数婚姻属对偶制婚姻，子女一般还是只知其母，不知其父，所以黄帝虽贵为天子，但他的 25 个儿子大多数都不跟父亲姓，而只有嫘祖的儿子青阳跟父姓。这充分说明母系氏族的势力还非常强大，儿子要脱离母系氏族而归属父系氏族还有很大阻力。所以嫘祖不仅将自己的儿子改为姬姓，而且谏诤黄帝，建立国家，确定了一条以德治国的和平统一路线。嫘祖带头献出了西陵地图，劝告黄帝自始至终坚持部落联盟。在黄帝打败炎帝、杀死蚩尤之后，她又立即敦促黄帝化干戈为玉帛，竭力做好炎帝的安抚工作，以便更好地传播农耕技术和蚕桑文化。可以说，嫘祖为了完成统一大业，为了构建和谐的太平盛世，完全牺牲了个人和西陵氏部落的利益，为当时的百姓和中华民族的后代子孙树立了光辉的榜样。

---

① 李尔博王：《试论嫘祖的治国方略》，《成都行政学院学报》2003 年第 5 期。

② 《国语》，北京：商务印书馆，1958 年，第 127 页。

在黄帝以前，氏族部落之间主要通过婚姻联系，社会公共事务限于部落内部；黄帝时代，随着部落联盟的扩大，公共事务越来越超出部落范围。为了适应社会结构的变化，嫘祖辅助黄帝在政治上制定了新的政治策略和治理办法，创造了"分土建国"的制度，创制了一些礼仪法度，还特别注意网罗人才来管理社会。正是由于黄帝能够任贤用能，推行良好的社会管理，当时的社会生产获得了进一步的发展，人们的生活质量大为提高。① 司马迁曾给予黄帝高度的赞扬："民是以能有信，神是以能有明德。民神异业，敬而不渎，故神降之嘉生，民以物享，灾祸不生，所求不匮。"②《韩诗外传》也说："黄帝即位，施惠承天，一道修德，惟仁是行，宇内和平。"③

统一战争结束后，嫘祖向黄帝提出"定蚕桑、制衣裳、兴嫁娶、尚礼仪"，以德治国，注重礼仪，开展各民族的文化交流。她把推广蚕桑等科学技术看成是立国之本，为此，她专门请求黄帝制定政策和措施，大力发展桑蚕事业。为了尽快推广种桑、养蚕、抽丝、织绸等技术，嫘祖建造桑园和丝绸作坊，亲自示范操作，同时培训人才，建立蚕桑基地。通过这些措施，中原大地很快普及了桑蚕技术，取得了显著成效，整个国家面貌焕然一新，实力大增，国富民强，人民从此过上了丰衣足食、幸福美满的生活。这种以德治国、构建和谐的思想对以后的中国历史产生了深远的影响，至今尚保存着旺盛的生命力，而成为中华民族的传统美德。

（四）男女平等，光照千秋

黄帝时代是中国人心目中的英雄时代，黄帝是中华民族的人文始祖，他将中华民族带入了文明阶段，奠定了中华文明的基础，受到后人极大的崇敬和爱戴。而黄帝的元妃嫘祖则成为这个时代堪与黄帝比肩的一位杰出女姓。大约自北齐开始，人们将嫘祖作为蚕神娘娘加以崇拜，到唐宋时最为兴盛。最隆重的祭祀活动是"皇后亲桑"，即皇后亲自采桑喂蚕。为纪念嫘祖，民众在各地修建了嫘祖庙，并举办庙会，每年一次，在嫘祖诞生日即农历三月十五举行。庙会期间，人山人海，庙里香烟缭绕。参加庙会的蚕农多、女性多，蚕农祈求蚕神娘娘保佑自己蚕业发达，女人们祈求嫘祖保佑自己有美丽的容貌和灵巧的双手。将嫘祖奉为蚕神，一方面肯定了嫘祖巾帼不让须眉、建立宏伟业绩的历史事实，另一方面也是当时女姓社会地位的真实写照，说明在黄帝时代及中国从母系氏族向父系氏族过渡的时代，女姓在当时社会中的地位还是很高的。在中国古代，男耕女织是农业社会的基本形态，女性是纺织业从业者的主体，将女性角色奉为蚕神更为适宜，汉代祭祀的蚕神菀窳妇人、寓氏公主及嫘祖都为女性。将蚕神与黄帝时代的

---

① 韦禾毅：《黄帝时代的政治文明》，《西安文理学院学报》（社会科学版）2006年第4期。

② 司马迁：《史记》卷二十六，北京：中华书局，1959年，第1256页。

③ 韩婴：《韩诗外传》，北京：中华书局，1980年，第277页。

一位女性联系起来似乎更为合情合理，于是历史选择了嫘祖，嫘祖成为中国养蚕、缫丝技术的发明者和蚕桑业的保护神。

然而，随着历史的发展，受封建的男尊女卑观念影响，妇女成为男子的附庸，社会地位愈加低下。因此，在历代文献中，像嫘祖这样一个为人类文明做出过巨大贡献的女性几乎很少见到了，这是很不公道的。近年来，随着嫘祖文化研究热潮的兴起，人们把嫘祖看作我们伟大祖先的女性代表，给予嫘祖应有的历史地位，这正是当今女性社会地位提高、男女平等的重要体现。的确，嫘祖作为伟大的女发明家，代表了中国妇女的勤劳、勇敢、富于文化创造力的一面。嫘祖之功德在中华民族的历史上竖起了一座不朽的丰碑，这丰碑就是振奋民族精神、振兴民族经济的强大动力和向心力。

三、嫘祖在中华文化中的地位

（一）嫘祖文化是中华文化的重要组成部分，丰富了中国传统文化的宝库

中华文化是多元文化的统一，是中华民族智慧的结晶。作为中华文化重要一员的嫘祖文化，是中华民族在漫长的社会历史过程中保留和积累下来的宝贵财富。中国是世界丝绸文化的发源地，中国的丝绸文化几乎是与中国的文明同时产生的，而且又是与中国的文明同步发展的。嫘祖是中国植桑养蚕与丝织品的发明家，是中国几千年来蚕桑文化、丝绸文化的杰出代表，是中华民族文明起源阶段推动文明发展的英雄人物，是中华民族伟大的母亲和人文女祖。嫘祖的伟大功绩，不但塑造了她名垂史册的光辉人生，而且开启了中华五千年的文明史。嫘祖精神是中华民族团结统一、勤劳勇敢、自强不息的民族精神的集中体现。近年来，越来越多的专家认为，嫘祖文化与炎黄文化都是中华文化的重要源流，它们相互碰撞、交流、吸收、融合，共同造就了光辉灿烂的中华文化，是中华民族优秀传统文化的重要内容。嫘祖文化具有悠久的历史、丰富的内涵和独特的风格，蕴含着现代文明赖以传承的优秀文化遗产、精神资源和思想源泉，为现代文明建设提供了肥沃的土壤、源源不断的滋养和不朽的启示。弘扬嫘祖文化，对进一步增强中华民族的民族自信心和自豪感，增强中华民族的民族向心力和凝聚力，推动各民族的团结进步，实现中华民族的伟大复兴，都具有重要意义。

（二）嫘祖文化对于践行和谐价值观有重要的现实意义

嫘祖文化同中国传统文化一样，强调道德的自觉性和社会公德意识，是对人们进行道德教育的重要内容。嫘祖勤劳善良、勇于实践的精神，有助于全社会真正树立劳动光荣的思想，形成勤劳的社会道德风气，洗涮懒汉思想；嫘祖积极探索、善于创造的精神，有利于激发人们的进取意识和开拓精神，那种因循守旧、墨守成规、小富即安的道德观念将会被抛弃；嫘祖传播技术、播撒文明的精神，有利于促进和巩固社会主义的团结协作、平等互利等新型职业道德关系。总之，研究

和开发这一文化资源，不仅能弘扬民族精神，提高民族道德修养，形成时代精神和民族特色相结合的、与社会主义先进文化相一致的伦理道德体系，而且可以直接为当今现代化经济建设服务。

嫘祖在中华文化中的地位，还表现在践行和谐价值观的伟大实践中。嫘祖传播文明，安邦定国，注重礼仪，开展各民族的文化交流，实现了华夏一统、国富民强的宏伟目标。嫘祖的故事，传递着远古先民求生存、求发展的信息，歌颂了杰出人物为民谋福祉的高尚品德与求实精神。嫘祖几千年来被奉祀为劳动者的神，激励着后人为创造美好的生活而奋斗不止。嫘祖在生活和创业中，还充分展示了一种广阔的开放胸怀，正是这种豁达开放的精神，孕育、缔造了汉族乃至整个中华民族。中华文明在数千年的人类文明发展中生生不息，薪火相传，其强大的生命力正是来源于这种伟大的创新精神。在当前践行和谐价值观的伟大实践中，嫘祖文化在促进中华民族文化发展的历史进程中所表现出来的那种博大、开放、吸收的精神，对于增强民族凝聚力、促进民族大团结、构建各民族共同繁荣发展的和谐社会，具有重要的现实意义。

（三）嫘祖文化有利于人们寻根问祖，增强中华民族的凝聚力

在当今世界，伴随着人们的全球意识日益增长，人们的寻根意识也在不断增强。每一个国家、每一个民族都各自存在着自己的特殊问题，都希冀从自己民族和国家的文化中寻求救世安邦的良方与文化之根，特别是那些已经实现现代化过上富裕生活的人们，将怀着强烈的文化认同感，寻求祖先繁衍生息的文化土壤，这就是在世界范围内寻根谒祖活动之风日盛的深层原因。中国人民热爱故土，重视乡土人情，虽远游千里，终不忘叶落归根。由于历史原因，许多炎黄子孙、海外游子对嫘祖的了解甚少，如果加大对嫘祖的宣传，一定会掀起寻根问祖、拜祖、祭祖热潮。作为黄帝的正妃，嫘祖不仅发明植桑养蚕、缫丝制衣的技术，协助黄帝定鼎中原，统一华夏，而且还是后来炎黄子孙许多姓氏的来源。根据谢钧祥先生的研究，在当今占全国汉族人口的90%以上的120个大姓中，其来源大多数属于黄帝族。而黄帝族产生的姓氏，从母系角度考虑，绝大多数都出自嫘祖。黄帝族主要有两大分支，一为颛顼族，二为帝喾族，而这两大分支也都出自嫘祖。此外，古代的姓氏还有直接出自嫘祖者，如嫘姓。因此，加大对嫘祖姓氏文化的研究与宣传开发力度，有利于增强海内外炎黄子孙的认同感，增强中华民族的凝聚力、向心力，有利于促进祖国和平统一，促进中华民族的振兴和繁荣。

（四）嫘祖文化是促进旅游开发的重要资源

嫘祖既是有着大量文献记载的中国远古时期的历史人物，又具有历史传说的神话色彩。这种人神兼备的双重身份，使她在现实生活中有着巨大的社会影响力和不可估量的审美价值。

旅游文化在本质上是一种审美文化，无论是人文的还是自然景观的文化，都是可以迅速转化为经济价值的无价之宝。嫘祖的这种“人而神”的形象，就是一个极大的可资利用的旅游资源。她是“人文始祖”，是“伟大母亲”，是“中华民族第一夫人”；同时她又是“蚕神”“先蚕”，是创造女神的化身。各地之所以在极力争夺“嫘祖故里”，就是看到了它背后隐藏着的巨大的经济价值和社会价值。当然，嫘祖文化的开发绝不仅仅是建一个旅游景观的问题，它可以形成品牌效应，带动黄帝文化、中华文化、龙文化等相关文化产品的开发，带动一个产业集群，如文化产业、房地产业、旅游产业等。

对于湖北远安、河南西平、四川盐亭来说，嫘祖文化更是个大产业，更有吸引力。因此，保护好嫘祖文化品牌已成为当务之急，搞好嫘祖文化旅游资源开发更是责无旁贷。

（作者：刘玉堂，华中师范大学国家文化产业研究中心特聘教授、博士生导师，湖北大学特聘教授，湖北文化建设研究院院长，长江大学（中国）楚文化研究院院长。吴成国，湖北大学高等人文研究院副院长、教授、博士生导师，中国文化发展湖北省协同创新中心常务副主任）

王阳明良知视野下的道德观

◇汪学群

儒学包括理学与心学，两者皆以道德为思想的主轴，但把道德纳入良知范围，以良知为视角系统地分析道德者当数王阳明。也就是说，王阳明思想的一个重要特色是把道德纳入良知视野，从良知意义上谈道德，凡此皆良知之用。具体表现为：良知纯洁无瑕是仁，得宜为义，条理为礼，明辨为智，笃实为信，和顺为乐，妙用为神。仁、义、礼、智、信等不过是良知的展现，具体说是良知的不同表现而已。①

一、孝弟之外无良知

按着儒家的说法仁始于孝弟，王阳明提出孝弟之外无良知②的命题，在良知基础上详细讨论孝弟的道德价值。如他致聂豹信中写道：

> 孟氏"尧、舜之道，孝弟而已"者，是就人之良知发见得最真切笃厚、不容蔽昧处提省人，使人于事君处友仁民爱物、与凡动静语默间，皆只是致他那一念事亲从兄真诚恻怛的良知，即自然无不是道。盖天下之事虽千变万化，至于不可穷诘，而但惟致此事亲从兄、一念真诚恻怛之良知以应之，则更无有遗缺渗漏者，正谓其只有此一个良知故也。事亲从兄一念良知之外更无有良知可致得者，故曰："尧、舜之道，孝弟而已矣。"此所以为"惟精惟一"之学，放之四海而皆准，施诸后世而无朝夕者也。
>
> 文蔚云："欲于事亲从兄之间，而求所谓良知之学。"就自己用工得力处如此说，亦无不可；若曰"致其良知之真诚恻怛，以求尽夫事亲从兄之道焉"，亦无不可也。③

---

① 王阳明：《阳明先生遗言录下》，《王阳明全集》（新编本）第五册，杭州：浙江古籍出版社，2010年，第1604页。

② 王阳明：《言行录汇辑下》，《王阳明全集》（新编本）第五册，杭州：浙江古籍出版社，2010年，第1692页。

③ 王阳明：《传习录中·答聂文蔚》，《王阳明全集》（新编本）第一册，杭州：浙江古籍出版社，2010年，第92—93页。

《孟子·告子下》讲的“尧、舜之道,孝弟而已”,最能真切笃实体现良知发见,事亲从兄所表现出的孝弟是良知的起点,从此出发致良知则无遗缺渗漏。良知只有一个,包括孝弟在内的致良知不过是良知本体的运用,良知本体独一无二,其运用放之四海而皆准,施诸后世而无朝夕,运用应该是全天候的。这是对《礼记·祭义》中“夫孝,置之而塞乎天地,溥之而横乎四海,施诸后世而无朝夕,推而放诸东海而准,推而放诸西海而准,推而放诸南海而准,推而放诸北海而准”一段的发挥。从工夫角度肯定聂豹良知适用于事亲从兄。又引用程颢的话:“行仁自孝弟始。盖孝弟是仁之一事,谓之行仁之本则可,谓是仁之本则不可。”①说明仁是本体,孝弟则是其展现,以此看良知是本体,事亲从兄等则是其表现。

子对父称孝,父对子称慈,王阳明强调慈与孝之间的互惠关系。明正德五年(1510),他知江西庐陵,“为政不事威刑”,“慎选里正”,“使之委曲劝谕。民胥悔胜气讼,至有涕泣而归者”。一天有父子两人发生争执并诉于他,侍者想要阻拦,他愿意倾听,后来父子相抱恸哭而去。柴鸣治不解问:您说了什么致使他们悔悟得如此之快?他回答道:“舜是世间大不孝的子,瞽瞍是世间大慈的父。”柴鸣治愕然不解,又问。王阳明答:

> 舜常自以为大不孝,所以能孝。瞽瞍常自以为大慈,所以不能慈。瞽瞍只记得舜是我提孩长的,今何不曾豫悦我,不知自心已为后妻所移了,尚谓自家能慈,所以愈不能慈。舜只思父提孩我时如何爱我,今日不爱,只是我不能尽孝,日思所以不能尽孝处,所以愈能孝。及至瞽瞍底豫时,又不过复得此心原慈的本体。所以后世称舜是个古今大孝的子,瞽瞍亦做成个慈父。②

通过讲述舜与其父瞽瞍的故事平息父子官司,其事见于《孟子·万章上》:“父母使舜完廪,捐阶,瞽瞍焚廪。使浚井,出,从而掩之。……不识舜不知象之将杀己与?”以及《孟子·离娄上》:“舜尽事亲之道,而瞽瞍底豫。”舜自认为大不孝所以能孝,瞽瞍也自认为大慈所以不能慈,指舜善于反思自己挖掘本心,以不孝警醒自己,而瞽瞍则不善于反思挖掘本心,缺乏警醒,其结果是事与愿违。以此说明父子之间慈孝原本为良知,如后来出现不慈不孝,则应该反省自己不足并在此用功,自然能复回其良知,重现孝慈。

孝应表现为孝之心,张思钦占卜择日将葬自己的父亲,请王阳明撰写墓志铭,他好久没有写这方面的文章,因此婉拒,张氏仍坚持。王阳明问:您要我写墓志铭是图亲人不朽,以此体现孝子之心?其实体现孝子之心并不仅仅在于此,还

---

① 程颢:《河南程氏遗书》卷十八,《二程集》,北京:中华书局,2004年,第183页。

② 王阳明:《传习录下》,《王阳明全集》(新编本)第一册,杭州:浙江古籍出版社,2010年,第123页。

有其他更重要的。希望别人不如企求自己，通过别人撰写墓志铭使己父的事迹传播，不如通过您自身。您如果为贤人，其父为贤人之父；为圣人，其父为圣人之父。与其寄托于别人之言，谁能超过叔梁纥（孔子之父）之名至今为不朽。意思是说，与其让别人代写墓志铭，不如自己努力成为圣贤，以实际行动体现孝心而非文字，而且也是光前裕后的好事。张思钦听后醒悟，急忙向王阳明行礼致敬，以为如果不到这里请铭，自己尚蒙在虚文当中。第二天，张思钦又向王阳明请教圣人之学，当听到试以格致之说、求格致之的关键在良知之说之后跃然而起，拜道：我如果不到您的门下，如何能知晓实践孝心的重要性，葬亲应体现的是孝心而非表面的仪式，这是我请铭的最大收获。① 孝要发自内心，注重内容而非形式。王阳明居丧期间，有时客人没来就恸哭，有时客人来了却不哭，有人问这是为什么，他答道："凶事没有诏哀，哭贵于由衷，不以客至不至为加减。"②情感发自内心而非流于外在的虚文礼仪，因此与外在变化没有必然的关系。

孝体现了心与性的统一。王阳明说：

> 孝，人之性也。置之而塞乎天地，溥之而横乎四海，施之后世而无朝夕。保尔先世之翰墨，则有时而弊；保尔先世之孝，无时而或弊也。人孰无是孝？岂保尔先世之孝，保尔之孝耳。保先世之翰墨，亦保其孝之一事，充是心而已矣。③

孝是天赋予人的本性，因此才置之天地、放之四海而皆准，同时也体现了家庭绵延不断，是道德建设的根本，古语说的"慎终追远，民德厚矣"就体现了这一点。孝之所以绵延不断在于人内在固有的孝心，而这孝心即是人性的体现，也是良知的主要内容。

王阳明在一篇贺寿序中认为，对父母的孝不应追求物质上的满足，也非礼仪上的繁文缛节，这些都是虚应故事。且不说儿子的心不必如此，就算儿子的心愿如此，而双亲的心愿也未必如此，一定要尊重双亲的心愿而后儿子才快乐。儿子不违背双亲的感情，孝是一颗对父母的孝心，此孝心出于天性且自愿，更重要的是遵循父母的愿望，同时也不离情，这说明孝与血缘的密切关系。亲子相互间也有期许，如子说："吾以为孝，其得为养志乎？孝莫大乎养志。"双亲说："弘乃德，远乃犹。嘻嘻旦夕，孰与名垂简册，以显我于无尽？饮食口体，孰与泽被生民，以张我之能施？服劳奔走，孰与比迹夔、皋，以明我之能教？"做到孝在于培养自己

① 王阳明：《书张思钦卷（乙酉）》，《王阳明全集》（新编本）第一册，杭州：浙江古籍出版社，2010 年，第 295—296 页。

② 王阳明：《言行录汇辑下》，《王阳明全集》（新编本）第五册，杭州：浙江古籍出版社，2010 年，第 1665 页。

③ 王阳明：《书宋孝子朱涛昌孙教读源卷》，《王阳明全集》（新编本）第三册，杭州：浙江古籍出版社，2010 年，第 1073 页。

的志向,这个志向十分远大,已经超出父子的范围乃至泽民济世,能做到这一点并不容易。也就是说,并不一定双亲希望儿子都如此,双亲希望儿子,儿子做不到,不能实现愿望;儿子能做到,双亲却不以此希望儿子,同时也不能实现。当然以这个愿望希望儿子是贤能的父母,以这个愿望承接父母是贤能的儿子。①

由孝亲引出推恩,处理家事贵在公正,但不可因劝勉从善而伤害恩情,这是最难做到的。王阳明认为,大舜以善自治,同时对其父兄加以劝勉又不伤及恩情,这是可取的。② 要想拨去浇漓之俗而挽回淳朴之风,就必须使族人知道自身(自己的存在),由自己推及父、祖、曾祖、高祖,以及于无穷。同吾身的也应同吾父、祖、曾祖、高祖、高高祖,这些后代虽然亲疏、远近、贫富、贵贱、智愚、贤不肖不尽相同,但从祖宗角度来讲都是子孙,也即从血缘上说他们没有亲疏、远近、贫富、贵贱、智愚、贤不肖的区分。对于现实存在的亲疏、远近、贫富、贵贱、智愚、贤不肖的差异,当务之急是要思考使他们如何惇睦、时会、周恤、维持、劝勉。一个宗族之内应"和气周流,仁风雩霈",如此上无愧于祖宗,次无愧于大家,再次无愧于宗谱,"能推及天下同源异流,必其心之仁,志之远,力之健,而问学之充博也"③。

传统家族支分派别,一人之后繁衍数十,数十之后繁衍数百,可谓千条万绪,繁如治丝,何况同源异流,各居其地,各宗其祖,虽然咫尺之近,也有秦越之分。这就有个尊祖睦族的问题。王阳明认为,首先要有慎终追远的志向,使同族人知晓其本来,具体做法是各自其身推及于祖父,又自祖父推及于其所自出以及于无穷,凡是自吾身而推,虽然有亲疏、远近、贫富、贵贱、智愚、贤不肖的不同,都是同宗的子孙,从血缘角度看不应有亲疏、远近、贫富、贵贱、智愚、贤不肖的区别。遵循此道,一人亲亲长长则可以修身,一家亲亲长长则可以齐家,一国亲亲长长则可以治国,天下亲亲长长则可以平天下。天下就会出现一片和气周流、仁风雩霈的景象。④ 推恩从血缘关系入手,扩及族群乃至民族,出发点是好的,但在推恩过程中随着关系的疏远,孝亲会淡化,爱有差等恐怕会变成爱有区别。单纯从道德层面谈孝亲,如果缺乏制度等方面的保证,操作及实现起来有一定的困难,弄不好流于空谈。

王阳明又援天入人,认为人生没有不知爱亲人、没有不知尊敬长辈的,尊祖

---

① 王阳明:《恩寿双庆诗后序(戊辰)》,《王阳明全集》(新编本)第三册,杭州:浙江古籍出版社,2010年,第915页。

② 王阳明:《言行录汇辑上》,《王阳明全集》(新编本)第五册,杭州:浙江古籍出版社,2010年,第1636页。

③ 王阳明:《池阳陈氏大成宗谱序》,《王阳明全集》(新编本)第五册,杭州:浙江古籍出版社,2010年,第1904—1905页。

④ 王阳明:《池阳陈氏大成宗谱序》,《王阳明全集》(新编本)第五册,杭州:浙江古籍出版社,2010年,第1907页。

睦族的观念由此而出。同祖有亲缘关系,同族是祖先的支流余裔,自吾亲以及亲之亲,又自吾祖以及祖之祖,更自吾祖旁及祖之支流余裔,即推的内涵是心,民我同胞,物皆吾与,天地间万物包括人如同一家,这是张载《西铭》里的主张。但自从圣学不明,士大夫多熏心势利,巨室朱门耻与寒族为伍,于是各立门户,有分疆画界之私,甚至把九族亲戚视为途人,生民遭此惨烈之祸。而应看到其本心一线灵光未尝不出没隐现于父子兄弟之间,这就是所谓的良知。有人因其本心之明,动以水木之情,编辑宗谱请为序,他愿为之并肯定爱亲敬长之心依然可掬,尊祖睦族之念油然而生,这便是孟子所讲的"尧舜之道孝弟"而已。人能孝弟,就有希望成为圣人。① 孝弟源自血缘关系,它们也是人与人乃至于天与人和睦的基础。

二、良知之条理为礼

王阳明讲的良知之条理表现为礼,他以良知诠释礼,认为宗法庙制其说甚长,后世也自有难行处,学者只是致其良知,以行其尊祖报本之诚,则所谓虽不中也不远。② 顾应祥于嘉靖二年(1523)考满赴京途中作《礼论》,因害怕别人讥笑自己为了谋求仕进而不曾拿出,只被江西士子抄录,王阳明知道后评道:"近见《礼论》,足知日来德业之进,秦汉以来,礼家之说,往往如仇,皆为不闻致良知之学耳!"③肯定礼对促进道德建设的积极意义,但也要与致良知之学结合起来。

王阳明强调礼的作用,如写道:"昔者孔子在陈,思鲁之狂士。世之学者,没溺于富贵声利之场,如拘如囚,而莫之省脱。及闻孔子之教,始知一切俗缘皆非性体,乃豁然脱落。但见得此意,不加实践,以入于精微,则渐有轻灭世故、阔略伦物之病。虽比世之庸庸琐琐者不同,其为未得于道一也。故孔子在陈思归以裁之,使入于道耳。诸君讲学,但患未得此意。今幸见此,正好精诣力造,以求至于道,无以一见自足,而终止于狂也。"④《论语·公冶长》:"吾党之小子狂简,斐然成章,不知所以裁之。"指孔子曾批评有的弟子狂而不知以礼限制,后来的学者陷于富贵功利而不能自拔。依孔子之见,一切世俗利益并非天赋人性所本有,识得此意还需要实践加以裁断。孔子与弟子困于陈时也希望对弟子们的狂简有

---

① 王阳明:《池阳陈氏大成宗谱序》,《王阳明全集》(新编本)第五册,杭州:浙江古籍出版社,2010 年,第 1905—1906 页。

② 王阳明:《周道通问学书批语》,《王阳明全集》(新编本)第五册,杭州:浙江古籍出版社,2010 年,第 1862 页。

③ 王阳明:《言行录汇辑上》,《王阳明全集》(新编本)第五册,杭州:浙江古籍出版社,2010 年,第 1652 页。

④ 王阳明:《传习录拾遗》,《王阳明全集》(新编本)第五册,杭州:浙江古籍出版社,2010 年,第 1558—1559 页。

所限制，节之以礼，止于狂而进于中道。希望通过道德的力量对一些出格的行为加以限制，以维护正常的人伦秩序。

礼的背后有理，王阳明与徐爱问答探讨了它们之间的关系。

> 爱问："先生以'博文'为'约礼'功夫，深思之未能得，略请开示。"
>
> 先生曰："'礼'字即是'理'字。'理'之发见，可见者谓之'文'；'文'之隐微，不可见者谓之'理'：只是一物。'约礼'只是要此心纯是一个天理。要此心纯是天理，须就'理'之发见处用功。如发见于事亲时，就在事亲上学存此天理；发见于事君时，就在事君上学存此天理；发见于处富贵贫贱时，就在处富贵贫贱上学存此天理；发见于处患难夷狄时，就在处患难夷狄上学存此天理。至于作止语默，无处不然，随他发见处，即就那上面学个存天理。这便是'博学之于文'，便是'约礼'的功夫。'博文'即是'惟精'，'约礼'即是'惟一'。"①

礼与理的关系是礼为理的表现即文，理作为文之隐微不可见，礼属于外在，理则属于内在，内在决定外在，因此约礼即此心纯是天理，关键要在理的发见处用功，在道德实践上学习存天理或者说存天理在道德活动中完成。《论语·雍也》讲"君子博学于文，约之以礼"，是在事物中学习存天理，博文偏于学，约礼偏于此心纯正，角度不同而一体不二。在这里把"博文约礼"与《尚书·大禹谟》中"惟精惟一"联系起来，说明博文在于用功精深，约礼在于用心专一。

把礼与理、性、命结合起来，是从形而上学的角度阐释礼，王阳明又以仁、义、智诠释礼，突出礼的人性本质特色。《礼记·礼器》所说的"经礼三百，曲礼三千"，反映礼仪的多样性，这些不过是仁心的表现而已，反映天赋人之性命，因此礼体现天人合一、心性命及仁义智的合一。如他写道：

> 礼也者，理也；理也者，性也；性也者，命也。"维天之命，于穆不已"，而其在于人也谓之性，其灿然而条理也谓之礼，其纯然而粹善也谓之仁，其截然而裁制也谓之义，其昭然而明觉也谓之知，其浑然于其性也，则理一而已矣。故仁也者，礼之体也；义也者，礼之宜也；知也者，礼之通也。经礼三百，曲礼三千，无一而非仁也，无一而非性也。天叙天秩，圣人何心焉？盖无一而非命也。故克己复礼则谓之仁，穷理则尽性以至于命，尽性则动容周旋中礼矣。②

以理、性、命诠释礼，反映其内在的本质，《诗经·周颂·维天之命》所说"维天之命，于穆不已"，天命幽远而赋予人则表现为性，此性即道德本性，通过礼、仁、

---

① 王阳明：《传习录上》，《王阳明全集》（新编本）第一册，杭州：浙江古籍出版社，2010年，第7页。

② 王阳明：《礼记纂言序（庚辰）》，《王阳明全集》（新编本）第一册，杭州：浙江古籍出版社，2010年，第259页。

义、智表现出来。而礼通过其他仪式表现，与它们紧密相关。在这里，理、性、命与仁、义、礼、智等道德联系在一起，也反映理与礼的内外一致性。

本此，王阳明对后儒言礼只讲器物制度和老庄不讲礼的两种片面性主张提出批评。后儒言礼偏于形而下，或者说离开理、性、命及仁、义、智谈礼，把礼仅限于器数制度，对礼的理解流于肤浅及表面化，这是舍本逐末，忘记《中庸》所谓“经纶天下之大经，立天下之大本”，《论语·阳货》云“礼云礼云，玉帛云乎”，《论语·八佾》云“人而不仁，如礼何”，礼背后的理或仁才是其真正意义之所在。至于老庄之徒外礼而言性，把礼视为道德之衰、仁义之失，堕于空虚。礼除本质外也表现礼仪，此为节文，礼与其节文的关系如规矩与方圆的关系，虽说没有方圆则规矩无从表现，但不能以方圆为规矩即替代规矩，因此，执规矩才能成方圆，方圆不可胜用，离开规矩欲为方圆，于是以方圆为之规矩，规矩之用丧失。进一步说，规矩可以无一定之方圆，而方圆必有一定之规矩。联系到礼及节文，礼是规矩，为本质；节文为方圆，则是其末。学礼在于把握其本质，在此基础上才能灵活地运用仪式或节文。

邹守益作《谕俗礼要》请王阳明提意见，他看后认为，此书借鉴朱熹《家礼》，简约明白，切近人情，体现化民成俗的真诚、迫切的用心。老师宿儒当年在古礼保存于世的时候都不能穷尽其说，当世之人苦于其烦且难，于是皆废置不行，因此，统治者要想导民于礼，不在于其备繁难而在于简切明白，贵在使人容易施行。另外，应注意的是人情，讲礼必须要斟酌人情，所谓“天下古今之人，其情一而已矣”，先王制礼遵循人情而为之节文是万世所奉行的准则。还应注意讲礼并非面面俱到，必须考虑到古今风气、习俗的不同而因时、地制其宜。有些礼虽然先王并未制定，但也可以根据具体情况而制定，三王在制礼方面有因有革并不相袭，如果只拘泥于古，不符合人情人心而执意施行，此礼则是非礼之礼，实际上也不可能实现。后来的学者不讲心学而人失其情，很难与他们谈礼：

> 然良知之在人心，则万古如一日。苟顺吾心之良知以致之，则所谓不知足而为屦，我知其不为蒉矣。非天子不议礼制度，今之为此，非以议礼为也，徒以末世废礼之极，聊为之兆以兴起之。故特为此简易之说，欲使之易知易从焉耳。①

良知自在人心，这是施行礼的内在根据，以我心的良知致于礼，即礼的实践，同时也要简易，使百姓大众明白易行，此礼非古代等级地位的礼仪，这部分的礼仪为统治者所确立，是百姓日用伦常中的道德行为规范。

王阳明建议邹守益在冠、婚、丧、祭诸礼之外附上乡约，体现其化民成俗的用心。至于射礼附于冠、婚、丧、祭诸礼之间，既不切实又难知晓，恐怕影响民间对

---

① 王阳明：《寄邹谦之（丙戌）》，《王阳明全集》（新编本）第一册，杭州：浙江古籍出版社，2010年，第215—216页。

冠、婚、丧、祭诸礼的认知与实行。朱熹《家礼》未及射礼,最好另写一射礼来教学者,也并非单纯地求谕于俗。邹守益作为他的弟子多得益其教诲,尤其对其在赣州所受教诲留下深刻印象,当时数百名童子诵诗习礼,雅颂威仪十分壮观!他私下感叹:人性本善,没有不可教的,怕的是士大夫不加以提倡,作为官员应推广道德,亲自率领诸生及童子学习礼仪,虽然是童子也知晓周旋规矩,雍容可观,因此益加自信。①

王阳明反复强调"礼以时为大",反对片面地拘泥于古礼,而要根据时代及客观条件的变化,因时、地制其宜。礼在古代是不断变迁的,没有一劳永逸而普遍适用的礼,但礼背后所传达的"慎终追远"之心及良知是不会改变的,这才是他所关注的。

儒家讲制礼作乐,王阳明分析了礼与乐之间的关系。义理是最重要的,即制礼作乐背后所反映的仁心等思想,也是贤人和学者追求的对象,即所谓学而知之、困而知之的对象。对于礼及其形式,他更重视礼本身,即其所反映的仁心,主张先成就自家的心体,以心体为主而用即包括名物度数都在其中。在心体上修养用功,未发之中而已发中节之和,养心体达到中和。相反先讲名物度数而无心体,与自己身心不相干,也不会理解名物度数。他讲的"知所先后"指先心体而后名物度数,如此则接近《大学》讲的修己治人之道,也是由内圣开出外王。他谈及礼与诗的关系时认为,感发兴起是诗,有所执持是礼。和顺于道德而理于义,只是一件事,意思是说诗与礼、和顺(诗)与道德(礼)、理义结合在一起。②礼与乐结合所谓制礼作乐,二者与诗也相关,诗往往配以乐,某些时候表达的是礼,而这些都属于外在的形式,反映的是人们心中的情感,心才是背后的主因,心的核心是良知,也可以说这些都从不同侧面展现良知,是良知的表现。

三、良知上自然的条理

王阳明在良知视野下讨论道德,尤其表现在他提出"良知上自然的条理"这一命题。有人问:既然大人与物同体,《大学》又为何说"其所厚者薄,而其所薄者厚"?他说:

> 惟是道理,自有厚薄。……及至吾身与至亲,更不得分别彼此厚薄。盖以仁民爱物,皆从此出,此处可忍,更无所不忍矣。《大学》所谓厚薄,是良知上自然的条理,不可逾越,此便谓之义;顺这个条理,便谓之礼;知此条理,

---

① 王阳明:《言行录汇辑上》,《王阳明全集》(新编本)第五册,杭州:浙江古籍出版社,2010年,第1624页。

② 王阳明:《阳明先生遗言录下》,《王阳明全集》(新编本)第五册,杭州:浙江古籍出版社,2010年,第1604页。

便谓之智；终始是这个条理，便谓之信。①

《大学》讲厚薄是从道理上说的，其实在道德层面上没有厚薄。如人身是一体的，拿手足保护头目，这难道是偏要薄手足吗？不过是道理如此。禽兽与草木同是要爱的，拿草木去养禽兽，心又忍得？人与禽兽同是要爱的，宰禽兽来养亲与供祭祀、宴请宾客，心又忍得？至亲与路人同是要爱的，这是道理本该如此。如《孟子·告子上》所说"一箪食，一豆羹。得之则生，不得则死"，不能两全，宁救至亲而不救路人，心又忍得？这个道理是什么，就是"良知上自然的条理"，其条理不可逾越即是义，遵循此理是礼，知晓此理是智，始终贯彻此理是信，爱的角度不同，也就是说爱的方式不同，在具体实施时有所不同，表现为义、礼、智、信。但人与天地万物一体，一体是一体之仁、一体之良知，如《孟子·尽心上》所讲"亲亲而仁民，仁民而爱物"。这实际上是发挥儒家有关爱有差等而非墨子兼爱的思想，爱有差等体现一般与特殊的统一，兼爱则消特殊于一般之中，是不现实的理想。

以良知为基础，王阳明对道德进行讨论，强调道德在人们社会生活乃至政治当中的重要作用。道德修养是第一事，如他指出："君子之事，敬德修业而已。虽位天地、育万物，皆己进德之事，故德业之外无他事功矣。"②敬德修业体现天德，所谓道德意义上的天人合一，为人的根本任务，也可以说是人干事业的最终目的或终极关怀。如果秉持天德而不敬德修业，一味地追求于功名事业之场，这是希高慕外。后世高明之士虽然知晓学问，如果不敬德修业，恐为才力所限，知识是为完善道德而服务的，尊德性才能道问学，或者说道问学是完善道德的学问。

王阳明认为，当颠沛之际而不忘与人为善，体现节的充裕；致自尽之心而欲人同归于善，这是忠之推展；不以靳知为嫌而行其教人之诚，这是仁之笃实；向贤崇德，以彰其先世之美，这是孝；明训途事，以广其及人之教，这是义。③ 节（操守）、忠、仁、孝、义诸德不在说教而在实践，只有在实践中才能发挥其应有的效用。据欧阳德记，陆象山尝自笑只反对时文，反对挟功利之心且工于文艺的人。如果有志要自明其德、明德于天下而以举业进，像王阳明所说"修见君之贽"者，意思是说送尊长礼物表示对其尊敬的人，孔孟也十分看重，不可能加以反对。④

① 王阳明：《传习录下》，《王阳明全集》（新编本）第一册，杭州：浙江古籍出版社，2010年，第118—119页。

② 王阳明：《祭朱守忠文（甲申）》，《王阳明全集》（新编本）第三册，杭州：浙江古籍出版社，2010年，第1006页。

③ 王阳明：《言行录汇辑上》，《王阳明全集》（新编本）第五册，杭州：浙江古籍出版社，2010年，第1618页。

④ 王阳明：《言行录汇辑上》，《王阳明全集》（新编本）第五册，杭州：浙江古籍出版社，2010年，第1628—1629页。

道德不能空谈，而要干实事。《论语·述而》讲“志于道、据于德、游于艺、学于文”，王阳明发挥道：

> 夫道固不外于人伦日用，然必先志于道而以道为主，则人伦日用自无非道。故志于道是尊德性主意也，据于德是道问学工夫也。依于仁者常在于天理之中，游于艺者精察于事为之末。游艺与学文俱是力行中工夫，不是修德之外别有此间事也。①

道与德的关系，道是根本，是尊德性的主意；德是道问学的工夫。游艺与学文皆属于力行中的工夫，它们都离不开人伦日用，为培养道德行为服务。因此《诗》《书》所载礼、乐、射、御、书、数六艺之事都在于辅养性情而成就道德。相对于“志于道”来说，“据于德”“游于艺”“学于文”都是修德的工夫，做工夫要纯诚，细枝末节也不容放过，此为明德之事。王阳明在回答志道、据德、依仁、游艺的提问时认为，艺就是义，即事叫作艺，即心叫作义，此为孔子自序志学之旨。②以上孔子所说无非就是道德仁义，艺是事，也可以是心，心与事统一。

王阳明肯定以道德获得天下的意义。弟子问：“孔子谓武王未尽善，恐亦有不满意？”答：“在武王自合如此。”又问：“使文王未没，毕竟如何？”又回答：“文王在时，天下三分已有其二。若到武王伐商之时，文王若在，或者不致兴兵，必然这一分亦来归了。文王只善处纣，使不得纵恶而已。”③“武王未尽善”出自《论语·八佾》：“子谓韶，尽美矣，又尽善也。谓武，尽美矣，未尽善也”。孔子赞成文王以道德为本位，反映儒家价值观的核心。文王对纣王宽厚，如天下已有三分之二归自己还尊奉纣王，如果文王在，不至于兴兵伐纣，商民也会归顺，周得天下是顺从自然，文王也会妥善处理纣王，这是强调以德服人，以德获得天下。

实践道德应做到允恭克让，如王阳明教人要像《尚书·尧典》说的“允恭克让”那样，意指对人要诚实，恭敬又能够谦让，才是自己的本领，不管在朝市还是在山林一日也不能离，也就是说要时刻做到“允恭克让”。如果由于此而有所惊动悔改以为随时变易之道，固当如此；如果足以自信自安则终归于私而已。④“允恭克让”作为功夫时刻要下，坚持不懈，切不可自信自安，道德在于践履。邹守益待罪广德时曾请教，王阳明以赞扬古代圣人的德行回答：“允恭克让”，恭勤

---

① 王阳明：《阳明先生遗言录上》，《王阳明全集》（新编本）第五册，杭州：浙江古籍出版社，2010年，第1602页。

② 王阳明：《稽山承语》，《王阳明全集》（新编本）第五册，杭州：浙江古籍出版社，2010年，第1609页。

③ 王阳明：《传习录上》，《王阳明全集》（新编本）第一册，杭州：浙江古籍出版社，2010年，第20页。

④ 王阳明：《言行录汇辑上》，《王阳明全集》（新编本）第五册，杭州：浙江古籍出版社，2010年，第1629页。

而不信实，谦让而不能制，虽然外面矫揉安排，终非本体流行，毕竟有渗漏出来。①

义是道德的重要方面，黄省曾问：《论语·里仁》说“君子之于天下也，无适也，无莫也，义之与比”，事事要如此吗？王阳明回答说：

> 固是事事要如此，须是识得个头脑乃可。义即是良知，晓得良知是个头脑，方无执着。且如受人馈送，也有今日当受的，他日不当受的；也有今日不当受的，他日当受的。你若执着了今日当受的，便一切受去，执着了今日不当受的，便一切不受去，便是“适”“莫”，便不是良知的本体。如何唤得做义？②

事事依照道义，不问亲疏而以道义为亲，或以义为处世准绳。义即宜，要因地制宜，义即良知，良知是个头脑，指不固执死板而灵活变通，如此才不至于执着拘泥。《孟子·公孙丑下》有“前日之不受是，今日之受非也；今日之受是，则前日之不受非也”一句，如果执着于时间，把受与不受绝对化，就不是因时、地制其宜，不是良知本体，显然不符合义。总之，君子对天下人无亲无疏，唯义之所在而已。

在道德中，王阳明突出仁的特殊地位，以为仁是道德的核心。孔子提出克己复礼为仁，如《论语·颜渊》说：“一日克己复礼，天下归仁。”朱熹作效验理解：“极言其效之甚远而至大也。”③王阳明则说：

> 圣贤只是为己之学，重功夫不重效验。仁者以万物为体，不能一体，只是己私未忘。全得仁体，则天下皆归于吾。仁就是“八荒皆在我闼”意。天下皆与，其仁亦在其中。如“在邦无怨，在家无怨”，亦只是自家不怨，如“不怨天，不尤人”之意。然家邦无怨，于我亦在其中，但所重不在此。④

圣人之学重功夫不重效验，效验似有功利之嫌。仁以万物为一体，不能一体是因为有一己之私，能万物一体则天下归仁。如同东、西、南、北、东南、东北、西南、西北这四面八方皆是我的窗户，喻指仁以万物为体，天下归仁。又如《论语·颜渊》讲在邦与家无怨是自家无怨，《论语·宪问》中云“不怨天不尤人，下学而上达”，说明克己复礼为仁，首先通过自己的行为表现出来，道德实践使道德说教变为现实。

---

① 王阳明：《言行录汇辑下》，《王阳明全集》（新编本）第五册，杭州：浙江古籍出版社，2010年，第1678页。

② 王阳明：《传习录下》，《王阳明全集》（新编本）第一册，杭州：浙江古籍出版社，2010年，第112页。

③ 朱熹：《四书章句集注·论语集注》，《朱子全书》（修订本）第六册，上海：上海古籍出版社，2010年，第167页。

④ 王阳明：《传习录下》，《王阳明全集》（新编本）第一册，杭州：浙江古籍出版社，2010年，第121页。

《论语·里仁》讲“择不处仁”，王阳明以为，这句话并不是单纯地选择居住地，而是选择有仁的地方居住，或者说以仁为选择居住地的标准。[①]“天地皆仁之滓。天下归仁，万物皆备于我也。”仁与我一致，我为天赋人本性、本心之我，也是仁心之我，完美的道德主体。修养工夫的目的在于达到仁，“‘修道之谓教’以下许多话，工夫只是‘修道以仁’”[②]。再现或回归天赋予人的本性即仁。樊迟问仁，孔子以“爱人”相告，王阳明以为，爱何尝不是仁，爱固然可以称为仁，但爱也有爱得是与爱得不是之别，这是以爱的是非来判断是否是仁，“须爱得是方是爱之本体，方可谓之仁”。严格地说，爱得是为仁，即爱的本体是仁，而博爱似乎不论是与不是，与爱的本体都有所不同。“博”字不如“公”字为尽，训释字义也只是得其大概，如果理解其精微奥蕴在于人思而自得，并非言语所能晓喻。后人多有泥文着相，专在字眼上求索，这是心从法华转，被动地跟着语言走而失去自我，应该相反，即心悟转法华，以心释经。[③]从我与“六经”的关系而言，不赞同我注“六经”而主张“六经”注我，体现其释经的自由主义价值取向。

王阳明把诸道德纳入良知范围加以考察，以为良知的纯洁无瑕为仁，得宜为义，条理为礼，明辨为智，笃实为信，和顺为乐，妙用为神。仁、义、礼、智、信诸道德不过是良知的展现，良知是体，诸道德则是用，它们之间是体用一致。仁、义、礼、智、信诸道德是儒家的基本道德规范。以前的儒家大都泛泛而论，没有把这些道德规范与良知结合起来，使先天的良知与后天的道德相脱节，或者说心性论与道德学说之间缺乏内在的联系。王阳明则第一次把它们有机地结合在一起，使先天与后天、先验与经验、观念与行为规范统一，这既为道德提供了先验的基础，同时也完成了良知内在价值的现实转换。

（作者：汪学群，中国社会科学院古代史研究所二级研究员）

---

① 王阳明：《稽山承语》，《王阳明全集》（新编本）第五册，杭州：浙江古籍出版社，2010年，第1609页。

② 王阳明：《稽山承语》，《王阳明全集》（新编本）第五册，杭州：浙江古籍出版社，2010年，第1608页。

③ 王阳明：《黄勉之（甲申）》，《王阳明全集》（新编本）第一册，杭州：浙江古籍出版社，2010年，第208页。

《周易》的“拨乱反正”之道

——“天地否卦”的人生启示

◇刘永霞

《周易》是传承中国古典文化的重要经典，被儒家称为“六经之首”，其内容由六十四卦构成，每个卦都可以用代表阴阳爻的图形，即卦象来表示。《周易》里的卦都寓意深刻，主旨都指向了中国古代的“帝王之道”。相传，伏羲氏创八卦，周文王演绎为六十四卦，之后周公又附以卦爻辞来加以完善，而孔子作《十翼》（即《易传》，是孔子及儒家学者对《周易》所做的解释，包括“十翼”，或者说有十个部分，指《彖传》上、下，《象传》上、下，《文言》，《系辞》上、下，《说卦》，《序卦》，《杂卦》），则是《周易》义理化成熟的象征。可知，《周易》从产生到义理化的定型与成熟，都是古代圣王与贤人殚精竭虑而用以治世的智慧结晶。

从源头来看，孔子应是《周易》义理派学说的倡导者与奠基者。易学在后来的几千年的传承与发展中，历代大儒们都做出了自己的诠释，直至宋代，易学的发展又走向了一个高峰，高水准的著作大量涌现，如程颐的《周易程氏传》、朱熹的《周易本义》等，又成为新的经典，当然，这也跟两宋时期的理学兴盛息息相关。之后，晚明儒学大师王夫之传承并大大发展了义理派易学的研究，其易学造诣可用“炉火纯青”来形容。

从总体来看，义理派易学意图通过对《周易》的每个卦的解释，来为人们的行为提供指导原则。如果我们把《周易》的每个卦都看作展现一种“时局”的话，那么卦爻辞就是用来说明处在高低不同职位上（即爻位）的人的不同行为所导致的或“吉”或“凶”的结果。“吉”“凶”在于人自己的行为选择，是由自己的理性所能完全掌控的。

我们以“天地否卦”为例，来看看《周易》是怎样用高超的智慧为我们破解某种“危局”的。“天地否卦”表现的是下位之人作乱，逼迫中央王朝放权而引起的朝局紊乱的局面。这个卦集中体现的就是《周易》的“拨乱反正”之道，既然乱局已经形成，那么，身居高位的人君和大臣应该怎样力挽狂澜呢？让我们首先来分析一下“否卦”的卦爻辞含义。

“否卦”象征着天地、上下不能感应、互通的时局，喻示着上下级之间不能互相认同、信任的一种关系。导致这种局面的原因在于下级的私欲膨胀与非分之

图 1

否之匪人,不利君子贞,大往小来。

上九:倾否,先否后喜。

九五:休否,大人吉。其亡其亡,系于苞桑。

九四:有命无咎。畴离祉。

六三:包羞。

六二:包承,小人吉,大人否,亨。

初六:拔茅茹,以其汇,贞,吉亨。(从下至上)①

想。这就好比是下级的几个部分串通一气来欺瞒甚至篡夺上位,以期达到以权谋私的阴毒目标。那么,上级的部门该如何应对呢?首先,上级部门应该识透下级的阴谋。其次,一个国家的首脑应指示、联合上级的多个部门同心协力、精谋细筹,想出制胜小人的方略。对于首脑来说,最重要的是团结、信任身边的贤臣,在此危机之时,要勇于委任良臣及时地纠偏治弊、除邪匡正。

(卦辞)否之匪人,不利君子贞,大往小来。

"否",指塞。"否之匪人"是什么意思呢?封建社会的上下等级关系就如天尊高而地卑下一样,二者的分位很明确。但邪恶的下级官员凭着占据一方的势力,与上级隔绝,形成了内小人而外君子之象。"否卦"并不是君子由于高傲而不与小人接近,而是小人自恃其能而与君子决绝。君子秉持刚正而居外,本无不正,有什么不利呢?不利在于小人与其隔绝。"否卦"阴据要津,君子无所施用,则守正。因为在否塞之时,君子就是守正,也不能利于物。但君子虽不利于物,自身尚可保有正义。"大往小来"指阴阳各归其位,阴欲逼阳退位,上级与下级互不感应,则为"否"。

《彖》曰:"否之匪人,不利君子贞,大往小来",则是天地不交,而万物不通也;上下不交,而天下无邦也。内阴而外阳,内柔而外刚,内小人而外君子,小人道长,君子道消也。

"否卦"为匪人乘权、君臣义绝之时。处于贤奸倒置之乱世,就是圣人也无所施计。但这并不意味着小人永远可以弄权、得势,当小人猖狂得不可一世而到

① 李学勤主编:《十三经注疏》,北京:北京大学出版社,1999 年,第 70—72 页。

极致时，正义之臣便联合起来制服小人而使“时局”返归正道。

《象》曰：天地不交，否。君子以俭德辟难，不可荣以禄。

在否塞不通之时，君子虽欲以德通天下之志，却无法施行。这是灾难即将来临的乱世，闭户避难是为了以“否道”应“否”之时，不因绝物而受非议。天下沉溺于小人之手而无法施援，君子之德都无法见著，更何况是禄位呢？

初六：拔茅茹，以其汇，贞，吉亨。

“否卦”三阴连类而挟势以据内，也有“拔茅茹，以其汇”之象。但“否卦”之“汇”并非“泰卦”之“汇”，“否卦”下卦为三阴。初六以柔居下位，并不会做党同伐异之事。初六被拔起而与上卦之阳相应，故得正得吉。初六之吉有亨通之理。

《象》曰：“拔茅”，“贞吉”，志在君也。

在上者为君。初六身居下位，混迹在小人群体里，但他有从正的“忠君”之心，因此，不应被君子抛弃，而应提携。

六二：包承，小人吉，大人否，亨。

“包承”，指顺承并应于九五。“大人”，指所有针对小人而言的刚正君子。小人得位得志，又能顺承于阳而与之相应，则吉。但是大人远出而在外，并不因小人顺己而改变其否塞之行，即所谓不以此为亨。六二就如身居要职的地方官员，虽然一时没有谋反逆上的心思，但他身处小人群中，由自己和身边之人的私欲所使，少不了以权谋私的行径。九五作为一国之君，洞彻六二的行踪而冷淡地对待他，以待后效。

《象》曰：“大人否，亨”，不乱群也。

阳与阳为群。“否卦”阳居外，阳以不乱群而不得亨通。“否卦”之时，君子虽失志，但不枉道而从小人。在否之时，君子追求同志者是为了卫道。

六三：包羞。

六三不当位，以柔居刚，为进爻，指阴接近阳而求相合。此爻象征着小人挟势既媚于君子又傲视君子之态。“包羞”，即示意君子应该鄙视、厌恶小人的此种行径。

《象》曰：“包羞”，位不当也。

六三柔处刚位，又上承阳刚，其位其情均被君子视为“羞恶”。

九四：有命无咎。畴离祉。

“畴”，通“俦”，指与其相应而为伍者，这里指初六。“离”，指丽。九四与阴爻最接近，而以柔居刚，处退爻而就下与初六相应，为君子但就小人，易受怀疑。但九四上承九五的旨意，怀柔之命出自九五而非出于一己之私。九四欲拔初六于阴类而消否，初六也资其提携而上进附于吉亨之福祉。在小人乘权之世，初进之士不能自拔，拒之则易陷于恶，引之则可使为善，此君子体国用人之道。

《象》曰：“有命无咎”，志行也。

九四承上以接下，使初六“在君”之志得以上通，九四起到了交通上下而冰释疑沮的作用。

九五:休否,大人吉。其亡其亡,系于苞桑。

"休",指安处。树木丛生为"苞"。桑树的树根,本来就根深蒂固,丛生的桑树之根就更牢固了。九五阳刚中正,道盛位定,安处不扰,而又得到九四、上九二阳的辅助,虽处否时而安处自如,象征着大人以镇静来消除世运险阻之象,为吉道。九五虽居尊位,但三阴据内相迫,权势不归于九五,危疑四起,有"其亡其亡"之象,但九五正已择交,不改其常度。

《象》曰:"大人之吉",位正当也。

大人居位而有德,谁又能使他败亡呢?这就如中央朝廷与地方的关系。地方官员结党营私,正直的中央首领洞悉其行径后,瞅准机会,联合得力的大臣一举将其击溃。

上九:倾否,先否后喜。

上九远远地处于事外,与阴爻无所牵涉,而且此时九五已经立本固根,上九则可行其攻击之道。三阴挟势而否隔,到此时已肆行之极而无余力,人皆知厌恶"六三之羞",因而上九乘高而下,倾之则易。倾否则人心皆悦。

《象》曰:否终则倾,何可长也?

"何可长",指不可长。小人已经用尽了伎俩,受到天下的憎恶,上九当乘时而倾之,奋然刚断,勿使其再滋蔓。

为了能更生动明了地理解"否卦"的内涵,下面我将举《易经故事》之《大鱼王朝传奇》中的一个故事,即"白石岸'刺猬侯'落马"来展现"否卦"的时局与大义。

图 2

否之匪人,不利君子贞,大往小来。

上九:倾否,先否后喜。(太傅黄芪)

九五:休否,大人吉。其亡其亡,系于苞桑。(大王龙豆)

九四:有命无咎。畴离祉。(银池"蓝蛙侯"胆星)

六三:包羞。(江州"刺猬侯"雪胆)

六二:包承,小人吉,大人否,亨。(萝州"青龟侯"木通)

初六:拔茅茹,以其汇,贞,吉亨。(从下至上,"青龟侯"的谋士刀豆)①

① 李学勤主编:《十三经注疏》,北京:北京大学出版社,1999 年,第 70—72 页。

大鱼王朝贞和三十年，国力已达鼎盛，人民安居乐业了三十年。随着国力的强盛，一些王公大臣的势力与野心也极度膨胀，就拿江州“刺猬侯”雪胆和萝州“青龟侯”木通来说，雪胆为大鱼王朝的开国元老，他身经百战，为大鱼王朝的建立出过大力。在大鱼王朝建国之初，雪胆被派到青黛做了“刺猬侯”，同时还得到了大王的很多金银赏赐。后来，雪胆被调到了江南水乡江州。江州跟萝州相邻，萝州物产丰富，出产中药和花茶。江州产米，吃饭穿衣不是问题，就是没有其他特产。但是，“刺猬侯”雪胆是个很贪婪的人，他以前在青黛的时候就喜欢结党营私，家族势力很大，而且他还和黑鹰国的“胡瓜”王勾结，走私汗血宝马，从中牟取暴利。大王龙豆对雪胆的事有所耳闻，但主要考虑到雪胆的开国功臣身份，就对他没有严加追究。“刺猬侯”的贪欲越来越膨胀，在青黛一地是有名的“雪天王”，不仅黑白两道通吃，而且翻脸不认人，以心狠手辣著称。大王龙豆对此颇为忧心，于是就和太傅黄芪商议，将雪胆调到江州做了大都督。雪胆刚开始很不情愿去上任，江州天然条件不好也不坏，离开了青黛这个老窝，又得建立新的关系网。可当他细细盘算一番后，他又变得乐于赴任了。江州南有富饶的萝州，萝州的中药与花茶还出口到国外，是黑鹰国和金熊国国民的至爱。这些年来，雪胆一直垂涎于萝州的富庶，只是没机会插手。

当雪胆到了江州后，就派人去萝州调查萝州的经济状况。当他得知萝州的“青龟侯”木通还有个小儿子茸毛尚未婚配时，就思量用“嫁女攀亲”这一招来为自己谋利。雪胆的三女儿百合生得眉目清秀，性情文静，尚未出嫁。于是，雪胆就找人去和木通说合。木通也听说过“刺猬侯”雪胆，他听到来人的意思后，犹豫了一下说：“儿女的婚姻大事，容我与夫人商议商议。”等到来人走后，木通便和夫人紫荆商议。木通的家族没有什么武人，如果和雪胆结成亲家，倒也是个靠山。但是，紫荆担忧地说：“得防着别让他们吞并了我们。”木通安慰她说：“放心，不会，我们的家族在萝州经营了几十年，深得人心。在大王那里的口碑也很好。他雪胆翻不了天的。”于是，两家结了亲。

之后，雪胆的手逐渐伸向了萝州。萝州的一家最大的花茶店“一点红”正是“青龟侯”的表弟在经营，雪胆提出入股“一点红”，木通就同意了。木通家族中的很多人都是生意人，自从他们做中药与花茶生意积累了财富后，就开始涉足黄金业了。在做中药生意时，木通家族的人就和黑鹰国与金熊国的商人有很多往来，金熊国产金，但是他们的加工能力很低，于是，大鱼王朝的一些商人将金子在金熊国进行粗提炼后，就进口到了本国。这本来也是合法生意，但随着利润的驱使，有些人就开始偷税和走私。木通家族也有人犯险，当然获利颇丰。江南的萝州还是艺术之乡，木通家族的人将进口的粗金加工成工艺品和首饰，他们的“金芍药钗”由于造型精美独特而风靡全国。雪胆看着这一块肥肉就流口水，于是决定品尝一下。

很快，雪胆的家族加入了木通家族的黄金生意，他们在金价低时大量收购金条，等金价高时抛出，以牟取暴利。几年下来，这两个家族的财产富可敌国。于是，他们的政治野心开始膨胀，有时候对于大王龙豆的政令都推延执行，该给百姓的优惠税赋也不给，老百姓开始抱怨。木通手下有个谋士刀豆，年轻又有见识，他劝木通道："侯爷，雪胆是武人出身，又是开国元老，因而野心很大。可侯爷是文职出身，就是凭借安邦定国之良策，获得了朝廷的信任而封侯的。'刺猬侯'雪胆一直以贪婪著称，现在你和他的家族都富可敌国，你的危险已经临近了。第一，雪胆已经有吞并你的家族的意思。第二，大王龙豆必然忌惮。第三，雪胆一直有反心，假若他招兵买马，威胁你一起参与，你当何去何从？"木通听了这一番话后，吓出了一身冷汗，于是他决定及时收手，并想通过刀豆向"蓝蛙侯"胆星传递信息，以此来试探朝廷的态度。刀豆年轻时曾在王都香雪摆了棋局擂台，声称谁能胜他，他便去那家为奴。开局几天后，居然没有人能赢他。这事传到"蓝蛙侯"的耳朵里，他决定乔装打扮去会一会这个奇人。他们就这么认识了。"蓝蛙侯"很欣赏刀豆的才干，刀豆精通棋艺，并且会奇门遁甲、风角星算等多种术数，这些在行军打仗时都可派上用场。于是，"蓝蛙侯"想留刀豆在侯府当幕僚。可不巧的是，这时刀豆的老母亲得了重病，刀豆不得不回老家萝州，就这样，两人错过了。刀豆等母亲康复后，就在木通的府上做幕僚了。但"蓝蛙侯"是个惜才的人，他和刀豆一直有书信往来。这次，木通想通过刀豆，试探朝廷对他的态度，于是，刀豆就给"蓝蛙侯"写了一封信。信上说"青龟侯"木通知道银池受旱灾后，非常忧心，想尽点自己的绵薄之力，奉上赈灾银十万两以解燃眉之急。"蓝蛙侯"接到信后就将此事上报给朝廷，大王龙豆非常高兴，下旨褒奖了"青龟侯"。木通这才比较安心，于是他立即整顿家族生意，退出了黄金业。但雪胆不甘心，当他看到亲家比较异常时，就派人打听，并获知了刀豆出主意的事。于是，雪胆非常痛恨刀豆，便策划着要除掉他。刀豆闻讯后，知道情况不妙，便在一个夜晚逃到了香雪的"蓝蛙侯"府上。

"刺猬侯"雪胆聚敛了大笔财富后，确实有招兵买马、意图造反的野心。逃出雪胆手掌心的刀豆，向"蓝蛙侯"详细汇报了雪胆家族的动向。"蓝蛙侯"一听，便急忙汇报给大王龙豆。大王对雪胆的为人一直是比较了解的，就是没想到他调到江州没几年，势力就发展这么快，于是急召太傅黄芪议事。黄芪年事已高，已经不做宰相了，但他仍然是大王龙豆最器重的人。大王、黄芪与"蓝蛙侯"三人商议后，决定找一个借口宣雪胆入京，然后除掉他。恰好临近重阳节，九月初九是太后白薇的六十大寿，各地的诸侯都要来贺寿。大王龙豆决定趁此机会除掉雪胆。雪胆也在备寿礼，并想趁此进京的机会打探王都的兵防。黄芪安排了细作跟踪雪胆，知雪胆进京必由白马河弃舟登岸，便在岸上安排了武士，等他离舟时一举拿下。雪胆于九月初八带着大儿子在白马河登岸时，被埋伏好的武士突袭抓捕。到京后，大王亲自审问了雪胆，雪胆也认了罪，大王便将他全家判了流放黔州。

这个故事讲述的就是“否卦”所揭示的“时局”。我们可将“否卦”的六爻比作身居高低不同职位的六个人：一般来说，九五爻被喻为“君王”；其他五个是地方官员，“青龟侯”、谋士刀豆和“刺猬侯”，分别是下卦的三爻，还有二人是处于上卦的中央王朝的大臣，即“蓝蛙侯”与太傅，太傅德高望重，曾是大王龙豆的老师，所以是上九。地方官员结党作乱，中央王朝应该怎样应对呢？首先，应瓦解地方官员的朋党，接纳其中愿意投靠、效忠朝廷的人。其次，对于被胁迫参与一些事情的人，比如像六二“青龟侯”，假如他有悔过的表现，则宽宥之，让他戴罪立功，揭露那个最有叛逆之心的人，即六三“刺猬侯”。六二和初六联手，脱离了“刺猬侯”之党派后，中央王朝便接纳了他们。这样，最后剩下一位敌人，就是“刺猬侯”。这时候，中央王朝可以集中力量来对付“刺猬侯”，一举将其拿下而正法，这便是处理此种危局的可行之策，也是《周易》教给世人的人生智慧。

（作者：刘永霞，中国社会科学院古代史研究所副研究员）

"长者"考

◇陆小燕

现行《汉语大词典》中关于"长者"的释义源于《辞源》,但是仍然不能涵盖典籍中关于"长者"的所有含义。《史记》《汉书》中的诸多"长者"就显现出与《汉语大词典》释义的不同,对这些释义的整理将有助于对"长者"含义的全面理解和认识,也可为《汉语大词典》中关于"长者"词条的修订提供参考。

清俞正燮在《癸巳类稿·长者义》中对"长者"作了考证,指出其义有三:父兄、富贵人及德行高。俞氏并称佛教东来之后,佛经翻译也借用"长者"之称,唐元应所撰《维摩诘所说经·长者音义》中"天竺以商贾为业,弥积年岁,获珍异,上者奉王,余入己,财盈一亿,德行又高,便称长者",元应言"财一亿称长者"是旧译法,唐李长者作《华严合论》也以"长者"为富人,但兼言德行又高。因此俞氏将佛经所言"长者"纳入"德行高"之人之中。① 《辞源》依据俞氏之说,释"长者"为四义,并举例言之:(一)年长父兄之称。《孟子·告子下》:"徐行后长者,谓之弟;疾行先长者,谓之不弟。"《礼·曲礼上》:"谋于长者,必操几杖以从之。"(二)贵显者之称。《史记·陈丞相世家》:"负随平至其家,家乃负郭穷巷,以弊席为门,然门外多有长者车辙。"(三)谨厚者之称。《韩非子·诡使》:"重厚自尊,谓之长者。"《史记·高祖纪》:"今项羽僄悍,今不可遣。独沛公素宽大长者,可遣。"(四)佛经称具备十德者为长者。十德:谓姓贵、位高、大富、威猛、智深、年耆、行净、礼备、上叹、下归。见《法华经》三《譬喻品》。②

《汉语大词典》在《辞源》的基础上将"长者"释为五义:(一)年纪大或辈分高的人。《孟子·告子下》:"徐行后长者谓之弟,徐行先长者谓之不弟。"《后汉书·马援传》:"(援)闲于进对,犹善述前世行事。每言及三辅长者,下至闾里少年,皆可观听。"《隋书·刘炫传》:"昔在幼弱,乐参长者。"(二)显贵的人。《韩非子·内储说下》:"刑余之人,何事乃敢乞饮长者?"《史记·陈丞相世家》:"(陈平)家乃负郭穷巷,以毙席为门,然门外多有长者车辙。"三国魏陈琳《檄吴将校部曲文》:"及吴诸顾陆,旧族长者,世有高位。"《水浒传》第六十回:"他(卢俊义),是北京大名府第一等长者,如何能够得他来落草?"(三)德高望重的人。

① 〔清〕俞正燮:《癸巳类稿》,沈阳:辽宁教育出版社,2001年,第360页。

② 《辞源》,北京:商务印书馆,1983年,第3225页。

《韩非子·诡使》:"重厚自尊谓之长者。"《史记·项羽本纪》:"陈婴者,故东阳令史,居县中,素信谨,称为长者。"汉班彪《王命论》:"汉王长者,必得天下。"清钱谦益《祖璇先赠通议大夫》:"慷慨有丈夫之风,孝谨修长者之行。"(四)豪侠。《后汉书·马援传》:"王氏,废姓也。子石当屏居自守,而反游京师长者,用气自行,多所陵折,其必败也。"李贤注:"长者,谓豪侠者也。"(五)旧时对男子的尊称。唐白行简《李娃传》:"生跪拜前致词曰……姥曰:'惧其浅陋湫隘,不足以辱长者所处,安敢言直耶!'"《水浒传》第七二回:"夙世有缘,今昔相遇二君,草草杯盘,以奉长者。"①

俞正燮《长者义》篇中举例已有豪侠之义:《汉书·张敞传》:"长安偷长数人,居皆温厚,出从童骑,闾里以为长者。"②但未点明。《汉语大词典》没有引用《辞源》关于佛经对长者的称谓。显然《汉语大词典》和《辞源》关于"长者"的释义仍不能完全解释典籍中出现的"长者"。

一、"长者"新例及释义

(一)"行仁义的人"

《史记·高祖本纪》:"怀王诸老将皆曰:'项羽为人僄悍猾贼。……不如更遣长者扶义而西,告谕秦父兄。秦父兄苦其主久矣,今诚得长者往,毋侵暴,宜可下。今项羽僄悍,今不可遣。独沛公素宽大长者,可遣。'"③《辞源》解释"沛公素宽大长者"为"谨厚者之称",即《汉语大词典》中"德高望重的人"。然而"谨厚者"可称沛公,"扶义而西"的"长者"却不能与此同义。

《孟子·告子上》曰:"仁,内也,非外也;义,外也,非内也。"又曰:"且谓长者义乎?长之者义乎?"④可见"长者"应当有仁义之行,因此怀王曰"遣长者扶义而西",此处"长者"可释为"能行仁义的人",侧重于人的行为和道德。此时称沛公"谨厚"尚可,称其"德高望重"则不妥,其在怀王朝中地位德行均非显著,又因其亲于项氏,因此怀王君臣遣沛公西进灭秦,既远离楚之王庭,又或可为秦所灭。所以可认为此时沛公尚不能负"能行仁义"的"长者"之名。

但是沛公为"谨厚""长者",随着刘邦身份的变化,汉王则可称为"仁义""长者"。《汉书·王陵传》中王陵母曰:"愿为老妾语陵,善事汉王。汉王长者,毋以老妾故持二心。妾以死送使者。"⑤这里称汉王"谨厚"或"德高望重"都不

---

① 《汉语大词典》第十一册,北京:汉语大词典出版社,1993年,第588页。

② 〔清〕俞正燮:《癸巳类稿》,沈阳:辽宁教育出版社,2001年,第359页。

③ 司马迁:《史记》,北京:中华书局,1959年,第356页。

④ 焦循:《孟子正义》,石家庄:河北人民出版社,1992年,第437页。

⑤ 班固:《汉书》,北京:中华书局,1962年,第2047页。

妥当，如果解释为汉王"能行仁义"可能要更加准确一些。《史记·淮阴侯列传》中韩信逼钟离眜自杀，眜"乃骂信曰：'公非长者！'"①，韩信此时为楚王，情况与汉王类似，"非长者"即为"不行仁义"的人。

（二）"贤德的人"

《史记·田叔列传》："孝文帝既立，召田叔问之曰：'公知天下长者乎？'对曰：'臣何足以知之！'上曰：'公，长者也，宜知之。'叔顿首曰：'故云中守孟舒，长者也。'……于是上曰：'贤哉孟舒！'"②这里以"贤"来称"长者"，显然"长者"的意思应当是"贤德的人"。

《吕氏春秋·贵因》："武王入殷，闻殷有长者，武王往见之，而问殷之所以亡。……周公曰：'吾已知之矣。此君子也。'"③《吕氏春秋·壅塞》："齐王欲以淳于髡傅太子，髡辞曰：'臣不肖，不足以当此大任也。王不若择国之长者而使之。'"④《史记·卫康叔世家》："周公旦惧康叔齿少，乃申告康叔曰：'必求殷之贤人君子长者，问其先殷所以兴，所以亡，而务爱民。'"⑤《史记·外戚世家》："于是乃选长者士之有节行者与居。窦长君、少君由此为退让君子，不敢以尊贵骄人。"⑥在这里"长者"显然指的是"贤德的人"，与"君子"和"士"并称。

《史记·平原君虞卿列传》："（公甫文伯）母曰：'孔子，贤人也，逐于鲁，而是人不随也。今（公甫文伯）死而妇人为之自杀者二人，若是者必其于长者薄而于妇人厚也。'"⑦文中以"长者"比孔子，与妇人相对应而言，也是"贤人"的意思。

二、"长者"的补充用法

（一）用作形容词

《史记·楚元王世家》："高祖兄弟四人，长兄伯，伯蚤卒。始高祖微时，尝辟事，时时与宾客过巨嫂食。嫂厌叔，叔与客来，嫂详为羹尽，栎釜。宾客以故去。已而视釜中尚有羹，高祖由此怨其嫂。及高祖为帝，封昆弟，而伯子独不得封。太上皇以为言，高祖曰：'某非忘封之也，为其母不长者耳。'于是乃封其子信为羹颉侯。"⑧俞正燮提出"汉高帝谓其嫂羹颉侯母不长者，亦谓其非大方，非富贵

---

① 司马迁：《史记》，北京：中华书局，1959 年，第 2627 页。
② 司马迁：《史记》，北京：中华书局，1959 年，第 2776 页。
③ 《吕氏春秋》，石家庄：河北人民出版社，1992 年，第 175 页。
④ 《吕氏春秋》，石家庄：河北人民出版社，1992 年，第 304 页。
⑤ 司马迁：《史记》，北京：中华书局，1959 年，第 1590 页。
⑥ 司马迁：《史记》，北京：中华书局，1959 年，第 1974 页。
⑦ 司马迁：《史记》，北京：中华书局，1959 年，第 2373 页。
⑧ 司马迁：《史记》，北京：中华书局，1959 年，第 1987 页。

气象也”。这里的“长者”并非常见的名词，显然是形容词，表示羹颉侯母行为不厚道、不仁义。此处的“长者”用“谨厚”来解释，也很恰当，在此需要指出的是，这里的“长者”所指是女子。

《史记·张耳陈余列传》：“贯高、赵午等十余人皆相谓曰：‘乃吾等非也。吾王长者，不倍德。且吾等义不辱，今怨高祖辱我王，故欲杀之。’”①这里的“长者”很明显是作为形容词使用，其义为“吾王贤德”。

（二）官员自称

《韩非子·内储说下》：“齐中大夫有夷射者，御饮于王，醉甚而出，倚于郎门。门者刖跪请曰：‘足下无意赐之余沥乎？’夷射曰：‘叱，去！刑余之人，何事乃敢乞饮长者？’”②此例见于《汉语大词典》“显贵的人”释义中。夷射为齐国的中大夫，自称“长者”，在这里“长者”为官员自称。因此“长者”既可称呼他人，也可自称。

三、颜师古对“长者”的注释

颜师古在《汉书》中多次注释“长者”：（一）在陈婴一例中，颜师古曰：“素立恩信，号为长者。”③（二）《汉书·赵尹韩张两王传》：“中贵人豪长者为请无不至，终无所听。”师古曰：“中贵人，居中朝而贵者也。豪，豪桀也。长者，有名德之人也。”④（三）《汉书·贾谊传》：“今自王侯三公之贵，皆天子之所改容而礼之也，古天子之所谓伯父、伯舅也。”师古曰：“天子呼诸侯长者，同姓则曰伯父，异姓则曰伯舅。伯，长也。”⑤“有名德之人”虽然可以包括在“德高望重的人”之中，但稍显不够清晰。而“天子呼诸侯长者”则显然不在《辞源》和《汉语大词典》的释义之中。

四、结论

根据上文的分析，《汉语大词典》中的“长者”释义或可作如下修改：

（一）保留“年纪大或辈分高的人”和“豪侠”两个释义项

（二）将“显贵的人”这一释义项修改拆分

1.天子对诸侯的称谓。《汉书》颜师古注曰：“天子呼诸侯长者，同姓则曰伯

---

① 司马迁：《史记》，北京：中华书局，1959年，第2583页。
② 梁启雄：《韩子浅解》，北京：中华书局，2009年，第255页。
③ 班固：《汉书》，北京：中华书局，1962年，第1797页。
④ 班固：《汉书》，北京：中华书局，1962年，第3199页。
⑤ 班固：《汉书》，北京：中华书局，1962年，第2255页。

父，异姓则曰伯舅。伯，长也。”

2.春秋时期贵族官员自称。《韩非子·内储说下》：“齐中大夫有夷射者，御饮于王，醉甚而出，倚于郎门。门者刖跪请曰：‘足下无意赐之余沥乎？’夷射曰：‘叱，去！刑余之人，何事乃敢乞饮长者？’”

3.身份尊贵的人。三国魏陈琳《檄吴将校部曲文》：“及吴诸顾陆，旧族长者，世有高位。”《史记·陈丞相世家》：“（陈平）家乃负郭穷巷，以弊席为门，然门外多有长者车辙。”《水浒传》第六十回：“他（卢俊义），是北京大名府第一等长者，如何能够得他来落草？”

（三）“德高望重的人”这一释义项解释太过模糊，可进行拆分

1.行仁义的人。《汉书·王陵传》：“陵母……泣曰：‘愿为老妾语陵，善事汉王。汉王长者，毋以老妾故持二心。妾以死送使者。’”《史记·淮阴侯列传》：“（钟离眛）乃骂信曰：‘公非长者！’”

2.贤德的人。《史记·卫康叔世家》：“周公旦惧康叔齿少，乃申告康叔曰：‘必求殷之贤人君子长者，问其先殷所以兴，所以亡，而务爱民。’”《史记·外戚世家》：“于是乃选长者士之有节行者与居。窦长君、少君由此为退让君子，不敢以尊贵骄人。”《史记·平原君虞卿列传》：“（公甫文伯）母曰：‘孔子，贤人也，逐于鲁，而是人不随也。今（公甫文伯）死而妇人为之自杀者二人，若是者必其于长者薄而于妇人厚也。’”

3.谨厚的人。（1）名词。《韩非子·诡使》：“重厚自尊，谓之长者。”《史记·高祖本纪》：“今项羽僄悍，今不可遣。独沛公素宽大长者，可遣。”（2）形容词。《史记·楚元王世家》：“高祖兄弟四人，长兄伯，伯蚤卒。始高祖微时，尝辟事，时时与宾客过巨嫂食。嫂厌叔，叔与客来，嫂详为羹尽，栎釜。宾客以故去。已而视釜中尚有羹，高祖由此怨其嫂。及高祖为帝，封昆弟，而伯子独不得封。太上皇以为言，高祖曰：‘某非忘封之也，为其母不长者耳。’于是乃封其子信为羹颉侯。”

（四）将《辞源》中关于佛经中“长者”的释义补入

佛经称具备十德者为长者。十德：谓姓贵、位高、大富、威猛、智深、年耆、行净、礼备、上叹、下归。见《法华经》三《譬喻品》。

（作者：陆小燕，云南省蒙自市东郊红河学院中文系讲师）

蒙汉文化的冲突与调适
——以元代判例创制为例

◇陈佳臻

元代政权由蒙古人建立，其民族的多元性决定了不同文化尤其是蒙汉文化之间会产生冲突和调适。法律是这种文化冲突和调适的表现之一，这使得元代的立法颇具特色。不同于元代以前的立法形式，即采取以制定法为主、以判例法为辅的立法形式，元代的立法手段主要是通过大量司法判例的积累，并在此基础上形成通行于全国、有指导意义的终审判决案例，使之对以后类似案件的处理产生法律效力，个别条件成熟的司法领域才进一步上升为制定法。换句话讲，终元一代，其立法是建立在经验的基础上，是对个别经验的总结而形成的。这种立法形式使元代形成了以判例法为主、以制定法为辅的法律体系。① 整个判例创制过程伴随着对汉法的学习和与汉法的冲突、调适，本质上反映的是蒙汉文化的冲突与调适。

一、效习汉法：至元八年之前的判例创制情况

学界通说的观点认为，元代判例的创制，首先是通过对前朝法律（即金《泰和律》）的援引比附。

元代的另一个相关身份，大蒙古国，其实也有其本身的法律——《大札撒》。《大札撒》现已不存，难以完全看出其原始面貌，但其形成与对早期蒙古的习惯法“约孙”的总结和成吉思汗行军打仗过程中所制定的规范是分不开的，因此可以推定，其中涉及的内容，必多与调整草原文化相关，一旦进入汉地这种以农耕文明为主的社会，其法律的适用性必然大打折扣。再加上蒙古统治者素依“各从本俗法”治理国家，因此汉地采用汉法也是理所当然。

而元所灭的金，其《泰和律》基本以唐律为蓝本，又对唐律进行适当调整，“削不宜于时者四十七条，增时用之制百四十九条，因而略有所损益者二百八十

① 关于整个元代的立法发展过程，可参看刘晓的《〈大元通制〉到〈至正条格〉：论元代的法典编纂体系》，《文史哲》2012 年第 1 期。

有二条，余百二十六条皆从其旧；又加以分其一为二、分其一为四者六条，凡五百六十三条，为三十卷，附注以明其事，疏义以释其疑，名曰《泰和律义》"①。这表明，《泰和律》与传统汉法没有本质区别。而通过援引比附《泰和律》，元代的司法就不可避免要融入《大札撒》以外的汉法中，汉文化也就随之进入到司法领域。

元初（其时有一段时间尚未正式称"元"），忽必烈治理下的汉地，即是通过对《泰和律》的援引比附而创制新朝的相关判例。从元代现存的原始司法案例文献《元典章》中可见，至元八年（1271）以前的判例，多有援引"旧例"②的习惯。通过比对这些"旧例"条款与唐律原文，可以看出这些"旧例"与唐律规定相差无几，由此推定，所谓"旧例"，应是援引自承继唐律的《泰和律》中的条款。这种援引比附，很可能是为了确立元初的汉地司法秩序，应对统治初期汉地司法混乱的局面。《元史》有这么一则记载：

（宪宗二年）帝（指忽必烈）驻桓、抚间。宪宗令断事官牙鲁瓦赤与不只儿等总天下财赋于燕，视事一日，杀二十八人。其一人盗马者，杖而释之矣，偶有献环刀者，遂追还所杖者，手试刀斩之。帝责之曰："凡死罪必详谳而后行刑，今一日杀二十八人，必多非辜。既杖复斩，此何刑也？"不只儿错愕不能对。③

这则记载至少透露了两层信息：其一，蒙古人刚进入汉地之时，确实存在刑名不一之嫌疑；其二，忽必烈的指责至少表明他有重整司法秩序的意思。而据王恽的《中堂事记》所载的一则中统二年（1261）八月的诏书看，忽必烈在入主中原之初，确实存在"统一刑名，重订刑制"的意图。诏书曰：

事匪前定，无以启臣民视听不惑之心；政岂徒为，必当举帝王坦白可行之制。我国家以戎旌而开建，于禁网则阔疏。虽尝有所施行，未免涉于简略。或得于此而失于彼，或轻于昔而重于今。以兹奸猾之徒，得以上下其手。朕惟钦恤，期底宽平。乃姑立于九章，用颁行于十道。比成国典，量示权宜；务要遵行，毋轻变易。据五刑之中，流罪一条似未可用。除犯死刑者依条处置外，徒年杖数，今拟递减一等。决杖虽多，不过一百七下。著为定律，揭示多方。④

这则诏书被称为《中统权宜条理》，因不见于其他文献，不同学者对它的效力问题持不同观点。如日本学者安部健夫、植松正等对其持肯定的态度，认为该

---

① 〔元〕脱脱等：《金史》，北京：中华书局，1987年，第1024页。

② 关于"旧例"的相关探讨，可参看小林高四郎的《元代法制史上的旧例》，载《江上波夫教授古稀记念论集》，1977年。

③ 〔明〕宋濂等：《元史》，北京：中华书局，1976年，第58页。

④ 〔元〕王恽：《中堂事记》，《王恽全集汇校》，北京：中华书局，2013年，第3431页。

诏书应视为元代法制史上一重要里程碑，至于其为何不载于后来的通行法律文献如《元典章》等，是因为其权宜的性质，而后为更为成熟的法规所取代。而中国学者如姚大力等则认为其效力待定，理由是其中所规定的“除犯死刑者依条处置外，徒年杖数，今拟递减一等”，与实际中的司法判决结果有出入，可见其是否颁行尚存疑。①

就诏书本身看，其权宜性质确实较为明显。诏书中的措辞如“姑立”“权宜”“毋轻变易”“似未可用”“拟递减”等，都表明了诏书对量刑定制存在商榷态度，而非具有强制力。而“决杖虽多，不过一百七下”的规定更是笼统，缺少区分度，其每一档法定刑如何适用，未作详细规定。以此来看，这份诏书实际上只是确立了一个原则，即要求“统一刑名，重订刑制”的原则，并没有对具体的司法实践产生普遍约束力。至于“著为定律”的说法，应是指上文的“徒年杖数，今拟递减一等。决杖虽多，不过一百七下”一事，若结合元代日后的司法实践看，其中确仅有“决杖虽多，不过一百七下”得到了较为彻底的贯彻。

为了“统一刑名，重订刑制”，重新规整司法秩序，中央试图要求所有案件地方在拟判后，都要上报中央进行最终确认。《元史》中的两则记载可见一斑。就在《中统权宜条理》诏书颁发不久，中统二年九月，忽必烈即“谕诸王、驸马，凡民间词讼无得私自断决，皆听朝廷处置”②，次年四月，忽必烈再次要求，“自今部曲犯重罪，鞫问得实，必先奏闻，然后置诸法”③。由于此时元朝政府尚未实行迁转法，地方大多仍由皇亲、勋臣、世侯统治，因此忽必烈作出上述要求。且不管其实际执行情况，这一要求至少表明了当时元朝中央的意见。中央对司法大权的收归原则上应是包含所有刑事和民事案件的，但在具体的措置上，却存在区分度。总的来说，中央对刑事案件的管辖力度要大于民事案件。在民事案件的审理上，虽然从形式上讲仍需上报中央，但由于不涉及过多的罪刑法定因素，且民事判决的依据更多在民间习惯和社会公序良俗上，习惯法可以成为民事法律渊源，因此一般情况下，中央都能尊重地方意见，维持原判，或仅做轻微变动。

而刑事案件的审理则不然。由于事关新朝判例的创制和刑制的重订，因此，基层州县在作出初审判决之后，须将定罪量刑上报中央，由中央最终确定其违法构成要件和法定刑。在这个阶段，中央部门一般会对旧律里的法定刑进行折算，并根据新的社会现实评估违法构成要件，必要时代之以本朝新的法定刑和违法

---

① 关于诸学者的详细讨论，可参看安部健夫：《关于元史刑法志与元律的关系问题》，《东方学报》第2册；植松正：《元初法制论考》，《东洋史研究》第40卷第1号，后由《日本学者中国法制史论著选·宋辽金元卷》翻译出版；姚大力：《论元朝刑法体系的形成》，《元史论丛》第3辑，北京：中华书局，1986年；姚大力、郭晓航：《金〈泰和律〉徒刑附加决杖考——附论元初的刑政》，《复旦学报（社会科学版）》1999年第4期。

② 〔明〕宋濂等：《元史》，北京：中华书局，1976年，第74页。

③ 〔明〕宋濂等：《元史》，北京：中华书局，1976年，第84页。

构成要件。

值得注意的是，以往有的学者认为，只有疑难案件才会呈请中央定夺，其余案情根据案情轻重，可由地方自行判决。但根据前文，结合文献看，在至元八年前这个阶段，上报中央的案件范围远不止疑难案件，至少存在某些案情简单的案件也上报到了中央。此处略举几例作为说明：

见《元典章 · 刑部 · 内乱 · 强奸男妇未成》①一则，载至元三年（1266），有名为孟德的人要强奸自己儿媳妇未遂，被告发到官。州里法司拟定罪为强奸罪未遂，按旧例孟德需处死，与此同时，判决其儿媳妇胥都嫌与夫离婚。此案案情并不复杂，属于非疑难案件，但州里仍申到中央，交由刑部审核。刑部审核之后得出的结论是"终是不曾成奸，量情杖决一百七下，仍离异"。刑部的这一结论，实际上包含了对违法构成要件和量刑两个角度的修改。从违法构成要件的角度看，"旧例"在认定类似的案件中，侧重点在"亲属关系"和"强奸罪"的认定上，即只要存在五服亲属关系②，并已经有强奸的实行行为，即构成该罪的主要违法构成要件。至于其是否未遂，并不在考虑范围内。而刑部却强调"终是不曾成奸"，实际上已经更加强调客观上是否侵害了法益。考虑到本案的未遂情形，刑部最终认为，按既遂标准判处死刑过重，因此改判轻罪，同时将法定刑改为具有元代特色的"杖一百七下"。③ 刑部的判决最终由中书省接受，"省札准拟，行下断讫"。

如果上述一例因为存在涉及死刑的因素而不得不上报中央，那么下述这个案例，尽管案情不复杂，也不存在死刑复核情况，但最终仍需上报中央。

见《元典章 · 刑部 · 他物伤 · 刀刃伤人》④一则，载至元三年，有陈某用刀子扎伤名为杨青的被害人。该案案情也不复杂，地方法司拟"刀子伤人，徒二年半"，上报中央后，由于案情简单，刑部直接将法定刑改为元代对应的杖"五十七下"，中书省可能认为量刑过轻，又改为"七十七下"。"刀刃伤人"一案后的"他物伤人""折跌支体"等案情也无不如是，表明至少在至元八年之前，出于中央重新确定违法构成要件和法定刑的需要，地方刑事案件无论大小繁简，可能都需要上报中央。

从现实操作上看，至元八年以前将各类大小刑事案件上报中央，咨请定夺的情况是可能的。因为彼时元朝所统治的区域相对有限，尤其在汉地，除当时南宋

---

① 陈高华、张帆、刘晓、党宝海：《元典章》，天津：天津古籍出版社，2011 年，第 1418—1419 页。

② 此案的判决依据或来自《唐律》的"诸奸父祖妾、伯叔母、姑、姊妹、子孙之妇、兄弟之女者，绞"一条。其中，子孙之妇身份符合其构成要件，故本案初拟判决为死刑。

③ 关于旧法中的法定刑如何折算成新法定刑，可参看姚大力的《论元朝刑法体系的形成》。

④ 陈高华、张帆、刘晓、党宝海：《元典章》，天津：天津古籍出版社，2011 年，第 1505 页。

尚割据于南方及元朝与南北两边接壤的前线地区①外，正式平息战火，恢复生产的区域也基本只有腹里及其周边地区，而只有在这些地方，法治的需求才有可能被提上重要日程。从《元典章》所呈现的案例分布看，在至元八年前，绝大多数上报中央的刑事案件的确是来自太原、济南等腹里地区的路、府、州，个别来自陕西等其他地区。

这个过程持续到什么时候，很难遽下定论。但可以推定的是，随着对同类案件处理次数的增多，中央会产生越来越多成熟的判例，并以“断事通例”颁行全国，成为以后地方处理类似案件的法律依据。而伴随成熟判例的颁行，中央也会逐渐将司法权限下放地方。② 经过长时间的实践，到了至元二十八年的《至元新格》中，终于明确规定地方各级政府的司法权限：“诸杖罪五十七以下，司、县断决；八十七以下，散府、州、军断决；一百七以下，宣慰司、总管府断决；配流、死罪，依例勘审完备，申关刑部待报。申扎鲁火赤者亦同。”③至此，元代司法才正式以法律形式确立其各级权限，呈请中央定夺的案件才正式限定在疑难大案的范围内。

二、蒙汉文化的冲突：至元八年之后的判例创制及其时间下限

援引比附《泰和律》的过程，一直持续到至元八年，即忽必烈改国号的1271年。是年十一月，忽必烈宣布“禁行金《泰和律》”④，从而使元代借助《泰和律》确立自己制定法系统的可能性消失。

关于忽必烈为何突然禁行《泰和律》，按照官方的史书给予的忽必烈多年后的亲口解释是：“汉人徇私，用《泰和律》处事，致盗贼滋众。”⑤但这种解释就目前的史料而言，很难予以证明，普遍为学界所接受的观点是李璮叛乱之后忽必烈对汉人产生的猜忌心理。同时，宫崎市定在对元代刑罚体系与前朝的联系和区

---

① 彼时南方尚由南宋占据，北方则先有中统元年（1260）的阿里不哥之争，后有至元五年（1268）的海都之乱。海都之乱绵延不绝，并引起此后至元二十四年（1287）的乃颜之乱，成为元朝北方地区一心腹重患。

② 这其中或存在另一个因素，即至元八年以前，元朝在中原的统治区域有限，除去与宋境接壤的处于战争状态的陕西、四川、河南、云南等地，能够进行安定建设的也大致只有后来中书省管辖的所谓“腹里”，因此此时在现实实践中存在地方刑事案件都上报中央的条件。而随着此后元朝在汉地统治区域的扩大，这种实践已经难以为继，再加上成熟判例的产生和下发，故而使其司法权限逐渐下移。

③ 陈高华、张帆、刘晓、党宝海：《元典章》，天津：天津古籍出版社，2011年，第1333页。

④ ［明］宋濂等：《元史》，北京：中华书局，1976年，第138页。

⑤ ［明］宋濂等：《元史》，北京：中华书局，1976年，第289页。

别做梳理时，也指出废《泰和律》的另一个原因，即新朝不想继续使用亡金旧制。[1] 实际上，禁行《泰和律》是不可避免的，因为随着司法领域越来越多的汉文化因素的存在，原先代表蒙古文化因素的《大札撒》地位受到冲击。在这两者的冲突中，忽必烈很自然地站到了自己民族文化的一边。

忽必烈禁行《泰和律》后，元代立法便丧失了一大渊源。此一阶段，有的学者将之与至元八年以前的阶段视为一个整体，并将此阶段的下限设定为至元二十八年(1291)《至元新格》颁布之时，认为此时的立法仍采取大量适用《泰和律》的做法，如胡兴东在其《中国古代判例法运作机制研究——以元朝和清朝为比较的考察》一书中就认为："至元二十八年以前是大量公开适用金朝的《泰和律》和《唐律》等。"[2]这个概括是有问题的，从法律渊源角度看，至元八年前后存在明显的分水岭。

首先，大量公开适用《泰和律》而创制判例的做法，仅在至元八年以前。此时元朝政府至少采取默认态度允许以《泰和律》为蓝本创制判例。至元八年，忽必烈已经下达最高命令，禁行《泰和律》，那么此后《泰和律》从法理上就不可能成为至元八年后元代判例的法律渊源。

其次，至元八年以后，由于旧法作废，新法尚未全面建成，因而在司法实践中存在大量的法律空白，这些空白在一时没有明确法律适用的情况下，往往需通过具体的判例来填补，这就为判例法的形成提供了机遇。

具体判例的创制，则由审判官的自由裁量形成。所谓自由裁量，是指审判官遇到案件之时，可以在不违背法律规定的前提下，依照自己的经验和社会的公序良俗原则，对案件进行判决。但事实上，审判官的经验不可能脱离其所属的社会环境，因此在自由裁量过程中，大多数审判官仍会不由自主地采纳他们熟悉的旧法内容作为裁量依据。这就导致在部分案例中，《泰和律》和现存判例等广义上的旧法仍在不同程度地得到适用，但这种适用不再是公开的，一方面，它不再以"旧例"的形式体现，而体现为审判官的自由裁量；另一方面，它通过已经利用"旧例"形成的判决例继续在元代发挥作用。汉法的影响实际上并不因忽必烈的禁令而消失在元代的司法领域中。

胡兴东在其《中国古代判例法运作机制研究——以元朝和清朝为比较的考察》一书中，将判例创制分为无相关法律先例和有相关法律先例几大类，并概括出四种创制形式，分别是继续通过前朝法律形成判例、改变原有制定法的处罚形

① 具体内容可参看宫崎市定的《宋元时期的法制与审判机构——〈元典章〉的时代背景及社会背景》，原载《东方学报》第24册，后由《日本学者中国法制史论著选·宋辽金元卷》翻译出版。

② 胡兴东：《中国古代判例法运作机制研究——以元朝和清朝为比较的考察》，北京：北京大学出版社，2010年，第72页。

成判例、在确立相互冲突的法律适用中形成判例和扩张或缩小制定法的适用范围形成判例。但实际上,整个判例创制过程是一直处在一个动态过程中的,并常与文化冲突中的此消彼长相伴随,同时,刑事和民事案件之间也存在一定区别。

第一,直接将前朝法律适用到元代的情况,至多仅限于民事案件范围,对于刑事案件,正如前文所述,元朝政府一定会通过对其违法构成要件和法定刑,或至少其一的重订来调整前朝法律的适用,同时形成自己的新判例。第二,在判例创制过程中,由于文化冲突而造成的法律适用冲突是不可避免的,这个问题集中体现在至元八年十一月禁行《泰和律》之后。在禁行《泰和律》后,由于汉法不再是合法的法律渊源,蒙古法因素骤涨,甚至干预到传统汉法已经规定的领域,因此产生法律适用冲突。此处以“偷头口偷一赔九案”为例。

“偷头口偷一赔九案”属于刑事范畴,来自蒙古习惯法,一开始仅在蒙古人聚居的漠北适用。该罪被定义为盗窃罪的一种,“头口”原指草原常见的牛羊马匹之类的牲口。由于蒙古为游牧民族,十分重视牲口,因此在诸多盗窃罪里,专门制定“偷头口”罪,以“头口”和“盗窃”作为认定该罪的主要违法构成要件,其法定刑依身份有所区分①,但总的原则是“重的敲了,轻的断放有”,同时偷一赔九,“每根底断没九个”②,反映了游牧民族对牲口财产的重视。

传统汉法里却不存在这种规定。按现存《唐律疏议·贼盗篇》第279条,有“盗官私马牛杀”的罪刑,但该罪刑保护的法益与“偷头口”罪的法益不完全相同。后者重在保护失主对“头口”所具有的所有权和用益物权,而《唐律》第279条所保护的法益是“官私”,据其疏议解释:“马牛,军国所用,故与余畜不同,……其有盗杀牦牛之类乡俗不用耕架者,计赃以凡盗论。”③此条疏议明确指出,“盗官私马牛杀”所保护的法益是官方牛马,因为它们属于“军国所用”,涉及国家大事;同时该罪刑也保护耕牛,因为涉及民事生产。而非官方及不事耕架的马牛,则与其他畜类一样计赃论罪,仅构成普通盗窃罪。

而到了至元二十九年(1292)九月,元朝政府中央直接将“偷头口”罪推定适用到汉人,从而使原先唐律的涉及牲畜的计赃论罪失去了法律效力。推定适用到汉人的“偷头口”罪也做了偷一赔九的规定,同时,“偷头口”罪的法定刑规定,“重的敲了,轻的刺断者”。这点又与适用于蒙古人的“偷头口”罪有轻微不同。刺字,是汉法原先对强窃盗贼的一种附加惩罚措施,因此,尽管蒙古法在“偷头口”问题上彻底取代汉法,但仍有所调适,采用了汉法的刺字惩罚,因此在汉人

① 具体来说,根据《元典章·刑部·诸盗一·偷头口》的规定,若偷盗者为失窃主人的伴当,则偷一头牲口杖七十七下,并罚赔九头牲口,如无牲口可赔,则需将偷盗者所属的女孩儿或驱口赔予主人。其余无身份关系的,则“体例里合敲底敲”。

② 陈高华、张帆、刘晓、党宝海:《元典章》,天津:天津古籍出版社,2011年,第1643页。

③ 岳纯之:《唐律疏议》,上海:上海古籍出版社,2013年,第303页。

的特殊规定中，即便轻微触犯“偷头口”罪，也须刺字。该罪同时还规定，偷了头口外的“其他诸般钱物”，则按照普通盗窃罪论处。此后，凡涉及偷头口的盗窃罪，就不再按旧《唐律》进行认定，而代之以新的“偷头口”罪，甚至江西地区的偷猪案①，也不再采用计赃论罪，而采用“偷一赔九”制。

最后，以至元二十八年《至元新格》的颁行作为这个阶段的下限也难以成说。据黄时鉴所收录的《至元新格》辑存情况看，《至元新格》不过一“宏法大纲”，其中条款对各项行政事务提出的多为原则性的指导意见而非具体可执行的法条，这就使得《至元新格》无法成为实际司法实践中的断案依据，以其作为阶段下限也就缺乏有力理由。

至元八年以后的判例创制，似应摒除下限，视为一个整体较好。因为此时元代的立法、司法在程序上已经进入了一个相对有秩序的时期，而根本上则是蒙汉法律背后不同文化因素的冲突与调适过程，很难将之分割。在“古今异宜，不必相沿，但取宜于今者”②的立法思想指导下，中央也不再追求制定法的立就，而是经过对司法实践中产生的判例的确认，将其中有代表性的、可以向全国推广的判例颁行全国，成为此后同样或类似案件的判决依据。《元典章》里记载的案例中，偶尔会见到“未蒙省部降到如此体例”“比及通行定夺以来”的表述，表明中书省确曾将某些经典判例颁行全国。同时，这样的表述也表明了判例创制的过程实际上就是法律空白的填补过程，一旦某个领域的相关判例已经足够成熟稳定，就会进一步上升为具有条画形式的制定法，如成宗大德五年（1301）的《强窃盗贼通例》和大德七年（1303）的《赃罪十二章》的颁布和实施。从《元典章》看这两部单行法规，可以发现，《强窃盗贼通例》和《赃罪十二章》已经完全脱离判例的形式，成为一部严格意义上的制定法。至此，元朝政府才在该领域基本完成了立法工作。从这个角度看，元代判例的创制不过是其立法工作的中间环节，其最终目的不是形成以判例为核心的法律体系，而是在判例的基础上形成制定法。成宗在大德年间对何荣祖所说的“律令良法也，宜早定之”③，至少表明元朝政府曾经有过建立制定法体系的意思。而元代最终没有形成自己的制定法体系，原因可能如大德十一年（1307）中书省所说的，“律令重事，未可轻议”④。

值得注意的是，如果与辽、金等前代非汉民族政权对比，可以发现，由非汉民族建立的政权对汉人制定法的接受有一个过程，如金代的《泰和律》，是在金建国后将近一个世纪、亡国前三十多年才颁行。以此观之，元代最终没有形成制定法体系的原因，可能还与其国祚稍短有关。

---

① 详见《元典章·刑部·强窃盗·盗猪依例追陪》。

② ［明］宋濂等：《元史》，北京：中华书局，1976年，第430页。

③ ［明］宋濂等：《元史》，北京：中华书局，1976年，第430页。

④ ［明］宋濂等：《元史》，北京：中华书局，1976年，第492页。

三、冲突中的调适：判例法的后续修正

蒙古文化介入汉地，主要是伴随其征服而来。作为国家意识形态之根本，蒙古文化往往在与汉文化的冲突中具有优势，但也并非绝对。传统汉文化在汉地和汉人里根深蒂固，在一些根本之处，蒙古法也无法简单地在冲突中占优势，而是采取调和姿态，与汉法和谐共处。这在判例创制中就表现为对判例法的后续修正。前面说到，在没有具体的制定法之前，判例暂时上升为判例法，以填补制定法在相关领域的空白。地方部门在此后的司法实践中，遇到与判例案情相同或相近的案子，便依据该判例法作为基本判决依据，这一点可以从《元典章》的诸多判例得到印证。但不是所有判例创制都一帆风顺，在司法实践中，判例法还需要不断进行后续修正。

涉及民事的判例，正如上文所说，元朝政府通常采取“各依本俗法”的态度。因为民事判决适用的法律渊源包含习惯法，其判例的适用性必须考虑各地的传统习惯和公序良俗。一旦违背上述原则，民事判例就难以产生令人满意的判决结果。在这个方面，蒙古法的盲目介入会造成不可调和的法律适用冲突。以典型的收继婚为例，其判例的形成虽因忽必烈的一纸诏书强行适用到汉地，但因违背汉地的传统习惯和公序良俗，导致其稳定性不足，执行力也大打折扣，最终不得不采取调和措施。

至元八年十二月，《泰和律》禁行不久，朝廷就出现了蒙汉二法在收继婚案认定上的第一次冲突。当月初八日，中书省拟“小娘根底、阿嫂根底，休收者。行了文字来”①，这实际上与至元八年二月忽必烈所下圣旨的理念是一致的：“诸色人同类自相婚姻者，各从本俗法。”此一理念承认了原先汉法的有效性，即不允许收继婚在汉人中推行。但忽必烈却突然否定了这个意见，“疾忙交行文书者。小娘根底、阿嫂根底收者”②，从而不顾汉人原有的风俗习惯和汉人社会的公序良俗，强行在汉地推行收继婚。

此一推行，在汉地产生了不同的结果。一开始，收继婚似乎成为一项民事义务。至元九年(1272)的“郑窝窝与寡嫂王银银通奸”一案，就不再认定为刑事案件中的亲属相奸罪，而以收继婚例判决，令郑窝窝收继其嫂。此后，至元十年(1273)“付望伯强奸寡嫂”案，也以收继婚例判决。值得注意的是，此类案件由刑事转变为民事后，中央管辖机构也从刑部转为户部。随后，收继婚的适用范围进一步扩大到定婚之后，即可认定存在收继义务，甚至在至元十年还出现了弟弟已有定婚妻，而其兄长突然身死，导致收继义务与定婚之后对定婚妻负责的义务

① 陈高华、张帆、刘晓、党宝海：《元典章》，天津：天津古籍出版社，2011年，第653页。
② 陈高华、张帆、刘晓、党宝海：《元典章》，天津：天津古籍出版社，2011年，第653页。

(有妻更娶妻者,虽会赦,犹离之)①之间产生冲突。户部最终的意见是在这种情况下,突破"一夫一妻"制的原则,既让当事人收继寡嫂,又让他仍与定婚妻"依理下财,求娶为妻"②。

但收继义务毕竟从根本上违背了汉人社会的风俗习惯和公序良俗,因此其推行并不稳定,相反,随着元朝政府与汉地的结合进一步加深,收继婚渐渐由义务变为权利,并逐渐让位于汉地的风俗习惯和公序良俗。在实际的司法判决中,审判官开始想方设法利用收继婚例的漏洞,维持汉人社会的风俗习惯和公序良俗。现存于《元典章》中许多不收继的判例,多发生在收继婚推行之前,但其依然保留于《元典章》中,表明这些判例在收继婚推行之后仍有法律效力,可以援为后来审理案件时的法律依据。在至元七年(1270)审理的一起侄儿收继婶母案例中,户部就明确表示侄儿不得收继婶母。但这个判例严格上讲并不违反收继婚例,因为忽必烈的收继婚例所指向的对象是"小娘""阿嫂",婶母并不在其中。

至元八年收继婚例推行之后,户部虽然判决过若干例收继婚,但可能这样的判决过于乖张,不为汉人社会所接受,所以到了至元十年,户部关于收继婚的判决相对保守得多。至元十年六月,在一例收继阿嫂的案例中,户部以其嫂年纪较高为由否决收继。到了至元十四年(1277),户部又以小叔年纪过小为由否决收继。此后,在至元十八年(1281),由礼部统一对收继婚的年龄问题作出规定,符合收继身份的男女因年纪悬殊的,可以不发生收继关系。

除了利用判例漏洞,收继与守志之间的观念冲突也成为汉地抵制收继婚的重要因素。这一观念斗争中,守志理念渐占上风。至元十三年(1276),户部正式下发判例,承认"守志妇不收继"③,从而进一步限定了收继关系的发生条件。此判例经过长期实践,最终成为一个标准判例,收入《大元通制》的条格中:"至元十三年三月,中书省。户部呈:蒲台县人户韩大妻阿臧,夫亡,愿不改嫁,亦不与小叔续亲。本部议得,今后似此守志妇人,应继人不得骚扰,听从所守。如却行召嫁,即各断罪,仍令收继。都省准呈。"④这表明,国家在意志层面正式承认汉人守志而不适用收继婚例。

在回归汉人风俗习惯和公序良俗的同时,收继婚的判例出现了变化。延祐五年(1318)的"田长宜强收嫂"案,便另外以田大成奸收弟妻案例的原则作指导判决。本案中,小叔田长宜强奸寡嫂田阿段,最终刑部认定田长宜的行为构成强奸无夫妇人罪,而不再认定为"付望伯强奸寡嫂"案中发生的收继关系。值得注

① 陈高华、张帆、刘晓、党宝海:《元典章》,天津:天津古籍出版社,2011 年,第 656 页。
② 陈高华、张帆、刘晓、党宝海:《元典章》,天津:天津古籍出版社,2011 年,第 656 页。
③ 陈高华、张帆、刘晓、党宝海:《元典章》,天津:天津古籍出版社,2011 年,第 659 页。
④ 方龄贵:《通制条格校注》,北京:中华书局,2001 年,第 148 页。

意的是,由于此类案件再次以刑事犯罪认定,其中央管辖机构也再次由户部转为刑部。

四、结语

以上是通过元代判例创制这个个案来看蒙汉文化的冲突与调适。蒙古人征服汉地,带来其本民族文化,蒙汉文化之间在交流中发生冲突就不可避免。这种冲突在判例创制中表现为蒙古法对汉法的取代。但并不是所有蒙古法都能彻底取代汉法,在汉文化根深蒂固的领域,如婚姻问题上,蒙古法无法全盘取代汉法,最终只能采取调和姿态。

具体的判例创制过程,从时间上来看,在至元八年以前,元代的判例创制基本遵循对前代《泰和律》的援引比附而成。其援引比附的出发点在"统一刑名,重订刑制",因此中央必须对这个时期内形成的新判例逐一把关,根据新的国家政策和社会情况,对刑事和民事案件作相应的调整,其中对刑事案件的调整力度要大于民事案件。至元八年,忽必烈禁行《泰和律》后,合法的援引比附已经结束,判例的创制因缺乏法律渊源而变得多元化。由于缺乏法律渊源,因此元代立法不可避免地存在法律适用冲突的问题,而中央的干预成为其中的重要原因,最明显的标志是蒙古法渗透所带来的冲突。此后,元代司法领域逐渐采用创制的判例作为判决依据,判例便具有了法的性质。但判例法不是元代立法的最终目的,元代立法的最终目的是在判例的基础上形成制定法,但这一过程终元一代始终未能完成。最后,判例形成之后还需要不断修正,使之符合社会运作的要求。

(作者:陈佳臻,中国社会科学院研究生院历史系博士)

论《玛纳斯》史诗中有关军工制作的描述[①]

◇贾衣肯

《玛纳斯》史诗是我国柯尔克孜族民间口承的英雄史诗，其内容丰富，规模宏大（共八部），讲述了主人公玛纳斯及其七代子孙抗击外敌的故事，反映了古代柯尔克孜人的经济生活、礼仪习俗、宗教信仰、语言文化、军工制作及其与周边民族关系等多方面内容。尤其是史诗第一部形成年代久远，内容古朴，结构完整，为中外研究《玛纳斯》史诗的学者所倚重。[②] 19 世纪以来，随着史诗内容的文本化和对史诗整理、翻译与研究工作的开展与深入，《玛纳斯》史诗中有关柯尔克孜族历史文化方面的内容，为越来越多的学者所关注。不少学者从文学、民族学、历史学、军事学、语言学、宗教学及演唱艺术等角度对史诗进行了探讨，并取得丰硕成果。21 世纪初，内容宏富、结构完整的《玛纳斯》史诗居素甫·玛玛依唱本柯尔克孜文版[③]及其汉译本[④]相继问世，为我们深入挖掘史诗的丰富内涵创造了有利条件。本文主要依据居素甫·玛玛依唱本，就史诗第一部有关兵器及其制作的描述所反映的古代柯尔克孜人兵器加工、冶铁等方面问题作初步探讨。[⑤]

---

① 本文为国家社科基金重大招标项目“柯尔克孜族百科全书《玛纳斯》综合研究”的子项目“《玛纳斯》与柯尔克孜族民俗文化”的前期研究成果。项目批准号为 13&ZD144。

② 郎樱：《〈玛纳斯〉论》，呼和浩特：内蒙古大学出版社，1999 年，第 109—110 页。

③ 居素甫·玛玛依演唱，新疆维吾尔自治区民间文艺家协会整理：《玛纳斯》（柯尔克孜文），乌鲁木齐：新疆人民出版社，2009 年。下文简称《玛纳斯》（柯文本）。

④ 阿地里·居玛吐尔地翻译：《玛纳斯》，乌鲁木齐：新疆人民出版社，2009 年。下文简称《玛纳斯》（汉译本）。

⑤ 学术界关于《玛纳斯》史诗兵器的研究侧重于以下几方面：一、对不同唱本中有关内容的对比研究；二、结合考古发现和文献记载所作的研究；三、从兵器学角度进行研究；四、通过田野调查和分析金属材料属性就兵器制作相关问题进行的探讨；五、从语言学角度对相关术语的研究。参阅贾娜提·胡达拜干：《史诗〈玛纳斯〉中的兵器研究》（柯尔克孜文），新疆师范大学 2016 届硕士学位论文，第 5—81 页；买买提图尔干·库尔满：《浅析英雄玛纳斯的专用兵器》，《语言与翻译》（柯尔克孜文）2015 年第 3 期，第 1—16 页。

一、史诗中的玛纳斯兵器

史诗第一部主要叙述了玛纳斯的生平业绩，其中关于兵器的描述，集中体现在玛纳斯的装备上：

英雄需要一件坚硬的头盔，
还需要用铁丝编成的网状铁衣巴达纳。
更需要坎肩、铁甲、战袍，
还少不了坚硬的护胸。
铁质的护肩和护膝，
这两件东西也至关重要。
射击的火枪、放箭的强弩，
拼杀的战斧和长矛，还有入鞘的剑。
这些兵器如果由我亲手打造，
那真是世间第一，无比精湛。
英雄使用的这些武器，直到世界的末日，
都会被人们代代相传。①

从史诗中铁匠波略克拜的表白可知，玛纳斯作战装备主要有头盔、铁衣、坎肩、铁甲、战袍、护胸、护肩、护膝等甲胄，以及弓箭、战斧、长矛、剑、火枪等兵器。史诗对玛纳斯的剑、矛、斧和火枪的外观、性能作了专门描述，现概括介绍如下：

（一）阿恰勒巴热斯双刃剑②

"阿恰勒巴热斯"一词意为如狼似虎③，在此比喻双刃剑的锋利。剑是用钢铁制作的环首翘尖剑。剑身直而厚，刃薄锋曲，有良好的韧性。制作过程中，剑刃因使用了克尔玛克孜勒矿（Kyrma kyzel）而呈红色，异常锋利。剑出鞘时，其长度可伸至四十阿尔辛④；剑入鞘时，可缩至七拃。剑身鎏红金，剑柄饰以黄金，并配六条金挂链。环首为银质，剑鞘用红金制作，工艺精巧。

---

① 《玛纳斯》（柯文本）卷 1，第 50 页（柯文引文均出自该卷，下文省去卷次）。《玛纳斯》（汉译本）卷 1，第 181—182 页（下文出自该卷第 486 页及其之前的内容，在注文中省去卷次）。

② 《玛纳斯》（柯文本），第 55—56 页；《玛纳斯》（汉译本），第 186—187 页，第 201—204 页。

③ 《玛纳斯》（汉译本），第 186 页，注释 1。

④ 阿尔辛（arshin）是突厥语族人沿用至今的丈量单位。1 阿尔辛相当于 71.12 厘米，见 Кыргыз республикасынын улуттук илимдер академиясы，Чыҥгыз Айтматов атындагы тил жана адабият институту，*Кыргыз тилинин сөздүгү*（I），Бишкек：Avrasya Press，2011，145 бет.

（二）色尔矛枪①

意为五彩漆柄、无坚不摧的矛枪。② 矛头用纯钢制作，矛尖为黑色金钢，用刚石打磨制成。③ 矛头下方有狼舌形的钩，用于在马上扎刺敌手后将其钩落于马下。矛柄用松木刨制，雕有十二种菱角花纹，并用三十二种油彩漆涂染。

（三）月牙斧、小手斧④

月牙斧用纯钢制作，斧体重，斧柄用忍冬木制作，覆以象皮。斧刃锋利，用毒液浸泡后，杀伤力强；斧背如战锤，为两用武器。为防震裂，斧体缠有铜丝。小手斧主要用于在战马上抵挡矛枪。

（四）阿克凯勒铁火枪⑤

意为银白色的火枪。⑥ 枪身、枪口和枪尾的制作，取材不尽相同。枪身以阔克加勒钢铁为主，枪口用的是乌鲁姆钢铁，枪尾用的是克热木钢铁。枪口呈圆形，枪头似苹果，设有准星具。枪筒内刻有螺纹，射出的子弹直击目标。火枪用打火石引燃火捻来发射子弹，威力强。火枪的子弹由铜、铁、铅合金制成，裹以铁衣，用青铜封合。⑦

在史诗中，这些兵器伴随主人公玛纳斯出生入死，驰骋疆场，战胜一个又一个敌手，给英雄增添了无限的威力。除去史诗对上述兵器性能和外观夸张性的描述，不难看出这些兵器是古代作战常用武器，是用钢铁制作。史诗中保留了对双刃剑制作过程相对完整的描述。

二、双刃剑的制作

关于双刃剑的制作，史诗道：

八人抡大锤，
八人挥小锤，
大锤小锤轮流捶，
铿锵声响火花飞。

---

① 《玛纳斯》（柯文本），第51—52页，第56页；《玛纳斯》（汉译本），第189—190页，第205页。

② 《玛纳斯》（汉译本），第190页，注释1。

③ Кеӊеш жусупов жана бащкалар түзгөн, *Кыргыздар*, XIIтом, Тарых маданият, Бишкек：Бийиктик，2011，31 бет.

④ 《玛纳斯》（柯文本），第51页，第56—67页；《玛纳斯》（汉译本），第191页，第206—207页。

⑤ 《玛纳斯》（柯文本），第56页；《玛纳斯》（汉译本），第187—188页，第205—206页。

⑥ 《玛纳斯》（汉译本），第187页，注释1。

⑦ 《玛纳斯》（柯文本），第51页；《玛纳斯》（汉译本），第188、201页。

火焰腾飞噼啪响，
火中的铁“咕嘟”不停，
沸腾的铁液“扑哧”作响，
挥舞铁锤的人们汗流浃背。
地面齐腰深的大坑溢满水，
开工的那天是周一，
宝剑七天锻造成。①

为了使锻件获得良好的性能，一般在锻造前要加热，之后要冷却。关于双刃剑的冷却方式，史诗道：

在喷涌的泉边，
挖一个坑。
用纯马油，
涂抹剑表，
遮挡直射的阳光，
将剑在水坑中放置七天。②

通常，为了消除锻打后造成的各种组织和性能上的缺陷，并获得所需性能，还要对锻件进行正火、淬火和回火等热处理加工。一般每种热处理都包括加热、保温和冷却三个过程。正火加热后的锻件是在空气中冷却③。经正火后的锻件，组织更细，强度、硬度和切削性能提高。据民间传说，铁匠制作双刃剑时，曾在夜风中冷却，以使剑刃锋利，还曾用泉水淬火。④ 正火后的锻件经淬火后，具有高硬度和耐磨、耐蚀及耐热等性能，但性质硬而脆，需要通过回火降低强度和硬度，以提高塑性和韧性。⑤ 关于双刃剑的回火，史诗道：

熔炼鱼油，
收集蛇胆，

---

① 《玛纳斯》（柯文本），第55页。

② 《玛纳斯》（柯文本），第55页；参阅《玛纳斯》（汉译本），第202页。钢铁整体热处理基本工艺有退火、正火、淬火和回火四种。退火是将金属缓慢加热到一定温度，保持足够时间，然后以适宜速度冷却，目的是降低金属硬度，改善切削性，稳定尺寸，减少变形与裂纹倾向等。从史诗中关于双刃剑制作热处理加工工序的描述来看，这段引文有可能是对双刃剑退火热处理加工的冷却过程的描述。

③ 机械工业技师考评培训教材审编委员会编：《金属材料及加工工艺》，北京：机械工业出版社，2001年，第77页。

④ KeҢ еш жусупов жана бащкалар түзгөн, *Кыргыздар*, XIIтом, Тарых маданият, Бишкек, Бийиктик, 2011, 31 бет.

⑤ 机械工业技师考评培训教材审编委员会编：《金属材料及加工工艺》，北京：机械工业出版社，2001年，第79、85页。

取出剑来，
用鱼油、蛇胆汁浇淋，
并用熏黄的毡带，
将剑裹缠，
在阴凉处放置七天。

这里反映了用熔炼的鱼油和蛇胆汁加热，再用熏黄的毡带保温，而后置于阴凉处冷却的回火热处理过程。双刃剑剑表鎏红金粉后，又做了如下热处理加工。史诗言：

解开毡裹带，
把磨细的红金粉，
小心翼翼地鎏在剑上，
再把剑悬挂在阳光下。
用黄金制成的链条，
做成了六条挂链。
拿来野葱和野蒜，
挤出汁液，拌上药草汁，
加热剑表，
将剑浸泡于汁液中。
取出剑时，剑刃似火，十分耀眼。①

锻打成型的剑，经热处理加工后，质坚、锐利，而且韧性好。据史诗记载，此剑在阳光下熠熠生辉，舞动时似红色火焰②，“削铁如同砍柳枝”，“劈石如同切羊肝”，弯曲自如而不断③。从双刃剑的制作可以看出，铁匠加工剑主要采用锻打，使用动物油和胆汁、体液，以及植物汁液、阳光热力、泉水和自然风力等提高剑性能的热处理方式。这种就地取材，利用自然资源提升金属性能的加工方式，是人类金属加工早期阶段既有的方式。

三、史诗中所见冶铁活动

上述兵器的制作，离不开铁，铁又从何而来？从相关内容看，铁匠曾寻找矿石，烧制木炭，搭建熔炉，冶铁炼钢，最终为玛纳斯造出兵器和盔甲。关于矿石的采集，史诗道：

炼铁的乌鲁姆矿石，

---

① 《玛纳斯》（柯文本），第55—56页；《玛纳斯》（汉译本），第202—203页。
② 《玛纳斯》（汉译本），第203页。
③ 《玛纳斯》（汉译本），第186页，第204页。

来自险峻的阿拉套山。
炼钢的克热木矿藏，
来自遥远的凯尔买套山。①

此处的阿拉套山有可能是今中亚吉尔吉斯斯坦的帖斯凯依阿拉套山（Teskey Ala Too）；凯尔买套山（Kerme Too）即今直抵昆仑山的天山西部南支脉阳坡，约在今新疆克孜勒苏柯尔克孜自治州山区。② 史诗言波略克拜“敲砸矿石，挑选铁矿”③，反映了铁匠为冶铁所做的选矿等准备工作。此外，用于制作双刃剑利刃的克尔玛克孜勒（Kyrmakyzyl）矿石，还有红金和红铜采自奥波勒山（Opol Too）或凯别孜套山（Kebez Too）。史诗载：

在大奥波勒山坡上
在凯别孜套山谷，
生活着很多柯尔克孜人。
……
在四阿尔辛深的地下，
埋藏着丰富的红金和红铜，
还有制作利刃的克尔玛克孜勒优质矿物。④

此处“大奥波勒山”，意为高大的奥波勒山⑤，即今慕士塔格山⑥。凯别孜套山在今塔什库尔干西⑦、布伦口一带，即今阿克陶山⑧。这一带富藏铜、铁、金、铅、锌等矿⑨。此外，奥波勒山的黏土品质好，修建熔炉的黏土也采自这里。史诗道：

为豹子玛纳斯制造武器时，
瘸腿铁匠波略克拜，

① 《玛纳斯》（柯文本），第 53 页；《玛纳斯》（汉译本），第 193 页。

② 贾衣肯：《〈玛纳斯〉史诗中的“乌鲁姆”“克热姆”考释》，《西域研究》2016 年第 4 期。

③ 《玛纳斯》（柯文本），第 511 页；《玛纳斯》（汉译本）卷 4，第 1744 页。

④ 《玛纳斯》（柯文本），第 54 页；《玛纳斯》（汉译本），第 197 页。

⑤ 《玛纳斯》（柯文本），第 54 页；《玛纳斯》（汉译本），第 196 页。汉译本载：“在那高高的奥波勒山上，……就有克勒博托黏土蕴藏。”由此可知，大奥波勒山即指奥波勒山。

⑥ Кыргыз ССР илимдер академиясы, Кыргыз ССР басма, полиграфия жана китеп соода иштери боюнча мамлекеттик комитети, Башкы редактор, Б. Ө. Орозбаева, *Кыргыз советтик социалисттик республикасы энциклопедия*, Кыргыз Совет Энциклопедиясынын башкы редакциясы, Фрунзе: 1983, 349 бет.

⑦ *Кыргыз советтик социалисттик республикасы энциклопедия*, 436 бет.

⑧ “凯别孜”为棉花之意，“凯别孜套”意指如棉花样白的山；“阿克陶山”意为白皑皑的山，因其常年积雪而得名。一般认为“凯别孜套山”即“阿克陶山”。

⑨ 贺继宏主编：《克孜勒苏柯尔克孜自治州地理志》，北京：当代中国出版社，1994 年，第 245—260 页。

曾经这样讲：

"世间很多地方，

都有耐火的黏土和绰活红黏土。

用之冶炼矿石，

难以得到理想的铁。

大奥波勒的山顶上，

有优质的耐火黏土。"

……

圣人阔绍依召集众人，

亲自驱赶驼队，

将耐火黏土带回来。①

可见，铁匠用于冶铁、加工兵器的各种矿石和修建熔炉的黏土采自中亚柯尔克孜人聚居的山区。从相关描述可知，冶铁使用的燃料是木炭。关于木炭的烧制，史诗言：

我要让他们挖一个坑，

坑的周边要向外扩展延伸，

坑里要填满干柴，

让熊熊大火烧个不停。

要把吱吱作响的木炭，

堆得高过山顶。②

木炭是由木材烧制而成。因木炭在加热铁矿石的同时能产生还原铁所需的一氧化碳，并且古时森林资源丰富，木炭成为早期冶铁的主要原料之一。木炭一般在坑里或窑中烧制。坑烧不需要任何建筑，在森林硬地上挖出坑，即可作为炉床，烧制木炭。据柯尔克孜族民歌，铁匠为玛纳斯制作兵器时，曾得到烧炭匠喀拉塔孜（Karataz）的帮助③，说明木炭的烧制已有专人从事。史诗中虽提到煤炭的采掘④，但从相关内容来看，铁匠冶铁使用的燃料主要是木炭⑤。

关于熔炉，史诗没有专门的描述，但从相关细节可大致看出一二：

撒马尔罕的森林中，

所需要的，一应俱全。

---

① 《玛纳斯》（柯文本），第511页；《玛纳斯》（汉译本），卷4，第1743—1744页。

② 《玛纳斯》（柯文本），第54页；《玛纳斯》（汉译本），第199页。

③ *Кыргыздар*，2011，XIIтом，31 бет.

④ 《玛纳斯》（柯文本），第54页；《玛纳斯》（汉译本），第199页。

⑤ 《玛纳斯》（柯文本，第52页；汉译本，第191页）："为了烧制木炭，要砍光几座原始森林。"

炉顶个个火焰冲天，
炉中的矿石，
熔为红色水流。
仔细观察炉顶的火苗，
波略克拜一动不动，
对身边的巴卡依，兴奋地言道：
“矿石如同红色的血液，
那熔炉的顶部，紫色的火焰在燃烧。
巴卡依啊，请您仔细观察，
那炉中通红的火焰逐渐变成白色在闪耀。”①

古时冶炼，一般是在地上挖出坑②，而后以黏土为原料筑起炉膛（由炉底、炉墙和炉顶构成）。铁匠波略克拜冶铁的熔炉，是建在撒马尔罕的古森林中。炉膛有可能是用黏土制出的土坯或砖筑成，内壁或抹耐火的黏土泥为衬，并用沼泽草烘干③。熔炉有一定高度，其高度可以使冶铁者观察到炉顶火苗，并通过火苗呈色变化，对炉内矿物熔融程度有所判断。熔炉四面各有一个鼓风口，用于对接鼓风箱④，炉墙上有炉门、窥视孔，还有出渣口等⑤。鼓风箱是用公牛皮制作，每个风箱都是用两张公牛皮缝制而成。⑥ 从引文可知，铁匠冶铁，同时使用了几个熔炉。

矿石、燃料、熔炉既备，铁匠着手冶炼。史诗关于波略克拜冶铁的描述，除上述引文，还有如下内容：

当发紫泛青的火苗，
不再出现全部消失，
这时候再仔细观察，
铁流表层会像奶皮在浮漂。
底层是通红的流动的熔液，
中间会发白发黄发紫。

---

① 《玛纳斯》（柯文本），第 54—55 页；《玛纳斯》（汉译本），第 199—200 页。

② John A，Ricketts，*History of Ironmaking*，Ironing & Steel Society printed in the U.S.A.，Warrendale，PA：2000，p.9；Vibha Tripathi，*History of iron technology in India：from beginning to pre-modern times*，published by Rupa. G，New Delhi，2008，p.194.

③ 《玛纳斯》（柯文本，第 54 页；汉译本，第 199 页）：“我要从沼泽地挖来草皮，晒干之后作为燃料。”沼泽地草作为燃料，主要用于烤干熔炉内壁（*History of Ironmaking*，p.9）。

④ 《玛纳斯》（柯文本，第 57 页；汉译本，第 206 页）：“风箱从四面鼓风，四个风箱，分别用八张公牛皮缝制而成。”

⑤ 《玛纳斯》（柯文本），第 55 页；《玛纳斯》（汉译本），第 200 页。

⑥ 《玛纳斯》（汉译本），第 206 页。

三种颜色同时出现，
才会变成钢水流淌。
我们将钢水注入水中，
然后再捞出纯钢；
表面就会永不变色，
一尘不染，闪闪发亮。
这样的钢铁会弯曲，
但不会从中间折断，
会把岩石劈成两半。
血渍不会留在刀上，
即使在土中埋上四百天，
也不会生出锈斑。①

史诗通过冶炼过程不同阶段火焰呈色、矿物形态和熔液颜色的变化，反映了冶铁炼钢的基本流程，即铁矿石和木炭在炉中燃烧，在高温和还原气氛下产生铁液，进而形成钢液，经冷却固化，产出杂质少，弹性、强硬度和耐蚀性较好的钢铁的过程。在冶炼过程中，铁矿石主要提供铁元素，木炭则起着双重作用，一方面木炭燃烧为炼铁过程的物理、化学反应提供热量，另一方面木炭中的碳及其燃烧产物一氧化碳是使铁及其他元素还原的还原剂。人们在长期实践中发现，冶铁时加入适量硅土矿或石灰石、白云石，可降低矿物熔点，产出流动性好的炉渣，因而常用这些矿石助熔。冶铁使用的这些原料直到20世纪都没有发生过变化。②

从引文知，由铁液炼成钢水，是铁匠获取钢的主要手段，并且炼钢时使用了硅土矿③，从而使炉渣漂浮于铁液表面，起到与铁液分离的作用④。由铁液向钢液转化的过程，即氧化的过程，需向铁液中吹入氧气或加入铁矿石，使炉内的铁被氧化。生成的氧化铁熔解在铁液中，与铁液中其他元素（如碳、硅和锰）产生一系列氧化反应。当铁液中的含碳量降低到一定程度（一般为0.05%—2.0%）⑤，杂质减少，氧化即告完成，铁液便炼成了钢液⑥。钢液在不同冷却条件下，会形成性能不同的钢锭。史诗中除了提到水中冷却，还言及随炉冷却法：

他（波略克拜）向巴卡依指出三种变化，

① 《玛纳斯》（柯文本），第55页；《玛纳斯》（汉译本），第200页。

② *History of Ironmaking*, p.34.

③ 贾衣肯：《〈玛纳斯〉史诗中的“乌鲁姆”“克热姆”考释》，《西域研究》2016年第4期。

④ 机械工业技师考评培训教材审编委员会编：《金属材料及加工工艺》，北京：机械工业出版社，2001年，第2页。

⑤ 铁的含碳量一般在2.0%以上。

⑥ 机械工业技师考评培训教材审编委员会编：《金属材料及加工工艺》，北京：机械工业出版社，2001年，第9页。

然后让人将火苗熄灭。
"绝不能让风吹过!"
他让人堵住了炉门。
四十天之后,再打开炉门,
熔液凝固成了三层。①

随炉冷却的钢铁液,硬度和强度比较低,可塑性大。② 炉内钢铁液凝固为三层,或与氧化过程中碳与钴燃烧产生的热量和氧化反应产生的热量使熔化的金属形成分层有关。③ 史诗接着道:

最上面的一层,
为克热木、乌鲁姆、阔克加勒,
混合熔炼,凝固成型。
射击的火枪和阿恰勒巴热斯宝剑,
还有截杀敌人的毛枪和月牙斧,
我要用这层钢铁来锻造。
中间的阔克加勒钢铁,
用来制作英雄的甲胄。
……
留在最底层的,
是铜、生铁、铅,
珍贵的阿克凯勒铁神枪安装的子弹,
用它来浇铸。④

引文蕴含的冶金知识、技术,限于个人学识,在此难以尽述。从史诗描述的冶铁过程看,火法冶炼是铁匠获取铁和钢的主要手段,即利用高温从铁矿石中提取铁或其化合物。这一过程包括了铁矿石的焙烧、熔炼及将铁液进一步精炼为钢液,并通过不同冷却方式获得性能不一的钢铁及其他合金的工序。这种方法所需设备简单,流程短,成本低,生产效率高,是古往今来人们冶炼钢铁采用的主要方法。冶炼过程中,木炭和矿石的比例及氧气的控制,是获得理想钢铁的关键。在现代化学诞生之前,冶炼过程中诸如此类的一些环节往往是靠反复实践所获得的经验和技术来把控。据史诗记载,从采掘矿石、黏土,到建炉冶铁,最后

① 《玛纳斯》(柯文本),第55页;《玛纳斯》(汉译本),第200页。

② 机械工业技师考评培训教材审编委员会编:《金属材料及加工工艺》,北京:机械工业出版社,2001年,第66页。

③ *History of iron technology in India*, p.101.

④ 《玛纳斯》(柯文本),第55页;《玛纳斯》(汉译本),第200—201页。

制出英雄所需的武器装备，柯尔克孜部落首领投入了大量的人力[①]、物力和财力[②]，用了近两年的时间[③]。

四、史诗与史实

史诗为艺人代代口耳相传，流传后世，其内容往往随不同时代、不同艺人而有不同变化。尤其是口头承传的活形态史诗《玛纳斯》，往往同一艺人在不同阶段（或时间）、不同环境唱出的内容不尽相同，即艺人在每次演唱中或多或少都会有即兴创作[④]，且在语言表达上运用了大量的夸张手法[⑤]，一如史诗《玛纳斯》开篇所言"（故事）一半是实，一半是虚"[⑥]。那么，史诗中伴随玛纳斯戎马一生、历尽沙场的武器装备及其制作工艺所反映出的兵器加工和冶铁手段，是实还是虚呢？

《玛纳斯》史诗第一部形成于13—15世纪，其雏形在10—12世纪已具备[⑦]，是整个史诗的核心部分[⑧]。其内容主要反映了柯尔克孜人反抗蒙古人[⑨]侵略与压迫的斗争，其中又融有10—12世纪柯尔克孜人与契丹人的斗争，以及更为古老的传说和习俗等[⑩]。史诗形成后，在漫长的流传岁月中经无数民间艺人加工、打磨而趋于完善。[⑪] 在这一过程中，艺人演唱时的创作发挥了重要作用。表演时，他们往往会在原有的史诗框架中增添许多新素材[⑫]，充实史诗内容，并通过

---

① 《玛纳斯》（汉译本，第208页，第5段）记："五千名勇士同时劳作。"

② 《玛纳斯》（汉译本），第208、209页。

③ 《玛纳斯》（汉译本），第194页。

④ 这种创作，一般表现在对传统章节内容的增缩和对某些传统章节位置的调换，以及对英雄人物外貌、武器装备、战马描述上的细化或删繁就简和修饰性描述的增加。（阿地力：《〈玛纳斯〉史诗歌手研究》，北京：民族出版社，2006年，第73、78页，第151—152页）

⑤ 郎樱：《中国少数民族英雄史诗〈玛纳斯〉》，杭州：浙江教育出版社，1990年，第116页。

⑥ 《玛纳斯》（汉译本）"序诗"，第2段。

⑦ 仁钦道尔吉、郎樱：《中国史诗》，南京：江苏凤凰文艺出版社，2017年，第541页；郎樱：《〈玛纳斯〉论》，呼和浩特：内蒙古大学出版社，1999年，第100页。

⑧ 郎樱：《〈玛纳斯〉论》，呼和浩特：内蒙古大学出版社，1999年，第109—110页。

⑨ 以斡亦剌特（史诗中称之为卡勒玛克人）和蒙兀儿为主的蒙古人，见仁钦道尔吉、郎樱：《中国史诗》，南京：江苏凤凰文艺出版社，2017年，第527—528页。

⑩ 郎樱：《中国少数民族英雄史诗〈玛纳斯〉》，杭州：浙江教育出版社，1990年，第40页。

⑪ 郎樱：《〈玛纳斯〉论》，呼和浩特：内蒙古大学出版社，1999年，第15页。

⑫ 艺人演唱时会将所获得的与史诗有关的新内容添加进去，还要强化史诗情节的曲折性、人物形象的生动性及语言表达的艺术性，并融入一些新的、符合新一代听众审美情趣的细节和内容及表达新生事物或现实观念的词语、概念等。（阿地力：《〈玛纳斯〉史诗歌手研究》，北京：民族出版社，2006年，第139—152页）

各自不同的演唱风格，丰富史诗的表演形式，推动史诗发展。① 但这种创作并非随心所欲，它基于史诗传统的内容、叙事结构和表演方式，基于艺人对民间神话、传说、民俗、历史、文化知识的谙熟和灵活运用。史诗艺人即便上知天文，下知地理，在演唱中创作时也会受史诗传统的制约②，他们不仅要按传统的叙事结构将传统的内容唱出，还要按传统的表演方式演唱，并且史诗中古老神话的母题、主要人物的性格与形象、事件发生的地点、英雄的坐骑和武器，以及部族、部落等传统内容在不同唱本中都按基本固定的词语来描述③，也就是说，艺人的创作是在保留了史诗传统的内容和演唱方式的基础上的创新；流传至今的《玛纳斯》史诗，虽然经历过不同时代的艺人加工，但构成史诗核心部分的内容及其传统的演唱方式保留了下来。

史诗与历史和社会生活息息相关。④《玛纳斯》史诗的形成与柯尔克孜人10世纪以降遭受契丹、蒙古人的侵略与压迫及柯尔克孜人艰苦卓绝地抗击侵略者的历史命运密切相关；它是在柯尔克孜人从叶尼塞河地区迁往天山一带，并开始在这里生活后逐渐形成的。⑤ 史诗中关于冶铁和兵器制作的描述，作为史诗传统内容不可或缺的一部分，有可能是古代柯尔克孜人为抗击敌人而制作武器的历史现实的形象写照和艺术化反映。

据民间传说⑥，铁匠波略克拜居住在叶尼塞河地区，曾为柯尔克孜汗王、将帅制作兵器，闻名于突厥族诸部落，其事迹散布于柯尔克孜人部落史、民歌、传说和史诗中。可见，在《玛纳斯》史诗中于撒马尔罕古森林里冶铁、制作兵器的铁匠，取材于年代更早的波略克拜的形象，史诗所反映的中亚天山地区古代柯尔克孜人的军工制作，可能有着更为久远的传统。

柯尔克孜人在迁入中亚天山地区之前，主要分布于今南西伯利亚叶尼塞河流域、萨彦岭-阿尔泰山北麓一带。这里富藏铁、铜、金、锡等金属矿物。其中，萨彦岭盛产铁矿，叶尼塞岭有金矿。叶尼塞河、安加拉河及阿尔泰山北麓、库苏泊以东的乌里河流域出金沙矿；阿尔泰山除金矿外，还分布有铜、铅、锌等矿

---

① 郎樱：《〈玛纳斯〉论》，呼和浩特：内蒙古大学出版社，1999年，第161—165页。

② 阿地力·居玛吐尔地：《口头传统与英雄史诗》，北京：中央民族大学出版社，2009年，第322页。

③ 阿地力：《〈玛纳斯〉史诗歌手研究》，北京：民族出版社，2006年，第140—142页。

④ 钟敬文主编：《民间文学概论》，上海：上海文艺出版社，1980年，第282—294页。

⑤ 郎樱：《〈玛纳斯〉形成的历史文化背景》，仁钦道尔吉、郎樱：《中国史诗》，南京：江苏凤凰文艺出版社，2017年，第526—544页；杜荣坤、郭平梁：《柯尔克孜族的故乡及其西迁》，《新疆社会科学》1982年第5期。

⑥ *Кыргыздар*, XII TOM, 31 бет.

物。[①] 此外,这一带森林资源和水资源极其丰富。据考古学研究,这里出土有旧石器、新石器、青铜器、铁器等序列相对完整的不同时期文化遗址。

以卡拉苏克遗址(前1000年前后)和塔加尔遗址(前7世纪至前1世纪)为代表的青铜文明和早期铁器文明,以巴泽雷克和塔什提克遗存(公元初前后至4世纪)为代表的铁器文明,以及5世纪以后发达的冶铁及铁器加工,都反映了以阿尔泰、叶尼塞河沿岸及米努辛斯克盆地为中心的地区是人类活动的主要区域之一。[②]

考古发现,南西伯利亚诸部落在公元前1000年中叶已掌握高超的铸铜技术,也学会了开采铁矿[③],打制各种器具。其中,工具和兵器的生产占有重要地位。卡拉苏克时期形制独特的铜锛、四棱形铜锥、铜刀(曲柄、凹背、弧背)、凹格短剑、铜斧、镰刀等,反映了米努辛斯克盆地高水平的青铜制作技术。[④] 塔加尔早期(前7世纪至前5世纪)形制多样的短剑、鹤嘴斧、刀、镞、镰等兵器、工具及其他生活用品和饰物,体现了青铜制作技术的进一步发展和青铜冶炼、加工业的繁荣。塔加尔中期(前3世纪至前1世纪),米努辛斯克盆地开始出现铁制品[⑤],到晚期铁已完全取代青铜[⑥],人们的生活由此步入新的发展阶段。塔什提克时期,叶尼塞河流域的冶铁和铁的加工发生了巨大变化,即铁由制作装饰品的贵重金属变为制造兵器和工具的基本材料[⑦],为之后该地区的发展奠定了基础。

叶尼塞河流域的柯尔克孜人(Qïrqïz),在《史记》中被称为"鬲昆"[⑧],此后,柯尔克孜一名以"坚昆""结骨""契骨""纥骨""居勿""纥扢斯""黠戛斯""辖戛

---

① 刘德生、李志国、江树芳、韩杰编著:《亚洲自然地理》,北京:商务印书馆,1996年,第100—118页。

② [苏联]C. B. 吉谢列夫著,王博译:《南西伯利亚古代史》,乌鲁木齐:新疆人民出版社,2014年。

③ [苏联]C. B. 吉谢列夫著,王博译:《南西伯利亚古代史》,乌鲁木齐:新疆人民出版社,2014年,第541页。

④ [苏联]C. B. 吉谢列夫著,王博译:《南西伯利亚古代史》,乌鲁木齐:新疆人民出版社,2014年,第114—121页。

⑤ [苏联]C. B. 吉谢列夫著,王博译:《南西伯利亚古代史》,乌鲁木齐:新疆人民出版社,2014年,第299页。

⑥ [苏联]C. B. 吉谢列夫著,王博译:《南西伯利亚古代史》,乌鲁木齐:新疆人民出版社,2014年,第304页。

⑦ [苏联]C. B. 吉谢列夫著,王博译:《南西伯利亚古代史》,乌鲁木齐:新疆人民出版社,2014年,第438页。

⑧ 《史记》卷一百十《匈奴列传》(北京:中华书局,1959年,第2893页):"(匈奴)后北服浑庾、屈射、丁零、鬲昆、薪犁之国。""鬲昆"即后史所见"坚昆""黠戛斯"(Qïrqïz)。参阅陈庆隆:《坚昆、黠戛斯与布鲁特考》,《大陆杂志》1975年第5期。

斯”“吉利吉思”“乞儿乞思”等称谓见诸不同时期的中文史乘。① 自公元前 3 世纪以降,称霸于蒙古高原的匈奴、突厥、薛延陀、回鹘、契丹和蒙古人的势力均及于今叶尼塞河流域。据记载,公元前 3 世纪匈奴冒顿单于“北服”鬲昆②,6 世纪中叶突厥木干可汗“北并契骨”③,7 世纪三四十年代薛延陀派使臣监领“结骨”,10 世纪契丹辽在辖戛斯国设王府④,13 世纪初蒙古人降服吉利吉思,入驻其地⑤。上述诸族,或兴起于今蒙古高原之南-阴山地带,或勃兴于阿尔泰山一带,或崛起于蒙古高原北部和东部,都曾控制过叶尼塞河流域地区,除了其他一些因素,或许还与这里相对发达的冶铁和兵器加工有关。《新唐书 · 黠戛斯传》言:“(其)有金、铁、锡,每雨,俗必得铁,号曰‘迦沙’,为兵绝犀利,常以输突厥。”⑥《太平寰宇记》载:“《王绘图》云:‘其国每有天雨铁,收之以为刀剑,异与常铁。’曾问使者,隐而不答,但云铁甚坚利,工艺精巧,盖是其地中产铁,因暴雨淙树而出,既久经土蚀,故精利……”⑦可见,黠戛斯人的铁和兵器颇有名。8 世纪中叶,回纥打败坚昆,缴获堆积如山的兵器⑧;1270 年蒙古人于其地谦州设置制造、修理和管理武器的机构⑨,似有利于支持这一推测。今南西伯利亚叶尼塞河流域发现的黠戛斯人采矿遗迹、冶铁遗址⑩和墓葬⑪出土的兵器、马具、金银铜饰牌,则反映了黠戛斯人开采铁矿、冶铁和金属加工的活动⑫。采集铁矿的矿床分布

---

① 不同时期中原王朝对“Qïrqïz”一词音译的不同书写形式。

② 公元前 49 年,匈奴郅支单于打败乌揭、坚昆、丁零,建单于庭于坚昆之地。见《汉书》卷九十四《匈奴传》,北京:中华书局,1995 年,第 3800 页。

③ 《周书》卷五十《突厥传》,北京:中华书局,1992 年,第 909 页。8 世纪初,复兴的漠南突厥人又征服黠戛斯人。见贾衣肯:《唐代黠戛斯》,《中亚民族语言文化研究》,北京:中央民族大学出版社,2012 年,第 125 页。

④ 《辽史》卷四十六《百官志二》,北京:中华书局,1974 年,第 758 页。

⑤ 郭平梁:《十至十八世纪初的乞儿吉思》,《新疆社会科学》1983 年第 4 期。

⑥ 《新唐书》卷二一七《黠戛斯传》,北京:中华书局,1995 年,第 6147 页。

⑦ 〔宋〕乐史:《太平寰宇记》,北京:中华书局,2007 年,第 3822—3823 页。

⑧ 此役见于《九姓回鹘爱登里罗汨没施合毗伽可汗圣神武碑》(又称《九姓回鹘可汗碑》),其文曰(汉碑,第 13—14 行):“初,北方坚昆之国,控弦三十万……坚昆可汗,应弦殂落,牛马量谷,[杖]械山积,国业荡尽,地无居人。”参阅林梅村、陈凌、王海城:《九姓回鹘可汗碑研究》,余太山、李锦绣主编:《欧亚学刊》第 1 辑,北京:中华书局,1999 年,第 161 页。

⑨ 韩儒林:《元代的吉利吉思及其邻近诸部》,《中国史研究》1979 年 1 期。

⑩ [苏联]C. B. 吉谢列夫著,王博译:《南西伯利亚古代史》,乌鲁木齐:新疆人民出版社,2014 年,第 633—634 页。

⑪ 威巴特河畔和科彼内村附近属于 6 至 8 世纪的恰阿塔斯黠戛斯石冢墓([苏联]C. B. 吉谢列夫著,王博译:《南西伯利亚古代史》,乌鲁木齐:新疆人民出版社,2014 年,第 632—643 页,第 667 页)

⑫ 《南西伯利亚古代史》(第 635 页):“叶尼塞黠戛斯之地是 5 至 10 世纪萨彦-阿尔泰广大地区使用箭镞的中心。”

于米努辛斯克盆地周围的山里（如萨彦岭和阿尔泰山的支脉）和该盆地诸草原的中心地区。矿石运到叶尼塞河及其支流——阿巴干河、土巴河、奥亚河沿岸的沙丘和松林地（尤其是米努辛斯克地区的松林地）上，进行冶炼。炼铁用的熔炉不大，木炭是在炉边弹坑形的坑穴中烧制，炉料有木炭、打碎的磁铁矿和助熔的矿石块。炼得的熟铁在炉内冷却后，取出锻打加工。① 锻制品主要有铁锤、犁、铧、镰、锄等生产工具，和双刃剑、短剑、大军刀、矛、铁镞（棱形扁平厚镞）等兵器及鳞甲、尖顶盔等甲胄，以及马镫、马衔、马镳、辔扣、鞍扣等马具部件和各种金属饰物等。考古挖掘出的兵器甲胄、马具部件和金属饰物基本属于 6 至 8 世纪和 9 至 10 世纪。②

上述考古发现所反映出的叶尼塞河流域黠戛斯人的冶铁原料（即木炭、磁铁矿③和助熔石）、制炭和获取铁的方式、锻打加工铁器的手段，与史诗中所描述的基本吻合。以波略克拜为代表的叶尼塞柯尔克孜铁匠制作的双刃剑、矛、月牙斧、头盔、马鞍等传统兵器及甲胄、马具在民间广为流传④，说明史诗中的这部分内容流传弥久，尤其是史诗中较为完整地保留了双刃剑古朴的制作方式，颇能与文献记载和考古发现相印证。而火枪的使用出现于人类发明火药并用之于武器制作之后。据研究，世界上最早的火枪是 13 世纪初金人与宋朝作战时使用的纸质“飞火枪”⑤。这种火枪经宋人改良，到元代发展为“火铳”，即用点火物点燃筒（铳）中通出的火捻引燃火药，利用火药燃烧后产生的气体膨胀力将弹丸射出以击杀敌人的金属管形射击火器。随着蒙古人的征战，火药箭、火球、铁火炮等火器的使用迅速推广。⑥ 1219 年成吉思汗再举西征时，冀州贾塔剌浑已受命率炮军进驻谦州⑦，还把俘获的各族铁匠迁往漠北哈剌和林、谦州等冶铁中心，制造各种武器⑧。火器制造技术有可能随之传入谦州吉利吉斯人之中。随着蒙古人的不断西征，火器在中亚乃至更广的区域传播，于 14 世纪传入欧洲，得到迅速发展。史诗中有关火枪的内容见于各种唱本⑨，并且它具备 13 至 19 世纪火枪

---

① ［苏联］C. B. 吉谢列夫著，王博译：《南西伯利亚古代史》，乌鲁木齐：新疆人民出版社，2014 年，第 633—634 页。

② ［苏联］C. B. 吉谢列夫著，王博译：《南西伯利亚古代史》，乌鲁木齐：新疆人民出版社，2014 年，第 637—643 页，第 667—681 页。

③ 贾衣肯：《〈玛纳斯〉史诗中的“乌鲁姆”“克热木”考释》，《西域研究》2016 年第 4 期。

④ *Кыргыздар*，XII TOM，31-336ет.

⑤ 刘旭：《中国古代火药火器史》，郑州：大象出版社，2004 年，第 29—31 页。

⑥ 王兆春：《世界火器史》，北京：军事科学出版社，2007 年，第 44—49 页。

⑦ 韩儒林：《元代的吉利吉思及其邻近诸部》，《中国史研究》1979 年第 1 期。

⑧ 王兆春：《世界火器史》，北京：军事科学出版社，2007 年，第 24 页。

⑨ 阿地力：《〈玛纳斯〉史诗歌手研究》，北京：民族出版社，2006 年，第 143 页。

的一些性能和主要特征①,说明史诗中有关火枪的内容出现相对较晚,并随时间的推移,这部分内容不断得到充实。

总之,史诗中有关双刃剑、矛、斧、火枪等兵器的描述,作为传统内容不可或缺的一部分,在流传过程中应是逐渐丰富起来的。双刃剑从基本形制看,与见诸古代北方地区的环首翘尖刀剑颇为相似②,有可能较早出现在史诗中,经历代艺人加工,被描绘成能伸能缩、所向披靡、镶金嵌银的剑,而矛枪的形制类似古代早期的钩镰枪、矛柄有可能随时代的发展被艺人们雕琢成有繁复纹路并涂有多种彩漆的不同寻常的枪柄。从叶尼塞黠戛斯人墓葬出土的大量斧头可推知,斧可能与剑、矛一样,在史诗中出现的时间也比较早。

五、结语

史诗是关于历史上的英雄及其业绩的长篇叙事诗歌。③ 它既保留着一个民族与自然界,与邻近部族、部落斗争的历史,同时也汇聚着该民族人民千百年积累下来的智慧和经验。④《玛纳斯》史诗形成后,在流传过程中经艺人加工打磨,内容不断丰富,艺术性不断提高,同时其传统的内容和演唱形式被艺人代代相承,传留至今。史诗中关于军工制作的描述,作为史诗传统内容不可或缺的一部分,有着历史的渊源。通过缀合、分析散布于史诗第一部不同段落间有关军工制作的描述,可大致勾勒出中亚天山古代柯尔克孜人采矿、烧炭、建炉、冶铁和制作兵器的场面,以及古老的冶铁方式和兵器加工手段。其中对双刃剑的加工过程的描述比较完整而具体,考古发现的叶尼塞黠戛斯人的采矿遗迹和冶铁遗址,证明史诗中关于古代柯尔克孜人采矿、冶铁的描述并非完全虚构。文献记载和考古发现说明,史诗中有关中亚天山古代柯尔克孜人采矿、冶铁和制剑等活动的描述有着历史的渊源,它有可能源自叶尼塞黠戛斯人冶铁和刀剑等兵器制作的传统。史诗中关于军工制作的描述,虽不免夸张、溢美之处,且随时间推移在内容

① 元朝至正十九年(1359)已有用于火器发射的铁弹丸。(刘旭:《中国古代火药火器史》,郑州:大象出版社,2004 年,第 34 页)准星具始见于 15 世纪下半叶欧洲发明的火神枪。通过在枪管内刻螺旋式膛线,枪弹沿着目的物的弹道飞行,以提高命中精度和杀伤威力的技术,是由意大利少校卡瓦利于 1845 年发明的。而用引火线(火捻)引燃火药以助射击的火枪技术,于 13 世纪出现于中国,15 世纪成熟于欧洲出现的火绳枪,止于 16 世纪欧洲燧发火枪(即将燧石用于枪支的点火)的发明。(见王兆春:《世界火器史》,北京:军事科学出版社,2007 年,第 135、339、243 页)

② 杨建华、邵会秋:《欧亚草原东部金属之路的形成》,《文物》2017 年第 6 期。

③ 尹虎彬:《中国史诗的多元传统与史诗研究的多重维度》,《百色学院学报》2009 年第 1 期。

④ 钟敬文主编:《民间文学概论》,上海:上海文艺出版社,1980 年,第 284、292 页。

上有所增益，但其基于历史现实的核心内容在史诗中基本是稳固的，是可以透过史诗艺术化的形式被认识到的。

（作者：贾衣肯，中国社会科学院古代史研究所副研究员。本文写作过程中有幸得到中国社会科学院图书馆咨询部白洁、考古研究所刘煜及新疆维吾尔自治区文联《玛纳斯》研究室依斯哈别克·别先别克等师友的帮助，在此表示诚挚的谢意）

字典、词典

——中华传统文化的守卫者和传承者

◇侯春艳

中华民族五千年发展历史造就了独特的中华文明，形成了源远流长的以儒家思想为主体、众多其他思想体系及延展领域共同构建的中华传统文化。许嘉璐教授在《关于文化》一文中提到，文化是人类所创造的一切物质、制度与精神，并将文化分为三个层次，即物质文化、社会文化和哲学文化。物质文化包括衣食住行，是我们看得见、摸得着的，也最容易理解，是经济基础和思想观念在人们日常生活中的直接反映。社会文化则包括艺术、民俗、法律、制度，是上层建筑中的主体。而哲学文化则包括社会和生活观念、审美观念，是上层建筑的核心，也渗透在物质文化和社会文化之中。语言文字当属于社会文化范畴，它的产生过程实际上是人们对自己赖以生存的世界和社会关系的探索和认知的过程，带有强烈的文化烙印。汉字是表意的文字，鲜活地记录着祖先对衣、食、住、行各方面的理解和习惯，更体现着对家庭、社会关系乃至思想哲学层面的认知。因此，汉字是中华传统文化中重要的组成部分，也是中华传统文化的根本及魂魄所在。

如果我们观察从甲骨文到楷书的一路演变过程，最初的字形是最真切反映人们对客观事物的直观理解。如表示牙齿和耳朵的“齿”“耳”等字，直接模仿实际的牙齿和耳朵。“日”“雨”等字，以简练的线条描绘出自然现象。“蚕”“象”“蛇”“蛛”“龟”“黍”等字，也是直接记录了动物、植物的原始形象。

① ② ③ ④ ⑤

① ② ③ ④

① ② ③ ④

① ② ③ ④

① ② ③ ④

① ② ③ ④

还有一些字记录了古代的起居生活、日常作业及当时的劳动工具，我们可以通过这些字的最初的字形窥见古人的生活状态。如“车”“窗”“册”体现了这些物件的历史面貌，我们可以了解当时的车的特点、典型的中式窗棂的形态、在没有纸张印刷物时由竹简制作而成的书的样子。如“春”字，象两只手拿着棍子在容器里捣，这是古人劳作的手段和方式，沿用很久，至今许多地区依然还在使用。再看“牧”，手持鞭，驱赶牛，是典型的农耕社会的折射。古时的一些器皿，经过社会的发展已经改变了样貌，但通过“鼎”“豆”“爵”“鬲”等字，我们可以还原追溯到其早期的形态。

甲骨文与金文中有大量体现宗教信仰、制度礼俗、哲学观念的字，它们从一个侧面记录了中华民族传统文化的最初面貌。

如“臣”字，“臣”是个象形字，象一只竖着的眼睛。这是一个人侧面低头时的眼睛的状态，反映的是上古奴隶的状态。奴隶不能抬头看着主人，体现了当时的社会等级。

再如“仆”字，“仆”字起初是会意字，从甲骨文可以看出，是一个面朝左站立的人，穿着带尾的奴隶服，手里捧着类似簸箕的物件，应该是服侍主人的状态，头上有刺青的符号，古时奴隶都会刺面。这个字不仅从方方面面展现了奴仆的样貌，也记录着奴隶社会对不同阶层的人的定位和某些特殊规范。

① ② ③ ④ ① ② ③ ④ ⑤

中国人讲究孝道，那究竟什么是孝道呢？“孝”字便是孝道的实际体现，上面象长发弯腰的老者，下面象小孩子，实际上是小孩子搀扶老人的样子，反映了自古以来中华民族对孝道本身的理解。

“和”也是中华民族特别重视的哲学思想，甲骨文“和”字左上方象禾苗，是表声的，下方象口，意思是用口吹奏，右边象一排管子连在一起，类似笙的乐器。笙是多人吹奏的，能和谐地吹出曲子就是“和”。

① ② ③ ④ ① ② ③ ④ ⑤

“国之大事，唯祀与戎。”古代社会对于神灵的崇拜与祭祀是处于至高无上的地位的，因此甲骨文与金文中有许多表示祭祀及与祭祀习俗相关的字。“福”是个极为形象的会意字，描摹了双手捧着酒樽在“示”（灵石、神灵）前献祭。献祭是为了求福，所以“福”的本义是求福，这是古时对神的崇拜的鲜活体现。

“祭”字也跟古时的祭祀有关，甲骨文“祭”字左边象一块肉，右边为手的形状，表示以手献祭，几个小点表示的是生肉滴血。古时祭祀是用猪、牛、羊的生肉献祭的。到了金文，下面多加了一个“示”字，表示是在“示”（灵石、神灵）前献祭，生动展现了祭祀文化的细节。古代社会祀神、祭祖、追悼亡者都有类似的仪式，均称为“祭”。

① ② ③ ④ ① ② ③ ④

从以上分析可见，汉字是中华传统文化的重要组成部分，也是基石，是根本。

随着社会的发展，汉字逐渐演变，对汉字进行系统的归类、整理、记录、传续的需求催生了字典的诞生。目前我们一致公认的我国的第一部字典是东汉许慎的《说文解字》，简称《说文》。许慎根据文字的形体，创立 540 个部首，将 9353 个字分别归入 540 部。540 部又并为 14 大类，字典正文就按这 14 大类分为 14 篇，卷末叙目别为一篇，全书共有 15 篇。书中系统地阐述了汉字的造字规律——“六书”，亦开创了部首检字的先河。尤其是《说文解字》对字义的解释保存了较古的含义，对理解古书上的字义更有帮助。随着时代变迁，字典也经历了发展演变，不仅收录汉字，也起到了规范汉字、普及汉字的作用。毋庸置疑，字典是传承中华传统文化的有效载体，对保存延续传统文化起到了重要的作用。如果没有字典的记录，对于许多形态发生了改变的字，我们很难仅从字的结构了解到其曾经蕴含的文化内涵。还有一部分字，它们在演变的过程中本来的意思已经丢失，最终使用的意思已经与本义相去甚远。这些历史痕迹、文化根源都是通过字典才得以保存流传的。因为有了字典，人们能够更好地学习和使用汉字，从而更好地知晓并理解我们祖先创造的文化，实现文化的传承和传播。

由于汉语词汇的发展经历了一个由单音节词向双音节词转变的过程，因此，在上古与中古"字词不分家"的情况至近代，已截然不同，字与词成为了两个不同的语义单位，与字典伴随产生的，便是记录词汇意义与用法的词典。词典同样与文化密不可分。1998 年，李明撰文指出："作为记录词汇、词义、语用等语言信息的词典，理所当然应视作文化建构的一部分。"①他认为词典与文化两者是不可分的。词典是"千千万万个文化现象中的一种，它和文化呈现着'你中有我，我中有你'的复杂情形"。贾正传则撰文指出："词典编纂作为文化活动的一部分，与文化整体息息相关，也在各个方面呈现出科学精神与人文精神的交融趋势。"②同时，词典是文化的产物，亦是文化信息的承载者。黄建华曾论及词典与社会和意识形态的关系，认为："词典作为文化产品，也和其他文化产品一样，是受一定社会文化条件制约的。"③Kuiper 也持相同的观点，认为："词典本身就是文化产品(cultural artifact)，是由生活在一定的社会文化环境下的社会群体编写而成的，而人们生存的社会文化环境对词典的形式、功能和内容做出相应的限制。"④盛培林则认为"跨文化交流的需求促使了双语词典的产生"⑤，从这个方面讲，词典更是中华传统文化走出去的桥梁。不同民族利用字典或词典学习对方的语言文字是大家迈向互相理解、相互吸纳的起点。

字典或词典作为重要的学习工具和文化传承载体，其形态和功能随着社会发展、技术进步不断发生改变，从纸质的印刷词典到手持的电子词典，再到当今的网络词典，词典正越来越充分地发挥着它的作用。传统词典在释义的精准度和充分性上受到的制约正在被网络词典突破，我们可以运用除文字以外的更多样性的方式来对一个词条进行定义和补充描述，图片、声音甚至视频的插入使得

---

① 李明、周敬华：《词典与文化刍议》，《外语与外语教学》1998 年第 10 期。

② 贾正传：《当代词典编纂中科学精神与人文精神的系统融合》，《四川外语学院学报》2005 年第 21 期。

③ 黄建华、陈楚祥：《双语词典学导论》，北京：商务印书馆，2001 年。

④ Kuiper K.："Review of Ethnocentrism and the English Dictionary"，International Journal of Lexicography，2002，15：164-69.

⑤ 盛培林：《双语词典翻译与跨文化研究》，《中国翻译》2004 年第 2 期。

我们能够全方位并感性地去阐释一个字、一个词。同时,查询手段也不仅仅局限于必须会读(拼音查字)或者必须会部首查字,直接读字、读词或者直接扫描、拍照即可查找。云技术使得字库拥有海量存储,用户随时、随地进行查字成为可能。专业的字典厂家纷纷积极投入到 APP 的开发中,以更好地符合移动时代的用户需求。如商务印书馆推出了新华字典的 APP,直接聆听发音,动态的笔画笔顺演示,这些新的功能极大提高了学习效率,优化了学习效果。

中华传统文化复兴已经步入了一个历史新时期,机遇与挑战并存,任重而道远。中华文化走出去,树立文化自信是基础,而文化自信首先需要自省,思考未来走向哪里,了解我们的过去,我们的文化是怎样的,这样才能真正做到明辨是非、与时俱进。我们希望更好地加强不同文化间的对话与交流,希望中国的文化能更广泛地走向世界,为世人所知晓和理解,这需要我们自己搭建好沟通的桥梁。汉字是我们文化的根,是我们文化的魂,我们应当不遗余力地守护好、传承好,才能更好地走出去。从这个角度看,我们对新时代的字典或词典赋予了更大的责任和更高的期待。

(作者:侯春艳,北京师范大学汉语文化学院)

关于甲骨文发现的补证

◇徐义华

王懿荣是最早的甲骨文发现者的观点，已为大多数学者所接受。

关于王懿荣如何发现甲骨文，有一个很流行的说法，是王懿荣因病服用中药，发现药物中有一品叫龙骨的上面有类似文字的刻画，由此发现了甲骨文。最有名的文章，是1931年刊登在《华北日报》由汐翁撰写的《龟甲文》，云：

> 光绪戊戌年，丹徒刘铁云，鹗，客游京师，寓福山王文敏懿荣私第。文敏病痁，服药用龟板，购自菜市口达仁堂。铁云见龟板有契刻篆文，以示文敏，相与惊讶。文敏故治金文，知为古物，至药肆询其来历。言河南汤阴安阳，居民搰地得之。辇载衟（即衖字）粥（即鬻字），取直（即值字）至廉，以其无用，鲜过问者，惟药肆买之云云。铁云遍历诸肆，择其文字较明者，购以归，计五千余版。文敏于次年殉难，铁云以被劾，戍新疆，遇赦归。至癸卯岁，乃以龟甲文之完好者千版，付石印行世，名曰《铁云藏龟》，此殷墟甲骨文字发见之原由也。

这篇文章曾经被广泛引用，影响很大。但大多数学者都认为这个记载只是传闻，并不可信。有学者对相关细节提出质疑，如菜市口无名达仁堂的药店；龙骨不用于治疗痁疾；药店中的龙骨是打碎出售，不可能在上面发现文字；等等。这篇文章其中许多问题需要更合理的说明及更充足的证据，才能让人信服。与此相关的记载却极少见，所以虽然学者承认这个记载虽非完全空穴来风，但大都认为漏洞百出，不太可信。所以，无论坚持"旧说"还是"新说"的学者，都认为这个说法只是一个娱乐的逸闻，不具有史料的价值。

近年，随着研究的深入，我们却日益发现这一记载存在相当的合理性，有必要加以补证。

许多学者认为汐翁的《龟甲文》是最早提出王懿荣吃中药发现甲骨文的说法，但实际上这个观点另有来源，就目前的资料看，最先记录王懿荣因病服用中药龙骨发现甲骨文的文献，并非《龟甲文》，而是明义士于1917年写成的《殷墟卜辞》，他在书序中说：

> 约十五年前（按：明义士1914年至安阳，十五年前即1899年），中国一考古学家王姓者，尝诣北京一中国药店，购买龙骨，以当药料，碎骨之中，有一小片，上刻细致文字，其中若干例，颇与其家藏最古钟鼎文字约其类似，遂

报事访求，……是则今之所称甲骨卜辞，彼实发现之第一人也。

后来，明义士在1933年撰写的《甲骨研究》中更明确说：

按范氏（范维卿）1914年所言：1899年（己亥光绪二十五年），有学者名王懿荣（字廉生，谥文敏公），到北京某药店买龙骨，得了一块有字的龟板，见字和金文相似，就问来源，并许再得了有字的龙骨，他要，价每字一两。回家研究所得。王廉生是研究甲骨的第一人。当年秋，潍县范氏又卖与王氏甲骨十二块，每块银二两。盖范氏在北京听说王氏之事，便到彰德得了十二块，回北京卖与王氏。

明义士提到的范氏即潍县古董商范维卿。明义士于1914年至安阳传教，长期盘游于小屯一带，与到安阳收购古董的范维卿交往很深，范维卿告诉过明义士许多事情。范维卿是最早贩购甲骨的古董商，甲骨最初发现的情况他最明了，在《甲骨研究》中明义士即言“最初发现的甲骨，都经过潍县范氏的手，范氏知道最详”，罗振玉的弟弟罗振常曾经在安阳小屯收购甲骨，对甲骨发现之初的情况也有耳闻，他在《洹洛访古游记》中也说：“后村人得骨，均以售范（即范维卿），范亦仅售与王文敏公。”范维卿实际是甲骨文发现中最关键的人物，他对早期甲骨的去向最明白。所以，由范维卿向明义士讲述的这个故事很可能是真实的。

关于这一点，还有陈重远《文物话春秋》中《孙秋飄与甲骨文发现》一文可以为旁证：

光绪二十五年……孙秋飄拜见王懿荣，王懿荣给他看“龙骨”，“龙骨”上有类似商代青铜器上的文字，孙秋飄认不出是文字还是图画，求教于王老夫子。王懿荣告诉他，自己在病中，派人到药铺云抓药，熬药时检查各味药，发现龙骨这付药上有文字，又派人到药铺买来大量龙骨。“你给我多搜集些铜器上的铭文拓片，等我病好后，我要仔细研究、考证、对照一下，有何相似，有何不同。”

孙桂澄，字秋飄，河北衡水人，曾效力于琉璃厂博古斋，对古董买卖情况较熟悉。孙秋飄卒于1931年，显然这个故事的流传比汐翁《龟甲文》要早得多，并非受《龟甲文》影响而产生的说法。

但我们看到，王懿荣因病发现甲骨文的事情流传并不广，最初只有王懿荣求购甲骨的对象范维卿和孙秋飄等少数人知道。这可能与王懿荣不愿张扬此事以获得最大量甲骨有关。罗振常的《洹洛访古游记》说：

某年有东估范兆庆（应为范维卿之误）者，跑乡至小屯，……后村人得骨，均以售范，范亦仅售与王文敏公，他人无知者。

王国维在1925年撰写的《最近二三十年中中国新发见之学问》中也说：

殷代卜时命龟之辞，刊于龟甲及牛骨上，光绪戊戌、己亥间始出于河南彰德府西北五里之小屯……初出土后，潍县估人得其数片以售之福山王文敏（懿荣）。文敏命秘其事，一时所出，先后皆归之。

马衡在《凡将斋金石丛稿》中说：

> 甲骨者，龟甲与兽骨也。其刻辞则殷商贞卜之辞也。……出土之时地及首先发见之人，皆可得而考也。一八九九年（清光绪二十五年），王懿荣得若干枚于估人之手，珍秘不以示人。

可见无论是古董商人还是王懿荣，为了尽可能多地获取甲骨，最初都不愿意宣扬发现甲骨文的事情。所以王懿荣生病由龙骨发现甲骨文这件事，除少数人知道外，明内情的人并不多。

由上可见，《龟甲文》一文所言王懿荣因病服用龙骨并非向空虚造。

龙骨是否治疗疟疾，关于这一说法是否可信，也是学者提出质疑的重要问题。经查证，中医将疟疾分为正疟、温疟、寒疟、瘴疟、劳疟等多种，其中瘴疟又分热疟和冷疟，无论热疟还是冷疟都以龙骨为主要药物之一。王懿荣患疟疾服龙骨，也合乎当时的医学诊疗情况。

在当时北京的药铺中，安阳小屯的"龙骨"并不罕见。据胡厚宣先生考证，"（龙骨）货分南北两路，北路货出于河北、山西，销在华北、上海；南路货出于川、黔、桂、滇、粤的山洞，销往广州、香港和南洋。另一种就是殷墟出土的甲骨，除在本地零售以外，主要销路在河北的安国和北京"①。这些所谓的龙骨其实就是小屯殷墟的甲骨，董作宾在《续甲骨年表》中说："先是，远在本年以前，河南省安阳县小屯北地滨洹河之农田中，即常有甲骨发现，村人以为药材，捡拾之，售于药店，谓之龙骨。……所谓龙骨，多半皆为甲骨文字。"罗振常在《洹洛访古游记》中也记录了他在小屯的见闻："此地埋藏龟骨，前三十余年已经发现，不自今日始也。谓某年某姓犁田，忽有几骨片随土翻起，视之上刻画，且有作殷色者，不知为何物，……土人因目之为龙骨，携以示药铺。药物中固有龙骨龙齿，今世无龙，每以古骨充之，不论人畜。且古骨研末又愈刀创，故药铺购之，一斤才得数钱。"②

中药龙骨一般是打破后售出，但并不是研为细末，而是成为小片，上面完全可能带有残存的文字。周绍良先生介绍旧日的中药说："龙骨在药店并不是粉碎成细粒，而是成块状，有大片，有小片，所以从片上找出文字是可能的（一直到三十年代，我们卖龙骨的药店里还是有大片的、小片的）。"③曹定云先生是参与发掘与整理甲骨实物最多的学者之一，他曾用破碎甲骨与中药中的鳖甲做过比较，结论是"王懿荣从'龙骨'中发现了甲骨文是完全可能的，并非子虚乌有"④。

《龟甲文》一文中最复杂的是菜市口达仁堂的问题。菜市口并没有名达仁

① 胡厚宣：《殷墟发掘》，上海：生活出版社，1955年，第9页。
② 罗振常：《洹洛访古游记》，郑州：河南人民出版社，1987年。
③ 周绍良先生的说明见于《中国文物报》1997年3月16日第4版。
④ 曹定云：《从龙骨到甲骨的飞跃》，《殷都学刊》2009年第3期。

堂的药店，达仁堂是同仁堂创始人乐印川的后代乐达仁于 1913 年在上海创办的，后在各地设立分号。北京达仁堂 1927 年开业，初在前门外杨梅竹斜街，后迁至前门外大栅栏西口。菜市口无达仁堂，但有一家著名药店西鹤年堂。西鹤年堂创建于明嘉靖年间，已经有 400 多年的历史，与同仁堂齐名，当时北京流传一个说法："要吃丸散膏丹到同仁堂，吃汤剂饮片到鹤年堂。"周绍良介绍西鹤年堂说："到宣武门外菜市口买药，当然说'达仁堂'是不对的，但当时一些名人吃药要到西鹤年堂去买，这在当时是很迷信的，而西鹤年堂正在菜市口附近，这点是没错的。"①所以，《龟甲文》的作者很可能是将达仁堂和西鹤年堂混淆了。

处于前门外西边的达仁堂为何与菜市口的西鹤年堂混在一起呢？如果我们将达仁堂与西鹤年堂和当时北京乃至全国最大的文物集散地琉璃厂联系在一起看，就会豁然开朗。达仁堂在杨梅竹斜街，处于琉璃厂东面，出杨梅竹斜街西口行不远即是琉璃厂。西鹤年堂在菜市口，处于琉璃厂西南方向，自菜市口东北行即是琉璃厂。二者与琉璃厂的距离都非常近，如果单纯提起琉璃厂附近的著名药店，很容易引起混淆，而琉璃厂又恰恰是喜欢收藏的王懿荣和贩卖古董的范维卿共同的常游之地，所以琉璃厂很容易会成为回忆甲骨发现时故事的坐标。如果对北京地理不太熟悉，或对事件了解得不够清楚，将同在琉璃厂边上的达仁堂和西鹤年堂混淆也就在情理之中了。汐翁《龟甲文》的记载很可能就是因为这样的误解把西鹤年堂记成了达仁堂。

另外，琉璃厂以西、菜市口的宣武门一带是会馆云集之地，是外地来京人员的大本营，当时的山东会馆即在今校厂口胡同头条，离西鹤年堂和琉璃厂都很近，身为山东人的范维卿在这里活动是极自然的事情。因此，两个山东老乡——在西鹤年堂买到"龙骨"的王懿荣与常年在安阳一带收集古物的熟悉甲骨的范氏在此发生联系，也就十分自然。

由此，我们看到了一个甲骨从小屯村到王懿荣手中的完整链条，其中许多环节都不是杜撰所能想到的。

综上所述，《龟甲文》虽然是报纸小文，但关于甲骨文发现的记载却与事实包含如此众多的契合，这种契合显然不可能是巧合，应该是作者在传闻的基础上撰写的，具有相当的可信性。

《龟甲文》虽然讲述了甲骨文是由王懿荣服用龙骨而发现的，但应该注意到，作者把刘鹗作为故事的主角和甲骨文的实际发现者。这种误解大约出于以下原因：

一、刘鹗在民间的知名度更高。刘鹗于 1903 年发表的文学作品《铁云游记》，是清末著名小说，流传甚广。刘鹗生性豪放，仗义任侠，尤其是 1900 年的庚子期间，其买太仓粟赈济北京百姓，名声大震。刘鹗在民间的知名度和吸引力更

① 周绍良先生的说明见于《中国文物报》1997 年 3 月 16 日第 4 版。

高，更为常人所熟悉。

二、刘鹗是甲骨著录第一人。1903 年发表的《铁云藏龟》一书，是学术史上第一部甲骨著录，使甲骨文从古董向学术资料转化。将甲骨文最早的发现者与甲骨文最初的刊布者联系在一起，也是合理的推断。

三、刘鹗具有从医的医学背景。刘鹗熟习医术，二十九岁时曾在扬州行医，其子刘大绅曾说："先父至扬州，无以为生，乃悬壶为人治病。"罗振玉在为刘鹗写的小传里也记载他"以岐黄术游上海"。刘鹗后来还写成《要药分剂补正》《人命安和集》等医学著作。这种医学背景，很容易与检视药材龙骨而发现文字的情节联系起来。

由于以上原因，原本对甲骨文发现问题并非十分熟悉的汐翁，将甲骨文发现的荣誉放在了刘鹗的头上。

《华北日报》本不是学术刊物，汐翁著文的意愿也不在于研究学术，以具有较高关注度的刘鹗为主角，自然会增强文章的可读性，更吸引读者的目光。于是，这个本来就不太明了的故事，以一种更戏剧化的面目出现了。但是，这种戏剧化并不妨碍其中的合理成分，《龟甲文》和其所载的由王懿荣患疟疾服用龙骨而发现甲骨文这一事件是可信的。

另外需要注意的是，王懿荣生病发现甲骨文这件事，虽有范维卿、孙秋飒等人知晓，但王懿荣的后人却未提起，如王懿荣幼子王汉章在《河北第一博物院画报》上发表《古董录》说："回忆光绪己亥庚子间……估取骨之稍大者，则文字行列整齐，非篆非籀，携归京师，为先公述之，先公索阅，细为考订，至其文字，则确在篆籀之间，乃畀以重金，嘱令悉数购归。"通过考察王懿荣年谱，我们发现这并不奇怪。王懿荣发现甲骨文为 1899 年夏秋之季，而第二年八月即罹难，以其欲秘购甲骨故，未将发现甲骨事外扬，知道的人不多。在王氏的亲属中，妻子、儿媳等与其同时殉难。王氏长子王崇燕已逝，次子王崇烈任候补知府，驻在天津，不在北京寓内，幼子王崇焕（即王汉章）只有八岁，尚不解人事。所以，他们于王懿荣发现甲骨文时的具体情况并不清楚。

综上观之，王懿荣因用龙骨为药而发现甲骨文是大致可信的，汐翁《龟甲文》虽然有文学化和推测性的内容，但事件的基本结构是可靠的。甲骨文的最早发现者应该是王懿荣。

（作者：徐义华，中国社会科学院古代史研究所研究员，出土文献与中国古代文明研究协同创新中心研究员）

器与铭：铜器的文本与图像关系

◇张　翀

中国古代青铜器有着一个独特的现象，就是器有铭文，我们常以“金文”“钟鼎文”称其铭文。在青铜器发现之初，铭文就被发现，并予以注意，这与其和中国汉字一脉相承有关。在文人雅尚、玩赏之余，铭文甚至能够脱离铜器而独立存在，宋朝人薛尚功就编过一部关于铭文的著录书《历代钟鼎彝器款识法帖》，言外之意就是将青铜器的铭文作为书法中的“法书”，脱离铜器本身单独著录。薛尚功首开先河后，历代均有类似的著录，其中名气大者如阮元《积古斋钟鼎款识》、罗振玉《三代吉金文存》。新时期以来，中国社会科学院考古研究所编著的《殷周金文集成》更是集大成者。但是以铭文为主的著录方式，虽然给研究带来很多便利，但也有将青铜器铭文作为单一的“文本”（Text）来看的趋势①，容易见字不见器，而铜器和其铭文之间的关系并非如此简单。

大体说来，商代铭文字数少，仅 10 余字为常见，常缀族徽及日名。日名是先秦甲骨、青铜器研究的一个专用名词，即称祖、父、兄以甲、乙等天干为号。周代金文出现日名的情况较少。但是，日名不只是判断时代先后的标准，更是族群的文化因素的区别。张懋镕先生提出“周人不用日名”说，较好地区分了商周文化的因源，在西周时期的铜器中，商人的后裔还是用日名的，而姬周宗族却不用日名。社会学科某一理论的提出，不如自然科学那么截然分别；毕竟社会学科都是研究人的，是人总会有些偶然，所以日名之分不能强谓要有泾渭分明的分野。这如同铭文字数一样，西周铭文更多为纪事，并出现长铭，而商末也已有几例字数长于 20 字以上的铭文了。西周以后，铭文字

图 1a　毛公鼎　现藏台北“故宫博物院”（采自中国青铜器全集编辑委员会编：《中国青铜器全集 5 · 西周 1》三六，文物出版社，1997 年）

① 在古文字研究中常在铜器器名外加书名号，以指代该器器铭。

数渐长,至西周晚期出现了单器最长铭者,现藏于台北“故宫博物院”的毛公鼎,为 497 字(图 1)。铭文字数逐渐增长,使得铭文日益文本化,然而在早期铜器上因为铭文字数较少,文本化的色彩并不浓厚,甚至有文字与图像“混搭”之作,可谓是一种“左图右史”的铜器形态,如商末周初子龙大鼎,其铭文“子龙”就是一例。① 虽然铭文“子”象人形,但还是属于文字,而“龙”字径直出现龙的形状。龙是古代中国幻想的动物,其具体形状出现很早。推想在子龙鼎制作的年代,工匠对龙的形象已有更为细致的考虑及描绘,才能在铭文上出现“文字+图像”的表达。细看“龙”铭的情状,有角、带吻、凸睛、曲身、卷尾,与商周玉器之龙近似。此外还有绘制有牛、鹿形状铭文的铜鼎。1935 年安阳侯家庄西北冈 1004 号大墓出土的两件方鼎,出土时挨在一起。大鼎内底铭一牛形,小鼎内底铭一鹿形。陈梦家先生在发现初期就指出,这两件方鼎上的铭文是标明鼎的用途的,刘雨先生根据两鼎的容积结合文献更加坐实了这一结论②,即牛鼎就是用来煮牛,鹿鼎则是用来煮鹿的。(图 2)既然牛鹿之铭不是指代牛族、鹿族,就意味着该铭文图像的色彩要浓厚得多。我们认为鹿铭铜器是源于所煮之物而非鹿族,还有一条证据可以佐证,即在西周早期墓葬中有殉鹿的情况。陕西长安县张家坡村 M36,“在墓的东端高出椁室约 0.1 米的填土中,发现一具完整的鹿的骨架,全身蜷曲作伏卧状。以鹿随葬的情形在西周墓葬中不多见”③。

图 1b　毛公鼎拓本,清陈介祺等全形拓,罗振玉大篆题端

由此可见,铜器上的铭文,即金文在一定程度上有图像的意味。这点并不能成为图像文化发达以致蔓延至文字之上的证据,因为中国文字有着特殊性,即它本身有自有的构件,如刘敦愿先生所言,“中国历史文化悠久,铭文资料特别丰富,文字未曾实现拼音化,结构相当特殊,书法又成为一种独特的造型艺术”④。

① 朱凤瀚:《子龙鼎的年代与铭文之内涵》,《中国历史文物》2006 年第 5 期。

② 刘雨:《殷周青铜器上的特殊铭刻》,《故宫博物院院刊》1999 年第 4 期。

③ 中国社会科学院考古研究所沣西发掘队:《1967 年长安张家坡西周墓葬的发掘》,《考古学报》1980 年第 4 期。

④ 刘敦愿:《考古学与古代艺术研究》,《文史哲》1986 年第 6 期,又收入氏著《美术考古与古代文明》,北京:人民美术出版社,2007 年,第 3 页。

基于此，我们只能称文字沾染了图像之风，但不便将其称为图像文字，例如族徽等，因为西周以降，文字日渐抽象及繁化。

西周早期，文辞古奥，文气与《尚书》《逸周书》相仿，是庙堂重器镌刻的典型文字。西周中期以后，长篇的叙事铭辞出现很多，如史墙盘、裘卫诸器等记载着一个家族的兴衰荣辱，甚至还在铭文上出现了界格，如颂壶等。这样一来，铭文字数虽然增加，呈现出一种文本化的形态，但结合界格来看，保留了相当大的图像色彩。东周时期的铭文更加活泼多样，刻写铭文的出现使铭文字体呈现自然化、生活化，甚至铭文的有些内容也与当时重要的文献档案《春秋左氏传》能够对照。如《左传·桓公十八年》载："祭仲逆郑子于陈而立之。杜注：'郑子，昭公弟子仪也。'"此条后又有杨伯峻注："1918 年新郑墓出土王子婴次炉，郭沫若《两周金文辞大系考释》谓即子仪之器，恐不确。子仪，《郑世家》谓之公子婴。"其后《左传·庄公十四年》再次涉及郑子及王子婴次炉："郑厉公自栎侵郑，及大陵，获傅瑕。傅瑕曰：'苟舍我，吾请纳君。'与之盟而赦之。六月甲子，傅瑕杀郑子及其二子，而纳厉公。"杨伯峻注："郑子即子仪，以无谥号，故称郑子。传世器有王子婴次炉，王国维谓为楚公子婴齐器，郭沫若则以为即郑子仪之器，详《殷周青铜器铭文研究》第二册。然郑子不得称王子，郭说似可商。"王子婴次炉是郑子仪器还是楚公子婴齐器暂且不论，只单看一点就可知文献和器物、铭文联系之紧密。

图 2　鹿方鼎（采自中国青铜器全集编辑委员会：《中国青铜器全集 2·商 2》四二，文物出版社，1997 年，第 43 页）

在加刻、补刻的铜器铭文上，虽然也是为了要刻出文字，但因为錾刻等文字制作的关系，文字并非一次成型。如晋侯苏钟铭文。晋侯苏钟分为两组，一组 8 件，共 16 件，其中最后 2 件出土于山西曲沃北赵晋侯墓地 M8，其余 14 件早年被盗发，流散于港埠古玩肆中，承马承源先生心力，现今 16 件聚藏于上海博物馆。这组 16 件的晋侯苏钟的铭文，为刻錾联铭，共 355 字。李学勤先生认为，晋侯苏为《史记·晋世家》中所说的献侯籍，铭文所记载的事迹在厉王三十年。但是，器作和制铭就复杂些了。晋侯苏钟并非整套一次铸成，而是拼凑起来，其两组前面各有两件不是中原制品，当系在铭中战事中所俘获的战利品，后来配上其余各件，再统一加刻铭文。"钟的完成有可能在铭文记事之后。战事时苏还不是晋君，铭中称晋侯乃是后来追称"①，即铭文中所记的晋侯随王出战的时候，晋侯还不是以"晋侯"的身份。西周晚期开始出现加刻的铭文，之前都是铸铭。加刻铭

① 李学勤：《晋侯苏编钟的时、地、人》，《中国文物报》1996 年 12 月 1 日。

文的铜器在西周晚期数量很少,多是特殊情况才予以刻錾的,但晋侯苏钟非独例,上海博物馆所藏的成钟的铭文也为加刻铭文。

不唯如此,晋侯苏钟铭文的文字笔画也并非一次刻成,而是由多次錾刻点连接而成的线而形成的文字,这与后世刻纹铜器的制作方式有不谋而合之处,如1978年江苏淮阴战国中期墓出土的6件铜器,据观测,“非刻纹面多为铜锈覆盖,特殊保护层难以分辨。今分析的几块试样皆是一面刻纹,另一面无刻纹。刻纹图案主要是人物、鸟兽、花草、楼宇,也有一些角状纹等。刻纹一般较深,自然流畅。但在放大镜下观察时,也可发现有的线条(不管是直线还是曲线)并不是十分连续的,而有一些停顿和连接处,有的长线条显然是由更短的线条连成”①。晋侯苏钟铭文不满400字,若无尖锐工具不易为之。晋侯苏钟铭文在字画转折处,不能利索一刀而就,而需錾点成线,但中山国平山三器铭文的字画在转折处较少出现这种痕迹。晋侯苏钟铭文笔画略显迟滞,如第2件钟铣部位上的“晋”字,上部分的“”,右侧斜笔向下后并不是一笔转向作圆弧,而是在略上方处停顿,出现一个小方折;而平山诸器中所见笔画,用笔爽利,如“王”字中竖,一笔贯通而下,用笔挺劲,足可见刻写工具略比晋侯苏钟的硬度高。这两组刻款铜器的出现并非按常制,即用铸嵌为名,也并非如后世的兵器錾刻铭文,足以体现出其非比寻常的事迹,如䥈壶是中山嗣王䥈为其父䂓王送葬时所制,铭文语调悲凉,反映敌国将要入侵中山国的危机;晋侯苏钟则不怎么考虑编钟是否成套,而是径将外族铜钟略作组合后就拿来刻铭,以记载晋侯苏之武功,其踌躇满志跃然其上。晋侯苏钟是“西周厉王三十三年时期,也即公元前846年的器物”②,它的制作及铭文刻写有着极大的特殊性。“文字书写的材质、书写方式等会对字体产生巨大影响。如西周金文‘旦’字写作(望簋),下所从皆为块面状形体,而晋侯苏钟由于是刻铭,所以‘旦’字写成了,下面的块面成了线条,迥异于西周金文中的一般写法。因此,在书写材质、书写方式一致的情况下对文字形体的演变进行研究,将更能反映文字系统本身的形体演变规律。”③如果铭文具备“抄写”的含义,那么其书写的意味就更加浓厚。纵然不及书法创作的标准,但也似敦煌写经抄书般在书法史上有着对照的意义。档案文件的移录会使文件词句开始较少地耗费撰写者的心神,金文书法艺术的独立性也变得可能起来。除晋侯苏钟是刻铭之外,还有鄱子成周编钟,它的情况就更有意思了。鄱子成周编钟于1978年在河南固始堆一号墓出土,共9件,形体相似,大小依次递减,每钟均有

---

① 何堂坤:《刻纹铜器科学分析》,《考古》1993年第5期。

② 叶正渤:《从历法的角度看速鼎诸器及晋侯稣钟的时代》,《史学月刊》2007年第12期。亦可参看李仲操:《谈晋侯苏钟所记地望及其年代》,《考古与文物》2000年第3期。

③ 张再兴:《金文构件形体的演变——基于字形属性库的类型学研究》,《华东师范大学学报》(哲学社会科学版)2007年第2期。

铭文，但铭文的原有人名都被铲掉，再刻上“鄱子成周”，说明此套编钟并非鄱子成周所作，或因战争关系取自他人，然后刻上自己的名字，以为己有。①

铜器铭文增长并开始文本化，是有着历史背景的，特别是殷周沿革，以及殷遗民介入的原因，几乎要到西周穆王时期，才真正确立起西周本位文化。文化滞后于政治变革，是人类社会普遍的一种规律。从某种意义上说，周人在铜器上较为落后，“青铜器在商代是宗教礼制的核心，是关乎社稷存亡的重要器物。而在姬周族的文化中，青铜器出现较晚，西周早期青铜器还不为周人所重视。随着西周礼制的逐步完善，在‘穆王革典’之后，西周青铜器礼制文化方告形成，青铜器才成为周人政治生活中的重要角色”②。与此同时，在昭穆时期的西周图像文化也开始确立，仅以铜器为例，就开始以实用的几何纹替代兽面纹，进而也发生器种的变革，食器逐渐取代酒器的地位。“周人推翻商朝后，随之创立的天命说就是一个巧妙的翻版，而且再次利用抽象的艺术手法。此说不仅确立和巩固了周王朝的合法地位，在抽象艺术——几何图像的辅助下，也试图使人们忘记动物崇拜的习俗和商王朝对此信仰的权威性”③。因为权力继承合法性的需要，其器物也进行某种翻版，“当周人的祖先从西方继承了他们的陶器，他们对东方商王朝都邑文化的某些方面也充满了渴望。在克商前的数十年间，他们采用了晚商青铜礼器简化而固定的形制。最常见的器型是鬲、鼎以及乳钉菱格纹簋。如前所述，它们像是更为复杂的商代青铜器的笨拙翻版”④。毫无疑问，以殷墟为代表的商代晚期铜器文化是当时先进文化的一面旗帜，周人作为“文化后进”的异族，文化的自卑感迫使他们急切地进入到先进的图像文化系统，这一点非常近似于后来发源于西戎之地的秦人对周文化无所保留的继承。也正因为这个原因，取得大统的周人允许殷遗民使用原来传统的兽面纹饰系统，甚至还在一定程度上允许纵酒之风。

所谓的郁郁乎文，即西周逐渐弃用殷商诡奇的图像文化，在青铜器之上更多地采用一种降至人间的图像及符号，当然这种转变并非一蹴而就，需要有一个时间过程。更为重要的是，西周铜器开始采用铭文作为一种另类的“图像”，字数渐多，文字渐整饬，内容也越重要，整个社会朝着“文”的时代开拔。青铜礼器作为王权、神权的象征物，商周两代一致，但进入西周之后，社会思想观念发生了巨

---

① 固始侯古堆一号墓发掘组：《河南固始侯古堆一号墓发掘简报》，《文物》1981 年第 1 期。

② 梁彦民：《殷墟与西周时期具盖青铜鼎刍议》，《陕西历史博物馆馆刊》第 13 辑，西安：三秦出版社，2006 年。

③ 杨晓能：《商周青铜器纹饰和图形文字的含义及功能》，《文物》2005 年第 6 期。

④ ［英］杰西卡 · 罗森：《是政治家，还是野蛮人——从青铜器看西周》，《祖先与永恒——杰西卡 · 罗森中国考古艺术文集》，北京：生活 · 读书 · 新知三联书店，2011 年，第 28 页。

大变化，青铜器的艺术风格随之转变，总的趋势是威慑、神秘的色彩减退，追求典雅、和谐与秩序化之风浓烈，甚至会出现反差极大的周代图像文化图景，“周朝早期青铜器显得笨拙，甚至古怪；而文献则优美而令人信服”①。“由周穆王执政时期开始，一部分青铜礼器由纪赏赐、表荣宠转向书约剂，即其成为重要条约、契约的载体。不少青铜礼器带有长铭，‘成为“读”而非“看”的对象’。”②

因此，西周成王之后，逐渐开始利用长篇铭文加强对权力的控制和占有，这是一种独特的铜器图像文化现象。有学者分析，西周时期青铜礼器上的铭文制造技术是保密的，后来由于周王室东迁，这种技术才散落到民间③。故这一时期，不能仅靠纹饰来对图像文化做一概括，而且，仅依据纹饰对铜器断代也会有所偏差，如荣子方尊。方尊本属于商代后期的器形，在西周早期尚且存在，以后就很少见了。在它行将消失之前，有一个“回光返照”的现象。当然在这种古老的铜器上，往往会有与器形相配、装饰古老的纹饰，但这种以兽面纹、蕉叶纹为主的三层满花的古旧风格不再具有断代的绝对意义，如果仅依据纹饰很容易将其归为成王时器，而荣子方尊的铭文所表现出的时代特征正给出最有力的证据，“尊”字“酉”部上已有两小竖，绝非成王时器。“对工匠自由的限制及其职业的世袭，使得青铜礼器的生产技术具有相当大的封闭性。如西周时期，在中原地区的青铜礼器上多有长篇铭文，而南方地区出土的青铜器上一般没有铭文，即使有少量带铭文的青铜礼器，其器形和纹饰都与中原地区相同，与本地无铭文器物有区别。”④

大致说来，带有铭文的铜器是中国铜器的显著特点，也很容易使人认为其铭文反映了书法的早期形态，“中国历代书法文字的内容是一种历史的记录。它包含着书写者的举止和情感，是了解我国史实的珍贵材料。如果从书法的艺术形态特征来说，它还与书写工具和材料（如笔、墨、甲骨、铜铁器、砖石、竹木简牍、绢帛和纸等）的变化有关，也体现了时代的精神崇尚”⑤。我们也基本同意铜

① ［英］杰西卡·罗森：《是政治家，还是野蛮人——从青铜器看西周》，《祖先与永恒——杰西卡·罗森中国考古艺术文集》，北京：生活·读书·新知三联书店，2011年，第21页。

② 林通雁：《从美术史的视角探讨青铜器艺术——〈中国古代青铜器艺术〉编后感》，《美术之友》2002年第6期。

③ ［日］松丸道雄等编：《中国史》第一卷第四章“春秋”，东京：山川出版社，1996年。转引自［日］冈本真则撰，李冬君译：《2003年日本史学界关于殷·周·春秋史的研究》，《中国史研究动态》2005年第4期。

④ 袁艳玲：《周代青铜礼器的生产与流动》，《考古》2009年第10期。

⑤ 俞伟超：《中国历史博物馆藏法书大观》序，《中国历史博物馆藏法书大观》第一卷，上海：上海教育出版社，2001年。

器铭文可以作为书法范畴的实物材料①，但还是应该从本位出发，更多地考量铭文制作的状况，“从殷商到春秋的数百年间，青铜器铭文主要是在铸造青铜器的过程中一次形成的，这种方法是在青铜器铸造过程最初的制作模型阶段就在泥模干燥过程的适当时机，用毛笔起稿而后进行雕刻。只有少量的铭文属于铸成后用利器凿刻而成。这种书写材料和书写方式的长期一致性排除了文字以外客观因素的影响，又为渐进性缓慢发展的字形提供了充分的时间。金文的这些特征为字形演变规律的研究提供了优越的条件”②。而金文却有着纸本范本的痕迹，在西周中后期颂鼎等带线格铭文上就可见一斑，到了春秋时代马羌钟就更加明显了，“此钟铭与秦公簋一样都是作于方格之中，更增强了书体的篆意，与人极均整的感觉”③。出现这个感觉显然是与西周大量出现的私文书有着密切的关系，“西周青铜私文书的数量远远超出了商和春秋战国时期的铭文器数。日本泉屋博古馆此次展出商青铜器24件，铭文器6件，占所展商青铜器的25%，先秦青铜铭文器的9%；展出的春秋战国青铜器48件，铭文器16件，占所展春秋战国青铜器的30%，先秦青铜铭文器的25%；而西周青铜器53件，铭文器就达42件，占所展西周青铜器的80%，先秦青铜铭文器的66%。从以上统计数字可以看出，西周青铜铭文器远远多于商和春秋战国时期的青铜铭文器总数。不但日本泉屋博古馆所展藏的西周青铜铭文器如此，我国著录的出土和传世的先秦青铜铭文器里，西周青铜铭文器也占绝大多数”④。私文书的发展与铭文铸法的变化不无关系，最初的浑铸法被范块取代，这样，在未成器之前以铭文为形式的文书得以控制在最小范围内阅读和观看。同时，铸造方法的改变也使得铭文最大限度地保留在“粉本”书写状态，书意变得浓厚，“铸铭方法的不断改进致使西周铭文字数得到迅速增加。铸造铭文时，有采用‘直接在范上刻铭’的方法，铸成的铭文即为阳文。有的则采用在‘铭文范模上刻正阴文，翻出反阳文范，嵌于范中，铸出正阴文’的方法铸铭。这两种方法都有许多缺陷。而后发明的在‘范上按字或按行贴泥片，刻成反阳文，铸成正阴文’的方法，铸铭时可‘不限铭文字数’也‘不需预制铭文范模’，这种铸铭的方法是西周青铜私文书字数增多的主

---

① 张翀：《从伯懋父簋墨书蠡测商周书法》，《形象史学研究》2015年上半年刊，北京：人民出版社，2015年。

② 张再兴：《金文构件形体的演变——基于字形属性库的类型学研究》，《华东师范大学学报》（哲学社会科学版）2007年第2期。

③ ［日］白川静著，温天河、蔡哲茂译：《金文的世界——殷周社会史》，台北：联经出版事业公司，1989年，第221页。

④ 孙瑞：《日本泉屋博古馆所见先秦私文书——西周青铜私文书的鼎盛》，《日本学论坛》2002年第2期。

要原因”①。容庚先生以铜器铭文的痕迹为线索对书写本身展开讨论：“铭文间有方格，殆为书写之便。如师趛鼎，克鼎、广簋、番匊生壶，大鬲皆有阳文方格。然铭文往往跨于方格上。大克鼎前半有格而后半无之，颂壶器有格而盖无之。鄀媻鼎及壶则有阴文方格，字皆书于格内。”还有对金文行款的论述，特别讨论了一件铸刻铭文兼有的器物，“䮘卣铭作‘䮘作旅彝’，‘作旅彝’三字乃铸欵，䮘名补刻，盖器皆然，故知铭文无作器人名及被作器人名者，乃虚其上以待补刻也”。唐兰先生研究㝬钟就说，“由书法观察之”，“其铭实并不如昭、穆时器瑰奇秀丽，其较胜于恭、懿时之散漫着，特以渐趋整齐，而骨骼恢张，则又厉宣时期之特色也”。王长丰《商周金文的书法特性》②一文以同器分铭的角度，分析了金文的书法问题，不能不说是一个有益的探讨。

> 成王时的《宾尊》、《宾卣》（器盖）、《卿鼎》、《卿簋》，康王时的《作册大鼎》（四器）、《史簋》（二器），昭王时的《作册卣》（盖器）、《作册令方尊》、《作册令方彝》、《作册夨令方尊》、《蔡鼎》（二器）、《小臣簋》（二器，盖器同铭）、《臣辰父癸尊》、《臣辰文癸卣》（二器，盖器同铭）、《臣辰父癸盉》、《召尊》、《召卣》（盖器），穆王时的《盂簋》（盖器）、《兢卣》（盖器）、《静卣》（盖器），恭王时的《师酉簋》（三器，盖器同铭）、《大鼎》（二器）、《生簋》（四器），以及此后如《谏簋》（二器）、《扬簋》（二器）等，上各器同铭或分铸于一器中的器、盖或分铸于多器，行款字形或相同或相异，但无论分铸多少，同铭诸器书法风格均相同。其中最典型者当属《师酉簋》三器同铭，每器分铸于器盖和器身。《师酉簋》铭文字数较多，三器六铭，每铭行款不同，字行结构亦不相同。单就同一器铭来说，相同的字其字形也作了相应的变化，尽可能地使同字不同形。此铭六次浇铸，且字形、行款不同，大小各异，当为六次书写底稿浇铸，但将此六铭拓片放在一起，其书法风格相同，如出一辙，就像一次浇铸完成。再如《此鼎》三器同铭，《此簋》八器八铭等亦如《师酉簋》。由此可见，西周青铜器铭文，不仅最大限度地保留了原墨书底稿的笔画起止提按等运笔形态，也保留了原墨书底稿字形的间架结构，也就是说，西周青铜器铭文文字字形，其书法特征亦达到了与原墨书底本形神肖似的地步。商周甲骨文、青铜器铭文，特别是西周青铜器铭文，它们都很好地反映了原墨书底稿的原貌；且不同书写者所书写的文字其书法风格亦不相同。

西周中期的史墙盘可以算是比较成熟的文本文字，因为盘内底铸铭文 18 行共 284 字，铭文前半部分颂扬西周文、武、成、康、昭、穆诸王的重要政绩，后半部分记述墙所属的微氏家族的家族史。铭文言辞古奥，用四言句式，颇似《诗经》。

---

① 孙瑞：《日本泉屋博古馆所见先秦私文书——西周青铜私文书的鼎盛》，《日本学论坛》2002 年第 2 期。

② 王长丰：《商周金文的书法特性》，《中国文物报》2002 年 9 月 4 日第 7 版。

史墙盘的铭文与古代文献的记载能够互相印证，不仅是研究西周历史的重要史料，还有较高的文学价值。然而，研究探索金文书法意蕴不可避免地存在一个危险，即研究对象多少会沦于程序化、文书化，削弱书法作品的意境，这一点近似于后代写经抄书刻帖的活动。当具备“笔法”的书写进入文书领域，不可或缺都会经历这种考验。“赵体（笔者按：赵孟頫）像颜体和欧体那样，自十四世纪以来已经成为中国版刻所采用的主要书体之一。一旦成为印刷体，就不可避免程序化……。”①这一危险，中国的学者或多或少都受其影响，反倒外国学者看得真切一些。像上文提到的安阳玉器朱书的材料，学界早有公布，但只限于释字的工作，而放弃了最应该考究的书写观察。② “令人感到吃惊的是，这些多采用流利线条的铭文，与几乎是由坚硬的直线构成的甲骨文竟然出现在同一时代。这主要取决于所用材料的迥然不同。甲骨文必须刻写在平滑的龟甲和兽骨上，而且空间非常狭小。其内容往往是只供皇帝和贞人看的，不能让其他人随意看到，因此需要尽量省略字形。也就是说，其目的在于即便是由于某种过失，让别人偷看到了也无法知道其含义。这一点与符牒相类似。与此相反，铭文则必须统传万世，让子子孙孙阅读并引以为尊。甚至可以说，与实际使用的文字相比，这种文字多呈屈曲状，以便产生装饰性效果。铜器铸造出来之后，铭文便出现在坚硬的铜器上，决不会是铸造出来之后才镌刻上去的，制成铸范后再镌刻，在技术上也无法达到要求。因此铸造之前，文字的原型早已被镌刻在铸范的毛坯上了。因为是用柔软的黏土来制造范型，用一把竹刀就可以轻易地完成这项工作。这样一来，我们就可以同时看到两种发展方向完全不同的殷代文字。”③

在书法范畴内，甲骨文与铜器铭文有着比较明显的差别④，即便是金文内部，也存在着文本与书艺相互交错的情况。郭沫若曾论：“有意识地把文字作为艺术品，或者使文字本身艺术化和装饰化，是春秋时代的末期开始的。”⑤我们认为，这种特有的艺术，可能出现的时间会更早一些，“在楷书的规范点画尚未形成之前，‘捺’亦作‘波挑’。有关于‘捺’的起源，可以追溯到很早。周代青铜的铭文，类似‘捺’的笔画比比皆是，这无疑是毛笔书写留下的痕迹；其余笔画经过雕刻、烧铸，已完全失去笔触。可见‘捺’的特征是太突出了，几经折腾还保留

---

① 牟复礼、朱鸿林合著，陈葆真、肖蕙芳、柯伟勤协著：《书法与古籍》，北京：中国美术学院出版社，2010 年，第 121 页。

② 连劭名：《安阳刘家庄商代墓葬所出朱书玉铭考》，《华夏考古》2001 年第 1 期。

③ ［日］滕枝晃著，李运博译：《汉字的文化史》，北京：新星出版社，2005 年，第 30 页。

④ 张翀：《从伯懋父簋墨书蠡测商周书法》，《形象史学研究》2015 年上半年刊，北京：人民出版社，2015 年。

⑤ 郭沫若：《古代文字之辨证的发展》，《现代书法论文选》，上海：上海书画出版社，1980 年。

着”①。“从用笔剖析其多变的书写形式与浪漫、抒情的自然风格，一是明显地具有毛笔笔意，表明用笔的轻重提按；二是已表明用毛笔表现线条的曲直肥瘦与力感，中锋行笔已然露痕；三是已表明线条运用中的线、点、面交错相构，从而使字形的组合趋于和谐与含蓄的美感性质凸现出来。从笔画线条特征作深入剖究，初时的商金书尽管并未强调篆引，但显然已露出篆引的些许端倪。”②综而言之，西周时期已经初备书法气度，“在先秦时期，书法的法度程序初备于西周大篆，体现着统治者的意志，以及美的价值和选择，也可以说体现了礼乐文化的秩序感”③。因为有了篆引，有了提按，有了铰毫，文字书写才从抄写中独立出来，成为一门独立的艺术语言，尽管后两种属于秦汉之后才出现的书写技巧。文字因具体书写情境而出现种种偶然性的“笔触”形态，“书写”行为本身是自在的。笔触的变化和我们指端所施与毛笔的提按之力有关，也与材质的机理有关。书法固为人所书写，而当它呈现出来，其形态便有不为书者所能控制与预料的一面。而我们所学习的并不是具有种种偶然性的“笔触”形式，而是书写的普遍“法则”。“迄今为止，商周至秦都有墨迹发现，还有为数众多的刻款金文。面对这些实用文字，很容易感受到它们的种种书法之美，而实际上只是不期然而然的无心之作，并非为着美的目的。”④

（作者：张翀，中国社会科学院古代史研究所助理研究员）

① 孙晓云：《书法有法》，南京：江苏美术出版社，2010 年，第 96 页。
② 秋子：《中国上古书法史》，北京：商务印书馆，2004 年，第 109 页。
③ 丛文俊：《中国书法史·先秦秦代卷》，南京：江苏教育出版社，2002 年。
④ 丛文俊：《中国书法史·先秦秦代卷》，南京：江苏教育出版社，2002 年。

浅析东周时期楚国服饰刺绣纹样的文化内涵

◇陈美勋

东周时期是我国社会发展的大变革时期,伴随着诸国畛域的此消彼长,各地区形成了独具地方特色和民族风俗的区域性文化,各种区域文化互见长短。楚国也在开疆扩土中以自身的中原华夏文化为基础,又同相邻的巴蜀、吴越等诸国文化相互交织和渗透,所及之处兼容并蓄,形成了独具风貌的楚文化。① 历史学意义上的楚文化是东周时期江汉、淮水流域之间的、由楚人所创造的一种有自身特征的物质文化和精神文化的总和。② 近四五十年的考古发掘的服饰的实物资料可以证实,我国是世界上最早生产丝织品的国家③,东周时期亦是我国丝织业蓬勃发展的时期。楚国的丝织品刺绣工艺不但构成了鼎盛时期楚国的支柱产业之一④,而且足以代表当时我国丝织工艺技术的最高水平。楚国的服饰作为楚国多元文化的载体,反映了楚国的经济、政治、艺术文化等各方面的状况和所达到的水平。

一、东周时期楚国的服饰文化

中国文化至今大多是以多元文化的汇聚呈现一体性的模式,但随着近现代考古学的发展,学术界形成了中华文明和中国古代历史绝不是一元的而是多元的共识。⑤ 相较于此,楚地文化也应并非单一的文化,也是由若干不同文化构成

① 马世之:《中原楚文化研究》,武汉:湖北教育出版社,1995 年。

② 张正明主编:《楚文化志》,武汉:湖北人民出版社,1988 年。

③ 夏鼐:《我国古代蚕丝、丝绸的历史》,《考古》1972 年第 2 期。

④ 当时的楚国丝织刺绣已被用作贡品和出口。《周礼·禹贡》:"荆州厥贡丝枲。"《管子·小匡》:"伐楚,使丝贡于周。"周边国家的古代游牧民族的贵族墓葬中发现的龙凤绣丝织物,其纤维结构、纹饰风格和丝织刺绣工艺手法,都与长沙烈士公园 3 号墓中战国时期楚国龙凤纹刺绣手法相同。楚国丝织刺绣对外输出和对周的进贡,可以证明楚国纺织业发达。

⑤ 季羡林:《中国古史应当重写》,《群言》1993 年第 6 期。

的既多元又统一的文化系统。① 因此,要了解东周时期楚国的服饰文化,必须先了解本文所探讨的楚文化的多元性。江汉地区是楚文化的温床,却并非其主源所在。② 楚文化同中原的祝融文化有着千丝万缕的联系,被誉为"华夏文化的南支",成就了现今的典型楚文化。③ 早在新石器时代晚期,江汉地区的存在就有自主性的区域文化,《战国策·魏策一》载吴起说:"昔者,三苗之居,左彭蠡之波,右有洞庭之水,文山在其南,而衡山在其北。"三苗以江汉为腹地创造了大溪文化、屈家岭文化和石家河文化的文化遗存。夏商之时,华夏与三苗"战于丹水之浦,以服南蛮"。今本《竹书纪年》载:"商师征有洛,克之。逐征荆,荆降。"三苗遗裔附庸于中原华夏文化成为荆蛮之地。商末周初,周成王封鬻熊于荆蛮,楚国才有"楚"这个正式的国号兼族名,亦为真正的楚文化的开端。《史记·孔子世家》载:"楚之祖封于周,号为子男五十里。"所以典型楚文化主源绝非三苗文化,而是祝融部落集团崇火尊凤的原始农业文化。④《史记·楚世家》载:"楚之先祖出自帝颛顼高阳。高阳者,黄帝之孙,昌意之子也。高阳生称,称生卷章,卷章生重黎。重黎为帝喾高辛居火正,甚有功,能光融天下,帝喾命曰祝融。共工氏作乱,帝喾使重黎诛之而不尽。帝乃以庚寅日诛重黎,而以其弟吴回为重黎后,复居火正,为祝融。"到了春秋战国时期,伴随着楚国实行开疆拓土的政策,楚族开始与周围苗蛮等土著部族大规模全面融合;同时,继早年"蚡冒伐濮"奠定楚国的强势地位后,《史记·楚世家》载楚族又"始开濮地而有之"。这时的楚族开始逐渐与濮族融合。从楚武王熊通到楚威王熊商,经过400多年的三次大发展、大扩张之后,楚国的版图,西起大巴山、巫山、武陵山,东至大海,南起五岭,北至汝、颍、沂、泗,囊括了长江中下游和支流众多的淮水流域,几乎统一了整个南方。⑤ 因此,楚国的服饰风格形成了以祝融文化为主源,融合驻地各部文化的背景下孕育而出"奇谲浪漫、恢诡谲怪"的区域文化特性。

从商代起至春秋战国,在浓郁楚风的影响下,楚国服饰的发展经历了草创阶段、兴起阶段、鼎盛阶段。⑥ 从20世纪40年代至50年代在湖南长沙、河南信阳、湖北江陵等陆续发现出土的丰富的楚国服饰的实物和遣策资料,加之《左传》《离骚》《九章》《说苑》等文献记载,丰富了人们对楚国服饰名物的认知,学者也

---

① 湖南资兴旧市战国墓的发现,对深入了解楚文化系统状况提供了一个鲜明的历史物证。(王光镐:《楚文化源流新证》,武汉:武汉大学出版社,1988年)

② 张正明主编:《楚文化志》,武汉:湖北人民出版社,1988年。

③ 典型楚文化是指楚公族集团最有典型意义的楚文化。这一文化是在中原华夏文化的基础上产生的,它的形成过程中借鉴并继承了诸多其他文化因素,同时加以改造、创新,终于在东周时期形成一支独具特色的文化。

④ 张正明主编:《楚文化志》,武汉:湖北人民出版社,1988年。

⑤ 张正明主编:《楚文化志》,武汉:湖北人民出版社,1988年。

⑥ 张正明主编:《楚文化志》,武汉:湖北人民出版社,1988年。

根据自己的研究对楚服的形制进行了总结归纳。就东周时期楚国服饰研究而言，受限于服饰具有有机质文物的性质，东周时期的楚国服饰能保存并发掘出来的数量凤毛麟角，难以将零散的考古材料与相应的传世文献中记载的服饰名物一一对应起来。因此，根据现有服饰资料探寻其背后所蕴含的文化内涵将是我们亟待完成的工作。目前，学术界对于先秦服饰的考据主要侧重两个方面：一是以“二重证据法”为主，即运用考古材料和文献材料互为佐证，主要以沈从文先生、孙机先生为代表，代表作有《中国古代服饰研究》《中国古舆服论丛》；二是以研究传世文献和随葬遣策为主，进行先秦服饰史的归纳总结，主要以周锡保先生、高春明先生、戴争先生为代表，其作品有《中国古代服饰史》《中国古代服饰简史》。在先秦服饰史的考据过程中，先秦传世文献中尚存一些关于服饰资料的记载，如《仪礼》《周礼》等对于东周服饰的形制、材质、颜色、纹样等都有一些记载，所以我们对先秦时期服饰名物和礼制有一定的基础性的认知。

近年来，由于楚国服饰考古材料发掘的不断丰富，关于楚国服饰的研究也不断深入。出现了以张正民先生、彭浩先生等为代表的楚服饰文化的专家，他们撰写了如《楚文化史》《楚人的纺织与服饰》等楚文化及丝织服饰研究的专著。1982 年孙机先生首次提出了“楚服”的概念。他总结楚国的服饰形制仍承袭华夏形制，楚服草创阶段的形制也并不特异，如《史记·楚世家》载“昔我先王熊绎辟在荆山，筚路蓝缕……”，孙机先生指出“蓝缕也只是无缘之衣而已，并不包含服式特异这层意思”。进入江汉平原与苗蛮杂居后，楚国服饰进入兴起阶段，逐渐形成自己独特的风格。至战国时期，楚国服饰在纺织生产和工艺技术上进一步发展，出现了多品种的丝织品。如《楚辞·招魂》载“蒻阿拂壁，罗帱张些。纂组绮缟，结琦璜些”，记录了当时各种丝绸装扮楚宫的盛况。沈从文先生根据长沙楚墓出土的战国帛画、漆器等材料概括了楚国服饰的特征：一、上作不规则云纹绣，旁加深色宽缘，在楚墓男女俑中都可常见，“衣作绣、锦为缘”，是春秋战国以至汉代贵族男女通常式样。二、腰间束丝织物大带，不是革带。腰身束得极细，和长沙楚墓彩绘漆卮上妇女形象相近，可证这种好尚已成社会习俗。三、宽衣博袍，男性头上着薄纱高冠，领下结缨。① 彭浩先生根据河南信阳、湖北江陵山、包山楚墓等地出土资料总结了东周时期楚人的服饰形制，他认为“我国的古代服饰，从款式上主要分为两种类型： 为上衣下裳制；二为衣裳连属制。西周以前主要采用上衣下裳制，西周后以衣裳连属的深衣盛行”。“楚服也有着自己的地方特点，如果说深衣是中原地区贵族的服式，那么，楚式曲裾衣袍的形制与深衣是相同的，均为连衣裳，纯之以采，续衽钩边。”②除曲裾深衣外，楚地还流行身形短小的裯衣和直裾长袍，并且楚地的冠制也不同于华夏中原。

① 沈从文：《中国古代服饰研究》，北京：商务印书馆，2011 年。

② 彭浩：《楚人的纺织与服饰》，武汉：湖北教育出版社，1996 年。

二、东周时期楚国的刺绣工艺

刺绣工艺是指绣工运用针将丝线或者纱线以事先绘涂在绣料(一般为丝、帛等材质)的图案或轨迹进行穿刺,以缝出的纹样装饰织物的一项工艺。刺绣所给予图案的立体感,加之运用各色丝线绣出精美的纹样,与纺织相比更为自由流畅。先秦时期"绣"的概念与今相比,又包含了绘画的概念,即"画缋之事杂五色,……五彩备谓之绣,……凡画缋之事后素功"①。由于刺绣工艺的繁杂,古人对于刺绣装饰的服饰十分重视。《尚书·益稷》载:"予欲观古人之象,日、月、星辰、山、龙、华虫,作会,宗彝,藻、火、粉、米、黼、黻,絺、绣,以五采彰施于五色,作服,汝明。"

刺绣工艺源远流长,早在商周时期就已经出现。安阳殷墟铜觯和铜钺上就发现少数的刺绣残片。② 1937年瑞典马尔莫博物馆商代铜觯上粘有菱形纹绣残片。③ 1974年陕西宝鸡茹家庄西周奴隶主贵族墓室和他的妻室发掘出土一批铜器,在铜器上也清晰保留有刺绣印痕。④ 唐虞之时,刺绣已应用于祭祀的礼服中。西周时应用较为广泛,如《诗经·豳风》中"衮衣绣裳",《诗经·唐风》中"素衣朱秀",《诗经·秦风》中"黻衣绣裳"。

东周时期,社会经济、政治改革,新的生产工具铁器促进了手工业的发展。楚、吴等地的刺绣工艺发展迅猛,其中楚国的丝织业发展迅猛有三个方面的原因:其一,楚国地处江汉、淮水流域之间,气候湿润,利于桑树、麻等植物的生长,客观地形成丝织业的原料生产基地。其二,楚国丝织业经济成分多元化。丝织业不仅限于作为传统的、分散的农民副业,而且以官营和私营的织造作坊的模式,实现楚国丝织品的商品化。贵族统治者们形成一个巨大的奢侈消费群体,对于纹绣的需求巨增。楚国的丝织刺绣开始不以家庭为单位独立生产,而是进一步分工,开始以官营、私营作坊的形式生产。长沙左家塘44号墓出土的一块锦边上,有墨书"女五氏"及戳印标记。⑤ 江陵马山一号楚墓出土的丝织品上印有"柬""门夫"两处墨书,并有许多朱文印。⑥ 这些很可能是工匠或官营织造作坊的标记。《孟子·滕文公》载:"(孟子曰:)'许子必织布而后衣乎?'曰:'否,许子衣褐。''许子冠乎?'曰:'冠。'……曰:'自织之与?'曰:'否,以粟易之。'"由

---

① 《周礼·冬官·考工记》《周礼·春官·司几筵》郑玄注:"缋,画文也。"

② 周汛、高春明:《中国古代服饰风俗》,西安:陕西人民出版社,1988年。

③ 周汛、高春明:《中国古代服饰风俗》,西安:陕西人民出版社,1988年。

④ 宝鸡茹家庄西周墓发掘队:《陕西省宝鸡市茹家庄西周墓发掘简报》,《文物》1976年第4期。

⑤ 熊传新:《长沙新发现的战国丝织物》,《文物》1975年第2期。

⑥ 湖北省荆州地区博物馆:《江陵马山一号楚墓》,北京:文物出版社,1985年。

此可见,当时的纺织业已经可以以独立的生产行业进行生产。其三,楚国的丝织业继承传统的编制手法,为了提高织绣品的质量,也注重学习中原、吴越的先进技术。①《左传·成公二年》记"楚侵及阳桥,孟孙请往赂之。以执斫、执针、织纴,皆百人,公衡为质,以请盟。楚人许平",一方面表现了楚国的丝织业注重吸收中原先进技术促进产业发展;另一方面展现了当时人们对于织绣品的需求大量增加,人们为了更好地生产,脱离了家庭作坊式的经营模式,走向专业化生产,当时各国不断地精进自己的技术,使织绣工艺形成产业链,成为特定群体的劳动。

东周时期的楚国的丝织刺绣工艺已大量用于服饰。如《说苑》载:"晋平公使叔向聘吴,吴人饰舟送之,左百人,右百人,有绣衣而豹裘者,有锦衣而狐裘者,归以告平公。平公曰:'吴其亡乎?'"东周时刺绣品十分珍稀,但吴国的刺绣远比处于黄河流域的晋国发达,产量和质量都远胜于晋,以致晋平公将穿吴国绣衣、锦衣和狐裘看作奢靡之事。《史记·滑稽列传》载:"楚庄王之时,有所爱马,衣以文绣,置之华屋之下,席以露床,啖以枣脯。"楚庄王将爱马之衣用以文绣,除了显示贵族的奢侈,也足见当时楚国刺绣工艺的发达和精美。楚国的刺绣在近年来考古出土不少实物资料,总结来说根据绣地划分为两种类型:一种是以织造精巧、质地光滑平整的丝、帛、绢、罗等为绣地的丝绣品;另一种是以绛②为绣地的刺绣。③ 第一种丝绣品,以丝织品为绣地,这是春秋战国时期最常见的一种绣品,也是本文讨论的主要刺绣品。楚国的丝绣品的出土实物,在长沙五里牌406号墓出土1件绣花残绢④;长沙烈士公园3号墓发现精美丝织刺绣1件⑤;湖北江陵望山1、2号墓出土以绮、绢为绣地的刺绣及记载陪葬织绣品的遣策⑥;江陵马山一号楚墓出土21件,出土丝绣品除1件绣地为罗外,其他22件都绣在绢上⑦;荆门包山2号墓出土一批保存完好的刺绣品。楚国的刺绣多用制作衣、袍、衾的面料,也有用于竹席缘和锦衣等物。楚国刺绣针法擅用锁绣⑧,且贯穿楚人刺绣的始终。楚人用到的锁绣针法样式有闭合式锁绣、开口式锁绣、双套锁绣、辫绣等,根据不同走针方向又可分为顺向锁针与逆向锁针。⑨ 花纹的绣制采

---

① 张正明主编:《楚文化志》,武汉:湖北人民出版社,1988年。

② 绛,以外包丝织的皮革作为绣地的刺绣,只有蟠螭纹绣1件,在长沙楚墓发掘。

③ 姚伟均、张志云:《楚国饮食与服饰研究》,武汉:湖北教育出版社,2012年。

④ 湖南省博物馆:《长沙五里牌古墓葬清理简报》,《文物》1960年第3期。

⑤ 高至喜:《长沙烈士公园3号木椁墓清理简报》,《文物》1959年第10期。

⑥ 湖北省文物考古研究所:《江陵望山沙冢楚墓》,北京:文物出版社,1996年。

⑦ 湖北省荆州地区博物馆:《江陵马山一号楚墓》,北京:文物出版社,1985年。

⑧ 锁绣针法是一种由绣绒环圈成套,再相连而成链式模样的刺绣针法。锁绣针法可以依据表现对象的不同而适当变形,进而形成不同的样式。

⑨ 彭浩:《楚人的纺织与服饰》,武汉:湖北教育出版社,1996年。

用单行或数行锁绣排列成稀疏的线条，按照先前在绣地上用朱笔或淡墨所绘图案勾勒出轮廓，再以密集的满绣填充块面，或虚出轮廓内的局部块面，使花纹虚实间富于立体感。① 绣品的颜色十分丰富，所用绣线的色彩有棕、棕红、朱红、浅黄、金黄等，此外还有绿黄、钴蓝等，多达 12 种。色彩丰富，富有想象力，主题图案多样，线条流畅，具有楚地的独特风格。丝绣品的纹样以龙凤形象最为丰富，以奇花佳卉、动物穿插其间，重叠往复，神秘悠远。如江陵马山一号楚墓出土的刺绣花纹就有 10 多种：蟠龙飞凤纹绣、舞凤舞龙纹绣、花卉蟠龙纹绣、一凤二龙相蟠纹绣、一凤三龙相蟠纹绣、凤鸟纹绣、凤鸟践蛇纹绣、舞凤逐龙纹绣、舞凤飞龙纹绣、花卉飞凤纹绣、凤龙虎纹绣、三首凤鸟花卉纹绣、花冠舞凤纹绣、衔花凤鸟纹绣、凤鸟花卉纹绣等。②

三、楚国服饰刺绣纹样的文化内涵

服饰刺绣纹样的形成，其渊源可以上溯到史前时期，上古先民将代表宗教和信仰的图案纹在自己的身上，以求取保护；当衣裳文明成为人类社会的服饰主流时，那些以身体为载体的花纹，必然会因宗教和信仰的继续而出现载体的迁移，于是便有了衣饰的纹样。楚国的服饰文化就在这些精神文化的影响下建立起自己的服饰风格，即透过服饰传达楚国的精神文化，包括通过纹样、色彩等形式表达的宗教观、自然观及社会观。楚国的服饰刺绣的纹样大致分为四类：几何形纹、植物纹、动物纹、人物纹。刺绣的纹样大多以龙、凤为主题，个别纹样还有虎，中间以花枝、蔓藤等植物纹或交错其间，或间隔、填充。尤为巧妙的是利用植物纹和动物纹的阻隔组成别致的几何纹构图，凤鸟的形象尽管屡屡出现，但也绝不重复，意匠巧妙令人不甚惊喜。除此之外，还有个别是仿自青铜器花纹的蟠螭纹，点缀其间更添意趣。这些绣品纹样作为一种文化现象应是当时人们思想和信仰的直接或间接的反映。

（一）楚绣纹样所反映的楚人的风俗和信仰

1.楚绣纹样中所反映的楚人尊凤信仰

楚人崇凤，以凤为图腾。《史记·楚世家》载“祝融者，其精为鸟，离为鸾”，《白虎通·五行》载“鸟、鸾，均为凤”，《曷鸟冠子·度万》载“凤凰者，鹑火之禽，阳之精也”。楚族尊祝融为先祖，因此敬祖崇凤。童书业先生就提出“楚之先祖为祝融，近人多以为即‘灌马兜’与‘丹朱’亦鸟名，则楚人似本亦以鸟为图腾之族”③。但是，有学者根据帛书和甲骨卜辞的角度去理解楚人对凤鸟的崇拜，认

① 张正明主编：《楚文化志》，武汉：湖北人民出版社，1988 年。

② 湖北省荆州地区博物馆：《江陵马山一号楚墓》，北京：文物出版社，1985 年。

③ 童书业：《春秋左传研究》，北京：中华书局，2006 年。

为其行为主要由于当时盛行的阴阳之说，即长沙子弹库帛书所载“四时”与卜辞所说四方吻合，是楚人对宇宙的认知和信仰，不等同图腾崇拜①，但笔者比较赞同楚人对凤鸟的崇拜就是对本族的图腾崇拜，因为图腾崇拜的核心内涵是把一种动物、植物或其他自然物认作自己亲族或族团祖先加以崇拜，故除了始祖诞生神话，有相当多的图腾物就是崇拜对象，又可以作为该族和其个人名称或标志，同时也是本族的保护神。② 这正是史前社会崇拜某种独特的动植物又敬拜祖先的反映。由此，下面我们以具体的凤鸟纹样为载体进一步了解楚人敬祖崇凤的信仰。

图 1　三首凤鸟花卉纹绣

从近年来江陵马山一号楚墓、江陵天星观 1 号墓、包山楚墓、江陵望山沙圮冢楚墓、江陵雨台山楚墓、长沙子弹库楚墓出土的楚地刺绣来看，纹样多以凤为主题，如蟠龙飞凤纹绣、一凤二龙相蟠纹绣、一凤三龙相蟠纹绣、凤鸟纹绣、凤鸟践蛇纹绣、花卉飞凤纹绣、凤龙虎纹绣、三首凤鸟花卉纹绣（图 1）、花冠舞凤纹绣、衔花凤鸟纹绣、凤鸟花卉纹绣等。凤鸟即凤神，是被神化的、不存在的动物③，是楚人心目中的神巫引灵升登的役使，乃至该族的保护神。

在楚民族的意识中，凤鸟是飞升仙化的神禽。《楚辞·大招》末章曾提到“魂兮归来，凤皇翔只”，屈原神游寻仙，也借“凤皇翼其承旗”。这使得凤鸟本是作为始祖个人图腾，久之转化为氏族图腾。西周以来青铜器礼器上凤鸟纹题材数量增多，从地域上看，东至吴越、西至周原、北至燕赵、南至湘江出土的青铜器上都可以找到这类凤鸟纹饰。④ 凤鸟作为楚族的图腾，伴随东周时期楚族在开疆扩土中对中原华夏集团的影响逐渐加深，其他方国自觉引之崇拜。久之，成为稳定团结本邦国功能的标志。由此可看出，对

① 李学勤：《楚帛书中的占史与宇宙观》，《楚史论丛》，武汉：湖北人民出版社，1984 年。

② 王震中：《图腾的起源、转型与考古发现》，《重建中国上古史的探索》，昆明：云南人民出版社，2005 年。

③ 郭沫若：《卜辞通纂》，北京：科学出版社，1983 年。

④ 彭浩：《楚人的纺织与服饰》，武汉：湖北教育出版社，1996 年。

凤鸟的崇拜在相当长的时间里是一种广泛的信仰，这是一种图腾转型①的概念。

如上所说，凤鸟作为楚族的图腾具有稳定团结本部族集团的功能，成为区别其他集团的标志物。因此，在江陵马山一号楚墓出土的“一凤斗二龙一虎”的刺绣纹样中，以凤斗龙、虎，凤花冠很高，大而美丽，一翼擒龙一翼拿虎，龙、虎皆作哀号状，凤是无可争议的胜利者。纹样表现了当时诸国逐鹿的现实状况，吴越曾为楚之敌，以龙为图腾，在楚接受华夏文明影响的过程中，灭吴越，使之至战国中期成为楚国郡县，龙对于楚人而言已失去威胁作用。所以，楚人对于龙的图腾相较于凤的地位而言较轻，在楚国刺绣中仅作陪衬。同时，生存在楚国西南方的巴人以虎为图腾，与楚国关系复杂，所以在楚国的文学和刺绣艺术作品中都常以轻贱形象布局。② 这一纹样设计是楚人借用各国图腾来禳祷的一种形式，具有巫术压胜的意味。

2.楚巫文化在楚绣纹样中的体现

楚地多种原始文化先后交融沉积。《汉书·地理志》载楚地有“信巫鬼，重淫祀”的巫文化风俗。《国语·楚语下》载：“古者民神不杂。……及少皞之衰也，九黎乱德，民神杂糅，不可方物。……乃命南正重司天以属神，命火正黎司地以属民，使复旧常，无相侵渎，是谓绝天地通。”记录了楚族的始祖重黎，即祝融，他变革原始宗教，由“人人为巫”变成“绝天通地”的大巫，成为传达神意的少数特权阶层。“其后，三苗复九黎之德，尧复育重黎之后，不忘旧者，使复典之。以至于夏、商。”至周初，《左传·昭公十二年》记：“昔我先王熊绎，辟在荆山。筚路蓝缕，以处草莽，跋涉山林，以事天子。唯是桃弧、棘矢，以共御王事。”周天子因楚君为祝融之后裔，封其“守燎”。由此可见，楚君在当时不仅是一位部落大酋，更是名声赫赫的大巫。东周时期，楚地巫风愈演愈烈，在楚巫文化的影响下就产生了无数诡谲、神秘的艺术创作，其表现在楚绣纹样上是交错于各主纹样间香花奇卉的植物纹。

图2　凤鸟花卉纹绣

江陵马山一号楚墓出土的刺绣品中，以植物与动物纹样的组合最为典型，如凤鸟花卉纹绣、花冠舞凤纹绣、衔花凤鸟纹绣

---

① “图腾转型”是王震中先生在《图腾的起源、转型与考古发现》一文中提出，即指当社会进入氏族制之后，原有的图腾崇拜为了适应氏族制，作相应的转型演变。这种转型演变：其一，由个人图腾转为氏族图腾；其二，氏族制度发展。某一动物，氏族对之崇拜，伴随氏族升华为部落集团保护神。其他氏族部落自觉引之崇拜。久之，成为具有稳定团结本部族集团功能的区别其他集团的标志物。

② 张正明：《楚文化史》，上海：上海人民出版社，1987 年。

等。以凤鸟花卉纹绣(图2)为例,在楚绣纹样中花卉必与凤鸟连为一体,或交错其间,或间隔、填充,尤为巧妙的是利用植物纹和动物纹的阻隔组成别致的几何纹构图。这种组合极有特点,因为凤鸟乃引魂之仙禽、神灵之使者,它的接引神灵、引魂升举的性能向来明确,在楚巫文化中仙花香卉既是凤的"连体"也对引神导魂起着辅佐的作用。在楚巫的文化想象中,神灵游魂虽然无形,但只要有花草美食的香气,即可诱导他们降临。如《招魂》曰:"兰薄户树,琼木篱些。魂兮归来!"神巫诱引生魂说:兰玉树吐释幽芳,你为何不归复躯体上来呢?《湘夫人》载:"筑室兮水中,葺之兮荷盖。荪壁兮紫坛,播芳椒兮成堂。桂栋兮兰橑,辛夷楣兮药房。"男巫迎待湘夫人以荷叶饰屋顶,香椒涂厅壁,以兰桂做屋梁、屋椽,用辛夷、白芷点缀卧室。因此,正是在这个意义上,我们才能了解楚绣中何以有那么多香花奇卉的图形,这也成为楚绣鲜明的地区性特点。

(二)楚国刺绣纹样所体现的道学审美

楚人的世界观的建立经历了三个阶段:第一阶段是神话,早期楚文化发起于江汉地区,该地区的土著三苗族人通过神话来认识世界,他们建立起"民神杂糅"的观念。第二阶段是宗教,楚族在颛顼时开始从"家为巫史"走向"绝天通地"的宗教演变过程,将看得见的世界与看不见的神界通过大巫合而为一,形成对客观世界"民神不杂"的认知。第三阶段为哲学,此阶段主要形成于春秋战国之际,楚人奉鬻熊为道家先驱。相传他著有《鬻子》①,主要倾向政治哲学范畴,提出宇宙生成论,但没涉及本体论。春秋战国时期老子和庄子建立道家学派,其"道法自然""齐物"等哲学思想对楚人审美影响极深远。神话的世界观以个体为本位;宗教否定个体,以集体为本位;哲学则否认宗教集体,倡导以个体为本位。② 所以楚墓出土的春秋战国时期的楚国刺绣纹样相较中原刺绣纹样,不仅形式多样、形象生动、色彩绚烂,而且强调"个体本位"③,即以繁复的纹样重叠、对称,在集体中寻找个体,形成独特的区域文化特征。

楚国刺绣纹样所体现的道学审美,主要表现在如下三个方面:

第一个方面,楚国的刺绣纹样的构图反映了道家朴素辩证法思想的审美,即对立事物都是互相依赖的关系——纹样多对称构图。老子认为每个人的贵贱、福祸地位都是在互相变化着的,一些相对事物相互依赖,可以互相转化。他说的"祸兮福所依,福兮祸所伏"④,表现在楚国的绣品纹样上即构图都严格遵循对称

---

① 《鬻子》的班固著录本久佚,唐永徽间(650—655)出逄行珪注本,清光绪十八年又有叶德辉校辑本。

② 徐又光:《楚国哲学史》,武汉:华中科技大学出版社,2016年。

③ 个体本位,即自己依靠自己,互不替代,虽可互助,但不能互相代替。(引自徐又光:《楚国哲学史》,武汉:华中科技大学出版社,2016年)

④ 北京大学哲学系中国哲学教研室:《中国哲学史》,北京:北京大学出版社,2015年。

的原则，如蟠龙飞凤纹绣（图3），纹样构图紧凑，左右对称；对龙对凤纹绣，由八个单独纹样左右对称。类似的纹样也见于长沙烈士公园3号墓出土的刺绣作品。这些刺绣纹样或作为单独纹样保持对称，或用连续纹样和综合纹样对称构图。

图3　蟠龙飞凤纹绣

第二个方面，以"道生万物"的审美对绝大多数动物做了变形处理，或将几个动物合叠为一体，写实的仅占少数，并且在各个单独纹样之间往往以花草枝蔓作为间隔，使构图更显充实、富于变化。"道生万物"，即整个世界万物从"道"中派生出来。"道冲而用之或不盈。渊兮似万物之宗，……湛兮似或存。吾不知谁之子，象帝之先。"①这是说"道"是空虚无形的，可是用却永远用不尽，即形和象是有限的，而其派生的神和意是无限的。从审美角度去思考，对于有限的事物产生无尽的联想，从而表达"一生二，二生三，三生万物"的哲学思考。如三首凤鸟花卉纹绣（图1），三头鸟的构图十分诡异，鸟的头上有两重花冠，双翅上各有一只鸟头，纹样的一侧是三行悬垂的花枝，似乎像楚族的大巫在举行仪式一样，庄严而神秘，让人突破了纹样的本身产生出无尽的联想。

第三个方面，体现了庄子的"齐万物而唯一"的艺术审美。由于有部分纹样呈现隐性的几何图形连续的艺术结构，大多作方形、长方形或菱形。值得注意的是隐性的几何图形连续结构，似乎刻意隐藏在主体的动植物纹样之间，以无代有，规统主纹。这样虚实、有无都成为整体结构中的一部分，就如同《老子》的"埏埴以为器，当其无，有器之用也。凿户牖以为屋，当其无，有室之用也。故有之以为利，无之以为用"。把"有"和"无"都看成是实体的，重视了"无"的意义，从而引导了中国传统艺术自汉以后"计白当黑""虚实相生"等艺术形式的出现。这样的纹样比较典型的例子是湖北荆州博物馆藏战国中期的一幅飞凤纹绣（图4），

图4　飞凤纹绣

① 汤漳平、王朝华译注:《老子》,北京:中华书局,2014年。

利用凤与花草的形态组成长方形和菱形的复合结构,画面呈现出一种既严肃又活泼的对立统一的氛围。

四、总结

楚国刺绣艺术是作为服饰文化装饰的一种美学典范,在我国装饰艺术史上具有非常重要的历史地位。本文主要以服饰纹样为载体,以相关历史文献和考古实证为基础,综合分析研究楚地的文化内涵。通过前文的分析,我们得出了如下结论:第一,东周时期楚国服饰文化的发展,以祝融文化为主源,融合驻地各部文化,孕育出楚国服饰风格,形成“奇谲浪漫、恢诡谲怪”的区域文化特性;第二,根据考古发掘和文献资料分析春秋战国时期织绣的发展程度,考据当时的楚国刺绣生产已脱离家庭生产模式形成产业链,以官营、私营作坊的形式进行生产,其独具特色的艺术构思和表现手法成为后世民族艺术的典范;第三,楚国服饰刺绣纹样所表现的楚文化内涵,主要有“尊凤”和“崇巫”的风俗和信仰,以及“朴素辩证法思想”“道生万物”“齐万物而唯一”等道家哲理。

楚国刺绣的艺术是由江汉地区丰富多元的民族文化孕育而出,它的艺术形式独特富丽,纹样造型诡奇多变,线条飞扬流动,色彩绚丽丰富,构图和谐对称,纹样的变形具有丰富的想象力和创造力,对后世的艺术创作具有指导意义。传承与恢复古代服饰纹样,也是保护中华民族自身历史的最好手段和方式之一,同时为地域刺绣工艺文化的发展和近现代转型提供了取之不尽的丰富资源。

(作者:陈美勋,中国社会科学院研究生院历史系博士)

德政碑所见唐代佛教与地方政治

◇刘琴丽

德政碑是郡邑吏民为其府主伐石颂德而刻的石碑，又称“颂德碑”“清德颂”“清德碑”“遗爱颂”“美政颂”“善政碑”“政事记”“功德颂”等。① 德政碑从汉代以来就大量存在，带有较强的儒家观念特色。早期的德政碑几乎没有佛教的影子，然而，唐代由于儒、佛、道三教并立，德政碑中不断出现僧侣的踪迹。透过德政碑碑文内容、石碑的制作、刻立过程及石碑形制，可以间接窥视唐代僧侣与地方政治的交集，这是前人不曾利用过的视角。根据传统文献和敦煌文书探讨唐代佛教与政治的关系，学界已有深论，集中讨论了佛教僧侣为皇权的正统性进行政治宣传、出入权贵之门，甚至参与一些宫廷政变的情况；官寺在地方社会承担的一些政治性功能——国忌日行香、负责接待外国来华僧众和接待国内官员住宿、掌管一州僧政即赋予官寺管理一州佛教事务的权力等。② 本文主要利用德政碑来探讨唐代僧侣与地方政治之间的关系，剖析其参与地方政治的一些途径、方式，以及佛教价值观念对传统德政碑造成的冲击和影响等问题。

一、僧侣参与为地方官奏请德政碑的活动

唐代德政碑的刻立，需要地方政府向中央相关部门申奏：“凡德政碑及生祠，皆取政绩可称，州为申省，省司勘覆定，奏闻，乃立焉。”③既然德政碑的刻立需要民众或官府向上级部门申奏，那么是否有僧侣参与其间？在当时的德政碑碑文及皇帝下敕立德政碑的诏令中，有时会提到佛教僧侣和其他民众、地方官员一道，为刻立德政碑而积极奔走的事例。

---

① 〔清〕叶昌炽：《语石》卷三，沈阳：辽宁教育出版社，1998 年，第 72—73 页。

② 吴智勇：《六至七世纪僧人与政治：以个案研究为中心》，复旦大学 2013 年博士论文，讨论了薛怀义、慧范、万回、普润等僧人的参政情况。苏金花：《从“方外之宾”到“释吏”——略论汉唐五代僧侣政治地位之变化》，《敦煌学辑刊》1998 年第 2 期，探讨了从东晋十六国僧侣开始介入世俗政治，至隋、唐、五代僧侣的参政情况及地位兴衰。聂顺新：《唐代佛教官寺制度研究》，复旦大学 2012 年博士论文。

③ 〔唐〕李隆基撰，〔唐〕李林甫注：《大唐六典》卷四“礼部郎中”条，西安：三秦出版社，1991 年，第 96 页下。

僧侣与当地民众、官吏一道向地方政府上奏立碑。永昌元年(689)所立《宣州刺史陶大举德政碑》,提到州县吏人六万余户上奏立碑,申奏代表中出现了一些僧人的名字,如僧道元、僧昙绍、僧惠□、僧弘□、僧智矩、僧玄济、僧惠幹。① 义成军节度使高承简移理他邦,"于是部将试秘书监兼殿中侍御史李忠义等,三州耆老、缁黄等五百余人,历恳披诚,监军使宋守义以闻于天子,愿纪羊公于岘首"②。"缁黄"此处借用僧侣和道士的服装代指僧侣和道士,关于"缁"借代僧侣的词汇研究,可以参见郭洪义的研究成果③,可见在为节度使高承简的德政碑申奏中,也有僧侣、道士这些宗教界代表参加。唐文宗《赐义成军节度使凉国公李听立德政碑敕》中,也提到"据守义所奏,大将及三军官吏、僧道、耆寿百姓等,感卿惠政,咸请立碑"④。《华帅许国公德政碑》云:"乾宁元年(894),上(指昭宗)御便殿,遂出镇国监军使董重彦所奏,前后将吏军人、百姓、僧道等恳请为其帅置生祠,纪德政表章。"⑤僧侣、道士和节度使的属下将吏、百姓组成了申奏群体。刘禹锡撰《为杜司徒让淮南立去思碑表》云:"伏见淮南节度使王锷所奏,当道将吏、僧道、耆老等请为臣立去思碑。"⑥申奏群体由宗教代表、世俗民众和地方将吏组成。

僧侣和当地耆老一道,亲自到朝廷请愿立碑。《李抱真德政碑》云:贞元初年,"潞之缁黄耆□,诣阙陈情,愿勒贞石"⑦,僧侣和当地耆老一起远赴京城请愿,为前节度使李抱真申奏刻立德政碑。魏博节度使田承嗣在郡有异政,当地"缁黄鲐耆,诣阙陈乞,请颂德褒政,列于金石"⑧。唐哀帝天祐三年(906),"闰十二月己酉朔,福建百姓、僧道诣阙,请为节度使王审知立德政碑"⑨。以上皆是僧侣、道士和其他民众一起到朝廷请愿立碑,请愿人群由世俗民众和宗教群体两方组成。

从上述文献记载来看,德政碑反复提到的申奏刻碑群体有地方政府的僚佐将吏、僧侣道士宗教群体和以耆老为代表的民众。僧侣、道士跻身地方社会三大

---

① 〔清〕陆耀遹:《金石续编》卷六,《石刻史料新编》第一辑第4册,台北:新文丰出版公司,1982年,第3113页。

② 王蒲园:《滑县金石录》卷三《长庆□年义成节度高承简德政碑》,《石刻史料新编》第三辑第29册,台北:新文丰出版公司,1986年,第37页。

③ 郭洪义:《南北朝至唐僧侣石刻词语研究》,西南大学2012年硕士论文。

④ 〔清〕董诰:《全唐文》卷七四,北京:中华书局,1983年,第772—773页。

⑤ 〔清〕董诰:《全唐文》卷八〇〇,北京:中华书局,1983年,第8519—8520页。

⑥ 〔清〕董诰:《全唐文》卷六〇一,北京:中华书局,1983年,第6072页。

⑦ 〔清〕王昶:《金石萃编》卷一〇三《李抱真德政碑》,《石刻史料新编》第一辑第3册,台北:新文丰出版公司,1982年,第1722页。

⑧ 〔清〕董诰:《全唐文》卷四四四《魏博节度使田公神道碑》,北京:中华书局,1983年,第4532页。

⑨ 〔后晋〕刘昫:《旧唐书》卷二〇下《哀帝纪》,北京:中华书局,1975年,第808页。

群体，并配合地方官员、民众的行动，为地方事务积极奔走，参与地方社会的一些重大政治、文化活动，表明他们在地方社会地位显赫，这也与唐代儒、释、道三教并行的局面吻合。德政碑影响到官员的政治声誉，而已经出家的僧侣、道士却投身于这些与当地官员政治前途和政治声誉相关的德政碑刻立活动中，表明他们与地方政治联系紧密。黄宽重先生认为，宋代地方豪强和精英、地方官员、基层武力与胥吏三股势力，形成南宋以后中国基层社会的三个支柱①。从唐代德政碑的申奏群体来看，唐宋有别，但唐代宗教界势力无疑是地方社会的重要群体之一。

二、僧侣参与德政碑碑文的制作，评论、举留地方官

金石文献著录的唐代德政碑并不太多，然其中却有不少僧侣参与碑文的书写或撰写。如唐永昌元年所刻《宣州刺史陶大举德政碑》，为僧灵廓撰写②；景龙二年（708）所立《句容令岑植德政碑》，为张景毓撰，释翘微书③；开元八年（720）所立《裴观德政碑》，为贾升撰，僧湛然书④；开元十年（722）所刻《莱州刺史唐贞休德政碑》，为沙门重润书⑤；开元年间所立《醴泉令陈崇业纪德碑》，为李至远撰，僧真诠书⑥；广明二年（881）《李綖政理序幢》，为满城令王悚撰，沙门修一书⑦；等等。唐代僧侣通过撰写或书写颂扬地方官员政绩的德政碑，在某种程度上推动了地方舆论的传布。唐代僧侣偶尔也会与民众一道，去请人撰写德政碑。如贞元五年（789）所撰《李元谅懋功昭德颂》云：当朝廷同意为李元谅立碑时，“耆寿荔非升古、沙门释僧惠、道士游方外□千，乃心万乃□，喜从所欲，祈我笔

① 黄宽重：《从中央与地方关系互动看宋代基层社会演变》，《历史研究》2005 年第 4 期。

② 〔宋〕不知名：《宝刻类编》卷二，《石刻史料新编》第一辑第 24 册，台北：新文丰出版公司，1982 年，第 18423 页。

③ 〔宋〕赵明诚撰，金文明校证：《金石录校证》卷五，桂林：广西师范大学出版社，2005 年，第 81 页。

④ 〔宋〕陈思：《宝刻丛编》卷三，《石刻史料新编》第一辑第 24 册，台北：新文丰出版公司，1982 年，第 18120 页。

⑤ 〔清〕吴式芬：《金石汇目分编》卷十之三，《石刻史料新编》第一辑第 28 册，台北：新文丰出版公司，1982 年，第 21208 页。

⑥ 〔宋〕不知名：《宝刻类编》卷八，《石刻史料新编》第一辑第 24 册，台北：新文丰出版公司，1982 年，第 18506 页。

⑦ 〔清〕缪荃孙：《畿辅金石志》卷十三，《石刻史料新编》第二辑第 11 册，台北：新文丰出版公司，1979 年，第 8605 页。

端,乃约奏章,以纂成绩"①。

僧侣有时还直接对地方官员进行评论,如《昭庆令王璠清德颂碑》中提到僧侣道士对地方官员的赞誉,"缁黄道路,率有雅词"②。《金石萃编》收录有一则神龙三年(707)的德政碑碑文,首题"大唐洛州荥阳县头陀逸僧识法师上颂圣主中兴得贤令卢公清德之文并序",这则碑文由前中书舍人内供奉刘穆之撰,王守□书。③ 从碑文首题来看,识法师赞颂国家得贤令卢正道。僧侣有时还向巡察使反映地方官员的政绩,如"报卢传殿中监,裴尚书将到洪州武宁县,人吏百姓及僧道等状,举论(卢)传前后战敌贼徒,保全县邑功绩一十五件"④。僧侣道士和地方官吏、百姓,上书举论卢传的功绩。中和三年(883),当地僧侣和百姓上书,赞扬节度使戴卢的政绩:"报戴卢殿中监,裴尚书经过彼县日,得百姓、僧道等状,举论(戴)卢自乾符五年(878)主镇兼知县事课绩一十三件,事皆摭实,情切举能,词理灿然,良增慰惬。"⑤文献中的"裴尚书"可能是巡察使一类的官员,晚唐僧侣可以和百姓一道上书巡察使反映地方官员的业绩,直接对地方官员的政绩进行评议。

在传统文献中,僧侣甚至参与了举留地方官的请愿活动,如咸通十三年(872)"六月,义成军节度使、检校工部尚书杜慆奏:当管颍州僧道、百姓举留刺史宗回,敕曰:'回清干临人,自有月限,方藉绥辑,未议替移。'"⑥对于地方百姓和宗教界的举留行为,朝廷的答复是同意宗回留任。这样的举留活动,到五代时期仍然存在,如前蜀《武德军节度使徐延琼德政碑》载:"武德军将校吏民、缁黄耆艾等列状诣护军使,请以节度使徐延琼德政上闻,愿勒碑纪,且以借留为请。"⑦上书请求借留节度使徐延琼。后周时期周太祖曾下《禁吏民举留守牧敕》:

> 诸州县吏民缁黄,继来诣阙,举留刺史县令。牧宰之任,委寄非轻,系蒸庶之惨舒,布朝廷之条法。若廉勤奉职,抚字及民,自有政声达于朝听,何劳民庶远致举留?既妨农养之时,又耗路途之费,所宜厘革,免致劳烦。今刺

---

① 〔清〕王昶:《金石萃编》卷一〇三,《石刻史料新编》第一辑第3册,台北:新文丰出版公司,1982年,第1716页。

② 〔清〕董诰:《全唐文》卷一三三,北京:中华书局,1983年,第1342页。

③ 〔清〕王昶:《金石萃编》卷六八《识法师颂卢公清德文》,《石刻史料新编》第一辑第2册,台北:新文丰出版公司,1982年,第1157页。

④ 〔唐〕崔致远撰,党银平校注:《桂苑笔耕集校注》卷十二《卢传》,北京:中华书局,2007年,第387页。

⑤ 〔唐〕崔致远撰,党银平校注:《桂苑笔耕集校注》卷十二《戴卢》,北京:中华书局,2007年,第389页。

⑥ 〔后晋〕刘昫:《旧唐书》卷十九上《懿宗本纪》,北京:中华书局,1975年,第680页。

⑦ 〔清〕董诰:《全唐文》卷八九〇,北京:中华书局,1983年,第9295页。

史、县令显有政能，观察使审详事状，朝廷当议奖升，百姓僧道，更不举请，一切止绝。①

敕文明确禁止百姓、僧道、官吏举留当地刺史、县令，表明五代时期这一现象普遍存在。可见，无论僧侣、道士这些宗教界代表是否真心举留地方官，地方社会代表有他们这一群体的存在，就表明以僧侣、道士为代表的宗教界在地方社会有重大影响，故地方官不得不重视它们，以赢取宗教界的支持，这也就为佛教价值观对德政碑的渗透奠定了基础。

三、佛教价值观念对德政碑的冲击和影响

德政碑具有传统的儒家观念特色，主要颂扬地方贤吏，碑文内容也是体现儒家的为官理念。但是唐代晚期，在一些德政碑碑文中，甚至将地方官员所做的一些佛教功德作为善政写入碑文。如《敕河西节度兵部尚书张惟深德政碑》，碑文提到张惟深的政绩之一就是在龙兴寺兴佛事，包括修缮宕泉北大像；塑释迦牟尼像并侍从一铺，四壁图诸经变相一十六铺；广设斋会无遮，剃度僧尼；等等。② 在景福元年（892）左右所刻《索勋纪德碑》中，列举了索勋的政绩之一就是修缮古寺大像、栋宇，“于时改作，四厢并立，八壁重修。南建门楼，北安宝殿”③。《韩建德政碑》记载，节度使韩建“亦奉真宗，庶能柔物。虑苟希致福，必将强敛于人，唯申孝思，自致精舍，有诏褒慰，仍赐陟屺为名”④。韩建自己出钱修建佛教精舍（寺庙），并得到朝廷的佛寺赐名——陟屺寺。《王审知德政碑》云：“奉大雄之教，崇上善之因。象法重兴，道师如在，虹梁雕栱，重新忉利之宫，钿轴牙签。更演毗尼之藏，而又盛兴宝塔，多舍净财。”⑤福建节度使王审知的佛教功德同样写进了德政碑。

为何将地方官员的佛教功德写入德政碑碑文？这类碑文的时代还大体集中在晚唐？这可能与中晚唐时期中央与地方的关系有关。聂顺新认为，安史之乱以后，随着中央式微，地方藩镇权盛，对官寺的修缮和捐赠也就成为藩镇节度使表白对朝廷忠心的象征。⑥ 唐朝政府从武周开始在天下诸州皆设立官寺，武周

---

① 〔清〕董诰：《全唐文》卷一二三，北京：中华书局，1983年，第1240页。

② 吴钢主编：《全唐文补遗》第9辑，西安：三秦出版社，2007年，第144—146页。

③ 张维：《陇右金石录》卷二，《石刻史料新编》第一辑第21册，台北：新文丰出版公司，1982年，第16008—16009页。

④ 〔清〕董诰：《全唐文》卷八〇〇《华帅许国公德政碑》，北京：中华书局，1983年，第8519—8520页。

⑤ 《金石萃编》卷一一八《王审知德政碑》，《石刻史料新编》第一辑第3册，台北：新文丰出版公司，1982年，第2161页。

⑥ 聂顺新：《唐代佛教官寺制度研究》，复旦大学2012年博士论文。

时期置大云寺，中宗时期置龙兴寺，玄宗时期置开元寺。[①] 而上述德政碑中，节度使修缮官寺的大体只有河西节度使张惟深（在龙兴寺），索勋和王审知修缮的寺庙不详，韩建所捐建的寺庙为皇帝敕名。故将地方官员的佛教功德写入德政碑，就不仅仅是向朝廷表白忠心这一简单理由，当有其他深层次的原因。结合前述佛教群体在地方社会的地位和影响，节度使的佛教功德彰显于德政碑中，其所传达的政治意图显然是向地方社会表明节度使对于佛教的态度，以赢取当地佛教界的支持。

佛教势力的强大，不仅影响到唐代德政碑碑文的内容书写，还影响到一些德政碑的安放地点和形制。如长安三年（703）《裴琳德政记》，刻在本愿寺经幢第三面[②]，其余几面刻的应当是佛经，其形制从传统的石碑变形为佛教的经幢。开元十一年（723）所立的《襄州刺史靳恒遗爱颂》，也是经幢形制，高五尺四寸，八面，面广九寸。[③]《荥阳县令卢正道清德碑》，其额有阿弥陀佛像，为等慈寺僧人识法师所造。[④] 唐贞元十三年（797）所建的《韦皋纪功碑》，碑原在龙兴寺，皇太子李诵书，宋天圣五年（1027）移在州衙门外。[⑤] 龙兴寺为唐代官寺，宋代将此碑从寺庙移至州衙门外。《唐刺史房公式善政碑》，在唐士洲上普宁院中，今在郡庠[⑥]，也是宋代迁徙出寺庙。广明二年（881）所刻的《李纽政理序幢》，安置在开元寺庭中右阶，不仅形制变成了经幢，还在其上刻佛造像，上层雕佛像四，次层雕佛像十二。[⑦] 开元寺也是唐代官寺。《归德郡李时用德政记》，其碑上刻有菩萨像，"救□菩萨，（王）晋长子英、次子萱、次子熏为母供养。善护菩萨，晋弟晃、弟诜、妹五娘供养"，该文字刻在菩萨像的左右侧；据题跋，"归德郡建中二年（781）为朱滔所灭，因废为县，王晋造浮图时，李时用方守是郡，（王）英颂其德政，附刻于此"[⑧]。将表彰碑文安置在寺庙，传统文献也可举出旁证，如"李绅为汴州节度

① 〔宋〕王溥：《唐会要》卷四八"寺"，北京：中华书局，1955 年，第 847、850 页。

② 〔清〕曹鎔：《获鹿金石志》1b。《石刻史料新编》第三辑第 24 册，台北：新文丰出版公司，1986 年，第 99 页。

③ 《八琼室金石补正》卷五二，《石刻史料新编》第一辑第 7 册，台北：新文丰出版公司，1982 年，第 4838 页。

④ 北京图书馆金石组编：《北京图书馆藏中国历代石刻拓本汇编》第 20 册，郑州：中州古籍出版社，1989 年，第 49 页。

⑤ 〔宋〕王象之：《舆地碑记目》卷四，《石刻史料新编》第一辑第 24 册，台北：新文丰出版公司，1982 年，第 18562 页。

⑥ 〔宋〕王象之：《蜀碑记》卷二，《石刻史料新编》第三辑第 16 册，台北：新文丰出版公司，1986 年，第 318 页下。

⑦ 《畿辅金石志》卷十三，《石刻史料新编》第二辑第 11 册，台北：新文丰出版公司，1979 年，第 8605 页。

⑧ 《八琼室金石补正》卷五八，《石刻史料新编》第一辑第 7 册，台北：新文丰出版公司，1982 年，第 4938 页。

使，蝗虫入界，不食田苗。文宗赐诏书褒之，绅刻石置于相国佛寺，以自矜功”①，将皇帝的褒奖诏书刻石立于相国佛寺。

可见，在佛教势力的影响下，不仅具有传统儒家意味的德政碑内容书写受到了影响，其安放地点、石碑形制也都受到了一定冲击，因为德政碑一般安置在通衢道路和官府衙门附近。② 唐代德政碑有的变形为佛教经幢，甚至在碑上造像祈福，碑文内容也逐渐添加了地方官的奉佛行为，此举无疑拉近了佛教僧侣与地方官员之间的心理距离。

综上所述，佛教僧侣在唐代地方社会极具影响力，他们积极参与地方事务：为地方官刻立德政碑申奏请愿，并参与碑文的制作；有时还参与离任地方官的举留活动，上书评论地方官的政绩；在舆论上对地方官员的政治声誉和政治前途造成了一定影响。由于佛教势力强大，佛教的价值观念也对传统德政碑造成了一定影响，地方藩帅的奉佛行为被作为善政写进了德政碑，有的德政碑还安置在寺庙中，形制也变身为佛幢，甚至有的还在碑上造像祈福。德政碑的变形，一方面表明佛教对原有传统价值观念的冲击和影响，另一方面也是地方政府在主动寻求宗教界的支持，显示了唐代地方社会僧侣阶层的重要地位。

（作者：刘琴丽，中国社会科学院古代史研究所副研究员）

---

① 〔宋〕王钦若：《册府元龟》卷六八一《牧守部·感瑞》，北京：中华书局，1960 年，第 8139 页。

② 仇鹿鸣：《权力与观众——德政碑所见唐代的中央与地方》，《唐研究》第 19 卷，北京：北京大学出版社，2013 年，第 82—85 页。

尊王与复仇

——顾炎武的《春秋》大义

◇郑任钊

顾炎武反对"明心见性之空言",主张"读九经自考文始,考文自知音始"①,提出了由音韵文字而通经的治学路径,开乾嘉学术之先声。但顾炎武的学术旨趣实与乾嘉之学有着很大的不同。顾炎武强调"君子之为学,以明道也,以救世也"②,"明六经之旨,通当世之务"③,也就是说,通经致用、经世济民才是顾炎武治学的终极目标。顾炎武有一句著名的论断:"古之所谓理学,经学也。"④此说固是对宋明理学的一种批判,但同时也表达了顾炎武视经学为义理之学的观点。

群经之中,顾炎武对《春秋》尤加垂意。他曾说"夫子之文章莫大乎《春秋》"⑤,又曾引晋代范宁《春秋穀梁传注疏序》中"君子之于《春秋》,没身而已矣"⑥之语来强调《春秋》之学须花费终身之精力。顾炎武针对某一经的专门著作,如《诗本音》《易音》等都是以经求音的音韵学著作,只有在《春秋》方面,著有一部《左传杜解补正》,以纠杜预注解《左传》之阙谬。其作《日知录》,卷一至卷七为经义,对《易》《书》《诗》《春秋》《礼》及"四书"均有所论,其中卷四专论《春秋》,在篇幅上虽稍逊论《礼》之文,但远在其他卷之上。

顾炎武对《春秋》的重视,正与其治学宗旨及其对《春秋》的认识紧密相关。

---

① 顾炎武:《亭林文集》卷四《答李子德书》,华忱之点校:《顾亭林诗文集》,北京:中华书局,1959年,第73页。该文所引引文凡出自《顾亭林诗文集》者,皆为此版本,故后文不再一一注明。

② 顾炎武:《亭林文集》卷五《与人书二十五》,《顾亭林诗文集》,第95页。

③ 顾炎武:《亭林文集》卷一《生员论中》,《顾亭林诗文集》,第23页。

④ 顾炎武:《亭林文集》卷三《与施愚山书》,《顾亭林诗文集》,第58页。

⑤ 顾炎武:《日知录》卷七,黄汝成集释,栾保群、吕宗力校点:《日知录集释》,上海:上海古籍出版社,2006年,第400页。该文所引引文凡出自《日知录》者,皆为此版本,后文不再一一注明。

⑥ 顾炎武:《亭林文集》卷三《与施愚山书》,《顾亭林诗文集》,第58页。

一、顾炎武对《春秋》的认识

《春秋》的性质是经是史，历史上争论纷纭。关于对《春秋》的认识，顾炎武有一段话交代得非常清楚：

> 孔子之删述六经，即伊尹、太公救民于水火之心，而今之注虫鱼、命草木者，皆不足以语此也。故曰："载之空言不如见诸行事。"夫《春秋》之作，言焉而已，而谓之"行事"者，天下后世用以治人之书，将欲谓之"空言"而不可也。愚不揣，有见于此，故凡文之不关于六经之旨、当世之务者，一切不为。而既以明道救人，则于当今之所通患，而未尝专指其人者，亦遂不敢以避也。①

这里，顾炎武明确表达了不屑只为考据、训诂之学的学术旨趣，更表明了他对《春秋》一经的认识，即以《春秋》为一部"天下后世用以治人之书"，是一部孔子寄寓大义规范后世的经书。正是因为顾炎武视《春秋》为"天下后世用以治人之书"，符合他明道救世、明经旨通世务之治学宗旨，符合其以经学为义理之学的观点，因此他对《春秋》尤为重视。

顾炎武还说："所谓'为人臣子而不通《春秋》之义者，遭变事而不知其权'，岂不信夫？"②"为人臣子而不通《春秋》之义者，遭变事而不知其权"之语，出自司马迁《史记·太史公自序》："为人臣者不可以不知《春秋》，守经事而不知其宜，遭变事而不知其权。……为人臣子而不通于《春秋》之义者，必陷篡弑之诛，死罪之名。"司马迁此语是承接"拨乱世，反之正，莫近于《春秋》。《春秋》文成数万，其指数千"③而言说的。显然顾炎武认同司马迁对《春秋》是拨乱反正之书的判断，认同《春秋》寓有大义，有使乱臣贼子惧的功能。

虽然顾炎武主张《春秋》是"天下后世用以治人之书"，认为"自隐公以下则孔子以己意修之，所谓作《春秋》也"④，但他又强调"圣人之经平易正大"⑤，"其文则史也，史之所无，夫子不得而益也"⑥，以为《春秋》并无前儒所说的那么多繁杂的义例，孔子只是在鲁史的基础上进行删削，很多时候是"直书而义自见者也"⑦。如论所谓"时月并书"，顾炎武说："《春秋》独并举时月者，以其为编年之史，有时有月有日，多是义例所存，不容于阙一也。"又自注说："或疑夫子特笔，

---

① 顾炎武：《亭林文集》卷四《与人书三》，《顾亭林诗文集》，第 91 页。
② 顾炎武：《日知录》卷四，《日知录集释》，第 210 页。
③ 司马迁：《史记》卷一三〇《太史公自序》，北京：中华书局，2013 年，第 3957 页。
④ 顾炎武：《日知录》卷四，《日知录集释》，第 179 页。
⑤ 顾炎武：《日知录》卷四，《日知录集释》，第 206 页。
⑥ 顾炎武：《日知录》卷四，《日知录集释》，第 217 页。
⑦ 顾炎武：《日知录》卷四，《日知录集释》，第 210 页原注。

是不然。旧史既以'春秋'为名，自当书时，……是知谓以时冠月出于夫子者，非也。"①认为这只是《春秋》作为编年史的体例要求，并非孔子特笔。

又如《春秋》首句"元年春王正月"，历代春秋学家都非常重视，大加发挥。董仲舒说："正次王，王次春。春者，天之所为也；正者，王之所为也。其意曰，上承天之所为，而下以正其所为，正王道之端云尔。……《春秋》谓一元之意，一者万物之所从始也，元者辞之所谓大也。谓一为元者，视大始而欲正本也。"②胡安国则明确说这是圣人寓有大义的地方："元者仁也，仁人心也，《春秋》深明其用，当自贵者始，故治国先正其心，以正朝廷与百官，而远近莫不壹于正矣。……正次王，王次春，乃立法创制，裁自圣心，无所述于人者，非史册之旧文矣。"③《公羊传》更是从中推衍出"大一统"说。而顾炎武完全予以否定，他推崇吕伯恭《春秋讲义》所说的"年纪日辰之首，其谓之元盖已久矣，岂孔子作《春秋》而始名之哉？说《春秋》者乃言《春秋》谓一为元，殆欲深求经旨而反浅之也"④，董逌《广川书跋》所说的"今晋人作鼎而曰王十月，是当时诸侯皆以尊王正为法，不独鲁也"和李梦阳《空同集·外篇》所说的"《春秋》'王正月'，必鲁史本文也"，主张"言王者，所以别于夏殷，并无他义。刘原父以'王'之一字为圣人新意，非也。子曰'述而不作，信而好古'，亦于此见之"⑤。顾炎武认为《春秋》书"元年"只是遵循史法，"王正月"是鲁史本文，并没有董仲舒等人所说的那些深意。

还有如桓公四年与七年、定公十四年、昭公十年四时有缺，僖公二十八年冬有日无月，桓公十四年"夏五"，桓公在位期间十四年只书"正月"而不书"王正月"，桓公五年甲戌有日而无事等，顾炎武认为"皆《春秋》之阙文，后人之脱漏也"⑥，也否认其中有深意。

当然，顾炎武也并不否认《春秋》有书法，如论"亡国书葬"："庄三十年，纪已亡而书'葬纪叔姬'，存纪也；陈已亡而书"葬陈哀公"，存陈也。此圣人之情而见诸行事者也。"⑦又如论诸侯僭称公："夫子作《春秋》而笔之于书，则或公或否。生不公，葬则公之；列国不公，鲁则公之，于是天子之事与人臣之礼并见于书，而天下之大法昭矣。"⑧又如论吴称子："吴本伯爵，《春秋》以其僭王，降从四夷之例而书子。"⑨可见他还是认可《春秋》里有褒贬进退之法的。

---

① 顾炎武：《日知录》卷四，《日知录集释》，第191页。
② 班固：《汉书》卷五七《董仲舒传》，北京：中华书局，1962年，第2501—2502页。
③ 胡安国：《春秋胡氏传》，杭州：浙江古籍出版社，2010年，第2页。
④ 顾炎武：《日知录》卷四，《日知录集释》，第194页。
⑤ 顾炎武：《日知录》卷四，《日知录集释》，第189—190页。
⑥ 顾炎武：《日知录》卷四，《日知录集释》，第205页。
⑦ 顾炎武：《日知录》卷四，《日知录集释》，第214页。
⑧ 顾炎武：《日知录》卷二〇，《日知录集释》，第1116页。
⑨ 顾炎武：《日知录》卷四，《日知录集释》，第212页原注。

总之，在顾炎武看来，《春秋》是一部经书，寓有大义，但其载体是史书，孔子只是“因鲁史而修”①，在遵循史法的基础上加以笔削，通过史事直白地反映出大义。顾炎武以讲求大义为最终目标，由此与汉代古文经学和清代乾嘉学派拉开了距离；他又坚持训诂考据的方法，否定空谈义理，否定那种为了大义而不顾史实与史法甚至改经的做法，由此又与今文经学和宋明学风拉开了距离。

二、顾炎武对三传的态度及其治学方法

中唐以降，啖助、赵匡所倡之舍传求经之风对春秋学的影响很大，学者大都不信传注，舍传求经或援经驳传。至宋代诸儒则各自为传，乃至改经疑经。胡安国《春秋胡氏传》出后更是定于一尊，有明一代几为《春秋胡氏传》的天下。顾炎武对这一风气大为不满，他说：

> 近世之说经者，莫病乎好异。以其说之异于人，而不足以取信，于是舍本经之训诂，而求之诸子百家之书。犹未足也，则舍近代之文而求之远古。又不足，则舍中国之文而求之四海之外。……夫天子失官，学在四夷，使果有残篇断简可以裨经文而助圣道，固君子之所求之而惟恐不得者也。若乃无益于经，而徒为异以惑人，则其于学也亦谓之异端而已。愚因叹夫昔之君子遵守经文，虽章句先后之间犹不敢辄改。……啖助之于《春秋》，卓越三家，多有独得，而史氏犹讥其一本所承，自用名学，谓后生诡辩为助所阶。乃近代之人，其于读经卤莽灭裂，不及昔人远甚。又无先儒为之据依，而师心妄作，刊传记未已也，进而议圣经矣。更章句未已也，进而改文字矣。此陆游所致慨于宋人，而今且弥甚！徐防有言：“今不依章句妄生穿凿，以遵师为非义，意说为得理，轻侮道术，浸以成俗。”呜呼！此学者所宜深戒。②

顾炎武指出，即使以啖助说《春秋》之精，尚因为不本旧注而受后世诟病，而宋、明之儒说经远甚于此，不依传注、各凭己意、竞相立异乃至疑经改经。顾炎武对此进行了严厉的批评，以此为学之异端。

顾炎武对《春秋》诸传采取的是一种比较平正的态度，对各家都有取有弃，择善而从。他既说：“《易》之互体卦变，《诗》之叶韵，《春秋》之例月日，经说之缭绕破碎于俗儒者多矣。文中子曰：九师兴而《易》道微，三传作而《春秋》散。”③而又说：“备三传、啖、赵诸家之说以存《春秋》，必有待于后之兴文教者。”④既对三传给予了激烈的批评，又表示三传不可舍弃。

---

① 顾炎武：《日知录》卷四，《日知录集释》，第 183 页。

② 顾炎武：《日知录》卷二，《日知录集释》，第 123—125 页。

③ 顾炎武：《日知录》卷一，《日知录集释》，第 11 页。

④ 顾炎武：《日知录》卷一，《日知录集释》，第 9 页。

顾炎武还说：

在汉之时，三家之学各自为师，而范宁注《穀梁》独不株守一家之说。至唐啖、赵出而会通三传，独究遗经。至宋孙（复）、刘（敞）出而掊击古人，几无余蕴。文定（胡安国）因之，以痛哭流涕之怀，发标新领异之论，其去游、夏之传益以远矣。①

由此我们看出，顾炎武主张会通三传，不主一家，既批判三传各守藩篱，又抨击宋人弃传注而凭己意。从《日知录》中，顾炎武对三传及后世诸家之说的折中去取，就可以很鲜明地看出他这种不主一家的态度。如论“仲子”，顾炎武说：“隐公元年秋七月‘天王使宰咺来归惠公仲子之赗’。曰‘惠公仲子’者，惠公之母仲子也。文公九年冬‘秦人来归僖公成风之禭’，曰‘僖公成风’者，僖公之母成风也。《穀梁传》曰：‘母以子氏。仲子者何？惠公之母、孝公之妾也。’此说得之。《左氏》以为桓公之母，桓未立而以夫人之礼尊其母，又未薨而赗，皆远于人情，不可信。”又自注说：“《公羊》亦以为桓公之母、惠公之妾，系妾于君，较之系母于子，义则短矣。”②这里是取《穀梁传》之说，而对《左传》和《公羊传》都不予采信。

又论文公四年夏五月“王子虎卒”，则说：“《左氏》以为王叔文公者，是也。而《穀梁》以为叔服。按此后文公十四年有星孛入于北斗，‘周内史叔服曰：不出七年，宋齐晋之君皆将死乱’。成公元年刘康公伐戎，‘叔服曰：背盟而欺大国，此必败’。明叔服别是一人，非王子虎也。”又自注说：“胡氏仍《穀梁》之误。”③这里是采信《左传》，而否定《穀梁传》和《春秋胡氏传》。

又论“诸侯在丧称子”，则说：“《公羊传》曰：‘君存称世子，君薨称子某，既葬称子，逾年称公。’得之矣。……‘里克杀其君之子奚齐’者，未葬居丧之子也；‘里克弑其君卓’者，逾年已即位之君也。此临文之不得不然。《穀梁传》曰：‘其君之子云者，国人不子也。’非也。”又自注说：“杜氏《左传注》：‘卫宣公未葬，惠公称侯以接邻国，非礼也。’盖不达此义。”④这里是采信《公羊传》，而否定《穀梁传》、杜预之说。

又论隐公十年无正月说：“隐十年无正者，以无其月之事而不书，非有意削之也。《穀梁》以为隐不自正者，凿矣。赵氏曰，宣成以前人名及甲子多不具，旧史阙也。得之矣。”⑤这里是以《穀梁传》为非而以赵匡之说为是。

当然，我们说顾炎武对《春秋》诸传采取一种比较平正的态度，并非说在他

① 顾炎武：《亭林文集》卷三《答俞右吉书》，《顾亭林诗文集》，第61页。
② 顾炎武：《日知录》卷四，《日知录集释》，第198页。
③ 顾炎武：《日知录》卷四，《日知录集释》，第270页。
④ 顾炎武：《日知录》卷四，《日知录集释》，第225—227页。
⑤ 顾炎武：《日知录》卷四，《日知录集释》，第267—268页。

那里诸家之说真的完全是平分秋色的。在三传之中,顾炎武虽未明言,恐怕还是更偏爱《左传》一些。这点我们从顾炎武专著有《左传杜解补正》一书也可以看出。

刘家和先生曾指出,在《日知录》卷四中,研究《公羊传》(9 条)和《穀梁传》(5 条)的总共才有 14 条,研究《左传》的有 63 条。[①]《日知录》卷四中,研究《公羊传》和《穀梁传》的部分是比较清楚的,顾炎武自注有"已下《公羊传》"和"已下《穀梁传》"[②],而其余未标明的部分则不太好界定,也不好说就是专门研究《左传》的,讨论的内容很多都是三传共有的问题。更有如"公及齐人狩于禚"条,《左传》于此无传,而顾炎武又说"'人'之者,仇之也"[③],明显用的是《公羊传》和《穀梁传》之说[④]。另如"三国来媵"条,"三国来媵"之说明出于《公羊传·成公十年》"齐人来媵",而《左传》亦无传。刘家和先生也说这 63 条中其实只有"少数几条直接研究《左传》文献本身","绝大多数都是通过《左传》研究当时历史的"[⑤]。不过,我们经过梳理可以发现,这部分中凡单称"传"者,都是指的《左传》,可见这一部分的确是基于《左传》来立论的。由于这部分占了全卷 80%以上,我们说顾炎武的《春秋》学是基于《左传》来立论应该是可以成立的。

由此我们也可以看出顾炎武《春秋》学的治学方法,即如顾炎武在《左传杜解补正》序中所说的:"若经文大义,《左氏》不能尽得而《公》《穀》得之,《公》《穀》不能尽得而啖、赵及宋儒得之者,则别记之于书。"[⑥]也就是以《左传》为立论基础,再补以《公羊传》《穀梁传》乃至后世诸家之说。顾炎武《日知录》中的《春秋》部分也是采取这一治学方法,其称:

> 鄙著《日知录》春秋一卷,且有一二百条如"君氏卒""禘于太庙""用致夫人"当从《左氏》,"夫人子氏薨"当从《穀梁》,"仲婴齐卒"当从《公羊》,而"三国来媵"则愚自为之说。盖见《硕人》诗云"东宫之妹",《正义》以为明所生之贵,而非敢创前人所未有也。[⑦]

---

① 刘家和:《论清代〈左传〉研究》,《第五回东洋国际学术会议论文集》,韩国汉城:成均馆大学出版部,1995 年。转引自古伟瀛《顾炎武对〈春秋〉及〈左传〉的诠释》,《台大历史学报》2001 年第 28 期。

② 顾炎武:《日知录》卷四,《日知录集释》,第 259、268 页。

③ 顾炎武:《日知录》卷四,《日知录集释》,第 211 页。

④ 《公羊传·庄公四年》:"齐侯则其称人何?讳与仇狩也。"《穀梁传·庄公四年》:"齐人者,齐侯也。其曰人,何也?卑公之敌,所以卑公也。何为卑公也?不复仇而怨不释,刺释怨也。"

⑤ 刘家和:《论清代〈左传〉研究》,《第五回东洋国际学术会议论文集》,韩国汉城:成均馆大学出版部,1995 年。

⑥ 顾炎武:《亭林文集》卷二,《顾亭林诗文集》,第 27 页。

⑦ 顾炎武:《亭林文集》卷三《答俞右吉书》,《顾亭林诗文集》,第 61 页。

这里也是以《左传》为立论基础，再补以《公羊传》《穀梁传》，最后自为之说。值得注意的是，顾炎武强调，所谓的自为之说，也是有古人的依据的，并非全凭己意，明确将自己的这种方法与宋、明儒者的那种治学之风进行了区别。

然而，这种治学方法并不意味着顾炎武对《左传》较之《公羊传》《穀梁传》更为满意。在《日知录》卷四中，顾炎武说："《左氏》之解经，于所不合者亦多曲为之说。"又说："《春秋》因鲁史而修者也，《左氏传》采列国之史而作者也。……其谓'赗仲子'为'子氏未薨'，'平王崩'为'赴以庚戌'，'陈侯鲍卒'为'再赴'，似皆揣摩而为之说。"①显然其对《左传》的解经非常不满。在《日知录》卷四和《左传杜解补正》中实际上满目尽是对《左传》的驳斥。而反观其对《公羊传》和《穀梁传》的评价，虽然"齐鲁之间人自为师，穷乡多异，曲学多辨，其穿凿以误后人者亦不少矣"，但"《公》《穀》二传相传受之子夏，其宏纲大指得圣人之深意者，凡数十条"②。虽然既有肯定又有否定，但《公羊传》和《穀梁传》"相传受之子夏"，而《左传》却是"采列国之史而作"，异于《春秋》"因鲁史而修"，尤其说《公羊传》和《穀梁传》"宏纲大指得圣人之深意"，评价亦可谓不低。

因为《左传》详于记事，而顾炎武又欲从"行事"而窥得《春秋》大义，所以必然以《左传》为立论基础。而《左传》对《春秋》的诠释是一种史学的路径，与顾炎武视《春秋》为经学、为义理之学相背，所以又必须以讲究《春秋》大义的《公羊传》和《穀梁传》以济其穷。从这样一个角度，我们就可以很好地理解顾炎武对三传的态度及其《春秋》学的治学方法了。

三、顾炎武的《春秋》大义

顾炎武虽然明确以《春秋》为"天下后世用以治人之书"，虽然明确说"凡文之不关于六经之旨、当世之务者，一切不为"，但实际上我们从《日知录》卷四或者《左传杜解补正》中，都很难能看到顾炎武直接阐发经义的文字。顾炎武坚持的是一条由训诂文字、厘清史事而通经的治学路径，他认为文字、史事梳理清楚了，大义自然明了。他的《春秋》学是在通训诂、明史法的基础上，讲清大义。因此，他既宣称"六经之所传，训诂为之祖"，同时也感慨"微言既以绝"，推崇汉代首倡《春秋》大义的公羊大师董仲舒"不有董夫子，大道何由明"③。

那么，顾炎武的《春秋》大义的主要内容是什么呢？他自己曾明确说："《春秋》之义，尊天王攘夷狄，诛乱臣贼子，皆性也，皆天道也。"④也就是说，尊王攘

① 顾炎武：《日知录》卷四，《日知录集释》，第182—184页。

② 顾炎武：《日知录》卷四，《日知录集释》，第269页。

③ 顾炎武：《亭林诗集》卷四《述古》，《顾亭林诗文集》，第384、383页。

④ 顾炎武：《日知录》卷七，《日知录集释》，第400页。

夷、诛乱臣贼子,是《春秋》大义中顾炎武最为重视的内容。

(一)尊王攘夷

尊王之义历来为说《春秋》者所主。在顾炎武这里,除了"事莫大于天王之人"①等阐发尊王之义的论述,我们还可以看到,他对公羊家和《左传》有违尊王之义之处都展开了批判:

> "王使荣叔来锡桓公命",不书"天",阙文也。若曰以其锡桓而贬之,则桓之立,《春秋》固已公之矣。商臣而书楚子,商人而书齐侯,五等之爵无所可贬,孰有贬及于天王邪?②

> 名不正则言不顺,言不顺则事不成。而《左氏》之记周事曰"王贰于虢","王叛王孙苏"。以天王之尊而曰"贰",曰"叛",若敌者之辞,其不知《春秋》之义甚矣!③

何休《公羊解诂》认为庄公元年"王使荣叔来锡桓公命",书"王"而不书"天王",是由于"桓行实恶,而乃追锡之,尤悖天道"④,因而去掉"天"字来贬斥天王。而顾炎武却以为天王不书"天"是阙文,并不是对王的贬斥。"孰有贬及于天王邪",天王至尊,不可贬斥。而针对《左传》以"贰""叛"这些字用于天王,顾炎武的批评则更为严厉,认为《左传》以"敌者之辞"加诸天王之上,是"不知《春秋》之义甚矣"。

顾炎武推崇尊王,其实还有更深层的含义。在《日知录》卷四中他专置有"天王"一条:

> 《尚书》之文但称王,《春秋》则曰天王,以当时楚、吴、徐、越皆僭称王,故加"天"以别之也。赵子曰"称天王以表无二尊也"。⑤

天王称"天"是为了区别于僭伪,是为了表明无二尊,显然顾炎武的尊王更强调王的正统。在亲自参与抗清斗争失败后,顾炎武长期以明遗民自处,因此他实际上是借说尊王否认清朝的正统性。联系其说攘夷,这一点我们就可以看得更为清楚。顾炎武说:

> 君臣之分所关者在一身,夷夏之防所系者在天下,故夫子之于管仲略其不死,子纠之罪而取其一匡九合之功,盖权衡于大小之间,而以天下为心也。夫以君臣之分犹不敌夷夏之防,而《春秋》之志可知矣。⑥

"君臣之分所关者在一身,夷夏之防所系者在天下",此言与顾炎武对亡国

---

① 顾炎武:《日知录》卷四,《日知录集释》,第218页。
② 顾炎武:《日知录》卷四,《日知录集释》,第205页。
③ 顾炎武:《日知录》卷四,《日知录集释》,第237页。
④ 《春秋公羊传注疏》,北京:北京大学出版社,1999年,第116页。
⑤ 顾炎武:《日知录》卷四,《日知录集释》,第196页。
⑥ 顾炎武:《日知录》卷七,《日知录集释》,第412页。

与亡天下的区分颇为类似。如此一权衡，夷夏之分显然要重于君臣之分，顾炎武认为《春秋》之志即是如此。换言之，攘夷狄，严夷夏之防，要重于尊王。

对于《春秋》的夷夏之义，顾炎武有很详尽的阐述。其论“楚吴书君书大夫”曰：“《春秋》之于夷狄，斤斤焉不欲以其名与之也。”然后细举楚、吴每次见录于《春秋》时的称谓，并认为《春秋》如此书法的目的就是“圣人之意，使之不得遽同于中夏也”，“使之终不得同于中夏也”。最后又发挥说：

> 是知书君、书大夫，《春秋》之不得已也，政交于中国矣。以后世之事言之，如五胡十六国之辈夷之而已。至魏齐周则不得不成之为国而列之于史。金元亦然。此夫子所以录楚、吴也。然于备书之中而寓抑之之意，圣人之心无时而不在中国也。呜呼！①

顾炎武认为，孔子于《春秋》之中非常注意夷夏之辨，因为政交于中国，又不得不记夷狄，于是每次记载夷狄之国时对其称谓都非常谨慎，托寓贬抑之意，体现出孔子时刻以中国为念。他更说后世少数民族入主中原而见于史书亦同此例，所谓“金元亦然”，其潜台词“清亦然”已经呼之欲出了，由此顾炎武春秋学高举夷夏之辨的现实意义也就昭然若揭了。

对待清政权，顾炎武有着强烈的排斥心理。在顾炎武看来，明清易代，绝非一般意义上的朝代更替，而是“仁义充塞”“率兽食人”的“亡天下”。因此他要高举起攘夷的旗帜，大呼“保天下者，匹夫之贱与有责焉耳矣”②，呼吁人们在清朝的统治之下，严夷夏之防，不失中国之道，以待中华之复兴。

他在《日知录》卷六论《礼记·中庸》“素夷狄行乎夷狄”说：“素夷狄行乎夷狄，然则将居中国而去人伦乎？非也。处夷狄之邦而不失吾中国之道，是之谓素夷狄行乎夷狄也。六经所载，帝舜滑夏之咨，殷宗有截之颂，礼记明堂之位，《春秋》朝会之书，凡圣人所以为内夏外夷之防也，如此其严也！”他批驳隋儒文中子作《元经》以鲜卑族建立的北魏为正统，认为文中子所言“天地有奉，生民有庇，即吾君也”之语“何其语之偷而悖乎”。所谓“偷”，他解释说：“夫兴亡有迭代之时，而中华无不复之日，若之何以万古之心胸而区区于旦暮乎！此所谓偷也。”认为“中华”必有恢复之日，“夷狄”只能是窃据中原。他又引明儒杨循吉《金小史》序言加以注解：“由当时观之，则完颜氏帝也，盟主也，大国也。由后世观之，则夷狄也，盗贼也，禽兽也。”说的虽是金，矛头分明指向的是清。所谓“悖”，他解释说：“汉和帝时侍御史鲁恭上疏曰：‘夫戎狄者四方之异气，蹲夷踞肆，与鸟兽无别，若杂居中国，则错乱天气、污辱善人。’夫以乱辱天人之世，而论者欲将毁吾道以殉之，此所谓悖也。”言辞激烈之余，明显是借批驳文中子来斥责当时那些以清朝为正统的言论。他总结“素夷狄行乎夷狄”之义说：

---

① 顾炎武：《日知录》卷四，《日知录集释》，第211—212页。

② 顾炎武：《日知录》卷一三，《日知录集释》，第756—757页。

> 孔子有言,居处恭,执事敬,与人忠,虽之夷狄不可弃也。夫是之谓素夷狄行乎夷狄也。若乃相率而臣事之,奉其令,行其俗,甚者导之以为虐于中国,而借口于素夷狄之文,则子思之罪人也已!①

也就是要求人们在清朝的统治环境之下,保持华夏文化,坚守华夏礼仪,不臣事清朝。"素夷狄行乎夷狄"是顾炎武在认清反清复明无望的情形下所选择的政治立场和价值取向。

当然,以我们今天的眼光来看,顾炎武在"夷夏之辨"上所持的立场是过于狭隘了,也没有抓住《春秋》民族思想方面更为核心的内容,但基于当时历史情境及顾炎武自身的政治状况,顾炎武的这一立场就完全可以理解了。

(二)讨贼复仇

孟子说:"孔子成《春秋》而乱臣贼子惧。"②诛讨乱臣贼子确为《春秋》之一大义。讨贼之义往往又与复仇之义联系在一起,所谓"君弑,臣不讨贼,非臣也。子不复仇,非子也"③,"臣子于君父有讨贼复仇之义"④,皆是以讨贼复仇为臣子不可推卸的责任和义务的。

李自成攻陷北京,崇祯皇帝殉国,这对于明朝的臣子而言就是君父大仇。南明之时,讨贼复仇之说不绝,文秉《甲乙事案》就曾引"贼不讨仇不复,则君不葬、服不除,寝苫枕弋,无时而终事也"的"《春秋》之法"来讥刺南明君臣上下不先"寸磔逆闯,礼葬先帝"⑤就抢着登基晋爵。清朝与南明之间更是用《春秋》讨贼复仇之义打起了笔仗,多尔衮致书史可法,以"夫君父之仇不共戴天,《春秋》之义,有贼不讨,则故君不得书葬,新君不得书即位,所以防乱臣贼子,法至严也"来否定南明弘光帝的正统性,而史可法亦以"今上天纵聪明,刻刻以复仇为念"⑥来回击。

在这样的历史背景下,讨贼复仇之义在顾炎武揭橥的《春秋》大义中必然占有一席高位。他屡屡提及《春秋》复仇之义,曾作有"缟素称先帝,《春秋》大复仇"⑦的诗句。又如论"夫人孙于齐":"庄公元年三月,夫人孙于齐。不称姜氏,绝之也。二年十有二月,夫人姜氏会齐侯于禚,复称姜氏。见鲁人复以小君待之,忘父而与仇通也。先孙后会其间复归于鲁,而《春秋》不书,为国讳也。此夫

---

① 顾炎武:《日知录》卷六,《日知录集释》,第382—383页。

② 《孟子·滕文公下》,杨伯峻译注:《孟子译注》,北京:中华书局,2005年,第142页。

③ 《公羊传》隐公十一年,《春秋公羊传注疏》,北京:北京大学出版社,1999年,第65页。

④ 胡安国:《春秋胡氏传》隐公十一年,杭州:浙江古籍出版社,2010年,第37页。

⑤ 文秉:《甲乙事案》,《南明史料(八种)》,南京:江苏古籍出版社,1999年,第433页。

⑥ 邹漪:《明季遗闻》,《中国野史集成》第32册,成都:巴蜀书社,1993年,第203、205页。

⑦ 顾炎武:《亭林诗集》卷一《感事》,《顾亭林诗文集》,第260页。

子削之矣。"①又论"公及齐人狩于禚":"庄公四年二月,夫人姜氏享齐侯于祝丘。冬,公及齐人狩于禚。夫人享齐侯,犹可书也。公与齐侯狩,不可书也。故变文而曰'齐人','人'之者,仇之也。杜氏以为'微者',失之矣。"②顾炎武这里是想说明,《春秋》如此书法就是为了揭示君父之仇不可忘之义。此二事,前者三传皆未作复仇解,后者《左传》无传而《公羊传》《穀梁传》作复仇解,顾炎武全部解释以复仇之义,并对杜预未说复仇进行了批评。

在为君父讨贼复仇方面,顾炎武所持的立场非常严苛。他驳斥《左传》在解释"赵盾弑其君"时的"越境乃免"说,以为这是"妄述孔子之言",并提出:"君臣之义无逃于天地之间,而可逃之境外乎?"③强调臣子为君父复仇的责任是无可逃脱的。

而对那些不仅不讨贼复仇,甚至投降而助纣为虐的臣子,顾炎武更是痛加贬斥。他在《日知录》卷十三,专列有一条"降臣":

> 《记》言:"孔子射于矍相之圃,贲军之将、亡国之大夫不入。"《说苑》言:"楚伐陈,陈西门燔,使其降民修之。孔子过之不轼。"《战国策》安陵君言:"先君手受太府之宪,宪之上篇曰:国虽大赦,降城、亡子不得与焉。"下及汉魏,而马日磾、于禁之流,至于呕血而终,不敢靦于人世,时之风尚从可知矣。后世不知此义,而文章之士多护李陵,智计之家或称谯叟。此说一行,则国无守臣,人无植节,反颜事仇,行若狗彘而不之愧也。何怪乎五代之长乐老,序平生以为荣,灭廉耻而不顾者乎!《春秋》僖十七年"齐人歼于遂",《穀梁传》曰:"无遂则何以言遂?其犹存遂也。"故王蠋死而田单复齐,弘演亡而桓公救卫,此足以树人臣之鹄,而降城、亡子不齿于人类者矣。④

顾炎武列举了从孔子至汉魏对降臣的态度,批判后世为降臣开脱的说法,大力褒扬忠君而死的王蠋、弘演和孤忠复国的田单为"人臣之鹄",贬斥降臣"行若狗彘而不之愧""不齿于人类"。"国无守臣,人无植节,反颜事仇",不恰恰就是明亡之时的真实写照吗?这些降臣带着土地、军队或降闯,或降清,然后反戈一击,致使偌大的明王朝迅速崩溃。对这些乱臣贼子,顾炎武痛恨至极。

在宣扬讨贼复仇之义的同时,顾炎武还对清朝借为明讨贼复仇的名义行取代明朝之实进行了揭露。其论"纳公孙宁、仪行父于陈":

> 孔宁、仪行父从灵公宣淫于国,杀忠谏之泄冶,君弑不能死,从楚子而入陈。《春秋》之罪人也,故书曰:"纳公孙宁、仪行父于陈。"杜预乃谓:"二子托楚以报君之仇。灵公成丧,贼讨国复,功足以补过。"呜呼!使无申叔时

① 顾炎武:《日知录》卷四,《日知录集释》,第209页。

② 顾炎武:《日知录》卷四,《日知录集释》,第211页。

③ 顾炎武:《日知录》卷四,《日知录集释》,第244页。

④ 顾炎武:《日知录》卷一三,《日知录集释》,第816—817页。

之言，陈为楚县矣！二子者楚之臣仆矣！尚何功之有？幸而楚子复封，成公反国，二子无秋毫之力。而杜氏为之曲说，使后世诈谖不忠之臣得援以自解。呜呼！其亦愈于今之已为他人郡县而犹言报仇者与？①

夏徵舒弑陈灵公，孔宁、仪行父奔楚，引楚师讨夏徵舒，杜预认为孔宁、仪行父是“托楚以报君之仇”，是有功的；但顾炎武认为二人是“《春秋》之罪人”，因为楚庄王诛杀夏徵舒后差点就把陈国变成楚国的一个县，多亏申叔时劝谏，才复封陈国。灭人之国，占人土地，这还谈什么复仇呢？其所说的“后世诈谖不忠之臣”岂非引清兵入关的吴三桂？“今之已为他人郡县而犹言报仇者与”剑指何方岂不是也非常清楚。可见，顾炎武的《春秋》之学绝非埋头训诂，也绝非空讲义理，而是与现实紧密相连。

此段之下，还有一段话将清朝的这种面目揭露得更加淋漓尽致：

有盗于此，将劫一富室。至中途而其主为仆所弑。盗遂入其家，杀其仆，曰：“吾报尔仇矣。”遂有其田宅货财，子其子孙其孙。其子孙亦遂奉之为祖父。呜呼！有是理乎？《春秋》之所谓乱臣贼子者，非此而谁邪？②

仆人弑主，盗贼打着报仇的旗号，却占有主人的田宅货财。他这里分明是将清朝比之“盗”，将明朝比之“富室”，将李自成比之“仆”。顾炎武还对那些认贼作父的降臣大加讥讽，指明《春秋》所谓的乱臣贼子就是这些人。此段文字，刻本无，只见于钞本。③ 之所以被删，显然是指向太过清晰，太过犯忌。

四、结语

顾炎武自称“五十以后，笃志经史”④。顾炎武五十岁那年，也就是 1662 年，发生了很多事。南明最后一个皇帝永历遇害，郑成功病逝，李定国病逝，鲁王朱以海病逝，明朝复兴几无可望。于是，顾炎武全身心投入到经史研究当中，以求发明大义，明道救世。他相信“中华无不复之日”，一再强调所著《日知录》是为后之兴王所准备的：“若其所欲明学术正人心，拨乱世，以兴太平之事，则有不尽于是刻者。须绝笔之后，藏之名山，以待抚世宰物者之求。”⑤“有王者起，将以见诸行事，以跻斯世于治古之隆，而未敢为今人道也。”⑥这与孔子于获麟之后，自

① 顾炎武：《日知录》卷四，《日知录集释》，第 219—220 页。

② 顾炎武：《日知录》卷四，《日知录集释》，第 220 页。

③ 据《日知录集释》第 220 页注 2。

④ 顾炎武：《亭林文集》卷五《与人书二十五》，《顾亭林诗文集》，第 98 页。

⑤ 顾炎武：《日知录》自序，《日知录集释》，第 1 页。

⑥ 顾炎武：《亭林文集》卷五《与人书二十五》，《顾亭林诗文集》，第 98 页。

叹"吾道穷矣",然后"制《春秋》之义,以俟后圣"①何等相似！顾炎武此时可谓与孔子心有戚戚焉,孔子当年作《春秋》之事成了他效仿的对象。

明亡之后,同样以明遗民自居的朝鲜王朝大儒宋时烈,与顾炎武一样,也把目光投向了《春秋》大义上。宋时烈提出:"《春秋》大义,夷狄而不得入中国,禽兽而不得伦于人类,为第一义;为明复仇,为第二义。"②面对相同的历史情境,远隔千里的两人做出了几乎相同的判断和选择。

(作者:郑任钊,中国社会科学院古代史研究所副研究员)

① 《公羊传》哀公十四年,《春秋公羊传注疏》,北京:北京大学出版社,1999年,第624、628页。

② 宋时烈:《尤庵先生言行录》,韦旭升主编:《宋子选集》,北京:中华书局,1999年,第276页。

论陈澧的通经致用观

◇谢寒枫

陈澧(1810—1882),广东番禺人,字兰甫,人称“东塾先生”。早年受业于广东学海堂,秉承乾嘉汉学的治学方法,所著《切韵考》和《汉书地理志水道图说》颇为士林所推崇。中年以后博综经史,尤用力于经学。陈澧论学不分汉宋门户,主张会通汉宋,通经致用,成为晚清调和汉宋的代表人物之一。他一生勤于读书,著述颇丰,晚年所著《东塾读书记》为其代表作。读书著述而外,陈澧终生讲学授业不倦,任学海堂学长近三十年,晚年又执掌菊坡精舍,开创东塾学派。陈澧学问淹通,为一代师表,被誉为“岭南大儒”。

每一个时代,都有其主流学术思潮。陈澧生当嘉道之时,身处咸同之际。这一时期的学术界有今文经学的崛起、程朱理学的复兴、经世事功派的涌现,其共同特点是反思汉学之弊,强调通经致用。陈澧早年遵信乾嘉汉学,甲辰年(1844)与友人的论辩使他开阔了学术视野,摆脱了训诂考据学的旧辙,开始正视宋学。庚戌年(1850)研读王懋竑的《朱子年谱》而切入朱子学,并契接顾炎武的经学思想,由此逐步形成通经致用的经学观。解经以兼采汉宋为宗旨,强调义理为本,不废考据;读经以明道致用为归宿,强调学术陶冶身心、经世济民的功能。

通经是指诠释经典文本,阐发经文大义;致用则包括孝悌忠信的修己之道和治国平天下的经世之术。通经以致用为归宿,把通经和致用统一起来,才可谓真经学,陈澧说:“所谓经学者,贵乎自始至末读之、思之、整理之、贯串之、发明之。不得已而后辩难之,万不得已而后排击之。惟求有益于身,有用于世,有功于古人,有裨于后人。此之谓经学也。”①从解经到读经而归于陶冶身心、经世济民,学和行统一,道和用不离,经学的完整性得以体现。

陈澧说:“汉学、宋学迭相攻击,实无人细读郑、朱两家书。余欲著《郑学》《朱学》二书,盖不得已,竟须成此二书,乃一生事业也。”②陈澧编纂了《郑氏全书》和《朱子语类日钞》,在《东塾读书记》中,以两卷的篇幅阐述郑玄和朱子的经

① 陈澧:《与王峻之书》五首之一,廖廷相等编:《东塾集》卷四,台北:文海出版社,1970年影印本,第281页。后文所引《东塾集》皆为此版,不再一一注明。

② 《陈澧遗稿》,《岭南学报》第2卷第2期,第174页。

学观。他认为，郑玄注经由考据归于义理，守先儒师法而兼采不同；朱子解经明义理而不废考据，尊汉儒家法而博采众说。他们为学博极群书，立身明理敦行。郑玄是汉学的集大成者，朱子是宋学的宗师，他们的解经方法一致，治学宗旨相同，汉学和宋学实可会通。

在《东塾读书记》卷九中，陈澧援用《礼记·学记》中的“小成”和“大成”说，阐发其通经致用观：

> 《学记》云：“一年视离经辨志，三年视敬业乐群，五年视博习亲师，七年视论学取友，谓之小成。九年知类通达，强立而不反，谓之大成。夫然后足以化民易俗，近者说服而远者怀之。此大学之道也。”澧案：《大学》篇首云“大学之道”，《学记》亦云“此大学之道也”，可见《学记》与《大学》相发明。知类通达，物格知至也。强立不反，意诚、心正、身修也。化民易俗，近者说服，远者怀之，家齐、国治、天下平也。其离经辨志、敬业乐群、博习亲师、论学取友，则格物致知之事也。分其年，定其课，使学者可以遵循，后世教士，当以此为法。夫七年可以小成，九年可以大成，有志于学者，当无不乐而从之。若以此为法，学术由此而盛，人才由此而出矣！①

《东塾读书记》专论经学，罕言治术。陈澧说：“至于治法，亦不敢妄谈。非无意于天下事也，以为政治由于人才，人才由于学术。”②经术明，则治术可明。他说：“救世事之乱，尤必须学问。孟子曰：‘下无学，贼民兴。’然则有学则贼民不兴矣。此必须真经学乃有济，若近时之所谓经学则不中用耳。”③陈澧的经学观以致用为依归，修身经世的治术实已包含在内。以下就从解经和读经两个方面阐述陈澧的通经致用观。

一、解经：有宗主，有不同

从惠栋独标汉帜之后，重师法、守专门的解经方法就成为汉学家治经的不二法门。然而仅百余年，这一方法的弊端就渐显。陈澧早年沉浸于汉学之中，当时他就已经察觉到汉学解经方法的弊端。1838 年，他在《答杨黻香书》中说：“澧尝以为班孟坚有言云：‘幼童而守一艺，白首而后能言。’此古今之同患也。”④

重师法、守专门，这本无不当。但如果固守师法，则视野不宽，见识偏狭，导

① 陈澧：《东塾读书记》卷九《礼记》，北京：生活·读书·新知三联书店，1998 年，第 171 页。后文所引《东塾读书记》皆为此版，不再一一注明。

② 陈澧：《与胡伯蓟书》，《东塾集》卷四，第 274 页。

③ 陈澧：《与桂皓庭书》二十二首之十五，陈之迈编：《东塾续集》卷四，台北：文海出版社，1972 年影印本，第 160 页。后文所引《东塾续集》皆为此版，不再一一注明。

④ 陈澧：《答杨黻香书》二首之二，《东塾续集》卷四，第 141 页。

致说经武断，不辨是非；紧守专门之学，则往往分流别脉，枝叶衍生，导致说经繁碎，解经之路越走越窄。事实证明，重师法、守专门的解经方法有重大缺陷。陈澧提出，要以郑玄的注经方法为圭臬。陈澧总结郑玄的解经方法是“有宗主，有不同”：“其于先师之说，有宗主，有不同。赞而辩之，家法至善，传之百世而无弊。”①陈澧分析比较许慎、何休和郑玄的解经方法，认为郑玄解经守师法，兼采不同，无偏无弊：

> 《六艺论》云：“注《诗》，宗毛为主。毛义若隐略，则更表明；如有不同，即下己意，使可识别也。”《释文》引。此郑君注经之法。不独《诗笺》为然，《周礼序》云：“二郑，同宗之大儒，今赞而辨之。”赞即表明也，辨即下己意也。《后汉书·儒林传》云：“郑玄本习《小戴礼》，后以古经校之，取其义长者。”何平叔《论语集解序》云：“郑玄就《鲁论》篇章，考之齐、古，为之注。”《尚书注》虽已佚，焦里堂辑《禹贡注》而释之云：“郑注一本于班氏《地理志》，间有不合者，必别据《地说》等书，明言所以易之之义。注虽残阙，尚可考而知也。”然则郑君注《周礼》《仪礼》《论语》《尚书》，皆与笺《诗》之法无异，有宗主，亦有不同，此郑氏家法也。何邵公墨守之学，有宗主而无不同，许叔重异义之学，有不同而无宗主。惟郑氏家法，兼其所长，无偏无弊也。②

何休作《春秋公羊解诂》，不采古文说，并作《公羊墨守》《左氏膏肓》《縠梁废疾》以难二传。何休固守《公羊》驳难《左传》和《縠梁传》，是“有宗主而无不同”。许慎撰《五经异义》，罗列今文说和古文说，而后以“谨案”的方式加以裁断。许慎罗列异说，凭己意裁决，可谓无师法，是“有不同而无宗主”。郑玄注《诗经》，宗毛为主，兼采齐、鲁、韩三家，《毛诗》是古文学，《齐诗》《鲁诗》《韩诗》是今文学。宗古文《诗》，兼采今文《诗》，这是“有宗主，有不同”。郑玄注《论语》，以张禹的《鲁论》为本，参考《齐论》《古论》，这也是“有宗主，有不同”。

郑玄撰写《发墨守》《箴膏肓》《起废疾》驳何休的墨守之学，撰写《驳〈五经异义〉》辨难许慎的异义之学。陈澧说：“何氏墨守，郑君箴之，不欲专主一家也。许氏谨案，郑君驳之，不欲以一人而断诸家之是非也。……此郑学之宗旨，实胜于许何两家。”③不专主一家，则能“有不同”，不以一人断诸家是非，就是“有宗主”。《后汉书·郑玄传》已提及郑氏家法，但把郑氏家法归纳为“有宗主，有不同”，则是陈澧的创见。有宗主，就是守师法而不失，有本有原，不至放滥无主。有不同，就是辨是非，存异义，兼采众家，不至抱残守缺。

守师法，就要守先师说经之大义。以《易经》为例，孔子撰《十翼》，以义理解《易》，此即孔子说《易》的师法。费直以《十翼》解说《易经》，得孔子师法之大

---

① 陈澧：《郑氏全书序》，《东塾集》卷三，第171页。

② 陈澧：《东塾读书记》卷十三《郑学》，第271页。

③ 陈澧：《与徐子远书》二十一首之二，《东塾续集》卷四，第176页。

义,因此费直解《易》得孔子师法。以此为评判准则,凡是以《十翼》解说《易经》,均可谓得费氏家法,比如王弼的《周易注》。①

解经要守师法,但不可墨守。陈澧说:"守师说,当守而不失耳。非谓守之以待攻也。守,是也。墨守,非也。"②郑玄笺《诗》,宗毛为主,但并不盲从。以毛义为非时,则辨正之,断以己意。《诗经》首篇《关雎》,郑《笺》就不同于毛《传》。陈澧说:

> 郑与毛大不同者。《关雎》传云:"言后妃有关雎之德,是幽闲贞专之善女,宜为君子之好匹。"笺云:"怨耦曰仇,言后妃之德和谐,则幽闲处深宫贞专之善女,能为君子和好众妾之怨者。"此毛以为后妃是淑女,"是"字甚明。孔疏乃谓毛以为后妃思得淑女,强毛从郑。然毛《传》"是"字,岂可强解乎?笺所云"为君子和好众妾之怨者",与《列女传》同。《列女传》云:"……《诗》云'窈窕淑女,君子好逑',言贤女能为君子和好众妾。"刘子政所说,盖《鲁诗》也。③

首先,对《关雎》大旨,郑和毛的解读不同。毛公据《诗序》中的"《关雎》,后妃之德也"之语,认为诗中所说的"淑女"就是指后妃,全篇是赞美后妃之德。而郑玄据《诗序》中的"忧在进贤""思贤才"之语,认为此诗大旨是后妃求贤,思得贤淑女子以和谐后宫。陈澧认为,郑玄认同刘向所著《列女传》的说法,采今文诗《鲁诗》之说。其次,对"君子好逑"的诠释也随之不同。"逑"和"仇"相通,毛公训"逑"为"匹","君子好逑"意即(此淑女)是君子的好配偶,"好"是形容词。而郑玄训"逑"为"怨耦",即不和睦的夫妻,这是本于《左传》之说,嘉耦曰妃,怨耦曰仇。"君子好逑"是说(此淑女)能为君子和好众妾之怨者,能让后宫和睦。"好"字是使动用法,使之和好,使之和睦。

从诗篇大义到名物训诂,郑玄都不拘守毛《传》,正如他在《六艺论》中所云"如有不同,即下己意,使可识别也"。注《周礼》也是如此。东汉最先传《周礼》的经师是杜子春,郑众又受业于杜子春。郑玄注《周礼》,多采杜子春和郑众之说(注中称郑司农),陈澧说:"后郑于杜子春多从其说","至司农之说,则多引之,又多从之,盖犹注《诗》之宗毛为主矣"④。但郑玄并不固守一家之说。郑众之父郑兴也精于《周礼》,郑玄对杜子春、郑兴、郑众三家之说,或采杜说,或取郑兴说(注中称郑大夫),或从郑众说,择善而从之。若以为三家皆非,则辨正之,申以己意。陈澧说:"后郑于杜子春多从其说,……不从其说者,亦颇有之。……有二郑不从杜,后郑亦不从者。如《乡师》'共茅蒩',注云:'杜子春云:

① 陈澧:《东塾读书记》卷四《易》,第64页。
② 《陈澧遗稿》,《岭南学报》第2卷第2期,第180页。
③ 陈澧:《东塾读书记》卷六《诗》,第111页。
④ 陈澧:《东塾读书记》卷七《周礼》,第127页。

蒩当为菹,以茅为菹,若葵菹也。郑大夫读蒩为藉,谓祭前藉也。……玄谓蒩,《士虞礼》所谓“苴刌茅,长五寸束之”者是也。’此从郑大夫,不从杜也。……古之儒者,治经不为墨守之学也。后郑称二郑为同宗大儒,而于二郑与杜,皆有从有不从,绝无偏党之见,尤可见其立心之公正也。”①

针对诸如“好求新义,与先儒异,且与近儒异。著书太繁,夸多斗靡。墨守”②等学术弊端,陈澧强调“博学知服”。“博学知服”出自《礼记·儒行》,在《东塾读书记》卷九中,陈澧引用郑《注》、孔《疏》和朱子说,阐释了“博学知服”之义:

> 《儒行》多善处,固已。其最善处,如“博学以知服”是也。郑注云:“不用己之知,胜于先世贤知之所言也。”孔疏云:“谓广博学问,犹知服畏先代贤人之言,不以己之博学,凌跨前贤也。”澧谓后儒当以此书绅铭座。范武子注《穀梁传》,引何休及郑君说,而云“此吾徒所以不及古人也”。朱子《吕氏家塾读诗记后序》云:“一字之训,一事之义,未尝不谨其说之所自。及其断以己意,虽或超然出于前人意虑之表,而谦让退托,未尝敢有轻议前人之心也。”此皆可谓博学知服者矣。③

博学,则能辨是非;知服,则能存异义。陈澧治学秉承博学知服之旨,他说:“卫正叔云:‘人之著书,惟恐不出于己。’我之著书,惟恐不出于人,数十年谨守此说。若能举古人之说而发明之,使后学皆知,即是有功于古人。若必出己说,则是与古人争胜,不惟无功,而且有过矣。”④有功于古人,有裨于后学,这也是陈澧撰写《东塾读书记》的宗旨:“《读书记》:持维古学,推阐隐奥,辨正偏谬,引导初学,妨用邪诐。”⑤

二、读经:明道以致用

陈澧说:“余不讲理学,但欲读经而求其义理;不讲文章,但欲读经而咀其英华;不讲经济,但欲读经而知其所法戒耳。”⑥读经而明道,明道以致用,读经成为通经致用的中心环节。

以训诂考据的方法解经,是汉唐注疏之学;以穷理致知的方法解经,是宋明义理之学。两种解经方法各有所长,也各有其弊,然而,解经方法的异同和优劣

---

① 陈澧:《东塾读书记》卷七《周礼》,第127页。
② 《陈澧遗稿》,《岭南学报》第2卷第2期,第175页。
③ 陈澧:《东塾读书记》卷九《礼记》,第168页。
④ 陈澧:《与菊坡精舍门人论学》,《东塾续集》卷一,第26页。
⑤ 《陈澧遗稿》,《岭南学报》第2卷第2期,第177页。
⑥ 《陈澧遗稿》,《岭南学报》第2卷第3期,第189页。

并非关键所在。解经是为了阐明圣人之道，明其道以行其用。因此，问题的关键就在于，汉宋儒者是否尽得圣人之道？他们所作的阐发是否符合圣人原意？陈澧说：

汉儒之书，有微言大义，而世人不知也。唐疏亦颇有之，世人更不知也。真所谓"微言绝而大义乖"矣。宋儒所说，皆近于微言大义，而又或无所考据，但自谓不传之学。夫得不传，即无考据，无师承耳。……汉儒得传，宋儒得不传，皆未可尽信。①

汉唐注疏和宋明道学，一主于考据，一主于义理。虽然解经方法不同，但都以阐发"五经"中的圣人之道为目的，这符合经学的根本宗旨。汉唐注疏中有微言大义，宋儒论道近于微言大义，他们对圣人之道均有所得，陈澧对此予以积极评价。乾嘉汉学家普遍认为，汉儒去古未远，离圣贤最近，汉儒传经，最合圣人之意，尽得圣人之道。理学家则认为，孟子之后，圣人之学不传，宋儒独得千载不传之学。陈澧的观点与他们迥异，认为"汉儒得传，宋儒得不传，皆未可尽信"。那么，如何寻求圣人之道？陈澧认为，要越过宋明语录和汉唐经解，返回原典，研读经文，这是明道的必由之路。《东塾读书记》卷二说：

"文王既没，文不在兹乎?"朱注云："不曰道而曰文，亦谦辞也。"澧谓"文不在兹乎"，承文王而言，此文王之所以为文也，非谦辞也。"天之未丧斯文"，夫子以为己任，盖谓删述五经，垂教万世，此即所谓夫子之文章也。皇《疏》云：文章者，六籍也。四教以文为首，盖亦指五经之文，故圣教以此为先。颜渊曰"夫子博我以文"，曾子曰"君子以文会友"，是颜、曾之学皆以文，非独子游、子夏也。夫子之文章，子贡在当时固得而闻之矣，至于今二千余年，人人皆得五经而读之，即人人皆得闻夫子之文章，至万世无穷极也。②

"文"就是"道"，"五经"载道，道不在"五经"之外，因此，不可离经而求道。圣人之教在"五经"，人人读"五经"，则人人可明道。陈澧说："必读经乃谓之经学。以疏解注，既解而读之、思之，此经学也。不以疏解注，是读疏非读注也；不以注解经，是读注非读经也。嗟乎，天下岂易有经学哉！此亦《学思录》大指。"③陈澧认为，孔门最重"学"，所以把"学而时习之"置于二十篇之首。他进一步指出，"学"就是指读书：

"学"者何？读书也。朱子云："昔子路曰：'有民人焉，有社稷焉，何必读书，然后为学?'而夫子恶之。然则仕本于学，而学必读书，固孔门之遗法也。"《尽心堂记》澧谓子夏言"贤贤易色"四事，而云"虽曰未学，吾必谓之学矣"，此二"学"字，亦必以读书解之乃通。犹云如此之人，虽曰未读书，吾

① 《陈澧遗稿》，《岭南学报》第2卷第3期，第192页。
② 陈澧：《东塾读书记》卷二《论语》，第19页。
③ 《陈澧遗稿》，《岭南学报》第2卷第3期，第190页。

必谓之读书也。朱子又云:“书只贵读,……读便是学。夫子说‘学而不思则罔,思而不学则殆’,学便是读。读了又思,思了又读。”《语类》卷十此解“学”字为“读”字,尤明白矣。①

孔门遗教最重读书。读书以读经为先,所以读经成为陈澧经学观的核心内容。读经有两条基本原则:一是要专读一经,不可涉猎多端。陈澧与门人论学时强调,工夫要专,见闻要广,专习一书,日日不间断,且不错时刻。二是要用心思考,仔细寻味经文义理。涵泳于经文之中,领会把握圣人之道,这也是读经的根本目的。陈澧认为,道在经中,不可脱离经文别寻义理,否则即成无本无源的师心之说。

经典均有其大旨,只有贯通经文,才能由博返约,领会圣人之大义。陈澧和王峻之论学时说:“博约二字不可离。孟子曰‘博学而详说之,将以反说约也’然则博学详说时,其意中固已将反说约矣。荀子曰‘以浅持博’,浅非浅尝之谓,即约之谓也,约而易知之谓也。”又云:“求易简者,心得之学。学无心得,与不学者同。”②以《东塾读书记》的《论语》卷为例,陈澧贯通全篇,以“博学于文,约之以礼”来阐释孔子所说的“一贯之道”,可谓得孔学之大义。他分析归纳《论语》中言“礼”的章节:“《论语》言礼者凡四十余章,自视、听、言、动,与凡事亲、教子、事君、使臣、使民、为国,莫不以礼。其所以为礼者,曰敬、曰让、曰约、曰节之,曰文之。其本在俭,其用在和,而先之以仁之守、义之质、学之博。……《论语》之言礼至博至精,探索之而靡尽也。”“《论语》所言皆礼也。”③综贯经文,寻味义理,由博至约,以约持博。

陈澧还指出,经典或文字古奥,或典制难明,或大义隐微,借由汉唐注疏与宋明经解和语录,有助于通晓经典文本和寻求经典大义。乾嘉汉学末流考索经典的古奥难明处,以此自矜,这也是陈澧指出的“著书太繁,夸多斗靡”“纤察微难而非务”等解经时弊。针对此弊,陈澧强调读注疏。前人的注疏,使经典的大部分文本变得明白易晓,应该先读注疏,由注疏研读文义已明的经文,而经典的难明处可以置之不论。“所谓经学者,非谓解先儒所不解也。先儒所解,我知其说;先儒诸家所解不同,我知其是非;先儒诸家各有是、各有非,我择一家为主而辅以诸家,此之谓经学。……奉劝足下收敛聪明,低头读一部注疏,勉为读书人。若十三部注疏未读一部,辄欲置喙于其间,此风断不可长,戒之慎之。”④然而,注疏在读经的过程中,只是起辅助和阶梯的作用,读注疏之后复读经文,返回经典寻求义理,是陈澧强调的基本原则。

---

① 陈澧:《东塾读书记》卷二《论语》,第 9 页。

② 陈澧:《与王峻之书》五首之三、之五,《东塾集》卷四,第 281、282 页。

③ 陈澧:《东塾读书记》卷二《论语》,第 18 页。

④ 陈澧:《示沈生》,《东塾集》卷四,第 286 页。

同治七年(1868),广东巡抚蒋益澧离任,陈澧作序赠之。在这篇序中,陈澧阐述了他的通经致用观——专治一经以治身心,由读经以陶冶身心、经世济民:

独闻公好读书,澧请粗论之可乎?公告澧曰:"吾欲读五经,明其大义。"澧谓当先读一经,请专论《诗经》可乎?公封疆大臣也,今之封疆大臣,古之诸侯也。古之贤诸侯莫如卫武公。诗人咏之曰:"有斐君子,如切如磋,如琢如磨。"朱子曰:"斐,文貌也。如切如磋者,道学也。"谓讲习讨论之事也。"(朱子曰)如琢如磨者,自修也。"谓省察克治之功也。公之读书,非讲习讨论欤?公之所以读书者,非欲自省察、自克治欤?诗又曰:"有斐君子,如金如锡,如圭如璧。"《毛传》曰:"金、锡,练而精;圭、璧,性有质。"道其学而成也。夫练而精者,去其粗也。坚刚之质,则不可变也。古之君子学成时如是,公学成时亦岂异于是欤?诗又曰:"有斐君子,终不可喧兮。"《大学》释之曰:"道盛德至善,民之不能忘也。"公之德善,粤民颂之矣。其更进于德之盛善之至,民之不能忘更当何如欤?①

引诗出自《诗经·卫风》的《淇奥》篇。陈澧对诗句的解释,综合了《大学》,朱子《诗经集传》、《朱子语类》,《毛传》和《郑笺》的注解。比如"如切如磋,道学也",这是采自《大学》(朱子的注亦采自《大学》),"讲习讨论""省察克治",这是取朱子说。"当先读一经",这是读经的基本原则。"如切如磋",指讲习讨论,研读经文;"如琢如磨",指省察克治,陶冶身心。"公之所以读书者,非欲自省察、自克治欤?"读经以明理,明理而敦行;行必由学,学行一致。为金为锡、成圭成璧,以至"盛德至善,民之不能忘",意指经学以修己治世为归宿,这正是陈澧通经致用观的主旨。

(作者:谢寒枫,中国社会科学院古代史研究所助理研究员)

① 陈澧:《送蒋薌泉抚军序》,《东塾集》卷三,第161页。

《天妃显圣录》所收《宋光宗绍熙元年加封灵惠妃诏》疑伪考[①]

◇陈颖

《天妃显圣录》是现存最早的妈祖文献汇编，对当代妈祖文化研究价值巨大。该书成书于明万历末年，原著者不详，后福建莆田湄洲祖庙僧人照乘修订；入清之后，再经其徒普日、徒孙通峻分别于康熙十年（1671）、雍正五年（1727）重修。[②] 因该书成书时间较晚，又经两次编辑整理，所记载的内容中难免出现一些讹误。本文依据2015年《妈祖文献整理与研究丛刊》[③]所收录《天妃显圣录》的版本，从起首语、避讳字、诏书颁发时间三个方面，发现该书所收录的《宋光宗绍熙元年加封灵惠妃诏》存在一些问题。为方便讨论，兹将原文摘录如下：

> 宋光宗绍熙元年加封灵惠妃诏：/奉/天承运/皇帝诏曰：古今崇祀岳渎，怀柔百神，礼所不废；至于/有功国家、有裨民社者，报当异数。灵慈福利夫/人林氏，灵明丕著，惠泽亶敷，累有御灾捍患之/勋，今见救旱恤民之德，参赞既弘，爵宠应尊。兹/特进封为"灵惠妃"。秩视海岳之/崇，典叙春秋之重。尚其服兹徽命，以懋鸿庥于勿替。钦哉！[④]

此诏书在《天妃显圣录》中被放置在《历朝褒封致祭诏诰》部分的篇首，然而该诏书仅此一见，并无别的记载可佐，故其真实性多受质疑。如蒋维锬在《妈祖文献

---

① 本文系2017年度国家社科基金艺术学项目"妈祖文化在海上丝绸之路沿线国家传播交流的机制与路径研究"（17BH155）研究成果之一。

② 蔡相煇：《〈天妃显圣录〉之编辑缘由及主要内容考订》，《莆田学院学报》2005年第1期。

③ 刘福铸主编：《妈祖文献整理与研究丛刊》（第二辑），厦门：鹭江出版社，2014年。据蒋维锬《〈天妃显圣录〉现存版本及其纂修过程初探》一文，"《天妃显圣录》刻本一册，原为日据时期台湾总督博物馆收购，后移交总督府图书馆典藏，现存台北图书馆台湾分馆"。（《莆田学院学报》2008年第6期）《妈祖文献整理与研究丛刊》所收录的《天妃显圣录》正是以该图书馆的版本影印。

④ 刘福铸主编：《妈祖文化整理与研究丛刊》（第二辑），厦门：鹭江出版社，2014年，第578页。斜杠分隔号"/"代表影印本中该诏书的断行，笔者为方便读者所加，原文无。

史料汇编·档案卷》中说“本篇原始出处不详,亦未见其他古籍引证。疑或后人据晋爵为妃的记载而模拟的一篇诰文”①。为讨论其真实性,本文将进一步对其进行辨析。

一、起首语

该诏书的起首语有“奉天承运皇帝诏曰”八字,“明清时期,由皇帝颁发给臣民的诏书开首出现此语,表示本文书由皇帝所颁发,后面接叙诏书内容”②。在诏书前加“奉天承运皇帝诏曰”八字是明太祖朱元璋在洪武年间首创。据《明太祖实录》记载:

> 洪武元年春正月丙子,上以元时诏书首语必曰“上天眷命”,其意谓天之眷佑人君,故能若此,未尽谦卑奉顺之意。命易为“奉天承运”,庶见人主奉若天命,言动皆奉天而行,非敢自专也。③

明朝甫立,明太祖朱元璋着手制定新朝礼制。朱元璋认为元代诏书起首语“上天眷命”并未充分显示皇帝对上天的尊重,因此将起首语定为“奉天承运皇帝诏曰”。万明《明代诏令文书研究——以洪武朝为中心的初步考察》一文中对这一事件的意义有如下评述:“明太祖对于诏令起始句的改革,是诏令程式的一大变革,具有重要意义和深远影响。不仅在明朝一直使用,而且为清朝所沿用,直至帝制在中国灭亡,在历史上行用了500多年。”④因此,在明初改制以前,诏书起首语并不会出现“奉天承运皇帝诏曰”的写法,《天妃显圣录》中册封灵惠妃诏书的起首语在南宋时期出现便显得无理可凭。

此外,“从现存明代题行稿中可以看出,……凡遇圣旨、敕书、皇上、君命、陛下等语,均以双抬书写”⑤,“明朝抬头只限于双抬”⑥,双抬在公文中即另起一行,高出两格书写,这样的写法是为了表达对皇帝的尊崇。而《妈祖文献整理与研究丛刊》中收录的《宋光宗绍熙元年加封灵惠妃诏》的影印版,其格式为“奉”字为一行,“天”另起一行,高出两格书写,“皇帝”再另起一行,高出两格书写,这

---

① 蒋维锬、周金琰辑纂:《妈祖文献史料汇编》(第一辑·档案卷),北京:中国档案出版社,2007年,第1页。

② 刘文杰:《历史文书用语词典(明、清、民国部分)》,成都:四川人民出版社,1988年,第77页。

③ 《明太祖实录》卷二九“洪武元年春正月丙子”条。台北:“中央研究院”历史语言研究所,1962年。

④ 万明:《明代诏令文书研究——以洪武朝为中心的初步考察》,《明史研究论丛(第八辑)——明代诏令文书研究专辑》,北京:紫禁城出版社,2010年,第6页。

⑤ 冯惠玲:《我国封建社会文书抬头制度》,《历史档案》1985年第1期。

⑥ 张我德:《清代文书的抬头制度》,《档案学通讯》1990年第3期。

一双抬格式与上文所述明代风格颇为类似。

再与清代的抬头格式作对比,冯惠玲指出,清代“皇帝颁发的文书有时为了书写美观,抬头之式并不一定十分规范,但开头还是有比较固定的格式的。诏书、诰命、敕命则一般均以‘奉天承运皇帝诏曰(或制曰)’为开头,其中天字三抬,皇帝双抬”。这说明清代的文书中,“天”字比“皇”字的抬头要高一位,而《妈祖文献整理与研究丛刊》中收录的《宋光宗绍熙元年加封灵惠妃诏》的影印版与之不符。

由此可以看出,该诏书极有可能为明代的人根据当时的诏令所撰写,但也存在一种可能,即该刻本是明代人根据本朝格式所刻,其底本仍为南宋时期所写,故仍需从其他方面加以验证。

二、避讳字

避讳是中国古代的一种在制度上具有严格规定的文化现象。韩春平指出:“避讳是指出于特定意图而在语言、行为方面所持的回避、隐讳做法。……避讳在语言方面的表现之一,是在书面表达中大量使用避讳字。”①陈垣在《史讳举例》中提到,“民国以前,凡文字上不得直书当代君主或所尊之名,必须用其它方法以避之,是之谓避讳”,“宋时避讳之风最盛,故宋人言避讳者亦特多”②。基于此,笔者对该诏书中的所有字进行一一对比,共发现了两处在南宋应该避讳、该诏书中却没有避讳的地方。

诏书中出现的南宋时期避讳字如下:

(一)亶

该诏书中出现“惠泽亶敷”,而北宋钦宗初名赵亶。“亶”字作为宋朝君主名讳,应在钦宗朝及南宋避讳。如清代文人蒋光煦在《东湖丛记》中写道:

> 宋刻书亶字有作“从亩从旦”者,未解其故,近检历代纪年及本纪知钦宗赐名“亶”,后改“烜”,又改“桓”,而后蓄疑冰释。③

可见宋刻本中,为了避讳“亶”字,曾将“亶”字改为“从亩从旦”。然而,由于钦宗是北宋最后一位皇帝,处于北宋灭亡、南宋建立之际,在位时间非常短暂,其名讳在南宋的避讳开始时间仍需要具体讨论。在《宋史》中有如下记载:

> 嘉定十三年(1220)十月,司农寺丞岳珂……“又言钦宗旧讳二字,其一从亩从旦,其一从火从亘,皆合回避,乞并下礼、寺讨论,颁降施行。”继而礼、寺讨论:“所有钦宗、孝宗旧讳,若二字连用,并合回避,宜从本官所请,

---

① 韩春平:《谈避讳字与古籍版本鉴定》,《图书馆工作与研究》2014 年第 3 期。

② 陈垣:《史讳举例》,上海:上海书店出版社,1997 年,第 1 页。

③ 〔清〕蒋光煦:《东湖丛记》,沈阳:辽宁教育出版社,2001 年,第 102 页。

刊入施行。”从之。①

从中可知,钦宗的名讳直到嘉定十三年才经由司农寺丞岳珂的奏请而被宋宁宗正式下诏规定为必须避讳的字。而本文所讨论的诏书据《天妃显圣录》载为宋光宗绍熙元年(1190),故“亶”字在该诏书中出现或不会违背其成诏年代的礼制。

(二)弘

该诏令中出现了“参赞既弘”,而宋太祖赵匡胤在建立北宋后,将其父赵弘殷追尊为宣祖武昭皇帝。故此,“弘”“殷”二字在宋代皆须避讳。据《宋史》载:“吴越钱俶字文德,杭州临安人。本名弘俶,以犯宣祖偏讳去之。”②为了避宣祖名讳,就连后来主动归顺北宋的吴越王钱弘俶在入宋后都不得不将自己名字中的“弘”字去掉,所以终宋一朝,“弘”都不应该出现在朝廷诏令里。

综上所述,在该诏书中,出现了一个在诏书成文年代应该避讳的字——“弘”。在作为代表朝廷最高权威的诏书中出现这种情况,极为不合常理。因此可以认为,该诏书的成文年代可能不是南宋。

诏书中亦出现了几个元代的避讳字,据《元典章》卷二八《表章回避字样》中所载:

> 极、尽、归、化、忘……右一百六十余字,其余可以类推,或止避本字,或随音旁避,及古帝王名号不用,数目字亦不许用多。并御名庙讳,皆合回避。③

元代规定,表章中禁用凶恶字,而通过笔者比对元代“恶”字避讳情况,在诏书中依次出现了“废”“患”“恤”“典”“服”“替”和“灾”字,共七个“恶”字。由此可证明该诏书也非元代人所写。

再通过将该诏书与明代避讳字进行查阅、对比,笔者发现,这篇诏书中并未发现有明代避讳字出现。因此,从避讳字来看,该诏书有可能成文于明代。

三、诏书颁发时间

妈祖在南宋光宗时期被册封为灵惠妃一事,不少史籍中也有相关记载。现存最早记载此事的史籍为南宋潜说友在宋度宗咸淳年间(1265—1274)所撰修的《咸淳临安志》,其文如下:“庙记神本莆田林氏女,数著灵异。……绍熙三年

① 〔元〕脱脱等:《宋史》卷一百八《礼十一·庙讳》,北京:中华书局,1977年,第2610页。

② 〔元〕脱脱等:《宋史》卷四百八十《世家三·吴越钱氏》,北京:中华书局,1977年,第13897页。

③ 陈高华等点校:《元典章》第二册,北京:中华书局、天津:天津古籍出版社,2011年,第1007—1008页。

(1192)改封灵惠妃。”①该记载证实了此事的真实性,册封年份为绍熙三年。

笔者查找翻阅了其他记载此事的史籍,在所能找到的史籍中,除清代王棻撰修《(光绪)永嘉县志》将此事载为绍熙二年(1191)外,其他如元代程端学撰写的《积斋集》、元代王元恭撰修的《(至正)四明续志》和明代沈朝宣撰修的《(嘉靖)仁和县志》等,都将此事记载为绍熙三年。② 灵惠妃的册封时间到底是绍熙二年还是绍熙三年的问题留待日后考证,但除《天妃显圣录》外,目前未发现有其他史籍记载此事为绍熙元年。③ 本文所论证的这篇诏书颁发时间明确记载为宋光宗绍熙元年,与前述所列诸书的记载抵牾。由于《天妃显圣录》的成书年代较上述记载为绍熙三年的史籍要晚,基本可以认定其记载的诏书颁发时间也存在问题。

此外,在南宋楼钥所著的《攻媿集》中,记录了一篇《兴化军莆田县顺济庙灵惠昭应崇福善利夫人封灵惠妃》的诏令:

> 敕明神之祠,率加以爵,妇人之爵,莫及于妃。倘非灵响之著闻,岂得恩荣之特异。具某神,壶彝素饬,庙食益彰,居白湖而镇鲸海之滨,服朱衣而护鸡林之使。舟车所至,香火日严。告赐便蕃,既极小君之宠,祷祈昭答,遂超侯国之封,仍灵惠之旧称,示褒崇之新渥,其祇朕命,益利吾民。④

在这篇敕文中,并未出现前文所讨论的诏书中出现的问题,起首语和避讳字都符合其成文年代的礼制。楼钥在南宋时担任过起居郎兼中书舍人的重要官职,掌内廷机要并负责起草诏书,这篇敕文具有相当高的可信度。因此,敕文的真实性得到了许多妈祖研究者的认同。如徐晓望在《妈祖信仰史研究》一书就将这篇敕文明确认定为妈祖首次封妃的依据。⑤

在这种前提下,南宋朝廷为册封妈祖为灵惠妃一事颁发两次诏书,且内容完全不同就显得不合情理。结合《天妃显圣录》的成书年代,并根据上文所论及的三处问题来看,这篇诏书可能是明代人伪造。

---

① 〔南宋〕潜说友:《咸淳临安志》卷七三《祠祀三 · 顺济圣妃庙》,《中国方志丛书 · 华中地方》,台北:成文出版社有限公司,据清道光十年重刊本影印,第 4014 页上 b。

② 〔清〕王棻:《(光绪)永嘉县志》卷四《建置志二》,清光绪八年刻本。〔元〕程端学:《积斋集》卷四,民国四明丛书本。〔元〕王元恭撰:《(至正)四明续志》卷九,明刻本。〔明〕沈朝宣撰:《(嘉靖)仁和县志》卷七,清光绪刻武林掌故丛编本。

③ 也有学者认为潜说友的《顺济圣妃庙》中的“三年”为“元年”之误。详见刘福铸:《妈祖褒封史实综考》,《湛江海洋大学学报》(社会科学)2005 年第 5 期。

④ 〔南宋〕楼钥:《攻媿集》卷三四,清武英殿聚珍版丛书本。

⑤ 徐晓望:《妈祖信仰史研究》,福州:海风出版社,2007 年,第 74 页。

四、结语

本文将《天妃显圣录》中所收录的《宋光宗绍熙元年加封灵惠妃诏》一文与宋元明清礼制等进行比对,结合其他学者的研究成果,发现该诏书在起首语、避讳字和颁发时间三个方面存在纰漏。

结合目前学术界比较认可的宋光宗朝册封妈祖为灵惠妃的敕文进行分析论证,基本可以认定该诏书很可能为伪作,至于为何人所作,伪造的具体时期、动机和目的,由于笔者能力所限,不能一一明晰,留待方家指教。

(作者:陈颖,中国社会科学院研究生院历史系博士,莆田学院妈祖文化研究院助理研究员)

剑桥大学图书馆藏《方法敛致金璋书信集》的整理及其研究价值

◇郅晓娜

方法敛(Frank H. Chalfant,1862 年 5 月 29 日—1914 年 1 月 14 日)是美国长老会派驻到中国的传教士,自 1888 年底到达山东潍县以来,一直在潍县传教。甲骨问世后不久,他便在古董商帮助下开始收购甲骨,并在 1906 年 9 月出版的“Early Chinese Writing”一书中对新近出土的龟骨文字进行了初步介绍。金璋(L. C. Hopkins,1854 年 3 月 20 日—1952 年 3 月 11 日)是英国驻华外交官,1874 年来华,先后在淡水、上海、烟台、天津等地担任领事,早年翻译过戴侗《六书故》之《六书故目》和《六书通释》,对传统小学有一定研究。当他读到方法敛的“Early Chinese Writing”一书后,便对甲骨产生了兴趣,于 1907 年 5 月 26 日主动给方法敛写信,请教有关甲骨的问题。① 方法敛也于 1907 年 6 月 1 日复信,向金璋详细介绍了自己在甲骨方面所做的工作。从此,二人便因甲骨结下了不解之缘,进行了长达 6 年的通信往来。

图 1　金璋(1854—1952)。图片采自“The Six Scripts”, by L. C. Hopkins. Reprinted: with a memoir of Hopkins by W.P.Yetts. The University Press of Cambridge,1954.

图 2　方法敛(1862—1914)。图片来自“New thrills in old China”, by Charlotte E. Hawes, New York, Hodder & Stoughton,1913.

① 金璋的来信日期,见 1907 年 6 月 1 日方法敛给金璋的第一封回信。

方法敛和金璋常年通信，讨论甲骨研究中的各种问题。金璋在方法敛的帮助下购买了一千余片甲骨(含伪刻)，方法敛就甲骨摹本和甲骨研究手稿中的各种细节都详细地和金璋进行了讨论。方法敛因病去世后，金璋更是不忘老友遗愿，多方联系帮助方法敛出版甲骨摹本的图书。方法敛写给金璋的书信原件，保存在英国剑桥大学图书馆手稿室(Manuscript Room)所藏金璋档案(Hopkins' Archives)中，他们之间的学术友谊在甲骨学界被传为美谈，而这些书信正是二人跨地跨国友谊的历史见证。笔者对这批书信进行了初步整理，编次成集，并拟定标题《方法敛致金璋书信集》。鉴于这批书信在甲骨学史上的重要意义，本文拟对《方法敛致金璋书信集》的基本情况、主要内容和研究价值进行简要论述。

一、《方法敛致金璋书信集》的基本情况

2011 年笔者在伦敦大学访学期间，多次前往剑桥大学图书馆手稿室查阅金璋的档案资料。经图书馆管理人员的许可，笔者自带相机对这批资料进行了拍照保存，回国后又对这批资料进行了分类整理。在金璋档案中，笔者找到了一批方法敛写给金璋的英文书信原件，内容非常重要，因此对这批书信进行了整理。书信的主体是方法敛 1907—1912 年间写给金璋的 139 封信，另有方法敛夫人 Jane M. Chalfant 在 1914 年 2 月 3 日写给金璋的 1 封信，以及方法敛之子 E.N. Chalfant 在 1942 年 6 月 17 日写给金璋的 1 封信，共计 141 封，全部整理下来大约 15 万字，编次成集，为《方法敛致金璋书信集》。

图 3　剑桥大学图书馆藏方法敛致金璋书信

方法敛写给金璋的书信，从 1907 年 6 月 1 日到 1912 年 12 月 18 日，前后持续了近 6 年时间。在这段时间里，金璋早先在天津任英国驻天津总领事，1908 年 5 月因身体原因返回英国休假，旋即办理了退休手续，到英国萨里郡黑斯尔米

尔定居,并在方法敛的帮助下收藏和研究甲骨,从一名驻华外交官逐渐转变成专门的甲骨收藏和研究学者。方法敛先是在潍县传教,一边传教一边进行甲骨的收购、整理和研究工作。1910 年得过一次胸膜炎,此后又经历过多次肋间神经痛的折磨,先被误诊为风湿痛,1912 年 2 月又被误诊为慢性胸膜炎,在青岛的德国政府医院进行手术治疗效果不佳,后来身体每况愈下,被迫于 1912 年 6 月离开中国,次月到达美国匹兹堡。经过医疗检查,方法敛被确诊患了脊髓肿瘤,一年多后于 1914 年 1 月 14 日病逝,享年 52 岁。方法敛在匹兹堡期间只给金璋寄过 4 封信,最后寄出的一封为分别写于 1912 年 10 月 28 日和 1912 年 12 月 18 日的两张便条,应是他躺在病床上用铅笔草就,后来由于半身不遂和意识模糊,方法敛中断了写信。方法敛和金璋的这些重大人生经历,都在书信中体现了出来。

按照邮寄时间和邮寄地址的变化,这批书信大致可以分为三个阶段:第一阶段为中国潍县—中国天津,第二阶段为中国潍县—英国黑斯尔米尔,第三阶段为美国匹兹堡—英国黑斯尔米尔。第一阶段从 1907 年 6 月到 1908 年 5 月,共 23 封。这一时期,金璋在天津担任英国驻天津总领事,方法敛在山东潍县传教,两人平均每月都要给对方写 2 封信。从邮戳信息和信里提到的收信时间看,天津和潍县之间的书信往来路上大约需要 7 天时间。可见,两人都是一收到对方的来信就立刻回信,没有间断。第二阶段从 1908 年 7 月到 1912 年 5 月,共 112 封。这一时期,金璋住在英国黑斯尔米尔的家中,方法敛仍在山东潍县传教,书信几乎都在山东潍县和英国黑斯尔米尔之间往来。其中,有 5 封信(1909 年 6 月 15 日、1909 年 6 月 22 日、1910 年 6 月 22 日、1911 年 6 月 17 日、1911 年 6 月 29 日)是方法敛在青岛休假时所写,有一封信(1910 年 4 月 28 日)是方法敛到上海给金璋邮寄甲骨时所写,其他书信都是方法敛在潍县家中所写。书信在潍县和黑斯尔米尔之间,路上大概需要 20 天左右时间。从书信数量上看,方法敛平均每月要给金璋写 2.5 封信。显然,两人都是不等收到对方的来信,一有新消息或新想法,就迫不及待地写信告诉对方。在 1912 年 5 月 29 日的信中,方法敛告诉金璋,他与夫人决定于 6 月 8 日从上海乘坐日本邮轮返回美国,并附上了美国匹兹堡的邮寄地址。第三阶段只有 4 封书信,分别写于 1912 年 7 月 19 日、1912 年 8 月 16 日、1912 年 8 月 26 日、1912 年 12 月 18 日(内含 10 月 28 日写的一张便条)。这一时期,金璋住在黑斯尔米尔,方法敛因健康不佳终止了传教事业,在美国匹兹堡接受治疗。由于病情恶化,方法敛基本无法继续他钟爱的甲骨研究事业,但在病床上他仍然坚持审读甲骨字表,偶有心得就写信和金璋进行探讨。每个时间节点上的空间移动,都标志着二人在人生上的重大变化。

After........days, return to
Frank H. Chalfant
1309 Sheridan Place
PITTSBURGH, PA.
L. C. Hopkins Esq
The Garth
Haslemere
Surrey,
England

图4　方法敛致金璋书信信封(1912年12月18日)

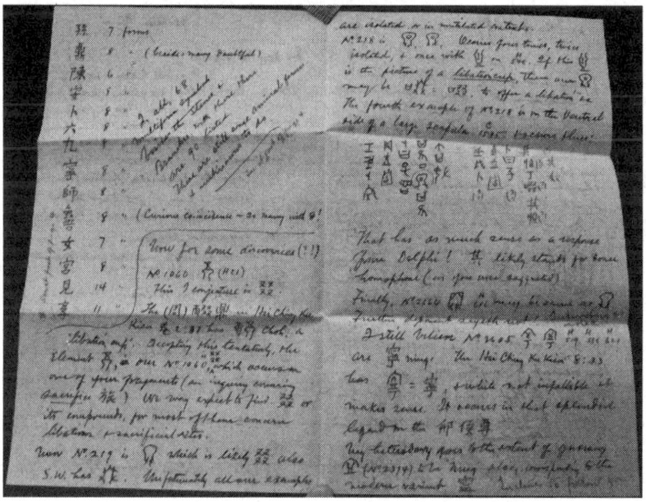

图5　方法敛致金璋书信内页(1911年7月18日)

二、《方法敛致金璋书信集》的内容和价值

方法敛写给金璋的书信,内容涉及方法敛与金璋相识相知的经历、方法敛与库寿龄合购甲骨的情况、方法敛为金璋代购甲骨的过程、方法敛制作甲骨摹本的艰辛历程、方法敛编纂甲骨字表的成果、方法敛和金璋探讨甲骨文字的释读问题,以及两人对新出甲骨著作的介绍与评述等。除此之外,信中还多次提到方法敛的生活状况、身体状况,并对当时的中国社会变革有所述及。方法敛夫人 Jane M. Chalfant 写给金璋的信是在方法敛去世后,主要向金璋的哀悼表示感谢,详细叙述了方法敛去世前的身体状况和工作情景,并提到了方法敛藏书的处置和手稿的后续出版问题。方法敛之子 E.N.Chalfant 写给金璋的书信,主要谈到方法敛手稿的处置问题,并向父亲的工作伙伴和挚友金璋咨询意见。这批书信是研究方法敛如何致力于甲骨收藏和研究的绝佳文献,也是研究20世纪初期西方甲

骨学史的重要资料,更是方法敛和金璋从未谋面却相知相惜的感人的学术友谊的历史见证。

这批书信内容十分丰富,一篇小文的介绍不足以做到面面俱到。故本文只选取与甲骨收藏和研究密切相关的四点内容进行举例说明。这四点内容为:(一)方法敛和库寿龄合购和转让甲骨的情况;(二)方法敛为金璋代购甲骨的过程;(三)方法敛的手稿(Mss:Manuscripts):甲骨摹本(tracings)和甲骨字表(syllabary);(四)方法敛手稿艰难的出版过程。这些都是有关方法敛甲骨收藏和研究的重要内容。

(一)方法敛和库寿龄合购和转让甲骨的情况

方法敛与金璋的书信往来,一开始就以甲骨为中心。方法敛写给金璋的第一封信(1907 年 6 月 1 日),就根据金璋的提问介绍了第一部甲骨著录书《铁云藏龟》的版本信息,以及自己收购甲骨和编纂甲骨字表的具体情况。在其后的书信里,方法敛把自己和英国传教士库寿龄一起合购甲骨并分别转让给各家博物馆的具体信息都与金璋进行了交流,有几宗甲骨转让更是在金璋的帮助下促成的。笔者在《甲骨文与殷商史》新五辑(2015 年)上发表的《〈库方二氏藏甲骨卜辞〉的材料来源》一文,就是利用方法敛的这批书信资料,对方法敛和库寿龄合购并分别转让给四家博物馆的四宗甲骨的来源信息、转让过程和著录情况,进行了细致系统的阐述。《库方》一书著录的四批甲骨,皆为库寿龄、方法敛二人于 1904—1912 年间所购得。第一批苏格兰皇家博物馆的甲骨藏品,就是方法敛在信中所说的"库方 1 号"。第二批美国卡内基博物馆的甲骨藏品,就是方法敛在信中所说的"库方 2 号"。第三批大英博物馆的甲骨藏品,就是方法敛在信中所说的"库方 3 号"。第四批美国菲尔德自然历史博物馆的甲骨藏品,就是方法敛把大宗甲骨转让给大英博物馆后自己手中保存的部分。《库方》一书断缺的那些编号,则是库方藏品中的各种伪刻,这些在书信中都有详细记载。由此,我们可以清晰地看到两人收购和转让甲骨的具体过程。

(二)方法敛为金璋代购甲骨的过程

方法敛除了和库寿龄一起合购甲骨,还在金璋的委托下帮助金璋购买甲骨,并邮寄到金璋在英国的住处。方法敛为金璋购买的甲骨共 970 片,总价 1220.5 美元,其中混有护身符等伪刻。笔者在《甲骨文与殷商史》新三辑(2013 年)上发表的《金璋的甲骨收藏始末》一文,就是利用方法敛致金璋书信里的内容所做的研究成果。方法敛前后 17 次为金璋购买甲骨,分别记录在 1908 年 2 月 19 日,1908 年 3 月 14 日,1908 年 3 月 17 日,1908 年 4 月 16 日,1909 年 3 月 5 日,1909 年 3 月 23 日,1909 年 9 月 1 日,1909 年 12 月 24 日,1910 年 1 月 12 日、13 日,1910 年 2 月 24 日,1910 年 3 月 7 日,1910 年 8 月 6 日,1911 年 11 月 3 日,1911 年 12 月 23 日、25 日,1912 年 2 月 8 日,1912 年 2 月 14 日的信中。每批甲骨的购买时间、购买过程、购买价格和邮寄情况,都在书信里有详细记载。由此,我们可以清晰地看到方法敛为金璋代购甲骨的具体过程。

(三)方法敛的手稿:甲骨摹本和甲骨字表

方法敛在给金璋的书信中,反复谈到他计划出版的手稿内容。比如他在1909年2月13日的信中写道:“到目前为止准备好出版的材料包括:(1)180版的甲骨摹本,是所能见到的全部‘发现’,版面和“Early Chinese Writing”一书一样大,希望卡内基博物馆能出版。(2)90版的甲骨字表(未完成),包括1800多个字条。(3)书目解题,对历史性的和注释性的书目的专门解释(还未收集),以及护身符的释文等。(4)提供确凿证据的其他图版,诸如《散氏盘》等其他古老铭刻,以及从《博古图》等传世著作中摘录的祭器和礼器图版。(5)甲骨字表的索引,包括字母索引和字根索引。在1909年10月8日的信中,他又再次谈到手稿的主要内容:“现在甲骨字表已经编到了第2405号。其他用于出版的材料还有:甲骨图版(Hopkins、Whitener、Bergen、Anglo-Chinese College、R.A.S. Museum、Sun、Liu Tieh Yun、Couling-Chalfant),共281版,3890片甲骨;疑难字形的多种考释;参考书目(对参考著作的描述);《卜法详考》的粗浅笔记;所有收录单字的拼音检索;天干地支的各种字形。以上甲骨字表应该有120版。”由此可以大致看出,方法敛的手稿主要包括甲骨摹本、释文、甲骨字表、字表索引、疑难字形考释、参考书目、干支字形表,以及摘录的与甲骨研究相关的铜器资料和传世文献资料等。而甲骨摹本和甲骨字表则占据了手稿的绝大部分篇幅。

方法敛在给金璋的第一封信(1907年6月1日)中,就谈到了自己制作甲骨摹本和编纂甲骨字表的宏大计划和工作进展。他写道:

> 我把所有业余时间都用在甲骨碎片的编目、摹写和分类上。经RAS博物馆(上海)的许可,我已经借到他们的一部分甲骨(180片)。我也借到了柏根氏的80片,加上我和库寿龄共同拥有的1700片,共有将近2000片甲骨。加之刘铁云发表的1026片甲骨拓本,以及山东临淄孙氏所持约20片甲骨的摹本(已被许诺),我们大约能有3000片甲骨摹本。我希望今夏能把这些甲骨摹本都凑在一起比照,看能否拼合。这个工作,我和库寿龄已经做了一部分。我为几宗藏品的所有龟骨碎片进行了贴签和编号,以便查阅。接着我以图版(plates)的形式摹录了全部甲骨,对应这些图版我正准备编纂一个不同字形的字表(syllabary)——这是一项单调却令人着迷的工作。字表的形式大概如下:
>
> | No. | Symbol | Reference | Modern form | Sound | Meaning |
> |---|---|---|---|---|---|
> | 20 |  | M60, L676, C25 | 酉 | Yu | 10th Branch, etc. |
>
> Reference是用字母和数字表示的。字母代表不同宗的藏品,比如:M(Museum),B(Bergen),C(Couling-Chalfant),S(Sun),L(Liu)。数字表示龟骨的

编号，一宗藏品顺次编号，骨在前，甲在后。不同宗藏品的编号是连续的。……我相信这3000片甲骨至少能产生700个不同的字。我希望把这个字表和甲骨摹本的图版一起出版，带着编号。我必须把刘铁云的甲骨也摹写了，否则许多学者将无法见到这批甲骨。抱歉这个冗长的介绍，但我想您应该对甲骨方面的进展很感兴趣。

方法敛在书信中也摹写了许多甲骨，比如：1908年5月16日信中所附Whitener氏藏No.119，1908年8月21日信中所附一片伪刻，1908年11月30日信中所附干支表《库方》1118，1909年1月5日信中所附一组遥缀《库方》372和《库方》708，1909年6月15日信中所附伪刻《库方》961、《库方》914和真伪难辨的《库方》1506家谱刻辞，1909年8月14日信中所附《库方》1720，等等。

图6　1908年5月16日信中所附Whitener氏藏No.119

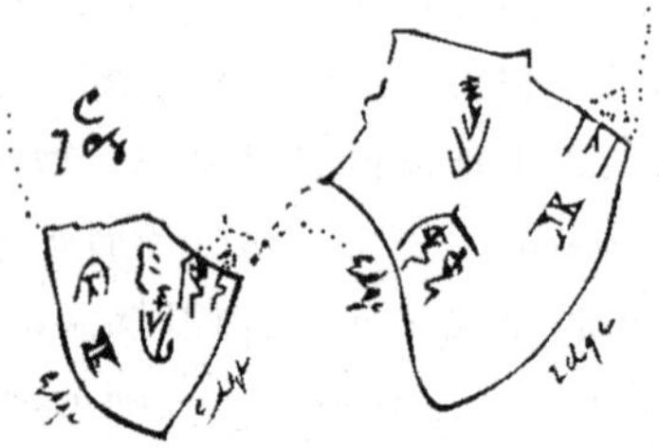

图7　1909年1月5日信中所附一组遥缀《库方》372和《库方》708

关于甲骨字表，方法敛多次向金璋介绍并与其探讨甲骨字形的释读问题。在1907年6月18日的信中，他详细介绍了自己编纂甲骨字表的情况："我的字表(尝试性的)现在即将完成，从3000片甲骨中找出大约580个单字。这个数字不包括同一单字的异体字形，比如：，都是'寅'，我把它们计为一个字。干支字也是如此，有各种不同的异体字形。"他还列举了他考释出来的一些甲骨文字，比如：为"史"字(第三个可能是"事")；为"歸"字；为"帝"字；为"鼎"字；为"降"字；为"好"字；为"眾"字；为"豆"字；为"安"字；为"亘"字；为"尊"或"遵"字；为"宫"字；为"靈"字；为"異"字；为"室"字；为"郭"字；为"册"字；为"网"字；为"門"。书信中这样的举例比比皆是，信中也常见金璋用红笔添加的批注。

随着甲骨摹本数量的不断增长，甲骨字表收录的单字也逐渐增加。比如1908年4月16日信中提到收录了1218个单字，1910年3月2日信中提到收录了2565个单字，1910年8月18日、19日信中提到收录了2762个单字，1911年

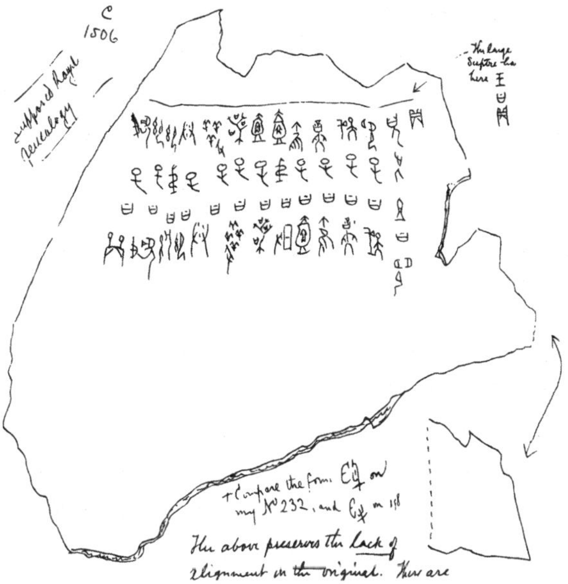

图8　1909年6月15日所附《库方》1506摹本

10月4日信中提到单字数量已超过3000个,1912年1月17日、18日、24日的信中提到单字数量是3190个,1912年2月1日的信中提到单字数量是3230个。前期收购的甲骨真品多,故甲骨字表中的字形比较准确,比如1908年11月30日信中列举的一些字形:No.1566 莫、No.1567 朝、No.1576 再、No.1576 ( )後、No.1580 每、No.1588 鼠、No.1595 、No.1596 等。后期收购了较多护身符伪刻,故甲骨字表中就出现了较多伪刻字形,比如1912年2月1日信中提到的No.3212 、No.3214 、No.3127 、No.3218 、No.3222 、No.3225 等。

从整体上来看,方法敛手稿的两个重要部分就是甲骨摹本和甲骨字表。我们知道,方法敛手稿中的甲骨摹本经白瑞华整理,出版了三种著录书《库方二氏藏甲骨卜辞》《甲骨卜辞七集》和《金璋所藏甲骨卜辞》。而手稿中的甲骨字表却一直没有出版。推其原因,大概是因为甲骨字表内容较为专业,需要整理者对甲骨字形有较深研究才能对其进行校勘、筛选和编纂,另外字表中也收录了较多伪刻字形,无形中降低了它的重要价值。

(四)方法敛手稿艰难的出版过程

方法敛在潍县期间就一直努力为自己的手稿寻找出版机会。他先是向卡内基博物馆申请经费(1910年5月18日、1910年11月9日),后又通过金璋试图与大英博物馆达成协议(1911年6月29日,1911年8月15日、16日)。在1910年11月9日的信中方法敛写道:

我已经给卡内基博物馆写了两封信,催促或请求他们出版我的图版,作为首卷。……把所有能接触到的甲骨图版做成集子摆在面前,这对所有学者来说都有巨大的价值。如果材料不全,做研究是非常困难的。把所有甲骨的摹本都摆在眼前,可以很容易地进行字形比较。相反,如果需要研究的甲骨非常分散,字形比较就相对不易。我的图版非常便于查阅。通过摹本,所有甲骨字形都一清二楚。当然,如果对字形有所质疑的话,直接查看原片是非常有价值的。尽管摹写的时候十分认真,人工抄写也不可避免会有一些错误产生。

在 1911 年 6 月 29 日的信中,方法敛写道:

能麻烦您向大英博物馆的人咨询一下出版条款吗?卡内基博物馆答应给作者 100 套出版物,并允许作者根据情况对此进行赠予或销售,但销售价格不得低于博物馆的价格。博物馆方负责所有出版费用。……当然,如果卡内基博物馆不帮我出版,我们也可以通过大英博物馆出版,现在他们也收藏了这么多龟骨刻辞!无论如何,图版的照相需要在上海进行,这样花费更少,也更方便。我只要了解了大英博物馆的出版条文,就能提出正式申请,让大英博物馆出版我的著作。

可惜,大英博物馆最终没有接下这个出版计划,卡内基博物馆也只同意出版图版部分(甲骨摹本),不出版甲骨字表部分。但方法敛认为甲骨字表也非常重要,在 1911 年 9 月 18 日的信中他再次强调:

出版甲骨字表,可以方便东方语言学家们接触到丰富的中国古文字形,我这么说并非自夸,而是的确如此。把这么重要的材料置于兵火之下是非常危险的。如果霍兰德博士能够意识到这些——我原以为他能够意识到——出于他们长久信誉的考虑,卡内基博物馆也会出版这本书。

方法敛回到美国后,在病床上仍然坚持为出版计划整理手稿,他在 1912 年 8 月 26 日的信中写道:

迄今我已完成了把手稿(Mss)和图版(plates)插入空白书页中,作为第一卷。这将产生一部至少 500 页的书。字表(syllabary)及其导言(introduction,还未写)和索引(indexes)作为第二卷,至少有 400 页。两卷都是"Early Chinese Writing"那么大的版本。因此,您看,我们手上有两头大象!

但由于经费问题①,直到方法敛去世,出版计划也未能顺利执行。

---

① 方法敛粗略计算过,如果只出版第一卷,即甲骨摹本图版和编纂说明,印刷 600 部,大概需要 500 镑(1911 年 8 月 15 日、16 日)。

1914年方法敛去世后，这件事情落到了菲尔德自然历史博物馆的劳费博士①的手上。劳费博士为方法敛遗著四处筹集出版经费，他分别于1914年6月14日和1914年8月11日两次给金璋写信，商量如何解决经费问题。他还提议把手稿寄给金璋，让金璋估算一下出版费用，看能否在英国出版等。一战爆发后，邮寄手稿的事情就搁置了。同时，方法敛夫人则希望把方法敛遗著交到劳费博士的手中，让他帮助整理出版。但直到1934年劳费博士去世，出版计划也没有实现。劳费博士去世后，此事一直耽搁数年。直到1935年菲尔德自然历史博物馆把方法敛手稿归还方氏家庭，并转到白瑞华②手中，最后由白瑞华整理出版了三本甲骨摹本著录书。

以上就是对《方法敛致金璋书信集》的概览性介绍。总体来讲，方法敛致金璋的这批书信资料主要有以下三个特点：一是时间跨度大。从最早的一封1907年6月1日开始，到最晚的一封1912年12月18日（内含1912年10月28日写的一封）结束，前后持续了近6年时间。二是空间跨度大。这141封书信分别在潍县和天津、潍县和黑斯尔米尔、匹兹堡和黑斯尔米尔之间飞传，跨越了地域和国度的界限，见证了方法敛和金璋之间深厚的学术友谊。三是书信内容专业性极强。书信内容涉及甲骨的收购和转让、甲骨摹本的制作、甲骨字表的编纂、甲骨文字的释读、甲骨著录书和研究成果的出版等，这些都是甲骨学研究的重要组成部分，更是研究20世纪初西方甲骨学史的重要材料。希望这批书信能尽快整理出版，方便学者研究使用。

（作者：郅晓娜，中国社会科学院古代史研究所助理研究员）

---

① 劳费（Berthold Laufer，1874—1934），生于德国，1897年在德国莱比锡大学获得博士学位，1898年移居美国。1908年到芝加哥菲尔德自然历史博物馆工作，始任助理馆长，1911年成为人类学馆亚洲人种分馆馆长，1915年担任人类学馆馆长，1931年被芝加哥大学授予荣誉法学博士头衔，1934年跳楼自杀。劳费被誉为美国博物馆史上第一位真正的汉学家。有关劳费的学术评价，参看龚咏梅：《劳费汉学研究述评》，《探索与争鸣》2008年第7期。

② 白瑞华（Roswell Sessoms Britton，1897—1951），1923年6月在哥伦比亚新闻学院获得硕士学位，随即接受教会派遣前往燕京大学任教。1924年秋抵达燕京大学，任新闻学讲师兼主任，筹建新闻学系，开展新闻教学工作，一直到1926年10月返美休假。1928年，白瑞华年假结束，未返回燕京大学新闻学系任教。1935年开始接手方法敛手稿，先后整理出版了《库方二氏藏甲骨卜辞》《甲骨卜辞七集》和《金璋所藏甲骨卜辞》三种甲骨摹本著录书，另有自著《殷墟甲骨相片》和《殷墟甲骨拓片》两种著录书。参看邓绍根：《论哥伦比亚大学新闻学院与民国新闻界的交流合作及其影响》，《新闻与传播研究》2014年第12期。

中国青铜时代的概念的知识生成

◇姜彦文

中国青铜时代(China Bronze Age)的概念,包含着青铜、中国青铜器、中国青铜时代这三个不同层面的概念,这三个不同层面的概念彼此之间又互有交错。故所谓中国青铜时代的概念存在相当大程度上的知识生成,需要我们进一步去剖析。在此我们拟分为四步对其进行大致分解。

一、青铜器的概念

青铜器作为一种物质,或工艺美术作品,很早的时候就进入人们的视野,且不说汉代张敞研究尸臣鼎,至迟在赵宋时期青铜器作为著录研究的对象已成为一种专门之学,即金石学。不过在这样的知识背景下,现在通行的"青铜器"这个名称却不是因此而形成的,诚如马承源所言,青铜古称"金",或者"吉金"。在此之前,容庚亦明言,"青铜器古称彝器",现今所谓的"青铜器"之前均以"彝器"之名称之,这也从另外一个角度说明容庚先生首先明确提出了"青铜器"的概念,把青铜器作为一个整体来看待,这样就一举摆脱了旧式金石学的羁绊,赋予夏商周铜制容器及器具一个带有现代学术意义的表述。当然,"青铜器"之称亦有着金石学的传统影响,如清季金石诸老讲究锈色青翠可爱,容庚的学术训练及养成就脱离不了传统金石学的哺育,尽管他在《商周彝器通考》中常互用"铜器"与"彝器"这两种名称,然在"去锈"一章中,对绿锈的详细解说可见其学统家法。容庚在提出新命名之下,对青铜器研究的最大贡献是对其的分类:将铜器分成食器,酒器、水器,杂器,乐器四个大类。以往古物著录书中通常会以器铭之名分类,难脱金石嗜古之癖。容氏分法简明扼要,直入内核,有助于人们对"青铜器"新概念的认知。容庚这一分类法所蕴藏的是他研究铜器的方法,即将器物形制、文字铭文、花纹图像进行统一研究,这就为能够将古物学、金石学及美术史综合起来提供了一种可能。

二、青铜时代与西方现代考古学传入的概念

1836年,丹麦考古学家汤姆森(Christian Jürgensen Thomsen,1788—1865)提

出了三时代系统(Three-age System),即石器时代、青铜时代与铁器时代。青铜时代是三时代系统中的第二时期。他的《北方古物指南》称青铜时代是"以红铜或青铜制成武器和切割器"的时代。在西方现代考古学语境下,青铜时代(Bronze Age)又称青铜器时代、青铜文明,在考古学上是以使用青铜器为标志的人类文化发展的一个阶段。英国人戈登·柴尔德(V. Gordon Childe)将青铜时代分为三段模式,大约是逐渐从兵器和装饰品向手工业及农畜业倾斜的过程。汤姆森所提出的三时代系统说主要为他的本职工作服务,他所担任的职务是丹麦国家博物馆首席馆长,迫切需要一个分类方法将馆藏藏品简便有效地分理出来。当然,像石器—青铜器—铁器这一分类法也并不是凭空而来,显然是受着尼尔森对古代社会的分类的影响,即蒙昧阶段—游牧阶段—农人阶段—文明阶段四阶段,从大的知识背景来说,无疑也受着达尔文《物种起源》及赫胥黎《人在自然界的位置》等自然科学的孕化。

然而中国的青铜器,不同于欧洲古代世界所存留的青铜器遗物。西方青铜时代是以大量使用青铜生产工具、兵器为标准的,而中华文明则是以大量使用青铜礼器为特征,两者颇为不同。因此,需要在"青铜器"之前加前缀"中国",形成一个特有概念。值得庆幸的是,汤姆森的三时代系统说及与之相关的概念在数十年后影响到了中国,这在当时已是很快的速度了。刘师培《中国古用石器考》一文指出:"近世以来,西人言社会学者,考社会进化之次序,分为三级:一曰石器时代,二曰铜器时代,三曰铁器时代。"可见所谓三时代系统说已被介绍到中国本土学界。1907 年,黄节、邓实等人拟设国粹学堂,开设 21 门学科中有考古学一科,设钟鼎学、石刻学、金石学史、美术史、研究法等各门课程,是否有针对三时代系统说的教习尚不得而知,但从课程的设置来看,对于钟鼎学、金石学、美术史乃至考古学等关系是颇为注意的,对青铜时代的思考也多少有之。

三、张光直的作用与影响

张光直对"中国青铜时代"概念的生成起着至关重要的作用,当然,在张光直之前,许多说法都已然界定,但"中国青铜器时代"的说法,只是有概念字面上的区别,并没有内在的分析。张光直在《中国青铜时代》(1983)一书二版序中坦言"不是每个文明都有一个青铜时代",青铜时代是"中国考古学上极为重要的中心概念"。这直接将中国青铜器重点研究礼器的特点及传统纳入合理合法的范畴中,并且突破了以往在三时代系统说中只是将铜器作为工具看待的窄考古学的掣肘。张光直对中国青铜时代下了定义,即将中国青铜文化与社会的若干主要特征作为整体进行讨论,作为巫术法器的中国古代艺术品在促进政权集中上起到了重要作用。中国古史依照史料分为古文字、历史、美术、考古等各种不同领域,而青铜器的制作、使用及在中国人的生活中所占有的中心地位将会也必须打破这种专业限制，青铜器成为早期中国（Early China）最重要的工具、道具抑或作品。

但必须说明的是，所谓“中国青铜时代”的时间坐标，是从公元前2000年左右形成，经夏、商、西周和春秋时代，大约经历了15个世纪。在商晚期和西周早期，青铜的冶铸业作为生产力发展的标志而达到高峰。这就与旧金石学常说的“三代”发生了一定程度的重合。然而“三代”之说只是历史学的范畴，“中国青铜时代”在时间维度上或有借鉴，却在此基础上产生了新的知识生成。1927年，马衡在《中国之铜器时代》中“首论《尧典》《禹贡》等记载虞夏时用金属器之不可信，继乃以古物为据”，而得“中国之铜器时代必数商周二代”之结论，开始对铜器时代与王朝年代之间的耦合做出剖析，而张光直的《中国青铜时代》中所收的13篇论文，则从各种不同的角度看中国青铜时代的文化与社会，企求阐发这个时代文化与社会各个方面之间的有机联系与发展变化的因果关系，并且从这种观点上试图说明青铜器的重要性，解释为什么青铜器能够作为一个古史时代的代表。

张光直之所以能够提出“中国青铜时代”并展开对古史社会运行形态的讨论，除受1927年马衡的《中国之铜器时代》的影响外，还受梅原末治《中国青铜器时代考》（1936年）、郭沫若《中国青铜时代》（1949年）、郭宝钧《中国青铜器时代》（1963年）等几种著作的问世及传播的启发。值得注意的是，梅原末治《中国青铜器时代考》的译者胡厚宣先生，在写过一本解释安阳殷墟考古发掘的著作后，大多是以甲骨学家的面目示人。张光直自己的著作《中国青铜时代》1983年由北京生活·读书·新知三联书店出版，稍后的《中国青铜时代》（二集）亦由该出版社1990年出版。张光直著论的撰写受到了他的老师李济先生的直接影响。李济先生有一篇名为“the Bronze Age of China”的文章，写于他的专著“The Beginnings of Chinese Civilization”中。这部专著虽然发表于1957年，但是很及时地于1970年就被译成了中文。张光直受到容庚的《商周彝器通考》的影响有多大呢？从表面上看不出来。但从马承源对《商周彝器通考》的评价来说——“下编则依分类详述各种器物，在青铜器研究的历史上，第一次详尽地把有关青铜器的各类问题，组成具有科学系统的著作。在此前，青铜器的研究者大多偏重于一个特定的方面，而且大多为铭文，本书则是较为全面的综合研究，共三十万言，附图千余帧，插图三百余幅，旁征博引，材料丰富，使青铜器的研究脱离了旧日的金石学，而成为一项专门的学科，是书具有青铜器研究史上里程碑的意义”①，作为讨论中国青铜时代的著作，所受影响就不言而喻了。这是学术的陈陈相因，又有发展。

---

① 马承源：《中国青铜器》（修订本），上海：上海古籍出版社，2003年，第564页。

四、礼器的概念

礼器这个概念所包含的内容相当广泛，凡可以体现出礼的器物，都在它的范围之内。青铜礼器也称为彝器，“彝”的意思是以钟鼎为代表的宗庙常器，也就是青铜礼器。这就回到最初我们所讨论的第一个问题，从中也可以看出容庚的首倡之功。在所有青铜器中，礼器的数量最大，学者在这方面的研究工作也做得最多。在以往的工作中，礼器研究主要依据《周礼》和《仪礼》，还有《说文解字》和《玉篇》等书中的材料。当然以东周的材料研究西周的器物，需要警惕很多东西。而《商周彝器通考》作为容庚最重要的一部学术著作，也“是第一部全面研究青铜礼器的著作”①。这些研究多在金石学的范畴内，但作为一种知识生成的话，也是中国青铜时代概念形成的一种基础，因为容庚的《商周彝器通考》“在当时条件下把青铜器的彝器部分作了尽可能的综合考察，进行了缜密的论证，构成了比较完整的研究体系。于是，青铜器研究开始形成了独立的学科”②。正如张光直在《中国青铜时代》中所言，“中国古史上的夏商周时代，一直到春秋战国之交为止，在物质文化上都以青铜礼乐器与兵器为显著的特征”。

张光直对于青铜时代概念的生成，无疑具有非常重要的意义，只有建立起中国青铜时代的概念，美术史界关于纹饰及图像的诸多讨论才可能成立，当然所谓中国青铜时代的提出，张光直无疑是受着一批东西学者的启发的，但一旦提出，关于铜器的讨论就显得意义非凡，至少在美术史界应是如此。1995 年，巫鸿(Wu Hung)的“Monumentality in Early Chinese Art and Architecture”③出版，此书在西方的艺术史界引起过一场争论。其中涉及一个问题就是美术史是否应该研究古代艺术的意义。巫鸿在回应争论的文章中介绍了关于青铜纹饰有无意义的两种不同观点：

> 了解美国的中国青铜器研究的人都知道，在这个领域中一直存在着围绕这一问题的两种不同观点：一种观点认为青铜纹样，特别是兽面等动物纹和人物形象，肯定具有社会、文化和宗教的含义；而另一种意见则坚持这些纹样并无这些意义，其形状和风格是由艺术发展的自身逻辑所决定的。绝大多数学者认同前一种意见，其中有些人试图从古文献中寻找青铜纹样的图像志根据，另一些人则把青铜器纹饰的意义定位于更广泛的象征性和礼仪功能。对“无意义”理论提倡最力的是原哈佛大学美术史系教授罗樾

---

① 马承源：《中国青铜器》(修订本)，上海：上海古籍出版社，2003 年，第 12 页。

② 马承源：《中国青铜器》(修订本)，上海：上海古籍出版社，2003 年，第 6 页。

③ Wu Hung："Monumentality in Early Chinese Art and Architecture"，Stanford：Stanford University，1995.

(Max Loehr),其师承可以追溯到著名的奥地利形式主义美术史家亨利希·沃尔夫林(Heinrich Wolfflin)。贝格利是罗樾的学生,虽然他的研究重点与其老师不尽相同,将注意力从青铜器艺术风格的演化转移到铸造技术对形式的影响,但在青铜器纹饰有无意义这一点上,他完全秉承了形式主义学派的理论,否定青铜器装饰的宗教礼仪功能和象征性,也拒绝社会和文化因素在形式演变中的作用。①

杨晓能也指出了学术界的这两种意见,“毫无疑问,变形与抽象的动物图案是商代和西周早期青铜器纹饰的主要特征。然而,关于青铜器是否承载具体的含义、是否具备特定的功能,却众说纷纭。在学术界总体上是两派对立,一派认为青铜器纹饰有其含义,另一派则认为它们不过是纯粹的装饰。前一派无论就人数、出版物数量、观点的多样化与活力的充沛而言,均居主导地位”②。英国的罗森认为:“在过去五十多年中,对这些母题的讨论有两种不同的观点:一种是隐喻学派,另一种是风格学派。隐喻学派的学者们认为青铜器的纹饰与一种信仰体系相关,这一体系是独立于青铜礼器存在的。”③马承源也提出了这个问题,他关注的是艺术的社会功能,“一种观点认为任何艺术都有一定的社会功能,在天命论充斥的古代,青铜艺术和同时代的其他艺术一样,都具有社会功能。而另一种观点完全相反,认为青铜器的艺术装饰初期没有任何特殊的意义和社会功能”④。我们暂且不论两种观点的是非,我们对形式主义学派的理解或许有偏颇之嫌,罗森说,“贝格利(原文为贝格立)并不认为饕餮没有意义,但他的确认为一个信仰的体系不太可能决定选择眼睛作为首选的器物纹饰,或随后把饕餮公式化的方式”⑤。罗森文章的观点是,“纹饰的最重要的目的似乎在于使一件礼仪容器变得醒目。……虽然饕餮纹可能具有某种意义,但表达这种意义只是青铜器纹饰的目的之一”。

笔者以为,对于青铜纹饰是否具有社会功能,应该在演变过程中来看,不能静止地来看。⑥ 那些具有装饰性和一定社会功能的青铜纹饰,随着时代的演变,

---

① [美]巫鸿:《中国古代艺术与建筑中的“纪念碑性”》中文版序,李清泉、郑岩等译,上海:上海人民出版社,2009年,第3页。

② [美]杨晓能:《另一种古史:青铜器纹饰、图形文字与图像铭文的解读》,北京:生活·读书·新知三联书店,2010年,第55页。(英文初版于2000年)

③ [英]罗森:《晚商青铜器设计的意义与目的》,《中国古代的艺术与文化》,北京:北京大学出版社,2002年,第92页。

④ 马承源:《中国青铜器》(修订本),上海:上海古籍出版社,2003年,第14—15页。

⑤ [英]罗森:《晚商青铜器设计的意义与目的》,《中国古代的艺术与文化》,北京:北京大学出版社,2002年,第93页。

⑥ 其实马承源已经注意到这个问题,他说的另一派是认为“青铜器的艺术装饰初期没有任何特殊的意义和社会功能”。这里面隐含的意思就是,后期或许有特殊的意义和社会功能。

会发生功能、意义流失的危险,甚至沦为纯粹的装饰。这样,我们观察青铜器的纹饰就不再是一条"是与非"的线索,而是两条并立、缠绕、交织的线索,一条是偏重功能的,一条是偏重装饰的。这两条线索均在回应着它们时代发生的种种变化。关于纹饰与功能的关系是另外一个需要长时间讨论的问题,但正是因为中国青铜时代概念的提出,铜器上面纹饰及图像等外部问题的讨论才成为一种可能。

(作者:姜彦文,天津美术学院讲师)

春秋贵族社交中的言辞艺术

◇霍　喆

语言在产生以后,就成为人类交流最重要的手段。因此,想要探究春秋时期的贵族社交,就要对其社交实践中的语言应用情况有一定程度的把握。通过现阶段对文献材料的梳理,笔者选择从三个侧面入手,去尝试了解这一时期的社交言辞。其一是征引式表达方式在社交中的应用,其二是诗在社交言辞中的独特的语言化应用,其三是社交型邦交言辞的特点。虽然这三个侧面并不能代表春秋贵族社交言辞的全部,但是我们可以从三个侧面提取其普遍性,即使管中窥豹,也有利于我们更进一步地了解春秋时期贵族社交言辞在社交行为中的应用和表现,由此对春秋时期的贵族社交生活的真实面貌有新的认识。

一、春秋贵族社交言辞

语言,是人际交往的最主要手段。春秋时期贵族言辞在礼制社会的背景下具有强烈的时代特点。其崇礼仪、重文辞的文化特点,赋诗言志、诗歌必类等文化现象,都是历代学者关注的热点。但是这部分研究,其研究对象往往过分集中于“用诗”现象的范畴,甚至可以说渐渐成为以《诗》为主体研究对象,而脱离了对其他言辞行为的综合研究,以及对言辞现象的整体把握。

也有一部分学者从其他角度对春秋这一时期的言辞特点进行过专门探究。比如徐杰令在《春秋邦交研究》一书中,专门针对“有辞”这种邦交中的言辞艺术进行过讨论。所谓“有辞”,“即言之有理”①。文中分别列举了以“有辞”退敌之兵、使大国释放被扣押人质、回绝霸主的无理要求、迫使他国归还侵占的土地、维护国家的尊严、使他国接受本国使者的吊问等具体例证,来表现“有辞”之于邦交之作用。傅亚庶的《论〈左传〉中的委婉语》、韩冰的《〈左传〉委婉语研究——兼论春秋时人修辞特征》、宋丽琴的《〈左传〉行人辞令中委婉语研究》等,都从语言学范畴内的“委婉语”这一概念入手,探究《左传》中对委婉语的使用。另有王秀臣的《上古礼仪称谓的修辞学史意义》、许凤慧的《〈左传〉礼貌用语研究》等,这都是着重于对春秋言辞现象某个方面如表达方式之类的探讨。亦有学者对整

① 徐杰令:《春秋邦交研究》,北京:中国社会科学出版社,2004年,第150页。

体的言辞现象进行过研究。比如姚月萍在《情势不同，言辞各异——略论〈左传〉言辞特色》一文中，从公私场合不同、强弱之势不同、社会阶层不同三个角度，探讨了在不同情势下说话人所展现出的不同的言辞风格。李锡澜的《委曲婉转，绵里藏针——谈〈左传〉中的外交辞令》、李青苗的《〈左传〉辞令研究》等也都以《左传》为基础，以各自的角度分析了春秋时期的辞令。

春秋时期崇礼重文的言辞特色，是体现在书写记述、个人观点表达、双方互动交流等和语言有关的各个方面的。但语言本身最主要的价值属性，是交流和传播的价值属性，这就决定了一个时代的言辞艺术在语言的互动交流中可以得到更具象、更鲜明的体现。也就是说，在被运用于社交中的语言，能更突出地表现其时代特点。因此，笔者认为从这一角度入手，观察春秋时期言辞艺术在贵族社交中的表现和应用，对探究春秋时期的社交行为，以及更进一步理解春秋时期的社会意识，有着不可忽视的价值，有着其实践的必要。这是笔者选题的原因之一。

就研究方法来说，笔者也选择以小见大，在特殊性中寻找普遍性的方法。就当下关于这个问题所做的一些浅薄的思考来说，有以下现象令人觉得颇为有趣。

首先，从《左传》《国语》等文献所展现的言辞中看，征引式的表达方式的大量运用是这一时期言辞使用中的一大特点。其次，作为征引式表达的引申，《诗》在诸多应用材料中脱颖而出，而在经过礼仪化、艺术化的加工之后，赋诗这种特殊的表达模式被广泛应用于贵族社交场合，甚至替代一般语言去进行社交行为的实践。这种赋诗言志的特殊现象形成了一种春秋一代独具一格的社交表达方式，彰显着春秋时代礼乐风华回光返照般的耀眼姿态。最后，邦交关系中的正式的交涉言辞也具有其独特的表达特点和表现魅力。下面我们分别予以讨论。

二、春秋贵族社交言辞中的征引式表达方式

关于春秋时代的征引风气之盛行，历代学者都对这一课题有着相当多的关注和积极的讨论。比如张倩在《〈左传〉征引古文献研究》一文中，就针对《左传》这一传世文献中的诸多征引材料进行了辛苦的摘录和归纳工作。但以往的重点大多集中在对《左传》《国语》等所征引文献的研究和分类，或是征引风气现象本身。这里，笔者拟从社交言辞这一角度，着眼于春秋贵族社交对话时对征引式表达的运用，对春秋征引现象做一些引申思考。

关于征引式表达运用于社交言辞的几种类型，学者们多有归纳，主要集中在以下几个方面：

第一种，引用典籍、先人名言、先世制令、铭文、当世谚语等已成文的材料。

典籍类包括至今仍流传的一部分文献。比如《左传》文公二年：

瞫曰："《周志》有之，'勇则害上，不登于明堂'。死而不义，非勇也。"

狼瞫在僖公三十三年的崤之战中，"取戈以斩囚"，从而立功，被晋襄公升为车右。然而文公二年的箕之战中，狼瞫被先轸夺职。狼瞫之友怒而提出发难攻杀先轸的建议，被狼瞫以上言拒绝。狼瞫所引《周志》之语，便出自今《逸周书·大匡篇》。《通典·吉礼》中曾引高堂隆议曰："言有勇无义，死不登堂而配食。"①

另外还有一部分被征引的典籍，于今早已亡佚。比如昭公二十一年记载：

齐乌枝鸣戍宋。厨人濮曰："《军志》有之：'先人有夺人之心，后人有待其衰。'盍及其劳且未定也伐诸！"

宋华登奔吴，后以吴师伐宋。齐国于是派乌枝鸣戍宋。宋厨邑大夫濮于此时进言乌枝鸣，引《军志》之语提议趁华登之师师众未定之时速攻其师。这里提到的《军志》，便是早已亡佚的先秦兵书，而今其只散见于其他古书之中。

其余谣谚、名言之类，暂不一一列举。

第二种，具体引用近世或当世的某人之言。比如《左传》昭公二十五年，诸侯会于黄父，晋赵简子问礼于郑游吉，游吉引子产之语对之："吉也闻诸先大夫子产曰：'夫礼，天之经也，地之义也，民之行也。'"以此来陈述礼之本质不单纯在于仪式。可见春秋之时，人们对于"礼"的理解，已经有更深层次的思考。

第三种很容易被人忽略，即不叙述其出处，也不知其究竟所源，只利用征引的句式，比如"吾闻之""臣闻之"，或是"某闻之"等，来表现其引据之姿态。比如僖公三十三年，秦侵滑，晋先轸欲先发制人，伏击秦师，而栾枝则因秦曾有助于晋而以为不可。于是先轸对曰："秦不哀吾丧而伐吾同姓，秦则无礼，何施之为？吾闻之，'一日纵敌，数世之患也'。谋及子孙，可谓死君乎？"先指出秦在晋国丧期出兵伐晋国的同姓兄弟之国，已无礼在先，晋国并不理亏；接着用征引式言辞说明失时纵敌会带来怎样的后果。最终在其力争之下，晋出兵克秦于崤。

关于征引式表达的第三种类型，笔者以为，在这一部分内容里，必然有部分是真的以原文姿态出现，并且发言者确知其出处的；但也必然有或是确为原文，但已不知其出处，或是知其确有出处，但原文已不能尽忆，只记其意，其被表达时，已经过说话人自己的再创作的。无论是何种情况，征引这一行为本身就是为了言而有据，"据"的"根本"既已模糊，却还是要坚持这种表达方式，这是一种很有意思的现象，在这种现象里，我们可以看到春秋时人们尤其是贵族阶级对某种姿态的固守。

当然，在征引式表达的运用中，其表达方式绝不仅仅局限于以上被归纳的几种。比如《国语》中有载，司马子期欲以妾为妻之时，左史倚相说：

昔先大夫子囊违王之命谥；子夕嗜芰，子木有羊馈而无芰荐。君子曰：

---

① 杜佑：《通典》，北京：中华书局，1988年，第1409页。

违而道。谷阳竖爱子反之劳也，而献饮焉，以毙于鄢；芋尹申亥从灵王之欲，以陨于乾溪。君子曰：从而逆。君子之行，欲其道也，故进退周旋，唯道是从。夫子木能违若敖之欲，以之道而去芰荐，吾子经营楚国，而欲荐芰以干之，其可乎？

其中，左史倚相两次提到"君子曰"，但实际上这很有可能只是为了借用这种句式来表述一种当时社会普遍认可的价值观，而并非真的是哪位固定的君子所实实在在说过的话。这与"吾闻之"句式的部分用法的作用是相同的。

同时，左史倚相还利用子囊、子夕、子木之典故作为劝谏的开端。这虽非单独引用某句，也没有依附于类似"吾闻之"的某种固定的句式之中，而是将典故直接陈述，但其主要目的仍是征引以证论。这种直接引用典故的例子在《左传》《国语》的表现言辞的篇章中比比皆是，也是征引式表达中一种重要的类型。

由此可见，关于春秋社交言辞中的征引式表达，其模式是根据具体情况而变化的，其所围绕的核心，即征引之目的，才是其同归之所在，也是值得深入思考的。

那么，这种被大量运用于春秋贵族社交言辞中的征引式表达方式究竟缘何而起，因何而盛？笔者认为，其影响因素至少有以下几点：

第一，从语言应用的角度讲，征引的最初目的，很可能是汲取先辈的生活经验以做某种实践决策。人类文明最初就是从一次次的经验中积累而来的。所谓物质决定意识，某种实践的实施，往往都先于实践理论的清晰化。在这种情况下，先人实践的经验就成了后人在实践过程中重要的指导要素。相应地，人们在决策工程中的语言表述中，必然会将先辈的社会经验作为重要的考量要素进行提及。《国语》中单襄公向周定王言及陈国必亡时提到："故先王之教曰：'雨毕而除道，水涸而成梁，草木节解而备藏，陨霜而冬裘具，清风至而修城郭宫室。'"又提到："故《夏令》曰：'九月除道，十月成梁。'"这些都是这方面意识的反映。因此，我们可以想见，人们在最初的社会实践中对先人经验与智慧的重视，很可能是征引式表达由来的重要因素之一。

第二，在此基础上，融入礼制和宗法制的时代背景，这种对先人智慧之敬畏，渐渐被纳入君子型人格的构建要素，成为人们表现谦和忠敬、彬彬有礼之姿态的重要途径。《国语》有载：

> 齐闾丘来盟，子服景伯戒宰人曰："陷而入于恭。"闵马父笑，景伯问之，对曰："笑吾子之大也。昔正考父校商之名颂十二篇于周太师，以《那》为首，其辑之乱曰：'自古在昔，先民有作。温恭朝夕，执事有恪。'先圣王之传恭，犹不敢专，称曰'自古'，古曰'在昔'，昔曰'先民'。今吾子之戒吏人曰'陷而入于恭'，其满之甚也。周恭王能庇昭、穆之阙而为'恭'，楚恭王能知其过而为'恭'。今吾子之教官僚曰'陷而后恭'，道将何为？"

齐国大夫来鲁国会盟，鲁大夫子服景伯告诫僚属说：如果有过失，态度就要恭敬一点。此举遭到一旁的闵马父的嗤笑。闵马父认为,前代圣王以恭敬世代相传,且不敢视恭敬为专有,而需称之为“自古”,古代又称之为“在昔”,在昔又称之为“先民”。先代圣王尚且需要用此类引据的形式端正谦恭的心态,那子服景伯的言辞自然是显得过分骄傲自大,有失君子之节了。

《国语》中赵文子称贤随武子一节中也有着这样的记载:

赵文子与叔向游于九原,曰:“死者若可作也,吾谁与归?”叔向曰:“其阳子乎!”文子曰:“夫阳子行廉直于晋国,不免其身,其知不足称也。”叔向曰:“其舅犯乎!”文子曰:“夫舅犯见利而不顾其君,其仁不足称也。其随武子乎!纳谏不忘其师,言身不失其友,事君不援而进,不阿而退。”

赵文子欲以随武子为楷模,因为他认为随武子在劝谏君主的时候不忘称引其师,在提及自身的时候不忘提及朋友的助益,在侍奉君主时不援引同党而是举荐贤才,不会阿谀奉承而且能黜退不肖之士。可见言语时不忘先贤良友的征引姿态是当时社会奉尚的优秀品格之一,代表着礼制社会下君子恭敬自谦的处世态度,是当时社会中君子型人格的重要组成部分。礼制社会背景下人们对君子式人格的追求,也是征引式表达方式盛行的重要因素之一。

第三,征引式表达方式在社交实践中强大的功能性,也是其风行于春秋的重要原因之一。征引式表达方式至少具有以下几点功能:

首先,征引式的表达方式可以立据以证论,可以为发言者的论证观点提供论据,使立论看起来更加有力。譬如《左传》僖公二十二年,邾人出师鲁国,僖公轻视邾,竟准备不设防而抵御。臧文仲劝谏道:“国无小,不可易也。无备,虽众不可恃也。《诗》曰:‘战战兢兢,如临深渊,如履薄冰。’又曰:‘敬之敬之,天惟显思,命不易哉!’先王之明德,犹无不难也,无不惧也,况我小国乎!君其无谓邾小。蜂虿有毒,而况国乎!”这是引《诗》中之句,说明以先王的美德,尚且不敢说无敌于天下,没有任何困难,没有任何恐惧,何况我们呢?这种征引增强了语气,使论证更有力度,所以成为春秋时期劝谏文辞中的常见要素。

其次,征引式的表达方式便于抒情言志,可以更鲜明地抒发自己的情感。《左传》宣公二年,宋国华元在一次与郑国的战斗之前,杀羊分肉以犒赏兵士,但他的御者羊斟不知出于何因,没能分得这一杯羹。及至到了战场,正是硝烟四起之时,羊斟对华元说道:“畴昔之羊,子为政;今日之事,我为政。”(前天的羊,是你做主;今天的仗,却是我做主了。)说完便擅自驾车驶入敌军,导致宋军战败。对于这种可笑的行为,有君子怒评道:羊斟“非人也,以其私憾,败国殄民,于是刑孰大焉。《诗》所谓‘人之无良’者,其羊斟之谓乎!残民以逞”。这位君子说,羊斟简直不是个人!为了一己私仇,使国家战败,百姓受害,难道还有比这更应该受到惩罚的吗?面对这样一个残害百姓以使自己快意的人,君子直引诗中这一句“人之无良”,充分地表达了自己的愤怒和鄙视。

最后,征引式的表达方式还具有文饰言辞、增加言辞美感的艺术性价值。这种艺术性价值再综合征引式表达立据以证论、抒情而言志的特点，使春秋贵族在社交对话的过程中，社交言辞更容易获得婉而曲、美而达的表述效果，使发言者在社交对话中得以更好地实现自己发言的目的。这种在社交对话中不可取代的实用性，也是征引式表达盛行于春秋的重要推动因素之一。

三、诗在社交中的语言化应用

（一）关于用诗问题中一个逻辑问题的思考

诗的应用，是春秋时代历史研究一个绕不开的话题。古往今来，大量学者对春秋的用诗已做了诸多深入的研究。但学者们多把诗作为一个单独主体，去讨论其在普通语言引用和赋诗言志两种情况下的不同应用，把这两种情况作为并列的对象去分别研究和探讨。这种讨论方法的好处是，促进了对诗这一主体的整体性研究，但同时，它对这两者逻辑上的割裂和抛弃，也会造成对用诗现象作更进一步探究和理解的无形障碍。在笔者看来，这二者并不仅仅是并列的关系，还存在着一种包含和引申的关系。

首先，诗在普通语言引用中的应用并不是一种特殊的存在，它只是征引式表达的诸多表现形式之一。我们在文献中经常会看到日常交际言辞中的引诗行为。比如《左传》桓公六年，齐人欲与郑联姻，将文姜许配给郑国太子忽，却被太子忽拒绝。对此太子忽的说辞是："人各有耦，齐大，非吾耦也。《诗》云：'自求多福。'在我而已，大国何为？"即人人有其所相配，齐国国强位尊，于我并不相配。《诗》说，"求与自己，多受福德"，靠我自己便了，何必傍身于大国？这显然是诗应用于日常语言交流的一类例证。但是通过文献我们知道，这种类似的被如此征引利用的情况，并不仅仅发生于《诗》这一种文献之上。其余如《郑书》《夏书》《商书》《军志》等典籍及典故、谣谚、铭文，甚至名人语句，都曾为此类所用。如果只看到《诗》的特殊性，而忽略其作为诸多被征引文献之一的普遍性，就难免一叶障目，不能更全面地看待问题。而把《诗》放在征引类言辞范畴内，与其他征引文献一同研究，我们就可以从整体上把握在语言应用中的作用与特点。

其次，在从整体上把握了日常语言交流中的引诗现象作为征引式表达方式的一种所具有的作用和价值，我们就可以发现，所谓赋诗言志或宴会赋诗，其实是基于此应用基础上的一种艺术性加工和应用性延展。抛开学者们一向关注的其礼制化的外衣，根本还在于表达的应用上。宴会赋诗不仅仅是为了满足其礼仪方面的需求，其表达态度与观点的语言性作用同样不应被忽视。理清这一逻辑关系，便于我们更清晰地了解赋诗现象兴盛的原因，更全面地把握赋诗这一行为在社交行为中的作用与价值。在此基础上，再去讨论为什么诗的应用会从原本的日常模式中被引申出新的用法，探究其特殊性，这是探究相关问题的一个新的角度。

（二）关于诗被特别征引现象之思考

在上述逻辑框架之下，我们就可以更全面地把握春秋用诗现象的两个最主要特点。

特点一，它是春秋贵族社交言辞中征引式表达诸多类型的一种，具有征引式表达的所有功能：可以立据以证论，又便于抒情而言志；可以婉言曲意，以达到发言之目的；其言辞表达又具有相当的美感和艺术性。

特点二，我们不可否认，在诸多的征引式表达模式里，诗又是独具一格、具有不可忽视的特殊性的。这种特殊性主要表现在以下几点：

第一，作为引用文献，诗被征引的次数最多，数量最庞大。与其他文献相比，这种差异性简直是显而易见、毋庸置疑的。

第二，宴会赋诗活动兴起，诗成为诸多征引式文献中唯一应用于宴会的仪式性表达文辞。

第三，赋诗这一活动不但应用于宴会之上，也渗透于宴会以外的日常社交文辞之中。

那么，就其特殊性来说，在关于为何诗在众多征引材料中所占比重最大，并最终单独被包裹上艺术化、礼仪化的外衣，被推上正式社交场合的舞台，笔者认为，其中应包含以下几点影响要素：

第一，作为征引现象中一种较特殊的现象，它具有征引式表达所具有的一切功能优势。在此基础上，相对于典籍类征引材料，诗在内容上能更直接地表达态度，抒发情感；在形式上又更具有句式精练对称、富有节奏、朗朗上口的特点。而相对于同样具有精练性、节奏性的谣谚类征引材料，诗更成体系，材料更丰富。也就是说诗的实用性，是诗征引现象中所占比重之大及赋诗言志现象兴起的不可忽略的重要因素。

第二，诗在春秋时代，不但已经处于被官方制度化、系统化的过程中，建立了一个成熟的体系，而且在此过程中还在不断地产生新的创作。仅《左传》中我们就可以看到诸多诗歌创作的典例，表现出春秋时期诗歌这一文化体裁在当时所掀起的强烈的文化风潮，其活跃时间之长、影响范围之广，都是不可取代的。在这种风潮之下，人们对诗的热爱和追捧是理所当然的。如同今日人们追逐风潮的现象一样，我们既可以说，是人的创造推动了诗文化的兴盛，也不能否认是诗文化兴盛之潮流吸引了人们对其的追捧和利用。

第三，关于宴会赋诗，可以说是诗原本的礼乐功能和日渐兴起的文辞功能重新整合并应用于实践的结果。马银琴在《春秋时代赋引风气下〈诗〉的传播与特点》中提到："乐工的即兴歌诗与赋诗者的随时口诵，与仪式化的歌诗奏乐不同，它们都表现了相当明显的表意言志的特点。当诗歌的仪式功能在这种潜移默化中发生转变时，原为一体的诗之乐与诗之辞开始分化，诗歌的文辞开始突破乐义的束缚而受到赋引者的重视。”①这是说文辞功能的强化是推动赋诗现象兴起的重要原因。对此笔者是认同的。同时我们也应该注意到这种情况所反映的另一面——社会实践对此种功能的需求,也是推动赋诗现象盛行的重要原因。所谓需求决定市场,各利益群体日益激烈的竞争关系导致了对观点和立场表达之需求的增加,而典礼歌诗虽然原本就具有表达功用,但其表达方式和表达内容、表达程度上的局限性都随着社会矛盾的激化和社会需求的增加而凸显出来。于是,人们对诗这一原本就是典礼宴饮场合的重要参与要素之工具进行了调整,将文辞的表意功能进行了更大的发挥利用。所以说,宴饮赋诗是诗在同一场合出于表达升级的需求从而被进一步整合利用的结果。

第四,春秋时代,利益交锋更胜从前,各利益团体也愈加活跃。在不断的互动往来中,统治阶层不得不更频繁地面对各种社交事宜。在相对正式的宴饮场合,参与人员往往都抱有谨慎的态度,如何在此类社交场合进退得当,既能谦卑持敛,维护和谐友好的氛围,又能不失姿态,表达观点,坚持立场,是每个社交主体都不得不面对的问题。而诗,绝对是解决这一问题、实现理想效果的最好工具。也就是说,社会需求应社会存在的变化而变化,推动了赋诗这一现象的兴起。

从语用学的角度讲,诗从被单句征引到成篇章的赋诗言志,从日常的言辞应用到宴会赋诗的带有礼仪性质的应用,可以说是一种言辞表达行为上的艺术化加工,是言辞功能的升级和转化。这种功能的升级和转化,是符合“修辞对象从语辞到文辞,修辞功能从实用性到艺术性”之语言发展的规律的②。这也是我们应当注意的一点。

四、社交型邦交言辞

(一)社交型邦交言辞的形式化

邦交言辞,这里定义为社交主体在进行交际行为时,其身份不仅仅代表个人,还带有国别属性,在这种情况下,社交双方针对某一具体问题进行话语或文字上的直接交涉时所使用的言辞。

并非所有的邦交言辞,都属于社交型邦交言辞,比如盟书文辞。《左传》襄公十一年七月,鲁国与晋、宋、卫、曹、齐、莒、邾、滕、薛、杞等国在亳会盟,载书曰:“凡我同盟,毋蕴年,毋壅利,毋保奸,毋留慝,救灾患,恤祸乱,同好恶,奖王室。

① 马银琴:《春秋时代赋引风气下〈诗〉的传播与特点》,《中国诗歌研究》2004 年第 00 期。

② 王秀臣:《燕飨礼仪与春秋时代的赋诗风气》,《福建师范大学学报(哲学社会科学版)》2005 年第 3 期。

或间兹命，司慎、司盟，名山、名川，群神、群祀，先王、先公，七姓十二国之祖。明神殛之，俾失其民，队命亡氏，踣其国家。”这类言辞的主要功能是公示和立证，而非交流观点或表达情感、立场，其虽然具有一定程度的社交属性，但其社交功能表现较弱。所以在这里，我们把主要功能为交流观点或表达情感、立场等社交功能的邦交言辞称为社交型邦交言辞。

在表现形式上，与盟书类的邦交文辞“约而信”的特点相反，社交型邦交言辞往往极尽文饰，表达要素繁多，模式多样。之前学者对其究竟如何表达做了诸多归纳工作。有的从称呼语、委婉语、致歉语、问候语、避讳语等几个方面分别归纳阐述，比如许凤慧的《〈左传〉礼貌用语研究》等；有的将其都涵括在委婉语的概念下进行讨论，或者从修辞学角度，对其中的对偶、排比、借代、顶真、避讳、隐喻、引用等表达方式进行细致的分析分类，比如傅亚庶的《论〈左传〉中的委婉语》、韩冰的《〈左传〉委婉语研究——兼论春秋时人修辞特征》、李青苗的《〈左传〉辞令研究》等。归根结底，我们可以发现，在社交中的应用上，社交型邦交辞令具有两个最主要的特点：

一是在应用要素组成上脱离不了一定的构成模式，并形成了一些固定化的用词用语。比如称谓上，以“君”“执事”“左右”“从者”等称呼有权力之上级，以“孤”“寡”“不谷”“臣”“婢”等作为自称的谦词，以对方的“举玉趾”表示己方的被侵略，等等。

二是在语气语感上，利用各种修辞方式或表述方法，塑造知礼而谦卑的姿态。比如《左传》庄公十一年，宋有水灾，鲁庄公遣使吊灾，使曰：“天作淫雨，害于粢盛，若之何不吊？”意思是说，上天降下大雨，危害了庄稼，怎么能不慰问呢？宋闵公回复说：“孤实不敬，天降之灾，又以为君忧，拜命之辱。”就是说，我对于上天不诚敬，上天降灾，还使贵国国君担忧，承蒙关注，实不敢当。这是一次典型的邦交中的官方对话，抛开其语义不说，其极尽文饰与谦卑的姿态，也是为此类对话所推崇的重要内容之一，被认为是有礼的表现。如果在此基础上，再配以有礼之内容，就会更受到时人的肯定和推崇。譬如《左传》昭公二年，为了回报韩宣子之前的聘问，鲁庄公使叔弓聘问于晋。晋平公派人在郊外慰劳，叔弓辞谢说：“寡君使弓来继旧好，固曰‘女无敢为宾’！彻命于执事，敝邑弘矣。敢辱郊使？请辞。”（寡君派弓前来重修过去的友好，坚持说‘你不能作为宾客’，只要把命令上达给执事，敝邑就大有光彩了，岂敢烦劳郊使？请允许辞谢。）请叔公住宾馆，叔弓辞谢说：“寡君命下臣来继旧好，好合使成，臣之禄也。敢辱大馆？”（寡君命令下臣前来重修过去的友好，友好结合，使命完成，这就是下臣的福禄了。岂敢住进宏大的宾馆？）叔弓的这一系列交际应答，得到了叔向的高度评价：“子叔子知礼哉！吾闻之曰：‘忠信，礼之器也。卑让，礼之宗也。’辞不忘国，忠信也。先国后己，卑让也。《诗》曰：‘敬慎威仪，以近有德。’夫子近德矣。”这是说叔弓既知忠信，又懂得卑让，已经接近贤德，是懂礼之君子。

此外，在春秋时期，除了在社交中通过实践积累逐渐形成的套路化的礼貌用语，包括邦交言辞在内的一些礼仪化辞令的一部分内容，应该早已形成了周礼系统内的"体制化"套路。《左传》襄公十二年记载："灵王求后于齐，齐侯问对于晏桓子。桓子对曰：'先王之礼辞有之，天子求后于诸侯，诸侯对曰："夫妇所生若而人。妾妇之子若而人。"无女而有姊妹及姑姊妹，则曰"先守某公之遗女若而人"。'"周灵王向齐国求取王后，齐侯问晏桓子应该用怎样的礼辞应对，说明这种应对本身就是一种礼制系统内的套路，而礼辞的内容也是有其固化的要求的，其中可采用者的来源之一，大概是先王先例。如晏桓子所说的先王的礼仪辞令中有这样的话：天子在诸侯那里求取王后，诸侯回答说夫人所生的若干人，妾妇所生的若干人。没有女儿而有姐妹和姑母，就说先君某公的遗女若干人。由此可知，如《仪礼》等文献中所载的固化的套路性交际言辞，应该并非空穴来风。实践中虽不知能完成几分，但这类似的套路应该是确实存在在周礼的系统之中的。

归根结底，这一时期社交型邦交言辞的最大特点是形成了一套套路化的、艺术化的言辞表达及应答模式，并将其大量地甚至可以说是全面地应用于社交言辞的实践之中。其最大的直观功能是表现谦卑守礼的国际姿态，这是与春秋时代礼乐制度回光返照般的最后繁荣相对应的。

（二）形式与内容的矛盾现象

如上所述，春秋时期的社交型邦交言辞，在形式上有着极尽文饰、谦卑礼让的鲜明的时代特点，但这并不代表其所表述的内容总是和其表述的方式一样，是友好而和谐的。语言表达方式上的谦卑，绝不等于观点和立场上的谦卑。事实上，在激变的春秋时代，邦交言辞在表达方式上极尽谦卑与友让的外壳包裹之下的，常常是针锋相对、拉锯往来的内核。

春秋时期的正式国际交锋正处于日益激烈的阶段，邦交情势常常瞬息万变，时时暗流涌动，处处波诡云谲。一方面由于说话人往往代表的是整个国家的形象和利益，在言行上需要慎之又慎，避免落人以把柄，失去己方的主动权。同时保持言辞上的谦卑，尽量将己方的姿态摆在弱势的地位上，也有助于为己方争取利益取得更大的余地。另一方面，我们也要看到，这种现象之中又蕴藏着束缚在一贯的礼制要求之中的社会意识及对君子风度的崇尚和追求。于是，以友好的语式进行着寸步不让的利益交锋，成为春秋之际邦交场合中的常见景象。

比如《左传》昭公元年春记载：

> 元年，春，楚公子围聘于郑，且娶于公孙段氏，伍举为介。将入馆，郑人恶之。使行人子羽与之言，乃馆于外。既聘，将以众逆。子产患之，使子羽辞曰："以敝邑褊小，不足以容从者，请墠听命！"令尹命大宰伯州犁对曰："君辱贶寡大夫围，谓围：'将使丰氏抚有而室。'围布几筵，告于庄、共之庙而来。若野赐之，是委君贶于草莽也，是寡大夫不得列于诸卿也。不宁唯

是，又使围蒙其先君，将不得为寡君老，其蔑以复矣。唯大夫图之！"子羽曰："小国无罪，恃实其罪。将恃大国之安靖己，而无乃苞藏祸心以图之？小国失恃，而惩诸侯，使莫不憾者，距违君命，而有所壅塞不行是惧。不然，敝邑，馆人之属也，其敢爱丰氏之祧？"伍举知其有备也，请垂櫜而入。许之。

楚公子围往郑国迎娶公孙段氏，欲携师与武器进城，子产等郑国大臣担心其因势动兵，欲拒其入城。一方不愿失威妥协，一方固守国家安危之利益。在这种情况下，双方临之城际，言辞往来，依旧是有礼有辞的句式，包含的却都是利益拉锯的紧张内容。最终双方终于在言辞往来中达到了利益上的相互平衡。整个过程展现出一种微妙的效果，这也正是此类邦交言辞的独特的魅力所在。

李锡澜将这一时期邦交言辞的特点概括为"委曲婉转，绵里藏针"①，宋丽琴谓其为"刚柔相济"②，都可谓贴切传神。但我们也要注意到，所谓刚柔相济，实际上在外交辞令中很少见在极尽谦卑的表达形式上采取进退摆动的，可以说这一部分几乎是一个"定值"。所谓刚柔相济，往往是在定值以外的语言内容方面根据自己的需求进行进退拉锯，在选择固定的表达形式的同时，在内容表述上进行着妥协与坚守的调整和选择。

总之，礼让谦卑的套路化表达模式，和立足于利益的、进退有度的拉锯内核，是春秋时期社交型邦交言辞的最大特点。这种看似相对却又相互依存、相互作用的组合，在矛盾中表现出奇妙的语言魅力，相当鲜明地体现出春秋时期激变与恪守之间的时代的挣扎。

五、结语

以上三个侧面，虽然不能概括春秋时期贵族社交言辞应用的全貌，但都具有一定程度的代表性和典型性。他们各自有自己的特性，同时又兼具相通的普遍性：首先，他们都兼具实用性和艺术性；其次，都在形式上坚持含蓄委婉、谦卑友好的姿态，但是其表达内容上却又灵活多变，根据自己的利益需求，时有和谐互动的一面，时有针锋相对的情形。春秋时期贵族社交言辞一方面满足了春秋时期各国在激烈的邦际交锋中的应用需求，另一方面又反映了春秋时期在礼崩乐坏的趋势下对仪礼形式化和礼制观念的刻意维护，具有鲜明的时代特色。

（作者：霍喆，中国社会科学院研究生院历史系 2016 级博士生）

---

① 李锡澜：《委曲婉转，绵里藏针——谈〈左传〉中的外交辞令》，《当代修辞学》1985 年第 3 期。

② 宋丽琴：《〈左传〉行人辞令中的委婉语研究》，河北大学汉语言文字学专业文学硕士学位论文，2005 年。

谏议大夫非由光武创设考析

◇涂盛高

西汉武帝时承秦制，设置谏大夫，职掌谏诤及“诏令所使”。直到西汉末、王莽代汉前，谏大夫职掌无变化。王莽代汉后，谏大夫成为安置“诸刘”郡守的虚职，导致其丧失谏诤职能。为弥补官制缺陷，王莽设立谏议祭酒之职，职掌谏诤，且增加其议政职能。王莽改制失败后，农民起义军、割据势力纷纷兴起，各有建制，其中绿林暨更始集团建制最为完善，其参酌西汉制与王莽制创设谏议大夫一职。光武集团脱胎于绿林，光武称帝后，承更始制而设立谏议大夫一职，可见谏议大夫非由光武帝创设，本文即承此思路进行考析。

一、武帝设置谏大夫

《汉书·百官公卿表》载：“郎中令，秦官，掌宫殿掖门户，有丞。武帝太初元年更名光禄勋。属官有大夫、郎、谒者，皆秦官。又期门、羽林皆属焉。大夫掌论议，有太中大夫、中大夫、谏大夫，皆无员，多至数十人。武帝元狩五年初置谏大夫，秩比八百石。”①《后汉书·百官制》本注曰：“凡大夫、议郎，皆掌顾问应对，无常事，唯诏令所使。”②

从上述史料可看出，西汉武帝时，沿袭秦制，设置谏大夫，秩比八百石，职掌议论。掌议论的大夫有太中大夫、中大夫、谏大夫，诸大夫虽同掌议论，但不同的大夫所掌不同。许慎《说文解字》曰：“谏，证也。”桂馥《说文解字义证》云：“谏，犹正也，以道正人行也。”《白虎通》曰：“谏者，间也，更也，是非相间，革更其行也。”故谏指劝谏他人，更正其失误。大夫前面冠以“谏”，说明谏大夫的议论主要是劝谏皇帝，匡正得失。另外，谏大夫还可以根据皇帝的安排即“诏令所使”参与具体事务。故西汉一代，谏大夫的职掌主要是进谏皇帝得失，其次是“诏令所使”。

① 《汉书》卷十九上《百官公卿表第七上》，北京：中华书局，1962 年，第 727 页。

② 《后汉书》志第二十五《百官二·光禄勋》，北京：中华书局，1965 年，第 3577 页。

二、典籍多载光武帝创设谏议大夫

到了东汉，谏大夫在官制中被改为谏议大夫，何时而改？何人改之？史学界通说认为光武帝中兴之后，将谏大夫改成谏议大夫，换句话说，即光武帝在谏大夫的基础上创设谏议大夫之职。此种记载，在史学典籍中不胜枚举。

《续百官志》：王先谦集解惠栋曰："《齐职仪》曰：'秦置谏大夫，属郎中令，无常员，多至数十人，掌议论。汉初不置，至武帝始因秦置之，无常员，皆名儒宿德为之。光武增"议"字为谏议大夫，置三十人。'"①

《后汉书·续百官志》曰"谏议大夫，六百石"，胡广注曰："武帝元狩五年，置谏大夫。世祖中兴，以为谏议大夫。"②

《汉官解诂一卷》曰："武帝元狩五年，置谏大夫为光禄大夫。世祖中兴，以为谏议大夫。"③

《通典》："秦置谏议大夫，掌论议，无常员，多至数十人，属郎中令。至汉武帝元狩五年，始更置之。后汉增谏大夫为谏议大夫。"④

《文献通考》与《通典》之意完全相同，连文字都不变："秦置谏议大夫，掌论议，无常员，多至数十人，属郎中令。至汉武帝元狩五年，始更置之，后汉增谏大夫为谏议大夫。"⑤

当然，以上史料存有其他错误。《汉官解诂一卷》说"武帝元狩五年，置谏大夫为光禄大夫"这是错误的，实际上武帝是将中大夫改成光禄大夫。另外，《通典》《文献通考》云"秦置谏议大夫"，这也是错误的，秦实际上置谏大夫。这两个问题非本文重点，不再详论。

三、王莽新朝谏大夫职掌有变化并设立谏议祭酒

"秦汉制度史研究上有一个问题，即未将不同时期的制度区别开来，或者说对制度的渊源关系阐述不清。实际上变革时期的制度具有重要意义，它不仅说明了一个历史时期的制度渊源关系，而且在变革时期所建立的制度，常常深刻影响着一个时代制度的主体。取得政权或者建立政权的统治者，既不可能完全抛

① 王利器校注：《盐铁论校注》卷五《利议第二十七》，北京：中华书局，1992年，第331页。

② 《资治通鉴》卷五十二《汉纪四十四》，北京：中华书局，1956年，第1692页。

③ 孙星衍等：《汉官六种》，北京：中华书局，1990年，第13页。

④ 杜佑：《通典》卷二十一《职官三·门下省·侍中·谏议大夫》，北京：中华书局，1962年，第554页。

⑤ 马端临：《文献通考》卷50《职官考四·谏议大夫》，北京：中华书局，1986年，第1436页。

开旧制度,也不可能对旧制度全盘继承。两汉之间的建制是秦汉史学界注意较少的一个问题。从王莽代汉,到东汉的建立虽然不过短短十多年的时间,但其间的制度变化却十分曲折复杂,制度史和政治史的交互影响异彩纷呈。"①两汉之间的制度变化十分复杂,具体到谏大夫到谏议大夫的转变过程,笔者认为,绝非简单的由光武帝创设谏议大夫从而实现其转变了事。

谏大夫在王莽代汉前,仍保持西汉时的职掌,王莽代汉后,谏大夫的职掌发生了变化。王莽登基之初即建国元年,对前朝的宗室官员进行了安置,"诸刘为郡守者皆徙为谏大夫"。为何将"诸刘为郡守者皆徙为谏大夫"?

首先,谏大夫在西汉官制中定位"无员",即没有编制的限定,可以安排众多人员,且为无印绶的散官,无具体职掌,在政治上无实权地位。西汉历时两百多年,基本处承平之世,刘氏宗亲享受国家优厚的物质待遇,人口繁衍迅速,刘氏又掌握国家政权,必然在政治上给刘氏宗亲诸多照顾,故"诸刘"郡守甚多。谏大夫这类的"无员"的官适合安置众多的"诸刘"。谏大夫又为无印绶的散官,将"诸刘"郡守安排于此,实际上剥夺了其在政治上的地位。

其次,在西汉官制中,"《汉旧仪》云:光禄大夫,秩比二千石。除光禄大夫秩比二千石外,孙星衍所集《汉官》说,太中大夫、中散大夫都是秩比二千石"②。而谏大夫"秩比八百石"。王莽本吝啬之徒,"莽好空言,慕古法,多封爵人,性实遴啬,托以地理未定,故且先赋茅土,用慰喜封者"③。在农民起义军兵临城下即将攻破首都、新朝处生死存亡之际,王莽依旧舍不得钱财,导致众怨,极少人为新朝尽力,加速了新朝的灭亡。"莽拜将军九人,皆以虎为号,将北军精兵数万人以东,内其妻子宫中以为质。时省中黄金尚六十余万斤,他财物称是,莽愈爱之,赐九虎士人四千钱;众重怨,无斗意。"④所以吝啬的王莽不可能给"诸刘"很高的待遇,将谏大夫这种比八百石的待遇给"诸刘"符合王莽的一贯做法和心态。

最后,杨鸿年对于大夫(包括谏大夫在内)的办公场所指出:"'高门'是代表大夫工作宿止的地方。因为'高门'在宫中,所以大夫是宫内官。现在引文又说'高门去省户数十步',足见'高门'在省外,从而说明大夫是省外官。"⑤把"诸刘"徙为谏大夫,其所处的地点在于宫内和省外。"诸刘"谏大夫在省外,即使他们有光复刘氏或者报复王莽之谋、之举,王莽居省内,护卫森严,这些谋、举无法造成对王莽实质的伤害。"诸刘"又在宫内,离王莽很近,一举一动皆在王莽的眼皮底下,方便王莽对其监督,防范"诸刘"出现邪谋。

---

① 卜宪群:《秦汉官僚制度》,北京:社会科学文献出版社,2002年,第84页。
② 安作璋、熊铁基:《秦汉官制史稿》,山东:齐鲁书社,2007年,第110页。
③ 《汉书》卷九十九下《王莽传》,北京:中华书局,1962年,第4150页。
④ 司马光:《资治通鉴》卷三十九《汉纪三十一》,北京:中华书局,1956年,第1248页。
⑤ 杨鸿年:《汉魏制度丛考》,武汉:武汉大学出版社,1985年,第101页。

王莽将“诸刘”徙为谏大夫后，谏大夫职掌发生根本的变化，前文已论，谏大夫的职掌主要在于对君主进谏得失。“诸刘”为谏大夫后，如果仍旧保持谏大夫谏诤的职掌，“诸刘”可能会利用谏大夫的谏诤职掌在王莽耳边发表亡国之恨或者新朝之怨。对王莽来讲，新朝既然除旧布新，自然希望大家歌功颂德，这些言论与新朝之舆论方向相悖。而且，散布这些言论，可能会激起某些人对新朝的仇恨和报复，这对新朝的统治也是一种威胁。因此，王莽不可能让“诸刘”作为亡国之徒整天在自己耳边“聒噪”。对“诸刘”郡守来讲，王莽把他们徙为谏大夫的主要目的是方便对其监督而并不在于让其进谏皇帝，故谏大夫就此丧失了其谏诤的职能，经此一安排，谏大夫的职掌只剩下“诏令所使”。根据王莽时期的史书记载，王莽曾经派谏大夫接受言者言，派谏大夫赴郡国铸钱，派谏大夫巡边，皆是“诏令所使”：“谏大夫四人常坐王路门受言事者。”“又遣谏大夫五十人分铸钱于郡国。”“缘边大饥，人相食。谏大夫如普行边兵。”①

王莽托古改制，对西汉官制进行了改革，针对臣下对君上的谏诤，王莽另起炉灶，设立谏议祭酒。建国三年，“置师友祭酒及侍中、谏议、《六经》祭酒各一人，凡九祭酒，秩上卿”②。何为“谏议”，《通典》韦孟达言：“谏议者以正直之言启悟天子，应用公直之士，通才謇正，有补益于朝者。”③体现了谏诤皇帝的职能。但谏议祭酒相对谏大夫多了“议”字，何为“议”？《说文解字》曰：“议，语也，一曰谋也。”刘彦和曰：“周爰咨谋，是谓为议，议之言宜，审事宜也。”④说明谏议祭酒除掌谏诤外，又增加了商议国政的职能。王莽时期的托古改制全面、深入、彻底，涉及国家和社会的各个方面，经常要举行各种廷议和私下讨论，非常重视发挥官员的议政职能。“莽意以为制定则天下自平，故锐思于地里，制礼作乐，讲合《六经》之说。公卿旦入暮出，论议连年不决。”⑤所以增加谏议祭酒的议政职能很必要也很正常。

作为掌谏诤和议政的谏议祭酒，深为王莽所倚重，其秩为上卿，“比八百石之谏大夫”不敢与之比肩。另外，王莽曾经下诏褒奖谏议祭酒纪逡，封其为封德侯，位特进，见礼如三公，也可见谏议祭酒的崇高地位：天凤四年（17）五月，莽曰：“故谏议祭酒琅邪纪逡，孝弟忠恕，敬上爱下，博通旧闻，德行醇备，至于黄发，靡有愆失。其封……逡为封德侯，位皆特进，见礼如三公。赐弟一区，钱三百万，授几杖焉。”⑥

---

① 《汉书》卷九十九中《王莽传》，北京：中华书局，1962 年，第 4104、4118、4138 页。

② 《汉书》卷九十九中《王莽传》，北京：中华书局，1962 年，第 4126 页。

③ 杜佑：《通典》卷二十一《职官三·门下省·侍中·谏议大夫》，北京：中华书局，1962 年，第 554 页。

④ 余祖坤编：《历代文话续编》，南京：凤凰出版社，2013 年，第 1367 页。

⑤ 《汉书》卷九十九中《王莽传》，北京：中华书局，1962 年，第 4140 页。

⑥ 《汉书》卷九十九下《王莽传》，北京：中华书局，1962 年，第 4149 页。

从上述分析看，王莽将谏大夫作为安置"诸刘"郡守的虚职，导致谏大夫丧失谏诤的职掌，只剩下"诏令所使"的职掌，其谏诤职掌由新设立的谏议祭酒继承。王莽托古改制，涉及大量的国事商讨，故谏议祭酒又多了一个商议国事的职掌。从这个角度讲，王莽无须再设立谏议大夫专掌谏诤。而佐证于史料，未见王莽设立谏议大夫的史料，也未见新朝时期有谏议大夫的史料。

四、更始政权创设谏议大夫并由东汉继设

王莽改制失败后，天下大乱，农民起义军和割据政权纷纷而起，其建制又如何呢？"西汉末年的反莽起兵是以复汉为旗号的，所以建制是以汉制为蓝本，但是其继承方式却各有所本，驳杂不一，并非一脉相承。西汉末年反莽起兵的首难队伍是绿林与赤眉，考其所建政制却很复杂，既有继承，又有创新，不少内容还与王莽制度有直接的渊源。"①

绿林军的建制以汉制为蓝本，不少内容与工莽制度有直接的渊源。笔者从此点出发，认为绿林军建立更始政权并实现国家形式上统一后，参酌西汉谏大夫和王莽设置的谏议祭酒，从而创设谏议大夫。但此中又有两个疑问，为何不直接承王莽制设置谏议祭酒？笔者认为，谏议祭酒在莽制中位列上卿，且人数只有一人，无法安置诸多功臣和政权需要笼络之人，所以不设置谏议祭酒。为何不直接承西汉制而设谏大夫？笔者认为，王莽改制失败，更始等人作为疏远宗室起义成功并建立了政权，虽说光复旧朝，实际无异于新建。更始政权建立之初，承大乱之后，百废待兴，尤其是汉制面目全非，急需重新建制。"建武元年已前，文书散亡，旧典不具，不能明经文。"②"自王莽篡乱，旧典不存。"③然更始政权建制在西汉末年诸多农民起义军和割据势力当中是最完善的，"更始政权虽然存在时间不长，但其建制却十分完备，勾稽史料，可窥见一斑。1.上公制；2.国三老，郡三老，且郡三老极可能起源于更始；3.三公制，三公属吏也分见史传；4.丞相与御史大夫；5.尚书与侍中；6.九卿及其属吏和其他中央官吏"④。在短暂的时间内，制度建设如此完备，且在短时间内击败王莽获得政权，事务繁杂，必然需要更始君臣之间进行大量的讨论，这就需要扩充大臣的议政职能。汉旧制，谏大夫职掌谏诤，更始之朝，除了要发挥其谏诤职能，还要充分发挥其议政职能，故此在官制上加"议"制，以扩大其议政职能。至于更始政权何时创设谏议大夫，史无明载，无法确定。在更始时期，有记载的谏议大夫有郑兴、郭丹。

---

① 卜宪群：《秦汉官僚制度》，北京：社会科学文献出版社，2002 年，第 84 页。

② 《后汉书》志第七上《祭祀上·封禅》，北京：中华书局，1965 年，第 3166 页。

③ 《后汉书》卷二十六《赵憙传》，北京：中华书局，1965 年，第 914 页。

④ 卜宪群：《秦汉官僚制度》，北京：社会科学文献出版社，2002 年，第 85—91 页。

郑兴游说更始，劝更始西都长安，据西安旧都。更始听从了郑兴的意见，并且拜其为谏议大夫，安集关西及朔方、凉、益三州："更始诸将皆山东人，咸劝留洛阳。兴说更始曰：'……？'更始曰：'朕西决矣。'拜兴为谏议大夫，使安集关西及朔方、凉、益三州。"①

更始征郭丹为谏议大夫，主要是代表更始安集南阳："更始立，征（郭）丹为谏议大夫，持节出关，安集南阳。"②"更始二年，三公举丹贤能，征为谏议大夫，持节使归南阳，安集受降。"③"郭丹为更始谏议大夫，使南阳，安集受降。"④

除更始集团设立谏议大夫外，地方割据势力王郎集团也设置了谏议大夫，王郎起事时间按照《资治通鉴》记载为更始元年（23）十二月："十二月，林等率车骑数百晨入邯郸城，止于王宫，立郎为天子；分遣将帅徇下幽、冀，移檄州郡，赵国以北、辽东以西皆望风响应。"⑤时间在绿林军建立政权之后，可以判断王郎集团谏议大夫之设置亦在绿林军后。王郎集团作为光武在河北的劲敌，起事初期，曾导致光武狼狈逃奔。后光武在与更始所派遣尚书令谢躬等人的配合下，才将王郎击败。败后，王郎派其谏议大夫杜威向光武投降："王郎遣谏议大夫杜威持节诣军门，上遣棨戟迎，延请入军。威称说实成帝遗体子舆也。上曰：'设使成帝复生，天下不可复得，况诈子舆乎！'"⑥"郎数出战不利，乃使其谏议大夫杜威持节请降。威雅称郎实成帝遗体。光武曰：'设使成帝复生，天下不可得，况诈子舆者乎！'"⑦

以上史料可以说明，在光武帝设谏议大夫之前，更始集团、王郎集团均设置了谏议大夫。"西汉末年反莽起兵的首难队伍是绿林与赤眉，考其所建政制却很复杂，既有继承，又有创新，不少内容还与王莽制度有直接的渊源，部分内容对东汉制度形成也有影响。"⑧光武集团脱胎于绿林，光武即位之初，仿照绿林建制，设立了谏议大夫的职位，其所授予的对象与西汉一样，皆为"名儒宿德"。光武征沛国陈宣、东郡索卢放、东海王良、会稽包咸、山东丁恭等，皆为"名儒宿

① 《后汉书》卷三十六《郑兴传》，北京：中华书局，1965年，第1217—1218页。

② ［晋］袁宏：《后汉纪》卷九《孝明皇帝纪》，《两汉纪》下册，北京：中华书局，2002年，第176页。

③ 《后汉书》卷二十七《郭丹传》，北京：中华书局，1965年，第940页。

④ ［汉］刘珍等撰，吴树平校注：《东观汉记校注》，北京：中华书局，2008年，第534页。

⑤ 司马光：《资治通鉴》卷三十九《汉纪三十一》，北京：中华书局，1956年，第1255—1256页。

⑥ ［汉］刘珍等撰，吴树平校注：《东观汉记校注》，北京：中华书局，2008年，第6页。

⑦ 《后汉书》卷十二《王郎传》，北京：中华书局，1965年，第493页。

⑧ 卜宪群：《秦汉官僚制度》，北京：社会科学文献出版社，2002年，第84页。

德”。陈宣“博学明鲁诗”①;索卢放“以《尚书》教授千余人”②;王良“习《小夏侯尚书》。……教授诸生千余人”③;包咸“习《鲁诗》《论语》。……立精舍讲授”④;丁恭“习《公羊严氏春秋》。学义精明,教授常数百人”⑤。

(作者:涂盛高,中国社会科学院研究生院历史系博士)

---

① 〔清〕唐晏著,吴东民点校:《两汉三国学案》,北京:中华书局,1986年,第233页。

② 《后汉书》卷八十一《索卢放传》,北京:中华书局,1965年,第2674页。

③ 《后汉书》卷二十七《王良传》,北京:中华书局,1965年,第932页。

④ 《后汉书》卷七十九下《包咸传》,北京:中华书局,1965年,第2570页。

⑤ 《后汉书》卷七十九下《丁恭传》,北京:中华书局,1965年,第2578页。

论清代科举落第政策中之安抚措施

◇贺晓燕

落第，本身是科举考试的一部分，落第政策也是科举制度中不可或缺的重要内容之一。清朝统治者为了更好地推行科举制度，考虑到为数众多的落第士子的心理及利益，从精神、物质等不同层面，制定了一系列安抚措施，如发领落卷、赏会试下第举人盘费银、赏赐年老应试者职衔、告给衣顶，用以关怀及抚慰落第者，旨在维护社会的稳定。

一

科举制度是一种选拔考试，它为统治者选拔优秀人才充实到官僚机构，同时也不可避免地产生大量的落第者。正如艾尔曼所言："中华帝国晚期的科举，是中国政治、社会、经济和智识生活之间，最具流动性的政治交汇点。……然而，这里面真正实现夙愿的人，只占 5%。成功的几率，非常渺茫。科举更重要的一面，是那 95%没有走上仕途的人。"①

清以前，统治者虽然针对落第问题，形成了一些举措或案例，终未形成完整的制度。直至清代，随着统治者的大力推行与鼓励，参加科举考试的人数日渐增多，落第群体日益突出，虽然统治者希望下第诸生都能以"义命自安"②，然而在残酷的现实世界里，究竟有多少人"能像儒家经典教育所提倡的那样，找到安身立命之所"？在社会舆论和宗族家庭等众多压力之下，落第者愁苦忧伤、失落潦倒、讥讽咒骂，以至怀恨泄愤，"会不会变成叛乱分子或不法之徒，威胁到统治者的合法性"③？这些必然引起统治者的重视。科举制发展到清代，落第士子已经成为一个不容忽视的群体，落第政策的出台与完善显得尤为迫切。

---

① 艾尔曼著，曹新宇、张安琪译：《变动中的晚近中国传统文化(1400—1900)》，《清史研究》2015 年第 1 期。

② 中国第一历史档案馆藏《宫中朱批奏折》，文教类，57：39，雍正元年礼科掌印给事中缪沅奏。

③ 艾尔曼著，曹新宇、张安琪译：《变动中的晚近中国传统文化(1400—1900)》，《清史研究》2015 年第 1 期。

李世愉先生对科举落第问题较早关注，曾撰文指出："在以往对科举制度的研究中，专门针对落第问题的研究很少，至今没有一部关于科举落第问题的研究专著，相关论文的数量也很有限，而且大多不是从落第的角度，或者说不是从制度的角度去探讨的。"①近年来，学界有关这方面的研究成果日渐丰富：如李世愉的《清代科举落第士子政策镜鉴》②一文，对清政府的落第政策中的发领落卷进行了介绍；屈海龙的《雍正朝嘉惠士子政策浅析》③一文，对雍正朝科举落第政策进行了集中探讨，从"搜查落卷"，"加恩赐进士"，"铨选为知县、教职"，"赏下第举子回籍路费"，"取中副榜"五个方面展开论述，体现了雍正帝对科场失意者的重视；韩芳的《析清代的科举落第政策》一文，从"重视落第言论、允许阅看落卷、加恩年老落第者、举人大挑"④等方面进行了概括性的探讨；杨品优的《清代政府资助会试士子旅费政策述论——宾兴会兴起的制度背景分析》⑤一文，从清代士子的科举费用支出、清代政府对士子的旅费资助等角度，进而对宾兴会的兴起加以介绍。还有笔者于几年前发表的数篇关于科举落第政策的论文，如《试论清代年老落第士子恩赏制度》⑥、《试论清代科举制度中的发领落卷政策》⑦、《试论清代科举制度中的"告给衣顶"政策》⑧等，都是对清代科举落第政策中的某些方面展开的具体研究。

清代落第政策作为科举制度的重要组成部分，重要性不言而喻。以往的研究成果大致分为两类，一类大多集中于落第政策的概括性研究，一类则就落第政策的某些方面进行具体研究，相对较为零散。迄今还未有一篇完整而翔实地介绍清代科举落第政策中非常重要的一个方面——安抚措施的文章，笔者不揣冒昧，在已有研究成果和积累的基础上，形成此文，请方家赐教。

二

清代科举落第政策，以内容言，分为两个部分：一为安抚政策，诸如发领落

① 李世愉：《科举落第：一个被忽视的研究领域》，《探索与争鸣》2007年第3期。

② 李世愉：《清代科举落第士子政策镜鉴》，《人民论坛》2014年第18期。

③ 屈海龙：《雍正朝嘉惠士子政策浅析》，《学理论》2014年第30期。

④ 韩芳：《析清代的科举落第政策》，《理论界》2009年第11期。

⑤ 杨品优：《清代政府资助会试士子旅费政策述论——宾兴会兴起的制度背景分析》，《中国社会经济史研究》2011年第3期。

⑥ 贺晓燕：《试论清代年老落第士子恩赏制度》，《黑水文明研究》第二辑，哈尔滨：黑龙江教育出版社，2008年，第245—266页。

⑦ 贺晓燕：《试论清代科举制度中的发领落卷政策》，《清史论丛》2010年号，北京：中国广播电视出版社，第132—148页。

⑧ 贺晓燕：《试论清代科举制度中的"告给衣顶"政策》，《科举学论丛》2010年第1辑，上海：线装书局，第32—38页。

卷、赏会试下第举人回乡盘费银、赏赐年老举人职衔,以及针对年老有病生员的告给衣顶政策,旨在使落第者心悦诚服;一为安置政策,如明通榜、中正榜、挑誊录、举人大挑等,旨在旁搜博采,俾寒畯多获进身之阶。由于篇幅所限,本文仅以清代落第政策中的安抚政策为核心展开论述,安置政策另见他文。

(一)发领落卷

发领落卷即发还落第者的试卷。有关发还考生自己的落卷,最早在明正统十二年(1447),陕西耀州儒学署学正事举人康拯上书,"乞敕今后科场不中文卷,并不成文曳白文卷俱付提调学校佥事等官详校,如文卷无疵,考官忽略不取,具奏逮问;其不成文并曳白者,按临各学给与本生,晓谕其失,量加责罚"。如此一来,"为考官者不敢忽略,而不中生员知所改正,不成文并曳白者不敢萌幸进之心矣"! 然此事并未有什么进展,英宗仅"命礼部集议以闻"①。直到万历四十年(1612)十二月,礼部覆议漕臣孙居相条摘场蠹四款,其中提到"落卷发提调给散诸生"②。

这一做法一直持续到明末清初,据明末清初上海人叶梦珠回忆,明末时,"诸生入泮必取府、县考试原卷与入学试卷一并连钉,覆试之日,给发新生,令覆试所作文即誊于入泮试卷之后,以对笔迹异同,防顶代也"。因此叶公感叹:"犹忆明季,予初应试时,入学案发后,凡府取童生院试落卷并发出,令人自阅,以示至公。诸童生不入泮者,并驰驱而往,觅视落卷以验己之得失,国初犹然。顺治五、六年后,此典遂废。"③

清初,乡、会试后,中式者试卷交到礼部磨勘备查,其余落卷皆废弃。有好事者将本府县考生的落卷统一收归,每卷以二、三钱出售,俟有志之士购阅。士子亲眼看到自己的落卷"其间点窜,往往有未竟,甚或不染一笔者,亦付之无可如何也"④。原来,考官阅卷,初行"公阅公荐",主考与各房官同坐一堂,随分随阅,随取随呈,而去取权衡,专在主考。这种阅卷方式的本意是"一人尚可以行私,而众人遂可以祛弊"⑤,然而,往往考官及同考官尚未将所分试卷全部阅完,应取的正额已满,"余卷未闻者甚多,或粗阅前一二张,或未加批改一句一字"⑥,以致各落榜生甚是怨恨。

顺治十二年(1655),户科给事中宋牧民认为,天下太平的根本在于人才,招

---

① 《明英宗实录》卷153,正统十二年闰四月甲申。

② 《明神宗实录》卷503,万历四十年十二月戊戌。

③ 〔清〕叶梦珠:《阅世编》卷2,《学校五》,北京:中华书局,2007年,第38页。

④ 〔清〕叶梦珠:《阅世编》卷2,《科举五》,北京:中华书局,2007年,第52页。

⑤ 〔清〕魏象枢:《寒松堂全集》卷4,《再陈科场条例等事疏》,北京:中华书局,1996年,第104页。

⑥ 中国第一历史档案馆藏,顺治朝题本,礼部尚书胡世安陈科场条例题本(顺治十二年二月初七日),载《历史档案》1987年第3期。

取贤才之准绳则在于科场之公平，遂奏称："作为考官，务须精心细阅，遍加批点，即文不中式，要抹出不中缘故。"①因此，这一年乙未科会试落卷放在顺天府，并准许"贡生赴阅，限六日内，不得领回"②。这一举措具有开创意义，为日后发领落卷政策的正式推行开启了先例。然而，考官公阅公荐之法决定了他们不可能阅完所有考生的试卷，因此在顺治十四年（1657），将公阅公荐改为分房阅卷，即每房考官分领若干，并于朱卷卷面上印上该房印章，无论考生中式与否，考官都应各列衔名并详注批语。康熙七年（1668）规定，在考官与同考官中间放置一案，同考官将荐卷放置在中间案上，御史先验明卷内确实没有私通小贴，方送主考收阅。各房落卷，由同考官批出不中缘由，待开榜后，令本生亲往查阅朱卷，官员不许藏匿勒索。"如同考官妄抹佳文，本生即赴部具呈，验实纠参。若本生文原不佳，妄行控告，除黜革外，仍交刑部，照诬告例，从重治罪。"③至康熙十七年（1678），随着落卷的开放阅看，考官舞弊或疏漏等事亦暴露出来，如考生卷面"或略加数点，或乱抹一笔，竟行掷去"等，为此，清政府重拾明朝搜落卷之法④，"主考官阅房考官之荐卷外，余卷亦令遍阅，庶不致遗失佳卷"⑤，以进一步昭显科举公平的原则。次年，康熙十八年（1679），发领落卷终于形成定制："各房落卷，同考官将落卷俱批出不中缘由，开榜之后，顺天府出示，于十日内，令本生领取原卷阅看，不许藏匿勒措。"⑥雍正元年（1723），会试放榜后，对落卷进行检阅，做到"有善必录，罔有遗才，士子无不感服"⑦。

士子领回落卷的程序也逐步完善，为了防止一些别有用心之人割卷，道光二十三年（1843）规定，士子应持原先给发的卷票为凭证，方可领回阅看。而内外收掌官，也应将所有落卷逐一细查，"以五十卷为一束，每箱共装几束，开列清单，送交提调官核对、加封，派员领出，以昭慎重"⑧。

发领落卷政策与落第者关系最为密切，关乎落第者的切身利益，是最受落第士子欢迎的一项政策，它的出台一方面是对考官们的约束与监督：考官如有不

---

① 中国第一历史档案馆藏，顺治朝题本，礼部尚书胡世安陈科场条例题本（顺治十二年二月初七日），载《历史档案》1987 年第 3 期。

② 〔清〕谈迁：《北游录·纪闻下·乙未礼闱》，北京：中华书局，1997 年，第 402—403 页。

③ 光绪《大清会典事例》卷 347《礼部·贡举·内帘阅卷》。

④ 明代"搜落卷制度"，详见郭培贵：《中国科举制度通史：明代卷》第二章"乡试"中第四节"录取依据与程序·考官会同搜捡重校落卷制度"，上海：上海人民出版社，2015 年，第 227—228 页。

⑤ 《清圣祖实录》卷 248，康熙五十年十月乙亥。

⑥ 康熙《大清会典》卷 52《礼部·贡举一·科举通例》；光绪《钦定科场条例》卷 46《闱墨·发领落卷·例案》；光绪《大清会典事例》卷 352《礼部·贡举·下第》。

⑦ 《清世宗实录》卷 12，雍正元年冬十月丙子。

⑧ 光绪《钦定科场条例》卷 46《闱墨·发领落卷·现行事例》；《清宣宗实录》卷 400，道光二十三年十二月壬戌。

公,则允许下第举人、生员据实赴该衙门具控。如康熙年间,叶梦珠的一位朋友周子鹰,领回落卷查阅,竟然发现由于同考官点窜破句,三场试卷误誊他人之作。于是,周子鹰"具呈礼部题参,将同考官及收卷誊录各官降革有差,士论称快"①。另一方面,发领落卷措施能尽最大可能地缓解、释放落第士子的沮丧及怨恨之情。如乾隆六年(1741),湖北乡试正考官陈兆仑,不仅将"闱中落卷亦一一别其纯疵,明白批示",而且在发卷后,下第士子多来求见,陈兆仑"咸指以要领,各得其意而去"。其中,湖北黄陂人刘龙光"闻其讲论,感激欣喜至泣下,次科联捷,成进士,历官御史,终其身,执弟子礼不衰"②,成为一段科举佳话。随着大量题名录的刊刻出售,落第士子查阅自己的落卷的同时,还可以参照题名录所载的中式佳卷,明白自己的不足,从而心服口服,有助于摆脱抑郁情绪。清末,浙江人骆憬甫(1886—1954)考取了光绪二十七年(1901)杭州府生员之后,又参加了两次乡试,皆败北。试后,他领回自己的落卷,同时买来浙江乡试题名录,两相对照,得出"他们确实做得很好,自愧不如,难怪他们能'高掇巍科',我们要'名落孙山'"③的结论。

公平阅卷是发领落卷得以推行的基础,清政府对此颇有信心。落卷发还考生,是对考官的公开监督,同时亦平衡了落第士子的心态。如果考官确有不公,允许下第举人、生员据实赴该衙门具控。但是,考生如若"竟往考试官家喧闹者",则令该"地方官即严拿送刑部治罪"④。对于一味无理闹事者,清政府也有一套严密的防范措施和惩治措施,旨在打击闹事者,维持社会稳定。

(二)赏会试下第举人盘费银

早在清初,各省举人赴京参加会试,即颁发盘费银,称为"起送会试银",亦名"盘费银两""举人盘费""举人水脚银"等。顺治八年(1651)规定:"举人会试,由布政使给予盘费。安徽二十两,江西、湖北皆十七两,福建十五两,湖南十四两,广西十二两,浙江、河南皆十两,山西七两,陕西六两,甘肃、江苏皆五两,直隶、四川皆四两,山东一两,广东二十两,惟琼州府增十两,每名三十两,于领咨日给发。"⑤清政府已将举人盘费作为一笔固定的制度性开支,列入国家财政预算,"每逢科举之年,分别由户部及各省藩库拨发"⑥。

---

① 〔清〕叶梦珠:《阅世编》卷2,《科举五》,北京:中华书局,2007年,第52页。

② 〔清〕徐珂:《清稗类钞·考试类·乡试落第举子谒主司》,北京:中华书局,2003年,第644页。

③ 骆憬甫:《1886—1954:浮生手记——一个平民知识分子的纪实》,上海:上海古籍出版社,2004年,第44—45页。

④ 《清圣祖实录》卷293,康熙六十年六月戊戌。

⑤ 光绪《大清会典事例》卷339《礼部·贡举·起送会试》。

⑥ 李世愉:《清代科举经费的支出及其政策导向》,《清史论丛》2006年号,北京:中国广播电视出版社,2006年。

清世宗登基，元年特开癸卯恩科、二年甲辰正科，连续两科，致使元年落第举人大都滞留京师；即便已经回籍者，连续两年往复于京师与故乡之间，“恐往返道路及在京守候，盘费均难接济”。按照定制，举人只有从原籍赴京会试者才有盘费银，在京赴考者不予盘费银，但雍正二年（1724）是个特例：“将入场之云南、广东、广西、贵州、四川五省举人，每名赏银十两；福建、浙江、江南、江西、湖广、陕西六省举人，每名赏银七两；直隶、山东、河南、山西四省举人，每名赏银五两。”①

所有参加会试的举人，来京科考的盘费皆由政府提供，“系国家嘉惠士林、优恤寒畯之恩”②。对贫寒士子来说，这一点经济保障弥足珍贵，解决了他们的实际困难，使得他们能够无忧赴考。可是会试考完之后，那些贫穷之家的落第士子，面临回籍的各种压力，内心不仅承受着巨大的忧伤与失落，而且最为现实的是，返回故乡的盘费尚无着落，尤其是那些故乡远在数千里之外者，一路的食宿、车船之费都不是一笔小数目。即便不回故乡，留在京师继续苦读，京城米贵，要想生存谈何容易？正是“撤闱之后，孤寒下第，金尽裘敝，欲归无路，旅馆羁泊，情亦可悯”③。对此，仅有抚慰失意者情绪的发领落卷措施已远远不够，雍正年间，“赏会试下第举人盘费银”正式出台，这一举措对落第士子予以直接的经济资助，以达到安抚士子、笼络人心之作用。

雍正五年（1727），颁布谕旨：“赏给会试下第举子路费银，各五两。”④雍正八年（1730）议准：赏赐下第举人盘费银，“云南、贵州二省，每人七两；四川、广东、广西三省，每人六两；福建、浙江、江南、江西、湖广、陕西六省，每人五两；河南、山西、山东三省，每人四两；直隶每人三两。其在京中书举人等，仍照上科之例，不必发给”⑤。

如果我们将雍正八年的下第举人盘费银与顺治八年的起送会试银相比，山东起送盘费银一两，下第举人盘费四两；四川起送盘费银四两，下第举人盘费六两，即山东、四川两省，会试下第盘费银比来京时的正向银两还多。虽然时隔久远，可比性不强，相较起送会试银这项制度性的国家财政支出来说，赏给会试下第举人的盘费银无疑属于临时性的财政开支，仅在雍正年间实行过，且银两数目不多，但它笼络广大士子参与科举、广揽人才的目的非常明确，对落第士子的心理安慰和人性关怀亦毋庸置疑。

（三）赏赐年老应试者职衔

赏赐年老应试者，主要包括两个方面的内容：恩赏会试落第举人职衔及缎

① 雍正《大清会典》卷74《礼部仪制司·贡举三·会试通例》。

② 光绪《大清会典事例》卷339《礼部·贡举·起送会试》。

③ 中国第一历史档案馆藏《宫中朱批奏折》，文教类，57:39，雍正元年礼科掌印给事中缪沅奏。

④ 《清世宗实录》卷54，雍正五年三月癸丑。

⑤ 《钦定科场条例》卷54《会试下第举人·下第举人回籍·附载旧例》。

四,恩赏乡试落第诸生以举人、副榜衔。赏赐年老士子职衔并非清代首创,宋代已有。开宝三年(970)三月,太祖诏"礼部阅贡士十五举以上曾经终场者,具名以闻"。这就是特奏名制度,因其所取者均为老人,又称"老榜"。它的实行,是宋初统治者意识到唐末"如王仙芝辈唱乱,而敬翔、李振之徒,皆进士之不得志者"①,对统治者的威慑力很大,故而实行特奏名制,"本录潦倒于场屋,以一命之服而收天下士心尔"②,吸引更多的读书人终生投入科考,"不忍自弃于盗贼奸宄"③,于社会安定、维持统治皆有裨益。

清代恩赏会试落第举人之制,始于乾隆元年(1736),终于光绪二十四年(1898)。乾隆元年丙辰科录取工作结束后,尚书傅鼐奏报:"各省来京会试举人内,有年岁七十、八十以上者四十余人,志切观光,可否酌量加恩录用。"乾隆皇帝即令大臣在落卷中重新查阅,取中五人。而其余未取中者,"着交与礼部验看,酌量分别作何赏给职衔之处,妥议具奏"。这是第一次对会试落第举人实行恩赏,显然,乾隆帝对这一举措会带来什么样的社会效应尚不明确,亦不希望老年举子对此寄托希望,申明"此事后不为例,着礼部通行晓谕知之"④。之后,在乾隆十年(1746)乙丑科会试中,又对会试下第八十岁以上之举人董一世等六人恩赏了职衔和缎匹。⑤ 乾隆十七年(1753),逢太后六旬万寿,乾隆帝重开恩赏之例,此后连续两次的太后万寿恩科,促使恩赏形成定制。当时的情况正如乾隆帝所云:"士子云集于京师,其中有年臻耄耋,尚与观光者,虽未经入彀,而庞眉鹤发,偕试礼闱,亦场屋中人瑞也。"⑥因此规定:"八十岁以上举人赏翰林院检讨衔,七十岁以上举人赏国子监学正衔。"乾隆二十六年(1761),奉上谕:"所有应试举子,年在七十、八十以上者,虽未经入彀,而耆年宿学,恭遇盛典,宜沛渥恩,以广慈福。"⑦赏衔如例。乾隆三十六年(1771),太后八旬万寿恩科,"本年会试举子年登百岁之李炜,钦赐国子监司业衔"⑧。其余七十、八十以上者,赏衔如例。

至此,恩赏年老会试落第举人职衔终成定例:"会试后,年老举人奉特旨加恩,由礼部查明年岁具奏,令引见者带领引见,其从优赏给职衔者,仍咨吏部办理。"⑨

---

① 〔宋〕王栐:《燕翼诒谋录》卷1,北京:中华书局,1981年,第1页。

② 〔宋〕蔡絛:《铁围山丛谈》卷2,上海:上海古籍出版社,2012年。

③ 〔宋〕王栐:《燕翼诒谋录》卷1,北京:中华书局,1981年,第1页。

④ 《清高宗实录》卷15,乾隆元年三月乙卯。

⑤ 《清高宗实录》卷239,乾隆十年四月丙寅。

⑥ 光绪《大清会典事例》卷354《礼部·贡举·恩赐一》。

⑦ 光绪《大清会典事例》卷354《礼部·贡举·恩赐一》。

⑧ 光绪《大清会典事例》卷354《礼部·贡举·恩赐一》。

⑨ 《钦定礼部则例》卷95《仪制清吏司·下第举人拣选给衔》。

虽然因八十岁举人张静深夹带事件之影响,乾隆三十七年(1772)壬辰科会试暂停赏年老举人职衔例①,但乾隆四十三年(1778),又恢复之。“落第举子中年九十以上者赏国子监司业衔,八十、七十以上分别赏检讨、学正衔。”②乾隆五十四年(1789),除赏职衔外,又加赏缎匹,“其九十以上者,各加赏缎三匹,八十以上者,加赏缎二匹,七十以上者,加赏缎一匹”③。乾隆五十五年(1790),乾隆帝迎来八十大寿,特开万寿恩科。各省举子中年老应试者,至一百余人之多。“庞眉皓首,踊跃观光,洵为升平盛事。”④其中有九十余人获得恩赏。至乾隆六十年(1795),恩赏会试落第者达到了高峰。嘉道以后至清末一直沿用未改。

恩赏乡试落第诸生,始于乾隆三十五年(1770),至光绪二十四年(1898)结束。乾隆三十五年,顺天乡试诸生员中有八十五岁者一人,八十岁者一人,乾隆帝特颁谕旨:“此等年臻耄耋,尚来赴试,不无望恩之意。寿考作人,亦盛典也。著礼部、顺天府查明此二人如未能中式,即将姓名、籍贯奏闻,特赐举人,以满其志。”⑤同年,江西省奏报,该省广信府有生员李炜,年九十九,三场完卷,未能中式,奉旨赏给举人,一体会试。⑥ 乾隆五十四年(1789)己酉科乡试,奉旨:“年八十以上者俱著加恩赏给举人,准其一体会试;七十以上者俱著加恩赏给副榜。”⑦由此,八十岁、七十岁以上,分别赏给举人、副榜。嘉庆六年(1801)又变其例:嗣后各省办理年老诸生,如三场完竣即一体奏请施恩。

随着恩赏的常态化,“浮开年岁,人数冒滥”之弊屡有发生。对此,嘉庆皇帝认为如果将这个行之已久的恩赏举措“遽尔停止”,对于其他并未谎报年龄之老年士子颇为不公,于是“著照旧例,递加十岁,方准列入”⑧。因此,自嘉庆十八年(1813)起,乡试后的恩赏制度作了调整,原来规定的七十岁以上可赏副榜,八十岁以上可赏举人,改为八十岁以上赏副榜,九十岁以上赏举人。

年老应试者实行的恩赏措施发生于科举鼎盛的清代,有其必然性。宋代虽有特奏名,但宋人对特奏名入仕不以为然。即便是特奏名入仕之本人,也觉得这不是一件光彩的事情。明代以前,世人对久困场屋者多表同情,而老亦不第者颇感辛酸凄凉。至清代,这种现象发生了很大变化,清政府不仅对年老落第士子恩赏,而且科场还非常重视重游泮水、重宴鹿鸣、重宴恩荣。如嘉庆十五年(1810)七月,庚午科乡试,“准江苏前任道员赵翼、安徽前任郎中姚鼐重赴鹿鸣宴,并赏

---

① 《清高宗实录》卷904,乾隆三十七年三月甲辰。
② 《钦定礼部则例》卷95《仪制清吏司·下第举人拣选给衔》。
③ 光绪《大清会典事例》卷354《礼部·贡举·恩赐一》。
④ 《清高宗实录》卷1353,乾隆五十五年四月戊辰。
⑤ 光绪《大清会典事例》卷354《礼部·贡举·恩赐一》。
⑥ 《清高宗实录》卷872,乾隆三十五年十一月甲辰。
⑦ 《清高宗实录》卷1344,乾隆五十四年十二月丙辰。
⑧ 光绪《钦定科场条例》卷53《年老举人给衔·例案》。

赵翼三品顶带,姚鼐四品顶带"①。此二人均为乾隆十五年(1751)庚午科举人。对于重宴鹿鸣的赵翼来说,"恩施非望,感切难名"②,身为耄耋的垂垂老者,时隔六十年,重温当年科举带来的荣耀,激动的心情并不亚于当年考中之时。这些清代独有的重游、重宴之制,体现了全社会对年老士子的重视与尊重,耄耋士子自己也以"奋志科名"而得意自豪。可见,清代的科举风气不以年至耄耋仍继续科考为耻,而以不努力追求功名为耻。

如康熙三十八年(1699)己卯乡试,广东贡生黄章入闱应举时已一百零三岁,令曾孙为之前导,手提"百岁观场"③之灯,且自言:"吾今科且未中,来科百五岁亦未中,至百八岁始当获隽,尚有许多事业,出为国家效力耳。"④黄章应试之豪情令人不得不敬佩!礼亲王昭梿在他所著《啸亭杂录》卷九的"老年科目"一节,专门将嘉庆朝以前老年中式者一一列出,并对此大加赞赏,称之"熙朝盛事"。陈康祺在《郎潜纪闻初笔》中也专列"耆年科第"一条,列举嘉庆年间老年中式者,体现了当时社会上爱惜人才、敬礼耄学的风气。著名学者王鸣盛的父亲是一位老秀才,屡试不第,当王鸣盛已入仕做高官时,他仍"扶杖应试"。一次,他参加生员岁科试时,主持考试的学政是王鸣盛的同年,见他入场,便离座揖曰:"老年伯正当婆娑风月,何自苦为?"老人正色道:"君过矣。大丈夫奋志科名,当自得之,若借儿辈福,遽自暴弃,我甚耻之。"⑤可见,奋志科名是自己的事,不管年岁大小,只要活着,就应努力争取。

统治者对这些耄年勤学却久踬名场者施以恩赏,"以慰其皓首穷经之苦志"⑥。正如朱克柔所言:"世上多一项优老之举人、进士及各虚衔,毫无妨于治礼,能令六十五岁以上之进士不伤放弃而转乐成全。朝廷亦何靳此区区乎?"⑦然而,正是这区区恩赏之计对老年落第者来说有着巨大的吸引力,不仅体现了统治者对年老落第士子的重视,而且对于缓和社会矛盾、稳固政权起到了重要作用。就这一点来说,清代对老年落第者之恩赏制度与宋代的特奏名并无

① 《清仁宗实录》卷232,嘉庆十五年七月乙丑。

② 〔清〕赵翼:《簷曝杂记续·钦赏三品职衔准赴鹿鸣宴谢折》,北京:中华书局,1997年,第126页。

③ 〔清〕徐珂:《清稗类钞·考试类·黄章百岁应乡试》,北京:中华书局,2003年,第639页。

④ 〔清〕王士禛:《香祖笔记》卷1,上海:上海古籍出版社,1982年,第15页。

⑤ 〔清〕徐珂:《清稗类钞·考试类·王西庄随父应岁科考》,北京:中华书局,2003年,第615页。

⑥ 沈云龙主编:《近代中国史料丛刊三编第四十九辑》,《续增科场条例》,台北:台湾文海出版社有限公司,1989年,第1018—1020页。

⑦ 〔清〕朱克柔:《朱强甫集》卷1,《中国考试史文献集成》第6卷,北京:高等教育出版社,2003年,第858页。

二致。

（四）告给衣顶

衣顶即标志功名等级的衣服和顶戴，告给衣顶指的是身患笃疾或“入学已历三十年，或年届七旬”①的生员，朝廷准许他们终身穿着标志其功名等级的衣服和顶戴；同时一旦享有衣顶，就不再参加学政主持的岁试和科试，自然也不准参加乡试。早在明朝万历年间就有类似优惠生员的政策，那些“累科不第、年五十以上，愿告退闲者”，朝廷赋予他们终身的荣誉与权利，“给冠带荣身，仍免本身杂泛差徭”②。清沿明制，并在实践中不断调整、充实，将其列入则例，成为定制。

顺治初年规定，只要符合以下条件者即可给顶：“凡优恤诸生，初入学免本身徭役，入学三十年及未至三十年、齿已七十者，免岁、科试，以生员冠带终其身。”③顺治九年（1652）明确规定：“年老生员如无违碍，可申请告给衣顶，于学政按临半月前申详免试，不准再参加乡试。”④雍正二年（1724），告给衣顶也面向八旗生员了，“满洲、蒙古、汉军生员，年老有疾，亦准给衣顶”⑤。为慎重体现告给衣顶的荣耀，维护衣顶的尊严和纯洁度，雍正十二年（1734），对于那些“斥革贡、监劣生，不得冒给衣顶；如有夤缘给顶者，一经发觉，除本生从重治罪外，将该学政一并严加议处”⑥。乾隆五年（1740），告给衣顶政策普及到武生。乾隆八年（1743），对于那些“已成痼疾，及年届七旬者，出具并无假冒规避印结，申详该学政，即准给衣顶，免其补考”⑦。道光十五年（1835），对于那些在军营效力致病的生员，一经批准废疾，即给顶注册，若其“病愈不甘自弃，准其收复补考”⑧。咸丰八年（1858），正值太平军事起之时，朝廷急需资金对付内忧外患，因此扩大捐纳之途，放宽捐纳条件，允许生员告给衣顶之后，继续报捐贡、监，只是必须“由本学调取执照验明，填注‘不准乡试’字样发还”⑨。光绪七年（1881）议准：“生员告病，已给衣顶，病愈仍请收学应试，概不准行。”⑩

生员一旦享受了告给衣顶这一恩荣，可以兼袭世职，可以捐纳为贡生、监生，但永远不得参加乡试，意味着放弃了科考仕进的机会，对于他们而言，科场功名已

---

① 《钦定礼部则例》卷54《仪制清吏司·生员事例》。
② 万历《大明会典》卷78《学校·儒学》。
③ 乾隆《大清会典》卷32《礼部·仪制清吏司·学校》。
④ 《钦定学政全书》卷46《告给衣顶》。
⑤ 光绪《大清会典事例》卷390《礼部·学校·告给衣顶》。
⑥ 光绪《大清会典事例》卷390《礼部·学校·告给衣顶》。
⑦ 光绪《大清会典事例》卷390《礼部·学校·告给衣顶》。
⑧ 光绪《大清会典事例》卷390《礼部·学校·告给衣顶》。
⑨ 光绪《大清会典事例》卷390《礼部·学校·告给衣顶》。
⑩ 光绪《大清会典事例》卷390《礼部·学校·告给衣顶》。

经走到了尽头。获得衣顶这样的荣耀是对他们一生矢志追求功名的最好慰藉了。

三

科举时代,“读书应试不仅是入仕的正途,在以农业为本、生产不发达的社会中,读书、应试、入仕是士子唯一的本业”①。“十年窗下无人问,一举成名天下知。”②这样的社会现实必然造就一批批读书人义无反顾地长期投身于无休止的读书应试的大潮中,将自己人生最宝贵的年华花费在年复一年的考试上,将改变命运、飞黄腾达的全部希望寄托于科名,正所谓“家无读书子,官从何处来”③。然而科举考试作为选拔考试,落第是无法逃避的现实,落第者沮丧、悲苦之情怎么形容都不为过,正如蒲松龄所言:“忽然而飞骑传人,报条无我,此时神色猝变,嗒然若死,则似饵毒之蝇,弄之亦不觉也。”④对于统治者而言,他们深知“下第举子之口,真可畏哉”⑤的道理。落第政策就是在这样的背景下应运而生。

尤其到了清朝,科举制度的积弊日益暴露,统治者开科取士选拔优秀人才的同时,面临着如何平衡落第士子心态,安抚落第士子情绪,化解落第士子怨恨,进而劝谕、引导落第者,使得他们感受到朝廷的恩荣优渥,心甘情愿、俯首帖耳地纳入统治者早已设计好的科举之路,而不是走向敌对面的问题。清代落第政策不可谓不详备,《钦定科场条例》《大清会典事例》等官方政书专列“落第”一章,其中针对落第士子的安抚措施,最具特色。发领落卷,使得落第士子以最快速度平复内心委屈;赏会试下第举人盘费银,虽然费用有限,实行的时间有限,对落第举人来说可谓雪中送炭;恩赏年老应试者职衔,鼓舞士子一生科考直至耄耋,总能得到职衔科名,可谓善终;就连年老有病的生员,亦可衣顶荣身。所有安抚措施都体现了清政府对落第士子的关怀,可谓用心良苦,对于维持社会稳定、巩固政权亦有着不可估量的积极作用。因此,深入研究落第政策,有利于我们更加全面地了解科举制度的不同方面,从而对中国古代的这项重要的典章制度有一个比较客观而公允的评价。

(作者:贺晓燕,中国社会科学院古代史研究所助理研究员)

---

① 王德昭:《清代科举制度研究》,北京:中华书局,1984年,第66页。

② 刘祁:《归潜志》卷7,文渊阁《四库全书》版。

③ 宋褧:《燕石集》卷14《碑志·河内李氏新茔碑铭》,文渊阁《四库全书》版。

④ 〔清〕蒲松龄:《聊斋志异·王子安》,北京:中华书局,2004年,第441页。

⑤ 〔明〕沈德符:《万历野获编》卷14《薛文清主试》,北京:中华书局,2004年,第375页。

乾隆朝重臣王际华考述

◇李　娜

王际华是乾隆朝重臣。他自幼聪慧，高中探花；仕途坦荡，位居尚书；久值内廷，顾问皇帝；满腹经纶，编纂《四库》。然而关于王际华的研究，尚属空白。本文试图通过史料来考证王际华的生平及其主要贡献。

一、王际华生平

王际华祖居山西太原，宋朝建炎年间避乱南迁至浙江余姚，七世祖王絅再徙钱塘（今杭州）。曾祖父王修玉，祖父王文斌，父亲王云廷，“以道德文章世其家”①。

王际华，字秋瑞，号白斋，别号梦舫居士，生于康熙五十六年（1717）七月二十五日，卒于乾隆四十一年（1776）三月十六日②。

王际华“少而敏慧，有成人度”③。他的父亲“为时通儒，家贫常教授以自给”④。12岁时，他的母亲去世，遂随父亲来到京师。王际华“刻励就学，于书无所不治，久之遂通其大旨，自分章别句及经世治事之要，无不究尽。其见于文辞闳肆隽伟，常出众上”⑤。

乾隆十年（1745）五月，王际华高中一甲第三名进士，时年28岁。同年六月，授为翰林院编修。十三年（1748）六月，乾隆帝在乾清宫考试翰林詹事等官，并亲自审阅，按照文字优劣分为四等，一等只有三人，王际华名列其中。⑥ 同月，

---

① 〔清〕陆锡熊：《宝奎堂集》卷12，《光禄大夫赠太子太保户部尚书文庄王公墓志铭代于文襄公作》，第154页，《续修四库全书》第1451册，上海：上海古籍出版社，2002年。后文所引《宝奎堂集》均为此版本，不再一一标示。

② 〔清〕陆锡熊：《宝奎堂集》卷12，第152页。

③ 〔清〕陆锡熊：《宝奎堂集》卷12，第152页。

④ 〔清〕陆锡熊：《宝奎堂集》卷12，第152页。

⑤ 〔清〕陆锡熊：《宝奎堂集》卷12，第152页。

⑥ 《清高宗纯皇帝实录》卷316，乾隆十三年六月上庚申，北京：中华书局，1985年，第192页。后文所引《清高宗纯皇帝实录》均为此版本，不再一一标示。

升侍读学士,充日讲起居注官,“由是为天子所知”①。

十四年(1749)十一月,乾隆帝命詹事裘曰修、侍读学士王际华在南书房行走,由此开始了长达27年的内廷侍从生涯。

王际华仕途坦荡,一帆风顺,颇有政声。十五年(1750)六月,奉命典试湖北乡试,大理寺少卿王会汾为正考官,王际华为副考官。八月,各地学政更换,王际华奉旨赴任广东肇高学政。旋丁父忧服阕②,后起复原官侍读学士,十九年(1754)二月充日起居注官,四月擢为詹事。

二十年(1755)二月,升内阁学士兼礼部侍郎,六月转为工部侍郎,七月充经筵讲官。二十二年(1757)正月,刑部侍郎员缺,王际华调补。二十五年(1760)四月,转任兵部侍郎,六月为江西乡试正考官。二十六年(1761)十月,王际华奏称:“武闱外场,例于箭册注明双单好字及合式字号。至内场阅文,先就双好字中择取,次及单好字。其合式一项,中者甚少,竟成虚设。请嗣后武科乡会试,除双单好字号外,毋庸另立合式字号,只于双单好字号,视各省中额较前多挑,以备采择。”上从之。③

二十八年(1763)八月,王际华以兵部左侍郎兼理吏部侍郎事务。二十九年(1764)正月,奏称:“近见各部旗参处事件,往往先送原奏。其应议职名,必待吏兵二部咨取,始行开送,迨该部题奏奉旨,已在参处数月之后。请嗣后无论案情大小,即将应参职名,列入原奏折内,无庸一事重办,其关系历任,处分当时未能确查者,仍于钞送原奏后,定限十日查送。又各部会议外省案件,其出本向无定限,或迟至一二月后具题,恐此中有关涉实降实革各员,难免无书吏撞骗招摇等弊,请嗣后于会稿日,该部即查明应议各员,有无加级抵销,其应实降实革者,于会齐三日内具题,仍将出本日期,交科道稽查。”得旨:“所奏是,如所议行。”④

三十年(1765),王际华调为户部侍郎。三十一年(1766)正月,以户部侍郎兼署工部侍郎,督理宝泉、宝源二局钱法。⑤ 同年六月教习庶吉士。三十三年(1768)六月,为江南乡试正考官。三十四年(1769)十一月,王际华奏称:“武英殿缮写贡生,向例由国子监录送,此项肄业生,凭文考取,书法不能尽工,且多年力就衰之人,应请停止。嗣后行走贡生,改为誊录额缺,咨行吏部,将考取誊录内正途出身者送补,并于原额十缺内裁四,每月各给膏火银二两五钱,再增设供事

---

① 〔清〕陆锡熊:《宝奎堂集》卷12,第152页。

② 《杭州府治》卷126《名臣四》,《中国方志丛书》华东地区第199号。台北:成文出版社有限公司,1985年,第2431页。后文所引《杭州府治》均为此版本,不再一一标示。

③ 《清高宗纯皇帝实录》卷672,乾隆二十七年十月癸卯,第517页。

④ 《清高宗纯皇帝实录》卷703,乾隆二十九年正月丁丑,第857页。

⑤ 《杭州府治》卷126《名臣四》,第2431页。

一名。”①从之。同年同月，王际华擢礼部尚书，旋总理京城平粜事宜，详核利弊，总修国子监志。②

三十八年（1773）二月，王际华被授为《四库全书》总裁馆，随后又与于敏中负责《四库全书荟要》的编纂。五月，乾隆帝赐给王际华官房一所。八月，调为户部尚书。四十年（1775）十一月，乾隆帝因王际华即将六十岁，且在内廷行走甚勤，加恩特赐其可在紫禁城内骑马。乾隆帝对王际华非常信任倚重，曾对大臣说：“如于敏中、程景伊、王际华，俱朕所亲信者。伊等亦能谨凛自持。”③

乾隆四十一年（1776）三月，王际华病逝于京师。乾隆帝在谕旨中给予了高度评价：“户部尚书王际华，才品端谨，学问优长，久直内廷，简任部务，懋着勤劳。迩年承办《四库全书》及《荟要》事，尤为殚心经理，且年甫六旬，正资倚畀。今闻其因痰涌暴厥，医治无及，遽尔溘逝，深为悼惜，着加恩晋赠太子太保，并派散秩大臣一员，侍卫十员，前往奠醊。”④四月，予祭葬如例，谥文庄。王际华“初娶夫人陈氏贤而知书，能庀内政。继娶夫人彭氏，有兹孝声。皆先公卒”⑤。

王际华有四子四女。长子王朝梧，贡生。乾隆四十三年（1778）十月，乾隆帝命给王际华之子王朝梧加恩授为内阁中书，官至山东兖沂曹道。次子王朝飏，礼部司务。三子王朝葵，出继给弟弟王际丰为后。四子王朝兰。

王际华“天性纯孝”⑥，在广东任肇高学政时，父亲病逝于京城，“公昼夜驰，水浆不入口，毁瘠见骨，悼者为之改容”⑦。他善待乡邻，“遇族人皆有恩纪。从妹未字者厚资装嫁之。创广谊园于城南，以埋乡人客死而无所归者，其规制一定自公”⑧。

二、王际华与《四库全书》和《四库全书荟要》

乾隆帝组织编纂《四库全书》是其在中国历史上一个重要贡献。王际华是编纂《四库全书》特别是《四库全书荟要》的重要人物，贡献主要体现在两个方面：一是作为总裁官组织《四库全书》和《四库全书荟要》的编纂工作；二是作为藏书家，献出了大批私家珍藏图书。

乾隆三十八年（1773）二月，乾隆帝采纳了安徽学政朱筠的建议，在《永乐大

① 《清高宗纯皇帝实录》卷846，乾隆三十四年十一月辛巳，第328页。
② 《杭州府治》卷126《名臣四》，第2431页。
③ 《清高宗纯皇帝实录》卷998，乾隆四十年十二月戊午，第356页。
④ 《清高宗纯皇帝实录》卷1005，乾隆四十一年三月辛卯，第482页。
⑤ 〔清〕陆锡熊：《宝奎堂集》卷12，第154页。
⑥ 〔清〕陆锡熊：《宝奎堂集》卷12，第154页。
⑦ 〔清〕陆锡熊：《宝奎堂集》卷12，第154页。
⑧ 〔清〕陆锡熊：《宝奎堂集》卷12，第154页。

典》中缀辑散篇，独立成本；另外按经史子集四部搜集旧典，编辑丛书，名为《四库全书》，建立四库馆。因编纂《四库全书》册卷浩繁，在之前简派皇子词臣为总裁官的基础上，添派王际华、裘曰修为总裁官，董司其事。

五月，乾隆帝考虑到《四库全书》“全书卷帙，浩如烟海，将来庋弃宫庭，不啻连楹充栋，检玩为难，……着于全书中，撷其菁华，缮为荟要。其篇式一如全书之例。盖彼极其博，此取其精，不相妨而适相助。庶缥缃罗列，得以随时浏览，更足资好古敏求之益。着总裁于敏中、王际华，专司其事”。王际华又成为《四库全书荟要》总裁官。

乾隆帝之所以要在编纂《四库全书》之时同时编纂《四库全书荟要》，除了上文中指出的《四库全书》卷帙浩繁、不便浏览的原因，还因为乾隆帝年岁日高，希望在生前能看到一部分重要而必备的图书，所以在开馆之初就命馆臣从应钞诸书中撷其菁华，以较快速度编纂一部《四库全书荟要》。

乾隆帝对于《四库全书》的编纂非常重视，要求也非常严格。乾隆三十九年（1774）二月，乾隆帝翻阅进呈的录成《四库全书》书稿，发现圣祖仁皇帝御制集诗内“桃花”的“桃”字误写为“梅”字未经校出，怀疑信手翻阅错字就自然呈露，则其他舛误处谅更不少，批评总裁掉以轻心，命将王际华、蔡新、张若淮、曹秀先、李友棠等人俱交部察议。

实际上，王际华在《四库全书》特别是《四库全书荟要》的编纂中承担了大量工作。乾隆帝曾说，“于敏中虽系应行阅书之人，但伊在军机处办理军务，兼有内廷笔墨之事，暇时实少，不能复令其分心兼顾”①。于敏中自己也承认，“余参预军机，旦夕有所宣召，不克专意馆事。自发凡起例，以逮丹铅甲乙之式，一切多决于公”②。

王际华还举荐博学之士入馆修书。乾隆三十八年（1773），“以翰林官纂辑不敷，大学士刘统勋荐进士邵晋涵、周永年，尚书裘曰修荐进士余集、举人戴震，尚书王际华荐举人杨昌霖，同典秘籍”③。

王际华在《四库全书》和《四库全书荟要》的编纂过程中，作为两套大型丛书的总裁官，并非挂名，而是亲力亲为，在制定凡例、确定版本样式、审阅校订、举荐人才、管理人员等方面，殚精竭虑，精益求精，发挥着重要作用。

王际华除了处理部务，全身心地投入到了《四库全书》特别是《四库全书荟要》的编纂工作之中。在他自己亲笔撰写的日记中记载了编纂的情况。乾隆四

---

① 《清高宗纯皇帝实录》卷953，乾隆三十九年二月甲辰。

② 〔清〕陆锡熊：《宝奎堂集》卷12，第52页。

③ 《清史稿》卷110，北京：中华书局，1977年，第3187页。

十年(1775)二月初三,“以《荟要》书八十五册呈览,次日晚下蒙恩许可”①。王际华精心组织《四库全书荟要》编纂,获得了乾隆帝的认可。“公亦覃精殚思,晓夜研勘,蕲得厘然,勒成善本,以称塞上意。天子雅知公勤勚,数引对便殿,垂问以事目。同馆士大夫莫不乐公,相与以有成。”②三十九年(1774)十月,乾隆帝指责《四库全书》处进呈钞录书本,检出舛漏处不一而足。“至各总裁内,王际华于校勘《荟要》诸书,加签标识者甚多。前此呈览时,朕详加批阅,并未见有字画错误之处,办理尚属尽心”③。王际华病逝时,乾隆帝正在外巡,“车驾行幸山东,留守大臣以闻,上为震悼,且下诏称公书局劳瘁状以褒显之”④,谕旨赞其“迩年承办《四库全书》及《荟要》事,尤为殚心经理”⑤。

王际华对《四库全书》编纂的另一个贡献表现在捐献私家藏书上。《四库全书》征书工作从乾隆三十七年(1772)开始,至乾隆四十三年(1778)结束,历时7年之久。私人进呈本是纂修《四库全书》的主要来源之一。私人献书家不仅包括江浙著名藏书家,而且还有许多官员。

王际华是为《四库全书》献书较多的官员。郑伟章在《〈四库全书献书人丛考〉前言》一文中考证,王际华属于百种以下而数目较大的献书者⑥,然而并没有指明具体数目。吴元根据《四库全书总目》《四库全书馆研究》综合考证,王际华一共献书37种⑦。下面据《四库全书总目提要》摘录王际华献书名录,总计40种:

序号	献书名称
1	《北边事迹》一卷(户部尚书王际华家藏本)
2	《北平录》一卷(户部尚书王际华家藏本)
3	《北征录》一卷、《后北征录》一卷(户部尚书王际华家藏本)
4	《崔氏小尔雅》一卷(户部尚书王际华家藏本)
5	《大复论》一卷(户部尚书王际华家藏本)
6	《帝王纪年纂要》一卷(户部尚书王际华家藏本)
7	《东山草堂迩言》六卷(户部尚书王际华家藏本)

① 〔清〕王际华:《王文庄日记》,《历代日记丛抄》第30册,北京:学苑出版社,2006年,第362页。

② 〔清〕陆锡熊:《宝奎堂集》卷12,第52页。

③ 《清高宗纯皇帝实录》卷969,乾隆三十九年十月戊戌,第1216页。

④ 〔清〕陆锡熊:《宝奎堂集》卷12,第152页。

⑤ 《清高宗纯皇帝实录》卷1005,乾隆四十一年三月辛卯,第482页。

⑥ 郑伟章:《〈四库全书献书人丛考〉前言》,《中国图书馆学报》1996年第4期。

⑦ 吴元:《〈四库全书〉官员献书群体考略》,《图书馆工作与研究》2015年第3期。

续表

序号	献书名称
8	《东山草堂文集》二十卷、《诗集》八卷、《续集》一卷(户部尚书王际华家藏本)
9	《读书笔记》一卷(户部尚书王际华家藏本)
10	《二须堂集》二卷(户部尚书王际华家藏本)
11	《奉天刑赏录》一卷(户部尚书王际华家藏本)
12	《广右战功录》一卷(户部尚书王际华家藏本)
13	《海道经》一卷(户部尚书王际华家藏本)
14	《海寇议》一卷(户部尚书王际华家藏本)
15	《海运编》二卷(户部尚书王际华家藏本)
16	《洪武圣政记》二卷(户部尚书王际华家藏本)
17	《后北征记》一卷(户部尚书王际华家藏本)
18	《考定石经大学经传解》一卷(户部尚书王际华家藏本)
19	《空同子》一卷(户部尚书王际华家藏本)
20	《六诏纪闻》二卷(户部尚书王际华家藏本)
21	《吕梁洪志》一卷(户部尚书王际华家藏本)
22	《马端肃三记》三卷(户部尚书王际华家藏本)
23	《茂边纪事》一卷(户部尚书王际华家藏本)
24	《平汉录》一卷(户部尚书王际华家藏本)
25	《平蜀记》一卷(户部尚书王际华家藏本)
26	《平吴录》一卷(户部尚书王际华家藏本)
27	《三吴水利论》一卷(户部尚书王际华家藏本)
28	《苏材小纂》六卷(户部尚书王际华家藏本)
29	《太薮外史》一卷(户部尚书王际华家藏本)
30	《陶诗笺》五卷(户部尚书王际华家藏本)
31	《天汉玉牒》一卷(户部尚书王际华家藏本)
32	《汪直传》一卷(户部尚书王际华家藏本)
33	《西番事迹》一卷(户部尚书王际华家藏本)
34	《先醒斋广笔记》四卷(户部尚书王际华家藏本)
35	《徐海本末》一卷(户部尚书王际华家藏本)
36	《燕堂诗钞》八卷(户部尚书王际华家藏本)

续表

序号	献书名称
37	《云南机务钞黄》一卷(户部尚书王际华家藏本)
38	《止泉文集》八卷(户部尚书王际华家藏本)
39	《周颠仙传》一卷(户部尚书王际华家藏本)
40	《周易蛾术》七十四卷(户部尚书王际华家藏本)

三、王际华在南书房的入值生活

南书房,原为清朝皇帝读书之所,在乾清宫西南角,康熙朝始改为由皇帝亲选的文学侍从办公之地,入选者称为南书房翰林①,地位清要,因循沿袭至清朝灭亡,成为清代特有的非正式机构。南书房翰林,其人选是由皇帝亲自选定。他们或是学问渊博,或是擅长书法绘画,多为翰林出身,个别为举人、诸生甚至是白衣入值,成为皇帝的文学侍从,享有较高的声誉和地位。

王际华在乾隆十四年(1749)十一月以侍读学士身份奉旨在南书房行走,一直到病逝为止,在内廷侍从的生涯长达 27 年,成为乾隆帝身边的近臣。从王际华日记内容看,乾隆朝南书房翰林的侍值包括编校典籍,书画创作、鉴藏,诗歌唱和,召对咨询等。

(一)编校典籍

王际华在南书房参加或是组织了一些重要图书的编纂校订工作。除了前文提及的《四库全书》和《四库全书荟要》,王际华还编订了《皇朝礼器图式》《天禄琳琅书目》《钦定重刻淳化阁帖释文》等。《皇朝礼器图式》是记载典章制度类器物的政书,图文并茂。之前允禄、蒋溥等奉敕初纂,后福隆安、王际华等奉敕补纂,乾隆三十一年(1766)《皇朝礼器图式》校勘告竣。《天禄琳琅书目》是清朝皇帝珍藏的典籍精华。乾隆四十年(1775),乾隆帝命于敏中、王际华、彭元瑞等十人整理入藏昭仁殿的善本书籍,编成《天禄琳琅书目》。《钦定重刻淳化阁帖释文》十卷为于敏中、王际华、袭曰修等奉敕校正。于敏中在其墓志铭中称王际华"在内廷所辑撰皆称旨"②。

此外,在《清史稿 · 艺文志》中还记载了王际华等奉敕组织编辑了大量著作:

> 唐史徵《周易口诀义》六卷。宋司马光《温公易说》六卷。宋邵伯温《易学辨惑》一卷。宋李光《读易详说》十卷。宋郑刚中《周易窥余》十五卷。宋

① 又称"南书房供奉""内廷供奉""内廷翰林""南斋诸臣"。

② 〔清〕陆锡熊:《宝奎堂集》卷 12,第 152 页。

都絜《易变体义》十二卷。宋程大昌《易原》八卷。宋赵善誉《易说》四卷。宋徐总幹《易传灯》四卷。宋冯椅《厚斋易学》五十二卷。宋蔡渊《易象意言》一卷。宋李杞《周易详解》十六卷。宋俞琰《读易举要》四卷。宋丁易东《周易象义》十六卷。元吴澄《易纂言外翼》八卷。元解蒙《易精蕴大义》十二卷。元曾贯《易学变通》六卷。以上均乾隆三十八年王际华等奉敕辑。

宋胡瑗《洪范口义》二卷。宋毛晃《禹贡指南》四卷。宋程大昌《禹贡论》五卷,《后论》一卷,《山川地理图》一卷。宋史浩《尚书讲义》二十卷。宋夏僎《尚书详解》二十六卷。宋傅寅《禹贡说断》四卷。宋杨简《五诰解》四卷。宋袁燮《絜斋家塾书钞》十二卷。宋黄伦《尚书精义》五十卷。宋钱时《融堂书解》二十卷。宋赵善湘《洪范统一》一卷。以上均乾隆三十八年王际华等奉敕辑。

宋杨简《慈湖诗传》二十卷。宋戴溪《续吕氏家塾读诗记》三卷。宋袁燮《絜斋毛诗经筵讲义》四卷。宋林岊《毛诗讲义》十二卷。元刘玉汝《诗缵绪》十八卷。以上均乾隆三十八年王际华等奉敕辑。

宋王安石《周官新义》十六卷,附《考工记解》二卷。宋易祓《周官总义》三十卷。元毛应龙《周官集传》十六卷。以上均乾隆三十八年王际华等奉敕辑。

宋李如圭《仪礼集释》三十卷,《仪礼释宫》一卷。以上均乾隆三十八年王际华等奉敕辑。

宋张虙《月令解》十二卷。宋袁甫《蒙斋中庸讲义》四卷。以上均乾隆三十八年王际华等奉敕辑。

元熊朋来《瑟谱》六卷,元余载《韶舞九成乐补》一卷,元刘瑾《律吕成书》二卷。以上均乾隆三十八年王际华等奉敕辑。

晋杜预《春秋释例》十五卷,宋吕祖谦《春秋左氏传续说》十二卷。以上均乾隆三十八年王际华等奉敕辑。

宋刘敞《春秋传说例》一卷,宋萧楚《春秋辨疑》四卷,宋崔子方《春秋经解》十二卷、《春秋例要》一卷,宋张大亨《春秋通训》六卷,宋叶梦得《春秋考》十六卷、《春秋谳》二十二卷,宋高闶《春秋集注》四十卷,宋戴溪《春秋讲义》四卷,宋洪咨夔《春秋说》三十卷,元程端学《春秋三传辨疑》二十卷。以上均乾隆三十八年王际华等奉敕辑。

明项霦《孝经述注》一卷。乾隆三十八年,王际华等奉敕辑。

宋余允文《尊孟辨》三卷,《续辨》二卷,《别录》一卷。以上乾隆三十八年王际华等奉敕辑。

宋司马光《切韵指掌图》二卷,附《捡例》一卷。以上乾隆三十八年王际华等奉敕辑。①

（二）书画互动

南书房翰林在遴选时，多是文学、丹青圣手，能够与皇帝诗文唱和、书画互动。南书房翰林职责包括代笔、缮录和研习书法，如为帝王代笔颁赐御书、誊写谕旨、恭呈御览的抄写工作，御制诗集制作，出巡和诗等。乾隆帝时常命南书房翰林奉旨书写作品。王际华进士出身，官至尚书，书法绘画造诣很深，至今尚有作品存世。他的日记中也不乏书写绘画的记载，如“奉命为皇十五子书绢联对”②和“奉命书山水花卉灯片、御制绝句六十四幅”③等。

书画鉴藏是入值南书房词臣工作的一项内容。在宋徽宗之后，乾隆内府拥有中国历史上规模最大的书画收藏。参与内府书画鉴藏活动的官员，主要是南书房翰林。南书房翰林代表着当时学术、文化的最高水平，他们的参与保证了内府鉴藏活动的质量。可以说，南书房是协助乾隆进行书画鉴藏的核心机构。据研究，在参与内府书画鉴藏的题跋者中，梁诗正、汪由敦、观保、嵇璜、董邦达、裘曰修、蒋溥、钱维城、于敏中、董诰、彭元瑞等人署名均在40次以上。

（三）召对咨询

南书房地处内廷，南书房翰林为皇帝身边近臣，皇帝会时常召见南书房翰林。康熙朝南书房翰林陈廷敬曾在为张英《笃素堂文集》所作的序言中称其“儒者居今稽古，以道德文章蒙知遇之恩，被显擢，在密勿论思之地，昼日三接，夕漏不休，造膝之谋，伏蒲之语，同列不闻，外庭不知，推贤与能，庆流朝著，横经讲艺，泽及生民”④。康熙朝南书房翰林张英的机遇是有代表性的，其他南书房翰林大都会被不时召见问话。

王际华日记中多次有召对的记载。四月十五日，乾隆帝赴避暑山庄之前，“忽蒙召对于勤政殿东书房，良久而出，似语别以示恩也”⑤。五月廿四日，乾隆帝“自回銮以来，程章伊见二次，曹袁蒋李钱余张见一次，余皆未见，惟余则召对七次矣，蒙恩如此。每次所询者皆学问经济”⑥。召对内容大多是学问之道，也可能涉及机密和人事，通常后一种情况具有保密性，如方苞等人因泄密被退出了

---

① 以上见《清史稿·艺文志》，北京：中华书局，1977年，第4225—4262页。

② 〔清〕王际华：《王文庄日记》，《历代日记丛抄》第30册，北京：学苑出版社，2006年，第392页。

③ 〔清〕王际华：《王文庄日记》，《历代日记丛抄》第30册，北京：学苑出版社，2006年，第509页。

④ 《笃素堂文集》序，《张英全书》，合肥：安徽大学出版社，2013年，第215页。

⑤ 〔清〕王际华：《王文庄日记》，《历代日记丛抄》第30册，北京：学苑出版社，2006年，第412页。

⑥ 〔清〕王际华：《王文庄日记》，《历代日记丛抄》第30册，北京：学苑出版社，2006年，第340页。

南书房，皇帝对这种情况非常忌讳，所以具体详情难以知之。

四、结语

王际华仕途坦荡，以尚书之职掌管户部、吏部等重要部门；他学识渊博，参与撰修《四库全书》《四库全书荟要》等大量典籍，为中华传统文化的发展起到了积极作用；他久侍内廷，深得皇帝信任。可以说王际华是清乾隆朝政坛的一位重臣，特别在中国文化发展方面留下了深深的印迹。

（作者：李娜，中国社会科学院古代史研究所助理研究员）

礼不窥奇意自便

——沈文倬先生研礼治学之意趣管窥

◇林存阳

在中国传统文化的演进中,礼无疑是一个历久弥新的大命题、大理念、大关节,不惟关系到治国理政、移风化俗,亦与日常生活、个人修养等密切关联。而围绕礼问题形成的学术思辨——礼学,更成为礼制建构和礼俗形塑的重要支撑与媒介。因缘于此,历代关注和从事于此者,薪火相继,取得了十分丰硕的成果。20 世纪以来,学人以新的视野和方法,将礼学研究推向新的境地。[①] 尤其是改革开放之后的研究,无论在广度上还是深度上,更是取得了引人注目的成就。其中,若论经历之丰富、成就之精深、享年之高寿,沈文倬先生可谓典型代表人物之一。有鉴于此,本文拟就沈文倬先生之研礼意趣,以及对清代学术的关注、与杨向奎先生的交集等,略事管窥。不当或纰缪之处,敬请方家赐正。

一

沈文倬先生“幼名凤笙,学名改为文倬后,以原名为字。六十岁以后自号菿闇”[②],1917 年 7 月 2 日(阴历五月十四日)出生于江苏省吴江县芦墟镇,2009 年 10 月 21 日逝世,享年 93 岁。少年时曾师从袁翰清、沈昌直、金天翮诸先生问学,于“四书”、《左传》、诗古文辞、十七史等方面颇得为学之要。1940 年,沈先生 24 岁,拜著名经学家曹元弼先生为师,专攻“三礼”,遂开启了其研礼治学之路。此后,无论任职于国立编译馆、上海图书馆,还是杭州大学,治学领域不断拓展,经历了不少波折,但对礼的钩沉辨析、对宗周礼乐文明的探索复原的执着,则是一以贯之的。

---

① 陈其泰、郭伟川、周少川编:《二十世纪中国礼学研究论集》,北京:学苑出版社,1998 年。

② 吴土法:《沈文倬先生学术纪年》,浙江大学古籍研究所编:《礼学与中国传统文化——庆祝沈文倬先生九十华诞国际学术研讨会论文集》(以下简称《礼学与中国传统文化》),北京:中华书局,2006 年,第 585 页。后文所引该书均为此版本,不再一一注明。

关于沈文倬先生的学术成就，学界已有中肯的论评。如沈先生女儿沈葹先生曾做了如下高度概括："（一）经学—礼学研究，包括古经汉学论述、武威出土《礼》汉简考辨、宗周礼乐文明探索及《礼经》文本的考订、经学—礼学史考证等，而《菿闇述礼》乃治礼之心得札记；（二）古文字、古器物考释；（三）史学研究；（四）古书之训诂和评论、古籍整理及校勘学探讨；（五）目录版本学研究及其工作实践。对这些方面都有著述。实际上，父亲往往是将对古文字学、古器物学、史学、文献学、训诂学等的研究辅弼其经学—礼学研究。……而对礼经之系统著述是在四十岁以后，不乏精湛之作。但是他有时并不勉力于发表既成著作，对未发表的又不注意整理和保管，对已发表的也不注意留存和记录，加上经历几次重大变故和搬迁，竟失去了数量可观的文章，零落散佚当然有主、客观两方面的原因。"①沈先生的高足陈剩勇先生亦强调："作为一代礼学大师，沈文倬先生在礼学和经学上的学术贡献，主要包括以下四个方面：一是'三礼'成书年代的考定；二是礼经文本的考订和考释；三是对礼学和经学源流的考证和疏理；四是在考定古代礼典和礼仪细节的基础上，对宗周礼乐文明进行的研究和复原。"②正因沈先生如此孜孜矻矻地沉潜于礼学的研究，所以当他 1975 年 3 月将《武威出土〈礼〉汉简考辨四种》寄请史学大师顾颉刚先生审定，顾先生于 4 月 3 日的复函中，才发出"久未通问，而迄未敢忘，以台端实为今世治礼经者之第一人也。……并赐尊著，精密沉博，自武威汉简出土以来，至今始得有确切之评价。欢喜赞叹，有如面聆教益"③之感叹！前辈大师有此赞誉，足见沈先生在礼学研究上的努力和贡献了。

沈文倬先生之沉潜于礼学研究，显然是有其意趣的。在 1991 年所作《七十五岁生日志感》诗中，沈先生不无感慨地吟道："长袍脱去卌年前，礼不窥奇意自

---

① 沈葹：《菿闇文存》后记，沈文倬：《菿闇文存——宗周礼乐文明与中国文化考论》（以下简称《菿闇文存》）下册，北京：商务印书馆，2006 年，第 1042 页。后文所引该书均为此版本，不再一一注明。此外，沈文倬先生还取得了如下成就："四十年代曾在王庸先生指导下与其合编《全五代十国文》；撰作《中国礼俗史》，其中一部分发表在当时的《文汇报》的《史地周刊》；还撰作了《两汉经学综述》。五十年代写了一本《清代文字狱考论》。……六七十年代写了《中国经学史讲义》和《先秦文化史稿》。父亲好读书，也善写书评。四十年代写过十多篇。……《读未刊书记》则是六十年代以后所写。在上海图书馆工作时受馆长之托，经常写一些经史子集书籍的提要、简评以及目录版本学方面的文章供内部交流之用。……校点过的古籍不少，而出版了少数几种。……他对校点工作有独到见地，《由〈孟子正义〉校点本想起的一些问题》中可见其一斑。他还为研究生上过'广校勘学'课，主张建立一门广义的校勘学。"（沈葹：《菿闇文存》后记，第 1042—1043 页）

② 陈剩勇：《当代治礼经之第一人——沈文倬先生学术传略》，《礼学与中国传统文化》，第 577 页。

③ 吴土法：《沈文倬先生学术纪年》，《礼学与中国传统文化》，第 589 页。

便。冠服背时添老丑,敢云风韵博人怜。"①其中的"礼不窥奇意自便"7 个字,可谓既彰显出沈先生治礼之风格,又蕴含了其独特的学术个性。而沈先生此一研礼治学意趣,则与其师曹元弼先生的教诲密切相关。在《曹元弼〈古文尚书郑氏注笺释〉》一文中,沈先生曾回忆从曹先生问学的感触:

师在四十多年的杜门谢客中,与学术界很少接触。当经学逐渐衰微之日,及门受业者不多。我从师受三礼郑氏之学时,他已七十三岁了。在往后的十多年中,师教诲之勤是感人心肺的。记得有一次,自以为对《仪礼》已很熟习,偶有一些心得,写成札记,求正于师。师力戒少作,他说:"偶然在某一方面力求胜过前人并不太难,要融贯全经而有所创获则谈何容易!"开始时词色很严厉,后来忽然悲怆地说:"及我门者,松岑(金天翮)最早,他才气横溢,长于文史;经学则一无所成。欣夫(王大隆)初治戴记,颇具识见;后来溺于版本、校勘之学,半途而废。青在(汪柏年)少年治《易》,精进可喜;方期传我郑易,不幸短命死矣。晚年得我弟,敏疾不及诸子,善守可望有成。我所希望于我弟者,不仅传我礼经,还要为我完成笺释《礼记》之志。十三经中《礼记》最难治,分别今古文,删除羼入之篇章,都不易做到的,我有志于此而一直没有动手,看来是无法实现了。这责任你要负起来的。"这番话我是终生难忘的,可是我也至今没有进行《礼记》的笺释工作。介绍《尚书笺释》未刊稿而想起了这些,附记于此,用作鞭策。②

早年的这一师弟对晤,不仅显示出曹先生对沈先生所寄予的厚望,而且也体现出沈先生对曹先生教导的切实领悟。此一领悟,在沈先生 1989 年所撰的《菿闇述礼》序中有更清晰的展现。沈先生说:

余之治《礼经》也,及吴县曹先生(元弼)门,受郑玄师法。自庚辰始业,寝馈于斯者至今四十年,虽疾疢颠顿而未尝一日废也。师门执礼尊其义,力戒以名物训诂自矜夸,矻矻焉探精微于威仪器物异同之间,稍知郑学之底理,先生遂以东矣许之。丁亥夏,与南雍校经之役,遇诸家义有未安而申其私臆,经先生首肯而始存诸箧衍,《述礼》之作于此发轫矣。一九五九年七月,武威古冢出汉简《士相见》《丧服经》《特牲》《少牢》《有司》《燕礼》《泰射》七篇并《服传》二本,越六年而得摹影之本,取校今书,异文逾千言,其特善之处,可正传本千载之讹而息礼家无尽之讼。时距先生之殁已岁星一周,恨不得起之于九京而就礼堂写定焉。既而丁阳九之厄,被高密之锢,作苦余晷,昏灯瞑写,十年如一日,所得乃倍于曩所纂者。殊乏同声之应,敢存问世之想。迨巨憝歼而清明见,百家鸣而绝业续,爰本师门七目(明例、要旨、图表、会通、解纷、阙疑、流别)之旨,删其繁碎,定为百篇,愿次第刊布,尚蕲并

---

① 《礼学与中国传统文化》,第 602 页。

② 沈文倬:《读未刊稿记》三,《菿闇文存》下册,第 994 页。

世通人达士，广其愚管，匡其漏失，则幸甚幸甚。①

不因世变而废其业，亦不为学之显晦而易其志，不正是沈文倬先生“礼不窥奇意自便”研礼治学意趣的体现吗？

如果考察一下沈文倬先生长期注目于清儒胡培翚所撰之《仪礼正义》，则更能体会其“礼不窥奇意自便”的为学精神了。在1990年所撰《学术自传》中，沈先生述从事《仪礼正义》校点经过及方法时曰：

自弱冠即好章句训诂之学。读古书喜加圈点（后改用新式标点），以为这是促使深入读书的好方法。曹师命熟读旧疏为治经入门，故对贾氏二礼疏和孔氏小戴疏，确曾一再研读。到编译馆后，即担任《周礼》和《仪礼》的新旧疏（包括孙氏的《周礼正义》和胡氏的《仪礼正义》），以及焦氏的《孟子正义》等古籍的校点。……最近又应约担任《仪礼正义》的校点。该书虽颇精审，但存在问题也很多，全面订补既不可能（亦非约稿者所要求；然而尹石公先生曾提议全面订补，甚至于改编），只有变更校勘体例，把问题讲清楚。于是反复考究胡氏的写作目的和写作条例，以探明问题的症结所在。胡氏撰丧、祭诸篇写定最早，精密可与焦氏、孙氏比美；冠、相见、聘、觐诸篇，乃其病中赶写，往往自乱其例，颇多疏漏。至于其弟子杨大堉所宣扬“补辑五篇十二卷”，其实全属胡氏早年辑录引文，校理修饰犹未妥贴；杨氏予以校理并加“堉案”而外，实无搜讨之劳！胡氏引书多改字，未免涉攘善之嫌；而杨氏托名补撰，实乃公开剽窃。此次整理，核校引书原文，用力最多，校勘几同考据。②

不过，沈文倬先生之从事《仪礼正义》的校点，中间曾经历了颇多曲折。据沈先生称，其在编译馆时校点《仪礼正义》，已“完成三分之二光景”，但因馆长赵士卿先生有其他工作安排，遂未能卒业。③ 至1954年，“有位民主人士奉命来沪筹设经学研究所、罗致专经之士，尹石公先生推荐先生充任《仪礼》专经研究人员，并提议改编胡培翚的《仪礼正义》，被欣然接受。后因故未得批准而罢”④。1956年，文化部副部长郑振铎先生打算编辑《中华人民共和国十三经注疏》，于出国访问前夕到上海图书馆找沈先生，说：“《仪礼注疏》由你担任，速拟改编计划寄我。”但等沈先生将计划寄出时，“噩耗传来，郑氏归国途中因飞机失事而逝世，出版经书事就无从说起了”。⑤ 1984年，沈先生再度重新校点《仪礼正义》，

---

① 沈文倬：《菿闇文存》下册，第618页。

② 沈文倬：《菿闇文存》附录一《学术自传（片段）》，第1029页。

③ 沈文倬：《由〈孟子正义〉校点本想起的一些问题》，《书品》1988年第2期。

④ 吴土法：《沈文倬先生学术纪年》，《礼学与中国传统文化》，第587页。

⑤ 沈薇：《周文郁郁 其质彬彬——记父亲沈文倬教授对宗周礼乐文明的探索》，《礼学与中国传统文化》，第569页。

至1986年将40卷全部校点完成。90年代时又应约校点过一遍。

对于沈先生校点《仪礼正义》的工作，其弟子、女儿皆有很深的记忆。如傅杰先生回忆说："先生无疑是勤奋的。在杭州我每次上门请益，先生几乎一无例外总是坐在那间简陋的书房里，而桌上也总是摊着书。他那一摞线装的《四部备要》本《仪礼正义》，原本就布满了密密麻麻的黑字，又被他批满了密密麻麻的红字，让我自惭相形于师辈，我们实在是没有真正'读'过什么书。"①陈剩勇先生更回忆道："沈文倬先生把标点古书、整理古籍看作是读书的一种方式。……以致一部胡培翚的《仪礼正义》，据我所知，前后至少点校了三次，40年代在南京国立编译馆时点校一遍，80年代时点校一遍，90年代中华书局将此书列入'十三经清人注疏'出版计划，因为版本的原因又过录一遍。"②沈蒓先生亦指出："父亲校点过的古籍不少，而出版了少数几种。……他还为研究生上过'广校勘学'课，主张建立一门广义的校勘学，由限于订正文字谬误的狭义的校勘学推而广之，运用考据学、古器物学、训诂学、辨伪学、目录版本学、历史编纂学等诸学科知识，对古籍进行一番分析综合，'勘同辨异'，判别真伪，进而订正古籍内容方面的种种谬误。例如《仪礼正义》的某些校记就并不限于说明对个别错字的校订，而是对该书撰作中的一些问题进行评析；这样的校记超出狭义校勘范围，有人对其不以为然，但却是非对该书有深入理解者所不能为之。"③而在2006年向"庆祝沈文倬先生九十华诞暨礼学与中国传统文化国际学术讨论会"提交的论文中，中华书局的李解民先生曾强调："……其实，书局编辑部早就将先生引为古籍整理的同道。中华书局于1977年10月出版了先生整理的《习学记言序目》，于1987年10月又出版了先生点校的《孟子正义》，不久将要出版先生点校的《仪礼正义》。《孟子正义》和《仪礼正义》，是中华书局组织全国专家整理的重点丛书'十三经清人注疏'中的两种。由此可见先生对中华书局的大力支持和为古籍整理出版所作的显著贡献。"④然十几年过去了，不知何故，沈先生校点的《仪礼正义》依然未见面世，诚为一大憾事。

在《周文郁郁　其质彬彬——记父亲沈文倬教授对宗周礼乐文明的探索》一文中，沈蒓先生曾说：

> 清代第一位注释《仪礼》的学者张尔岐在其《仪礼郑注句读》自序里说："周文郁郁，其斯为郁郁矣；君子彬彬，其斯为彬彬矣。"父亲谈及："张氏由

---

① 傅杰：《仁者静　仁者寿——贺沈凤笙师九十寿诞》，《礼学与中国传统文化》，第565页。

② 陈剩勇：《当代治礼经之第一人——沈文倬先生学术传略》，《礼学与中国传统文化》，第582页。

③ 沈蒓：《菿闇文存·后记》，《菿闇文存》下册，第1043页。

④ 李解民：《中华的同道——恭贺沈文倬先生九十华诞》，《礼学与中国传统文化》，第567页。

于读得烂熟而眼前出现这奇妙的景象，我可谓读了一辈子，又应约撰作了《〈仪礼〉译注》，也同样由于熟习而如亲历其境、如参与揖让周旋。这好兆头不应轻易放过。”他反复推敲，就《仪礼》残存十七篇而论，大夫、士礼占三分之二，天子礼只有一篇，故以为张氏所描绘的景象，其依据的还不是宗周文明的全貌；如果用汉儒推士礼以至于天子之法，有根有据地复原几个周族统治者的朝廷巨典，或许便能使“周文郁郁”重见于世。于是，父亲根据今存《燕礼》《公食大夫礼》《国语》《左传》以及一些鼎彝铭文上提到的《飨礼》（书本已佚），又围绕《尚书·酒诰》，以殷酗酒为戒的原则精神，形象地描绘了“文武之道下的礼饮礼食”。当然，这只是一个试作实例；但描绘和阐发宗周礼乐文明，恰正是父亲研究工作的终身目标。①

观此，沈文倬先生“礼不窥奇意自便”之研礼治学意趣就更为鲜明了。

正是由于秉持着“礼不窥奇意自便”的为学精神，沈文倬先生研礼治学总是显得那么从容、淡然，不求名、不逐利，而所取得的成就也总是那么笃实、谨严，不标新、不立异。诚如高景行先生在《当今治礼经之第一人——记沈文倬教授的学术成就》一文中揭示的：“沈文倬教授的为人处世及其治学态度，都是堪称后学师表的。他最享盛名的礼学研究，如他自己所说，是‘学的时间很久而用的机会极少’，与名利绝少缘分。如果没有淡泊宁静的道德修养和勤奋刻苦的钻研精神，是难以学有所成的。沈教授明乎此而乐乎此，几十年如一日辛苦耕耘，于名于利从不逐一丝一毫，表现了一个老知识分子的高风亮节。”②沈先生之能体悟到与清初大儒张尔岐同样的研礼治学意境，很大程度上来说，与“礼不窥奇意自便”之意趣、修为是密切相关的。

---

① 沈蓛：《周文郁郁　其质彬彬——记父亲沈文倬教授对宗周礼乐文明的探索》，《礼学与中国传统文化》，第571页。在《沈文倬先生学术纪年》“1991年、75岁”条中，吴土法先生亦记述道：“先生研读《礼经》已有五十多年，有一次谈起治礼感受，他先是以清初礼学家张尔岐《仪礼郑注句读》自序‘周文郁郁，其斯为郁郁矣；君子彬彬，其斯为彬彬矣’云云自况，接着说：‘张氏由于读得烂熟而眼前出现这奇妙的景象，我可谓读了一辈子，又应约撰作了《〈仪礼〉译注》，也同样由于熟习而如亲历其境、如参与揖让周旋。这好兆头不应轻易放过。’过后不久，先生就拟定了《周公与宗周礼乐文明》（由十多篇相关论文组成）一书的研究计划，将‘三礼’与《诗》《书》等其他传世典籍以及甲骨卜辞、殷周彝铭、考古资料等地下材料融会贯通，综合比勘，以复原宗周礼乐文明的盛况。后来，陆续写出了《略论宗周王官之学》、《宗周岁时祭考实》、《觐礼本义述》、《周公旦‘礼治’事件辑考》、《周公〈酒诰〉推动燕礼、食礼、飨礼的制作》（21000字）、《周初王官之学的创始者——史佚》、《礼是无处不在的》（7000字）、《从幼仪到曲礼》（11000字）、《宝龟灵蓍的神明何在》（7500字）、《乐官设置与作乐程式的创建》等论著。（除了前面的三篇论文已发表之外，其他论文有的佚失，有的尚未发表。）”（同前，第593页）

② 高景行：《当今治礼经之第一人——记沈文倬教授的学术成就》，《语文导报》1987年第12期。

二

在沈文倬先生的治学历程中，"经学—礼学"是其用力最深且终生孜孜不懈探寻的目标，而就其学术视野来看，则是广博的，其中对清代学术问题的探讨，尤值得关注。大体而言，沈先生之于清代学术，主要有如下几方面的探究。

（一）"三礼"学

众所周知，清代是"三礼"学研究最为兴盛的时期，推出了几部集大成的巨著。作为承黄以周、曹元弼两先生[光绪十一年（1885）入江阴南菁书院肄业，从定海黄以周先生问学；十二年（1886）在北京与瑞安孙诒让相识，讨论礼学极相得；且与娄县张锡恭为挚友]一脉统绪的沈文倬先生，得师承之真传自不待言，而由此对"三礼"学脉络所形成的宏观把握，则更能窥见其于研礼取向之所在。

在《懿斋学述之一》一文中，沈文倬先生曾强调：

> 自从唐《五经正义》以《礼记》取代《仪礼》之后，治《仪礼》的学者越来越少。在唐代，除贾公彦撰疏和杜佑集汉至六朝诸家遗说载于《通典》外，几乎无一名家。在宋代，只有李如圭《集释》和朱熹《经传通解》尚存汉魏巨矱。但前者书已亡佚，从《永乐大典》录出时，尚缺《乡射》《大射》两篇；后者本为未成之书，由其弟子黄干、杨复所补，殊乏条理。以后，稍有成就的，元代有敖继公《仪礼集说》，明代有郝敬《仪礼节解》，二家好与郑注立异，虽偶有新说可喜，而实少平实之论。至清代，随着考据学的兴起，向称绝学的《礼经》，作为专门的研究，居然多起来了。经过全面评析，达到应具水平而又成一家言的，从张尔岐到曹元弼，合成二十家（含江永、沈彤、吴廷华、褚寅亮、胡匡衷、胡培翚、蔡德晋、盛世佐、张惠言、凌廷堪、方苞、王士让、徐养原、江筠、郑珍、俞樾、黄以周、张锡恭）。他们的著作，各有专诣，并世讨论，后先补苴，相互发明，往往胜义如珠，出人意表，可称超越孔、贾，上攀马、郑的。作为最后一位经学家，本师曹元弼先生，他的两部《礼经》专著，确是带有总结经学—礼学之意的。称之为经学家是取决于他们是否具有经学思想。比如戴震，他校勘李氏《集释》很著名，对《仪礼》有深湛的造诣，但他著有《孟子字义疏证》，志在"明道"而不在经学。又比如章学诚，也曾研讨经传，但主张"六经皆史"，彻底否定了经学。戴、章都不是，也许他们自己也不愿是经学家。先生一生服膺郑学，《易》、《书》、《诗》、"三礼"、《论语》、《孝经》笺释都用郑注，有时好似意存回护，但也唯其如此，郑氏的蕴义往往在他固执探求中揭发出来。今后学者不可能用这样的方法治学，所以我这样说的。①

---

① 《菿闇文存》下册，第971—972页。

此一评判,应该说是公允的。由此亦可见沈先生对清代礼学家所持的态度。

沈文倬先生之用力于胡培翚《仪礼正义》、孙诒让《周礼正义》、朱彬《礼记训纂》等的校点整理,观上揭其所持旨趣,也就在情理之中了。关于沈先生对胡培翚《仪礼正义》所下的功夫,前文已有论述,兹不赘。至于孙诒让《周礼正义》,据沈先生称,早在编译馆时,即承担了该书的校点工作,尽管未能全部点定。到了1963年,沈先生在杭州大学语言文学研究室编的《孙诒让研究》一书中,发表了一篇论文——《孙诒让周礼学管窥》,就"揭示大宰八法为全书纲领以贯穿众职""比勘古子和今文诸书以疏通名物制度""搜辑贾马佚诂以辨明后郑从违""究极群籍以评判郑王是非""博稽诸家精义以匡纠注疏谬讹"等问题,并对其做了深入探讨。① 1988年,沈先生又与弟子陈戍国合写了《孙诒让〈周礼正义〉平议》一文。② 如果未对孙诒让《周礼正义》下过一番苦功夫,且对历代"三礼"学了然于胸,是不可能得出如上认识并给予平允的评价的。

胡培翚《仪礼正义》、孙诒让《周礼正义》之集大成价值,基本为学界所公认,但对朱彬之《礼记训纂》,则看法不一。于此,沈文倬先生认为应给予重视。③ 基于这一认识,他欣然接受了上海古籍出版社之邀,承担起校点该书的任务,并请水渭松一起从事此一工作。据水先生回忆:"沈先生是著名的研究'三礼'与文献的专家,我去沈先生处,常能聆听到他谈及自己的研究心得,颇受教益。受沈先生的影响,我也注意对于'三礼'古籍的学习,并在教学与研究中结合礼制与礼仪进行分析,使所论得以开拓与深入。更为有幸的是,沈先生在1982年接受了上海古籍出版社关于点校清朱彬《礼记训纂》之任务,而让我分担其中比较容易的12篇。为使我知规则,还将他点校的孙诒让的《周礼正义》拿给我参照。"④ 1983年,校点稿完成,沈先生还撰写了全部校勘记。但可惜的是,因故未能出版。事隔20多年后,浙江大学出版社出于对沈先生的尊重和信任,于2008年向沈先生约请出版该书稿。沈先生"起先并不同意,后来听了所陈述的理由,才谦虚、平实地表示,本校点稿只是提供读者一个不同的参考本子而已",答应了此事。此时,沈先生已看不清书稿,遂由水渭松先生"读校、处理了全部校样,并作了少许改动,此因按照出版社新近要求,对于标点体例等稍有更改"。2010年,

---

① 《菿闇文存》下册,第670—703页。

② 沈文倬、陈戍国:《孙诒让〈周礼正义〉平议》,《孙诒让纪念论文集》,《温州师范学院学报》1988年增刊。

③ 沈蓏先生曾说:"但朱彬撰《礼记训纂》,父亲却又认为这书'选辑诸家之注而以己说裁定,郑注既非全录,孔疏更属精选,魏晋以下训解,不分派别,惟善是取。论其成就,可与焦氏、孙氏之书媲美,而体例则与诸新疏相比最为别裁'。……父亲曾应邀参与《续修四库全书》礼书选定工作,他将朱氏这书定为《礼记》注疏、训解之首选。"(《礼记训纂》后记,朱彬:《礼记训纂》,沈文倬、水渭松校点,杭州:浙江大学出版社,2010年,第909页)

④ 水渭松:《沈先生是一位可敬可亲的好老师》,《礼学与中国传统文化》,第563页。

该书面世，然沈先生已逝世一周年。尽管如此，这也算是“对他老人家的一种别具意味的纪念”吧。①

此外，沈文倬先生还于 1995 年 7 月起，“担任《续修四库全书》经部特邀编纂委员，参与一百四十余种礼书的选定工作，并亲自撰写了《周礼正义》《仪礼释官》《礼记质疑》《仪礼私笺》等书的提要”②。由此不难看出，沈先生对清代“三礼”学是颇为精熟的。

（二）关注学人著述等

1.校点焦循《孟子正义》。沈先生之所以关注焦循及其《孟子正义》，乃因为“清代考据学发展到乾、嘉全盛时期，扬州学派中坚人物焦循撰著了一部采摭众家精义、具备疏体规模的《孟子正义》，由其弟焦征缮清付刊问世”。在沈先生看来，“‘疏体’，它既要囊括诸家已有的成果，又要通过辨析折衷而有所创获。唐代孔颖达撰《五经正义》，贾公彦撰二《礼》疏，就是在总结南北朝经义的基础上而又能‘融贯群言，包罗古义’，‘洗前朝之固陋’（《四库全书总目提要》）的。清代前期朴学昌盛，学者们都能博证训诂名物以阐发汉学幽微，‘或专一经以极其原流，或举一物以穷其宧奥’（《孟子篇叙》正义），百余年中，专书和札记相继刊印或传抄，为撰著具有清学特色的新疏提供必要的条件”，其中焦循的《孟子正义》就是“第一部用一家之注的新疏”。该书不仅“取资于诸家之书则‘已得其八九’”，而且对其间的“性理诸义”，“结合戴震之说，以《易》《论语》《中庸》一贯仁恕之旨融会畅发，尤为此疏精要所在”，且能“突破唐、宋旧疏‘疏不破注’的成法，‘于赵氏之说或有所疑，不惜驳破以相规正’（《孟子篇叙》正义），也体现了清学实事求是精神”。总之，“综观全疏，立论既极坚实，疏解又甚明晰，阮元称之为‘斯一大家’，实非过誉”③。由此可见，沈先生不仅具有深厚的文献功底，而且在思想义理方面也深具识见。

不过，沈先生校点《孟子正义》亦颇经历了波折。先是他于 1947 年参加国学整理委员会的工作，因编译馆赵士卿馆长调整计划，暂时放下手头正在校点《周礼》《仪礼》贾疏和胡培翚《仪礼正义》等事，而着手改做《孝经》邢疏、皮锡瑞《郑注疏》、焦循《孟子正义》的校点，“整理包括校勘（写成校勘记）、标点、分段，撰作总提要和分篇分章的子目提要”，用半年多时间完成。然将“三书送请顾先生（顾颉刚——引者注）审核后定稿，准备付印，这时已接近全国解放了”。直到 1981 年，“在积极整理古籍声中，中华书局有了出版‘十三经清人注疏’校点本的

---

① 沈蒨：《礼记训纂》后记，朱彬：《礼记训纂》，沈文倬、水渭松校点，杭州：浙江大学出版社，2010 年，第 912 页。

② 吴土法：《沈文倬先生学术纪年》，《礼学与中国传统文化》，第 594 页。

③ 沈文倬：《孟子正义》校点说明，焦循：《孟子正义》，北京：中华书局，1987 年，第 1—3 页。

计划,选目包括编译馆拟出新疏诸书”,而更为巧合的是,沈先生“昔年校点的《孟子正义》工作本在中华书局存稿中发现,是顾颉刚先生生前送去的”。其后,在顾家藏书里又找到沈先生手写的该书的校勘记,“原来1948年编译馆送顾先生审查而留存在他家,幸而没有遗失”。“中华书局经审读后说‘尚无大误’,就被列入‘十三经清人注疏’了。”据沈先生撰《孟子正义》点校说明所署日期“一九八三年二月五日”,可见校点进度是很快的,而这显然得力于此前的积累。1987年10月,《孟子正义》由中华书局出版。翌年,沈先生不无感慨地表示:“校点本《孟子正义》出版了。这本来是件寻常的事,没有必要撰文介绍。可是,我在1948年完成这一工作之后,过了三十多年,原工作本失而复得,重又进行修改,几经周折,至今才得以出版,对个人来说倒是件值得纪念的事。”①

2.重视清代学者读书杂记未刊稿。沈先生曾供职于上海图书馆,因缘于此,对清代学者的读书杂记未刊稿很关注。在《记近年所见清代学者读书札记未刊稿》一文中,沈先生对沈可培的《闽越丛谈》(杂说)、《向斋杂稿》(杂纂),王绍兰的《王南陔先生杂记》(杂考),董桂新的《读书续笔》(杂考),周广业的《三余摭录》、《时还读我书录》、《过夏杂录》(皆杂考),吴卓信的《可庵笔记》(杂学)、《北窗识小录》(杂考),钱泰吉的《甘泉乡人杂记》(杂纂),周勋懋(周广业之长子)的《小篷庐札记》《辛壬日抄》,姚椿的《樗寮随笔》、《樗寮笔记》(皆杂纂),孙震的《噩梦集》(杂说)做了较详细的介绍和评说。而在沈先生看来,“以上读

① 沈文倬:《由〈孟子正义〉校点本想起的一些问题》,《书品》1988年第2期。在该文中,沈先生还对编译馆国学整理委员会经籍整理计划做了详细回忆,为我们了解这段掌故提供了非常珍贵的信息;并就古籍整理问题提出了一些自己的看法:“古籍需要精密的校勘,在古今学者中间早有定评,它的重要意义不言而喻;而标点与校勘是否同样重要,看来未必为大家所首肯,或者有些人还会加以鄙视而看作可有可无的工作。当然,标点古籍是件不易做好的工作,接触过的人都有同感。为了方便读者,我总是主张基本古籍必须经过整理(包括校成定本,加以完备的新式标点,对全书及重要章节撰写提要,还应编制各种索引),然后重行出版。这样做,无论对初学者或研究者都有帮助。所谓基本古籍,是指历代学者日常应用的,今人公认必须参考的,以及为后代群书大量援引的那一部分必读之书,根据各家推荐目录归纳,不过二千种左右。基本古籍校点好了,所有古籍的正误、断句等难题将借以解决。……我从实践中认识到:校点古籍实非易事,千万轻视不得。说来道理很简单:绝大部分古籍都属综合性的,一书之内,学涉文史哲各门,要求人们具有古代全部知识去读懂任何一种古籍的每一句话,似乎不可能。所以凡是校勘疏漏、标点失误,对一个学风正派的人来说,应该毫不隐讳地承认理解错误,简单说就是没有读懂。……近年来各地出版社颇倾向于影印古籍,这也无可非议。但古籍校点本相对地减少出版,大有影印取代校点之势。我们提出基本古籍需要校点,是以广大青年学者的需求为依据的。而影印古籍仍当以善本书(包括未刊稿本和各家批校本)为主,而普通刊本似以绝版而罕见、学者尚有需要而一时不易访求的为限。至于应校点的基本古籍,都属必读常用之书,二者很容易区别。哪些应该影印?哪些应该校点?希望明确界限,二者并举。”

书杂记九家十五种，都是清代乾、嘉、道、咸、同间人所作。各书内容，有杂学，有杂考，没有全书一体的。但分类的依据是凭一书的主要部分。……读书杂记之书，都是零金碎玉，其学术价值，固然比不上内容完整充实、结构谨饬的经史巨著；但这里记录着：或者是一个新理论被阐发，或者是一个聚讼疑义被解通，或者对某一历史事件（或历史人物）作出翻案性的评价，或者对某一奇文隽句提出深刻的赏析。在著者是孤文剩义，未及积累以成书；在后人倒可以据以采选参证，获得启发和引申。我们当然不应该以短篇小札为学术研究的主流，引为满足；但这种随笔记录形式为古今学者所采用，自当加以珍视；尽管不成系统，仍大有助于学术的发扬。对前人这一类著作，应该积极发掘整理，让它发挥应有的作用"①。此一认识和取向，应该说是很有见地的，且为研治清代学术指示了一条取资途径。

3.关注学者书简的价值。1961 年春节，上海图书馆曾举办过一次"清代学者书简展览"，"陈列了一百二十个清代著名学者的书简一百八十多封，有千言长信，有短简小札，都是没有发表过的"。此时，沈文倬先生仍供职于该馆，应参与组织了这一活动。不久，沈先生于《文物》上发表了《清代学者的书简》一文，对这些书简的价值和意义做了揭示。他指出："这些学者，在经学、哲学、史学、地理学、音韵学、金石学，以及天算历法等自然科学各方面，有着卓越的成就，所以信里所反映的大半属于学术性的问题。其中有对某一疑义的商讨，有报告某一著作的写作计划，有记载撰述过程中考订核实的艰苦情况，有叙述搜集原始材料的辛勤历程。从这里面可以看到他们那种严谨的治学态度，刻苦的求知精神和缜密的工作方法。"如果联系清代学术之演进和时代氛围来看，这些书简所反映的社会现实尤耐人寻味，因为"清代前期的学术，以'朴学'为主流，就是从订正古文字、古制度的考据学，到天算、地理、乐律等学的研究。这是清朝统治者实施的文化政策，以加紧思想统治，迫使知识分子向这方面发展的。固然，这些知识分子他们怕触犯文网，脱离政治，脱离实际，专门在书本上做功夫，使学术局限在一个小圈子里；但由于他们运用了'实事求是，无征不信'的方法，对古籍古学的整理、阐述，达到了较高水平，为后来的学术研究，开拓了道路。这个时代特征，书简里是反映得很明显、突出的"。而鉴于"未发表的书简作为原始资料之一，似早为学术界所重视；但系统的研究和使用，则尚不多见，这块处女地还有待于开发"这一状况，沈先生更对一些值得注意的问题做了强调："第一，涉及的范围很广，各科学者都有书简流传下来，因此与各种科学都有密切关系。还有超出

---

① 《古籍论丛》创刊号，福州：福建人民出版社，1982 年，第 310—311 页。按：这 9 家 15 种，仅是沈先生阅过、撰文介绍的一部分，其他尚有《钟文烝〈乙闰录〉——读未刊书记》（《古籍论丛》创刊号）、《记钱仪吉〈钱氏疏草〉——读未刊书记》（《学术集林》卷八，上海：上海远东出版社，1996 年）等。

本文所述范围以外没有选录的书信,那将更广泛地涉及社会、政治、经济各个方面。第二,时代的特征很鲜明,书简里所反映的,都是当时最现实的问题。当时的政治、经济、文化、学术的面貌怎么样,书简所反映也是怎么样,丝毫不爽,因此,它的史料价值很高。第三,书简所反映的都是易被忽略的问题,未发表的书简,都属于大家认为无甚重要,没有收入本人集子的(如果其人本无集子,那是他的全部作品都被忽略了)。如某一学术问题初次提出来的未成熟的意见,琐记随录未成系统的见解和史事等。可是这些问题未必全是小事,有的可以证明整个学术思想或学说的发展过程,有的可作为与此有关的问题的例证,对研究工作者来说,都是应该掌握的,因而都有搜集的必要。"并呼吁:"北京、上海和各省图书馆、博物馆里藏有这类书简数量不少,是一宗极为丰富的资料。如果我们把已有的加以整理,流散的加以搜集,组织人力,系统地鉴定(因为有伪造的)、考订、选择、编辑、出版,对我国的学术研究工作是会有一定帮助的。"①然而,由于社会不久所发生的巨大变动,此一呼吁显然无法实现了。但令人欣慰的是,随着改革开放的实行,学术界重新焕发生机,清代学者的书简亦越来越得到重视,尤其是近些年来,相关的书籍不断问世,为清代学术的研究提供了重要资源。饮水思源,沈文倬先生的倡导之功,尤值得纪念和感佩!

4.指示读《四库全书总目提要》的方法。作为"辨章学术,考镜源流"的一部重要著作,《四库全书总目提要》无疑是值得重视的。然如何利用这部书才能达到好的效果呢？于此,沈文倬先生曾撰文指出:"这是一部内容充实、条例严密的提要目录,……符合提要要求的只有这部《四库全书总目》。概括地说,它的著录是……以上每一项目都详为考辨,巨细不遗,使学者读一篇即知一家一书的梗概,读全目即知四部要籍的崖略,治学必先从事于目录,始有途径可循。……根据上文的揭示,即可了解学习、使用《总目》的方法。"且强调:"我们固然可以从书名作者方面通过后人所编索引来检索自己需要的书,但总不如即类求书来得全面。学习求知总是由少到多、由部分到整体的。利用分类目录,就能取得寻索渐远的效果。因此使用《总目》,最好把四部的总序、四十四类的小序反复研读,通过类属名称的理解,不仅借以明白各种古籍的内容,还能够从目录的结构上了解各类古籍的相互关系。无疑,这对古典文献的学习是十分重要的。"②此一治学心得,不仅为初学者开示了门径,而且于从事研究者来说,亦大有启益。目前,四库学研究愈益兴盛,然如何更有效、更深入地发挥《四库全书总目提要》的价值,仍有不少的工作要做。

此外,值得注意的是,沈文倬先生还对清代考据学的形成,提出了别具只眼的见解。而此一别具只眼的见解,乃缘于其校注明末学者徐𤊹所著《笔精》一书

① 沈文倬:《清代学者的书简》,《文物》1961 年第 10 期。

② 沈文倬:《怎样读〈四库全书总目提要〉》,《语文导报》1985 年第 1 期。

的体悟。在为该书所撰前言中,沈先生认为:"《笔精》是明末徐𤊹所著的一部学综四部的杂考。杂考之书以清代前期诸考据学家所著为最精,如顾炎武《日知录》、黄生《义府》、阎若璩《潜邱札记》、姜宸英《湛园札记》等,'皆考证札记之文',博雅精审之篇。《笔精》论性质属杂考,论成就虽不及顾、阎之书,但在明人著述中已属力矫空疏、渐趋平实之作。可以说,徐𤊹是清代考据学的前驱。评价《笔精》,必须重视这一特点,方能历史地作出公允的判断。片面地斥为'踳驳不少',夸大地说成'好立异说',如《四库全书总目提要》所说那样,显然是不对的。……综观《笔精》全书,论证粗疏纰缪固属难免,但持之有故、言之成理的毕竟占多数。在明代不重考证的风气中,徐𤊹独能博稽众籍,言必有据,颇具考据学家'无征不信'的精神。"①此一认识,既为《笔精》一书的性质做了剖判,更为重要的是,还从杂考之书的演进历程方面揭示了徐𤊹之于清代考据学之间的关系。尽管学术界对于清代考据学的起源提出了诸多解释,但沈先生"徐𤊹是清代考据学的前驱"之判断,可谓独树一帜,很值得关注。

(三)考论清代文字狱

文字狱之于清代的政治、学术生态,可谓影响很大。对于这一问题,沈文倬先生早在20世纪50年代后期,即撰成30万字的《清代文字狱考论》一书。然令人惋惜的是,该书及1949年以后所撰的大部分单篇文章(20万字),不幸在"文革"中被毁了。目前,我们也只能从《吕留良的反满思想》(70年代后期重写,同时重写的还有《吕留良和他的时文评选》)等极少文章中窥其一斑了。

在《吕留良的反满思想》一文中,沈先生首先指出:"吕留良是我国十七世纪的一个反对满清外族统治的民族思想家。他的反满思想,在启发当时和以后的汉族知识分子的民族意识和民族自尊心上,起过巨大的作用;同时在鼓舞汉族人民的反满斗争意志上,也作出了一定程度的贡献。但自从在他死后四十四年雍正帝发动了那次'曾静投书案'的文字狱之后,他的遗书被销毁,他的学说和他一生的反满活动,遭到严重的污蔑和歪曲,人们对这位思想家的认识已十分模糊的了。"有鉴于此,沈先生认为"叙述他的反满活动,阐述和评判他的反满思想,是有其必要的"。然后他对"当时的社会背景""吕留良一生中对待外族统治的政治态度和他的反满活动""反满思想""这个思想的影响和宣传、鼓动这个思想所发生的效果"等问题,进行了详细梳理、勾勒和考辨。最后,沈先生得出如下结论:"吕留良一生中对待外族统治态度和一系列的反满活动是他反满思想的具体表现;而他的反满思想是从'华夷之防'出发的。'华夷之防'是他宣传反满的理论根据,是他反满思想的核心。这种理论,这种思想,在当时汉族人民受满清贵族残酷统治的具体历史条件下,应该被认为有进步意义的,是正义的,是符

① 沈文倬:《笔精》前言,徐𤊹:《笔精》,沈文倬校注、陈心榕标点,福州:福建人民出版社,1997年,第1、14页。

合于汉族人民的利益的。所以,它在实践上,能获得很多反满志士的拥护、传习,在一定程度上成为人民反满斗争的指导力量!”此外,沈先生还说明,由于“本篇是以阐明吕留良的反满思想为范围,所以关于他对程、朱理学的发明,和他的哲学思想、世界观等问题,就不予涉及了”。尽管如此,沈先生在文末的一段话,不能不引发我们的思考。他说:“我们指出吕留良的提出程、朱理学不过是把它作为传播反满思想的工具,并不否定他在这方面的造诣;但是,必须辨明:在满清统治者特别尊重程、朱理学的情况下,他讲的理学,和当时满清皇帝所优礼的李光地、陆陇其所讲的理学是不同的。因为他们之间,在政治上,一则是反对外族统治的,一则是投降满清的;因而,在学说上,一则是‘因程、朱而信孔、孟’,着重在发挥‘华夷之防’的‘春秋大义’来反对满清统治,一则是专讲正心诚意,效忠皇帝来巩固满清统治的。他们之间决不像陆陇其所说的仅仅是‘出处不同’,而是有着本质区别的。”①由此一斑,沈文倬先生所撰《清代文字狱考论》之关注点和取向,大概不难想像了。

三

在沈文倬先生的学术生涯中,很多前辈、时贤皆与之有过各种各样的往还。他们彼此间的师弟授受、友朋切磋、学术辨难,不仅彰显了20世纪30年代以来丰富的学术交流情况,而且谱写了诸多学界佳话。其中,沈先生与杨向奎先生之间的交集,就是一个表征。

杨向奎(1910年1月10日—2000年7月23日)、沈文倬(1917年7月2日—2009年10月21日)两先生,所处时代、年辈相当,皆享高寿,于宗周社会、礼乐文明等治学领域有共同关注和爱好②,且在很大程度上都受到顾颉刚先生的提携与影响③。而有意思的是,在他们的学术生涯中,两位先生虽有过“交锋”,但彼此又非常欣赏。

杨、沈二先生的“交锋”,乃缘于《西汉经学与政治》一书。20世纪40年代初,杨向奎先生执教于城固西北大学,于1943年撰成《西汉经学与政治》书稿(3月10日脱稿,25日撰自序),从“五行说的起源”“汉初属德”“汉武帝的政治思想及其设施”“儒教与董仲舒”“汉历将终之说”“王莽篡位及其相关问题”等方

① 《蓟闇文存》下册,第884—901页。

② 杨向奎先生著有《宗周社会与礼乐文明》(北京:人民出版社,1992年;修订本,1997年),沈文倬先生著有《宗周礼乐文明考论》(杭州:浙江大学出版社,1999年;增补本,2006年)、《蓟闇文存——宗周礼乐文明与中国文化考论》(北京:商务印书馆,2006年)。

③ 详参杨向奎述,李尚英整理:《杨向奎学述》,杭州:浙江人民出版社,2000年;吴土法:《沈文倬先生学术纪年》,《礼学与中国传统文化》,北京:中华书局,2006年。

面阐发了自己的认识。在杨先生看来，“研究经学史的人，多注意于今古文之不同，而罕道孟、荀之差异，此乃如‘数典忘宗’。西汉经师，一面承袭思、孟之天道观，一面又承袭荀子学派之思想。后孔子儒，应分为孟、荀两大派的”。且强调：“今古文经，并没有根本上的差异，即有差异，也如同为今文而有不同。公羊学派，是今文经学，而受有荀子的影响；但我认为周礼也出于荀子学派，那正是后王之粲然者，当为时王所取法。就周礼所表现的思想而论，其中重刑赏的观念，也是取自法家。同出于荀子后学的书而有今古之别，那么，所谓今古文者也不过立学官分先后而已。”①两年多后，即 1945 年 12 月，该书由重庆独立出版社出版（2000 年 5 月重印了 300 册珍藏本）。这是杨向奎先生的第一部专著。②

就在《西汉经学与政治》出版后不久，当时在上海协助王庸先生编辑《全五代十国文》的沈文倬先生看到该书，写了一篇《评〈西汉经学与政治〉》，连载于《文汇报》1946 年 6 月 27 日第 6 版、7 月 4 日第 8 版(《图书周刊》第 9、10 期)③。在文中，沈先生一开始就指出：“杨先生给本书命名为‘西汉经学与政治’，他劈头就说：‘西汉政治受当时经学的影响，而当时经学以五行说为骨干，所以十余年来治西汉之经学与政治者，莫不以五行说为研讨中心。’因此本书把别的抛开不谈，专就阴阳五行的范围来考证辩论。其实西汉的经学，是全部经学史的复兴时期，五花八门，决不仅止于此；而影响于政治，当然也不如此简单。我认为著者所讨论的，仅是齐学的一部分（齐学之称，见《汉书·儒林传》，是对鲁学而言。关于齐学鲁学，马宗霍论之甚详，请参阅其所著《历代经学述略》第六‘述两汉之经学’。）；假定命名‘西汉五行说与政治’，似乎觉得比较切合内容。”④以下按章阐述了自己的不同意见。据沈蘅先生称，其父沈文倬先生于 20 世纪 40 年代撰作了《两汉经学综述》。⑤ 由此可见，沈文倬先生之撰写书评，并提出自己的不同看法，并非无因。

对于杨、沈二先生所论，限于学力，本人难以置喙。然可以肯定的是，这一“交锋”是值得尊敬的学术商榷，其间并无非学术因素。众所周知，学术的推进有赖于各种因素，而学人间的有益互动与辩难，尤有助于对繁难问题的解决，是

---

① 杨向奎：《西汉经学与政治》自序，重庆：独立出版社，1945 年，第 1 页。

② 是书出版后，杨向奎先生曾赠送顾颉刚、傅斯年、董作宾诸先生，获得好评。杨先生尝回忆道：“当 1945 年我把我的《西汉经学与政治》一书送呈先生（董作宾）请指教时，得到先生的赞许，并根据本书的内容赠送一联云：五行推五土中商之卜爰分东西南北；三正宗三王先秦以降乃有亥子丑寅。先生用甲骨文体书，书法圆润大方，在甲骨文体书中罗雪堂、董彦堂实为‘二美’，几十年来，我视若瑰宝，悬在客堂中。”(《回忆傅孟真、董彦堂两先生——并论语言哲学问题》，《中国社会科学院研究生院学报》1998 年第 3 期）

③ 从报纸内容上看，两期之间是不衔接的，大概排版时出了问题，漏掉了一些文字。

④ 《文汇报》1946 年 6 月 27 日第 6 版。

⑤ 沈蘅：《菿闇文存》后记，《菿闇文存》下册，第 1042 页。

不可或缺的。就此而言,杨、沈二先生之各抒己见,皆体现出了令人尊敬的"和而不同"风范。①

尽管杨、沈二先生之间有过以上"小插曲",但在此后的学术探究中,并未影响对彼此的欣赏。20世纪80年代初,沈文倬先生在《文史》第15、16辑上连载了《略论礼典的实行和〈仪礼〉书本的撰作》一文②,引起学术界的关注。后来杨向奎先生在所著的《宗周社会与礼乐文明》一书中,曾对沈先生该文做过如下评价:"纳《仪礼》于西周的礼乐体系中,除上述理由外,还可以由'三礼'互证及与其它古文献互证得到说明。……在我列举《仪礼》与其它中国古文献可以互证前,杭州沈文倬教授在《文史》十五、十六期中《略论礼典的实行和〈仪礼〉书本的撰作》一文,已经做过类似的工作,鸿文巨制,成绩空前。……沈文倬先生曾经以先秦古籍证《仪礼》,说明它不是后人伪造,我也曾做过类似工作,彼此所作或有雷同处。如今列举《仪礼》与其它古文献可以互证处如下:……以上我们虽然举了几十条例证说明《仪礼》曾流行于西周春秋间,沈文倬先生的论文也可以作此说明。……举一反三,我们断定:《仪礼》之可信,尤甚于《周礼》,而《礼记》内容比较庞杂,本身并不协调一致,其中《大学》《中庸》等篇曾在中国历史上发挥最大作用,而《礼运》一篇,清末经康有为与《公羊》三世学结合后,作为维新变法之理论基础,'大同世界'遂为人们向往的境界。"③观此,杨先生不仅以"鸿文巨制,成绩空前"高度赞扬了沈先生之文的价值,而且也进一步对相关问题做了推阐,同样表现了"和而不同"的治学精神。

其实,在杨先生评价沈先生此文之前,沈先生还曾对杨先生的学问做过一个高度评价。据沈先生的高足陈戍国先生所记的一次听沈先生讲课内容称:

---

① 沈蒓先生曾谈道:"父亲好读书,也善写书评。四十年代写过十多篇,发表在《文汇报》的《读书周刊》、中央图书馆馆刊、《申报》的《出版界周刊》。……父亲觉得年轻时写的文章毕竟不够缜密精到,找到《文汇报》上的几篇旧文,他以为其'用处不大、不必多收'。"(《菿闇文存》后记,《菿闇文存》下册,第1043页)

② 沈先生认为:"如果认识到有了事实才有可能对事实进行记录,那么,上文所论证的由礼物、礼仪构成的各种礼典早已存在于殷和西周时代,而'礼书'则撰作于春秋之后,就没有什么可以怀疑的了。……上文揭示了一个为历代礼家所忽视的重要事实:殷、周奴隶主贵族出于政治上的需要,经常举行着各色各样的礼典,礼典重在实行,没有记录成文。于是,聚讼千载的《仪礼》残存十七篇以及已佚若干篇在何时撰作的问题,有可能由此而得到解决。……上文已证明《仪礼》(包括已佚诸篇)撰作于《孟子》、《荀子》、二戴所辑《礼记》之前,下面应解决四种书的撰作孰先孰后的问题。……前后总起来说,《仪礼》书本残存十七篇以及已佚若干篇的撰作时代,其上限是鲁哀公末年鲁悼公初年,即周元王、定王之际;其下限是鲁共公十年前后,即周烈王、显王之际。它是在公元前五世纪中期到四世纪中期这一百多年中,由孔子的弟子、后学陆续撰作的。"(《菿闇文存》上册,第8、26、47、58页)

③ 杨向奎:《宗周社会与礼乐文明》(修订本),北京:人民出版社,1997年,第299—326页。

"1987年6月27日沈先生讲礼学,要点有:……今人完全读通了《周礼》的,只有社科院杨向奎先生一人。他的文章,你要多读。"①

由沈、杨二先生之互评来看,他们不仅互相激赏(某种意义上也可称之为知音),而且皆着眼于学术之推进。尽管在具体问题上,二先生或有不同认识,但他们皆本着学术乃天下之公器的精神,坦陈所见,以求其是。此一胸怀、风范,无疑是值得后学学习、发扬的!

而值得指出的是,杨向奎、沈文倬二先生还有一非常相像之处,即对于学术问题,既尊师,又能惟"是"是求。如沈先生之于其师曹元弼先生,终生崇敬不稍懈,然对曹先生坚守郑玄之学,亦一分为二地指出:"先生一生服膺郑学,《易》、《书》、《诗》、"三礼"、《论语》、《孝经》笺释都用郑注,有时好似意存回护,但也唯其如此,郑氏的蕴义往往在他固执探求中揭发出来。……先生著书二百余卷,三百余万言。其中研究礼学的专著,一是《礼经校释》二十二卷。……坚守一家之学,好处在钻研深入,洞察无遗;坏处在只见精审,少察疏失。郑义的精博圆融,先生确已烛照无遗;而郑氏的偏护曲说,先生亦为之疏通,纵然曾加以区分,终未指陈谬误。例如宫室制度方面的东房西室和东西两房的问题,他说:'……'(见卷四)根据散见于群经的郑注汇合研究,构成庙、寝、学房室异同之制,用功虽勤,思虑虽密,其奈经本文也有后人窜改可能,郑注更难全信。有人说郑注多汉制,这倒不然。郑氏用汉制作比方,多加'今'字分别,岂肯以汉制代周制?郑注的问题在以《周礼》注《仪礼》,以不加选择的《礼记》注二礼,因此这'先师相承'之说和'自为说'均须重新考察。可见坚守郑说是其一失。……先生另一礼学著作《礼经学》七卷。……先生治《礼经》,固然深究名物训诂,使自己对经文的理解更为切实,但更为重视的是'礼之所尊尊其义'。……但先生是郑学者,他的解纷是在郑学的基础上折中,即把违郑之义排除掉。这种做法虽欠公允,但既能加深对郑义的理解,也能分别诸说的正误。"②而在《论"性命古训"》一文中,杨向奎先生曾表示:"傅斯年先生是当代著名学者,是历史学家,也是思想家,我曾经听过傅先生的课,他是我的老师,我尊敬他,但我并不尊敬他的哲学思想,或者说,我反对他的哲学思想。他曾经有《性命古训辨证》一书,这是傅先生的主要著作,代表他的思想与方法。……但性命之说为本书之主要命题,不能不论,亦'吾爱吾师,吾尤爱真理'也。"③沈、杨二先生之为学精神,由此可窥一斑。

---

① 陈成国:《忝列凤笙师门下若干见闻录——为庆祝沈文倬先生九十华诞而作》,《礼学与中国传统文化》,第560页。

② 沈文倬:《懿斋学述之一》,《菿闇文存》下册,第972—975页。陈成国先生记听沈先生讲课内容载:"1987年6月27日沈先生讲礼学,要点有:……郑康成把'经礼三百,曲礼三千'讲错了,我的老师曹谷荪先生此处从郑氏,我不敢从。"(《忝列凤笙师门下若干见闻录——为庆祝沈文倬先生九十华诞而作》,《礼学与中国传统文化》,第560页)

③ 《史学集刊》1992年第1期。

学术的发展，不惟需要传承，亦贵于能在继承的基础上有不断的推进和创新。沈文倬先生上承黄以周、曹元弼诸先生之学脉，下启吴土法、陈剩勇、邬锡非、陈成国、张卫中诸高足之来学，绳绳继继，后先相续，于礼学之衍绪、人才之造就，厥功甚伟！而沈先生对宗周礼乐文明的孜孜探索，更体现出其对中华优秀传统文化的向往和对国家、民族美好未来的深深寄望。哲人虽逝，清风常在。沈文倬先生"善守斯道"的精神和卓著成就，很值得我们纪念与学习！

（作者：林存阳，中国社会科学院古代史研究所研究员）

略论雍正时期思想政策对清中期学术之影响

——读孟森《清史讲义》

◇朱曦林

近日重读孟森先生的《清史讲义》，观先生论述清世宗对士大夫思想之钳制对清中叶学术思想之影响，深有感悟。此问题在初读《清史讲义》时已心存疑惑，此番再看，似觉有必要再作探讨，故本文谨就此问题略作梳理，以请教于方家。

一、关于雍正朝学术之论述

在清代学术史研究中，相对于康、乾两朝，雍正朝学术的研究较为薄弱，管见所及，大抵如下：

章太炎先生在《訄书·清儒》中对有清一代学术进行系统论述，并对清代学术下了经典的论断："清世，理学之言，竭而无余华；多忌，故歌诗文史楛；愚民，故经世先王之志衰。家有智慧，大凑于说经，亦以纾死，而其术近工眇踔善矣。"①但在文中并未详细谈及雍正朝的学术，仅在最后批评康、雍、乾三朝编纂"七经"②的

① 章太炎著，朱维铮编校：《訄书》（重订本），上海：中西书局，2012 年，第 132 页。周予同先生指出："梁氏论述近三百年学术史，实在是从章太炎《清儒》那里来的。"（周予同著，朱维铮编校：《中国经学史讲义》（外二种），上海：上海人民出版社，2012 年，第 5 页）朱维铮先生继承周予同的观点，亦认为《訄书·清儒》是近代第一篇系统研究清代学术史的论文，并为梁启超著《清代学术概论》所取材。（《清代学术概论·导读》，北京：中华书局，2010 年，第 36—39 页）

② 这里所说的"七经"，徐复先生认为是"康熙朝为《周易折中》二十二卷，《书经传说汇纂》二十四卷，《诗经传说汇纂》二十卷、序二卷，《春秋传说汇纂》三十八卷；乾隆朝为《诗义折中》二十卷，《春秋直解》十六卷，《周官义疏》四十八卷，《仪礼义疏》四十八卷，《礼记义疏》八十二卷"。（章太炎著，徐复注：《訄书详注》，上海：上海古籍出版社，2000 年，第 174 页）

浅陋及参与诸儒见识的浅俗:"若康熙、雍正、乾隆三世,撰修'七经',辞义往往鄙倍,虽蔡沈、陈澔为之臣仆而不敢辞;时援古义,又椎钝弗能理解,譬如熏粪杂糅,徒睹其污点耳。而徇俗贱儒,如朱彝尊、顾栋高、任启运之徒,瞢学冥行,奋笔无怍,所谓乡曲之学,深可忿疾,譬之斗筲,何足选也。"①

邓实先生在《国学今论》中,则将雍正朝与乾隆朝学术一并论述,认为雍乾对学术的控制日趋严密,而产生所谓汉学;世宗、高宗提倡程朱理学,奉迎者思借理学而获知遇,遂有宋学:"雍乾之世,天下既定,网罗日密,文字之狱屡起,严立会结社之禁,而晚明讲学之风顿息。于是学者怀抱才慧,稍欲舒炫,举足荆棘,无所于施,则遁于声音训诂无用之一途以自隐,而汉学之名以起。其有一二躁进之士,思获时主之知遇,则效法程朱,博老成持谨之名,以愉惕禄仕,而宋学之名以起。自有汉学、宋学之名,而清学日衰,海内亦稍罢敝矣。"②

皮锡瑞先生着眼于清代的汉学和宋学,而雍正朝学术则并未特别说明:"国朝经学凡三变。国初,汉学方萌芽,皆以宋学为根柢,不分门户,各取所长,是为汉、宋兼采之学。乾、嘉以后,许、郑之学大明,治宋学者已鲜。说经皆主实证,不空谈义理。是为专门汉学。嘉、道以后,又由许、郑之学导源而上,……汉十四博士今文说,自魏、晋沦亡千余年,至今日而复明。"③

稍后,刘师培先生将雍正朝与康熙朝学术一并论述,其侧重点则在研究方法上:"古无'汉学'之名,汉学之名始于近代,……然二百余年之中,其学术之变迁可分为四期:……次为征实派,康、雍之间,为士者虽崇实学,然多逞空辩,与实事求是者不同。及江、戴之学兴于徽歙,所学长于比勘,博征其材,约守其例,悉以心得为凭……"④

梁启超先生在《近世之学术》中将雍正朝分入第二期,稍后的《清代学术概论》中则以"启蒙期""全盛期"归纳清前、中期的学术,但并未具体地讨论雍正朝之学术。而在《近三百年学术史》第三章"清代学术变迁与政治的影响(中)",任公则具体对清世宗御宇十三载的思想钳制论述道:"雍正帝是个极猜忌刻薄的人,而又十分雄鸷。他的地位本从阴谋攘夺而来,不得不立威以自固,屠杀兄弟,诛戮大臣,四处密派侦探,闹得人人战栗。不但待官吏如此,其对于士大夫社会,也极威吓操纵之能事。汪景祺、查嗣庭、吕留良之狱,都是雍正帝匠心独运罗

---

① 章太炎著,朱维铮编校:《訄书》(重订本),上海:中西书局,2012年,第137页。

② 邓实:《国学今论》,《国粹学报》1905年第4、5号。

③ 皮锡瑞著,周予同注释:《经学历史》卷10《经学复盛时代》,北京:中华书局,2011年,第249—250页。

④ 刘师培:《近代汉学变迁论》,《刘师培辛亥前文选》,上海:中西书局,2012年,第151页。刘师培之论清代学术更多地侧重于学术方法上进行论述,以《近儒学术系统论》《论近世文学之变迁》《近代汉学变迁论》为代表,而《清儒得失论》则与此三文异趣,在论述为学方法上,亦兼及清廷的思想钳制。

织出来。尤当注意者,雍正帝学问虽远不及乃翁,他却最爱出锋头和别人争辩。……他著成《大义觉迷录》以后,跟着把吕留良剖棺戮尸,全家杀尽,著作也都毁板。像这样子,哪里算得讨论学问,简直是欧洲中世教皇的牌子。在这种主权者之下,学者的思想自由,是剥夺净尽了。……凡当主权者喜欢干涉人民思想的时代,学者的聪明才力,只有全部用去注释古典。欧洲罗马教皇权力最盛时,就是这种现象。我国雍、乾间也是一个例证。"①

王国维先生在《沈乙庵先生七十寿序》中则对清代学术评论道:"我朝三百年间,学术三变:国初一变也,乾、嘉一变也,道、咸以降一变也。……雍、乾以后,纪纲既张,天下大定,士大夫得肆意稽古,不复视为经世之具,而经史小学专门之业兴焉。……故国初之学大,乾、嘉之学精,道、咸以降之学新。"②静安先生将雍正朝学术与乾隆朝合起来论述,认为自此而后,文网趋于繁密。

而钱穆先生在《〈清儒学案〉序》中则将有清一代学术分为四期:"窃谓寻前有清三百年理学大纲,莫如分为晚明遗老,与顺、康、雍诸儒,以及乾、嘉与道、咸、同、光之四部分。"③其中,钱先生将顺、康、雍归为一期,认为:"遗民不世袭,中国士大夫既不能长守晚明诸遗老之志节,而建州诸酋乃亦倡导正学以牢笼当世之人心。于是理学道统遂与朝廷之刀锯鼎镬更施迭使,以为压束社会之利器。"④而后在《论清儒》一文中,则是将有清一代学术分为两个阶段,并概述清儒趋于考据训诂的原因,但于清初各时期并未详述:"自始祖顺治入关起至乾、嘉时代止为前期,自道、咸起至清室覆亡止为后期。前期一百七十余年中,正值满清政权鼎盛之际,清儒在异族政权严厉统治下,于刀绳牢狱交相威胁之艰难环境中,虽有追怀故国之思,而慑于淫威,绝不敢有明目张胆之表示。途穷路绝之余,不得不沉下心情,切实作反省研寻工夫。而多数学者被迫走上考据训诂的消极路线,终生于丛碎故纸堆中,追求安生立命之所。"⑤不过将清代学术分作两阶段的观点在其遗稿中却被其删除,故而使得定稿的《前期清儒思想之新天地》中的分

---

① 梁启超:《中国近三百年学术史》,北京:中国社会科学出版社,2008年,第21—23页。

② 王国维:《观堂集林》卷23《沈乙庵先生七十寿序》,石家庄:河北教育出版社,2001年,第574页。

③ 钱穆:《中国学术思想史论丛》(八),北京:生活·读书·新知三联书店,2010年,第417页。

④ 钱穆:《中国学术思想史论丛》(八),北京:生活·读书·新知三联书店,2010年,第412页。

⑤ 钱穆:《中国学术思想史论丛》(八),北京:生活·读书·新知三联书店,2010年,第1页。

期观点，几乎与《〈清儒学案〉序》中所提出的四阶段的观点一致。①

柴德赓先生则将康、雍、乾三朝合而论之，认为政治变迁的影响是形成清代考据学盛行的原因："康熙、雍正、乾隆文网太密，惨案时出，大家绝口不谈政治，不谈思想，汉学考据变成逃避现实的隐身符，那已经是变了样子的了，可也是清学发达中的事实。"②

张舜徽先生将清代学术分为"清初""乾嘉"和"道咸以下"三个时期，对雍正一朝学术的论述则被并入清初，并强调由于康、雍、乾三朝大兴文字狱，使得"读书识字的人，只得埋头故纸堆中，徒事于考文、审音、校勘、注释、证说名物等具体工作，以全身远祸"，从而形成了乾嘉考据学。③

陈祖武先生将清代学术演进分为清初学术、清中叶学术和晚清学术三个阶段，雍正朝归入清中叶学术，他认为："雍正一朝为时不长，实为清初学术向清中叶学术演进的一个过渡时期。"④

由前人论述中可以看出，雍正朝之学术大抵被往上归为康、雍，或者往下归为雍、乾，或者直接将康、雍、乾三朝并称，单独将其进行论述的仅有梁启超先生和陈祖武先生，但二位先生各有侧重，任公更侧重于世宗在政治上对学术的钳制，陈先生则认为雍正一朝是调整期，更侧重于学术发展的内在逻辑上。

二、孟森对于雍正朝学术之论述

雍正朝上承康熙，下启乾隆，诸多对后世有深远影响之政策，皆奠定于此一

---

① 《前期清儒思想之新天地》一文，钱穆先生意在"就前期儒学为思想界所拓之新天地，作一概括之解释"，故删除开头一段，不再谈及清代学术分期，行文中则以晚明诸老、乾嘉诸儒、道咸诸儒代替，而直述清儒一趋于训诂考据的授受缘由。然纵观全文，删除开头一段之后，其思路实则与《〈清儒学案〉序》的分期思路一致。此稿原篇名《论清儒》，刊载于 1947 年 1 月南京《中央周刊》九卷三期。1962 年 3 月《新天地》一卷一期重载，改篇名为《前期清儒思想之新天地》。1979 年收入《论丛》。1992 年整理遗稿，发现此篇改文，即作为最后定稿。[钱穆：《中国学术思想史论丛》(八)，北京：生活·读书·新知三联书店，2010 年，第 15 页]

② 柴德赓：《清代学术史讲义》，北京：商务印书馆，2013 年，第 34 页。另外三个原因，柴德赓先生认为是"万历以来风气的转变""西学的输入的影响""程朱陆王势力的消长"。

③ 张舜徽：《清儒学记》，武汉：华中师范大学出版社，2012 年，第 320 页。

④ 陈祖武：《清代学术源流》前言，第 2 页。陈祖武先生认为雍正朝学术为清代学术的调整期，实基于清初学术的发展趋势而言："客观历史条件的制约，学术演进内在逻辑的作用，两者相辅为用，从而规定了清初学术发展的基本趋势。这就是：以经世思潮为主干，从对明亡的沉痛反思入手，在广阔的学术领域去虚就实，尔后又逐渐向以经学济理学之穷的方向过渡，最终走向经学的复兴和对传统学术的全面总结和整理。"同时，陈先生也认为，由清初学术到乾嘉学派，是"诸种历史因素交互作用的结果"。(陈祖武：《清初学术思辨录》，北京：中国社会科学出版社，1992 年，第 296、319 页)

时期。孟森先生就说道:“雍正朝有两件创制,遂为一代所遵行,一曰并地丁,停编审。二曰定火耗,加养廉。”①在学术思想上,雍正一朝也有开创和发扬之处,如雍正元年(1723),加封孔子先世五代俱为王爵;雍正二年(1724)八月之增祀从祀孔庙先贤;雍正十一年(1733)正月,上谕各省建立书院,赐帑金为倡;同年四月又上谕内阁,一准于康熙十七年例,荐举博学鸿词。同时,世宗承圣祖宽大之学术,开启高宗刻深之钳制,亦对中期以降之学术有着深远的影响。②

孟森先生在《清史讲义》中对雍正一朝的学术则更侧重于世宗的举措对于学术的影响上进行论述。③ 在“八旗制度考实”一章中就认为清代至雍正朝“法禁大备”,以儒家之思想替代开国之祖制,借以压制八旗勋贵,同时倡导学术趋向:“盖至世宗朝而法禁大备,纯以汉族传统之治体为治体,而尤以儒家五伦之说压倒祖训,非戴孔、孟以为道有常尊,不能折服各旗主之秉承于太祖也。世宗制《朋党论》,其时所谓‘朋党’,实是各旗主属之名分。太祖所制为纲常,世宗乃破之为朋党,而卒无异言者,得力于尊孔为多也。”④

同时,孟森先生对雍正朝学术趋向评价道:“世宗于吏治民生,极尽心力,讲事功,实不讲心性。晚乃遁入于禅,亦与世祖之学佛不同。自命为已经成佛作祖,无所于让。其对儒宗,则敬仰备至,不敢予圣。盖知机锋可以袭取,理道不能伪为也。然所收纯儒之效,远逊康熙朝,即有数理学名臣,亦不过守先朝作养之余绪耳。”⑤可见,世宗承圣祖倡导理学之风,提倡真理学,虽晚年遁入禅学,但对于禅学乃持“以政驭教,决不以教妨政”⑥的态度,而对于理学则希冀承圣祖提倡之风,能收“纯儒之效”,但其效果则远不及康熙朝。故孟森先生认为雍、乾两朝名臣迭出,实乃“圣祖种其因”,而雍、乾“收其果”,并下了“道学决不负人国家”的论断:“康熙朝之达官,几有北宋士大夫之风,而道学之一脉,历雍、乾两朝,名臣迭出,以《学案小识》所载,考其渊源,皆自康熙朝理学诸臣所传播种子。盖圣祖种其因,而后代收其果。……移风易俗,必有好善乐道之人,居最高之位以倡之,清圣祖所作养,后代享之而不尽,盖风气不易成,既成亦不易毁灭也。”⑦

---

① 孟森:《清史讲义》,北京:中华书局,2006年,第218页。

② 高翔先生曾对18世纪文字狱情况进行统计,大致呈递增的趋势。详见高翔:《近代的初曙——18世纪中国观念变迁与社会发展》,北京:社会科学文献出版社,2000年,第83—90页。同时,上海书店出版社主编的《清代文字狱档(增订本)》中,其资料反映出的文字狱情况也呈现出这样的递增趋势。

③ 钱穆先生亦曾说道:“而康、雍、乾、嘉之学,则主张于庙堂,鼓吹于鸿博,而播扬于翰林诸学士。”(钱穆:《中国近三百年学术史》,北京:九州出版社,2011年,第21页)

④ 孟森:《清史讲义》,北京:中华书局,2006年,第20—21页。

⑤ 孟森:《清史讲义》,北京:中华书局,2006年,第301—302页。

⑥ 孟森:《清史讲义》,北京:中华书局,2006年,第297页。

⑦ 孟森:《清史讲义》,北京:中华书局,2006年,第189—190页。

孟森先生认为世宗对于学术之倡导,表现为以下三个方面:其一,追封孔子五世王爵,以尊孔而倡儒学。在世宗登极之初即谕内阁、礼部:“至圣先师孔子,道冠古今,德参天地,树百王之模范,立万世之宗师,其为功于天下者至矣。而水源木本,积厚流光,有开必先,克昌厥后,则圣人之祖考,宜膺崇厚之褒封,所以追溯前徽,不忘所自也。粤稽旧制,孔子之父叔梁公于宋真宗时,追封启圣公。自宋以后,历代遵循,而叔梁公以上,则向来未加封号,亦未奉祀祠庭。朕仰体皇考崇儒重道之盛心,敬修崇德报功之典礼,意欲追封五代,并享烝尝,用伸景仰之诚,庶慰羹墙之慕。内阁礼部可会同确议具奏。”①在得到礼部议覆后②,“加封孔子先世五代俱为王爵。木金父公为肇圣王、祈父公为裕圣王、防叔公为诒圣王、伯夏公为昌圣王、叔梁公为启圣王”③。

其二,增祀祔享先贤。世宗追封孔子五代王爵之后,以增祀从祀诸贤,以见其所倡之学术风尚。在雍正二年(1724),亲诣太学之后,世宗即上谕礼部等衙门:

> 治天下之要,以崇师重道、广励泽宫为先务。朕亲诣太学,释奠先师孔子,礼毕,进诸生于彝伦堂,讲经论学,凡以明道术、崇化源,非徒饰圜桥之观听也。维孔子道高德厚,万世奉为师表,其祔享庙廷诸贤,皆有羽翼圣经,扶持名教之功。然历朝进退不一,而贤儒代不乏人,或有先罢而今宜复,有旧缺而今宜增。其从祀崇圣祠诸贤,周、程、朱、蔡外,孰应升堂祔享者,并先贤先儒之后,孰当增置五经博士,以昭崇报,均关大典。九卿、翰林、国子监、詹事、科道,会同详考定议以闻。④

礼部等衙门议奏之后,由于世宗对礼部所上奏的名单持有异议,再次颁谕,此上谕足见世宗的“纯儒”标准:

> 先儒从祀文庙,关系学术人心,典至重也。宜复宜增,必详加考证,折衷尽善,庶使万世遵守,永无异议。尔等所议复祀诸儒,虽皆有功经学,然戴圣、何休未为纯儒,郑众、卢植、服虔、范甯谨守一家言,转相传述,视郑康成之淳质深通,似乎有间。至若唐之陆贽、宋之韩琦,勋业昭垂史册,自是千古名臣,然于孔孟心传,果有授受而能表彰羽翼乎?其他诸儒是否允协,以及宰予、冉有增置博士之处,著再公同确议,务期至当不易具奏。⑤

八月,礼部等衙门将再议的名单上奏:

> 从祀孔庙宜复祀者六人:林放、蘧瑗、秦冉、颜何、郑康成、范甯。宜增祀者二十人:县亶、牧皮、乐正子、公都子、万章、公孙丑、诸葛亮、尹焞、魏了翁、

① 《清世宗实录》卷5“雍正元年三月甲午”条。

② 《清世宗实录》卷6“雍正元年四月丁卯”条。

③ 《清世宗实录》卷8“雍正元年六月己未”条。

④ 《清世宗实录》卷17“雍正二年三月乙亥朔”条。

⑤ 《清世宗实录》卷20“雍正二年五月辛酉”条。

黄干、陈淳、何基、王柏、赵复、金履祥、许谦、陈浩、罗钦顺、蔡清、陆陇其。入崇圣祠者一人：张迪。宜增置博士者四人：冉雍、冉伯牛、子张、有若。此三十一人，或亲承训论，递衍源流，或远契心传，倡明正学，升诸从祀之列，予以延世之赏，人心公论，皆为允合。

此名单最终才得到世宗的应允，并有谕道："朕念先贤先儒扶持名教，羽翼圣经，有关学术人心。爰命九卿详议，今诸臣参考周详，评论公正，甚合朕心，著依议行。"①

值得注意的是陆陇其的从祀，孟森先生对此评论道："陇其笃守程朱，身殁未久，而公论早定，可见圣祖所倡学风之纯一。"并将其与同时代同为讲学名家的汤斌和李光地作对比，孟森先生认为汤斌之不能言从祀，在于其学尚陆、王："雍乾间之儒学，天子不自讲学，惟以从祀示好尚，于学术亦有影响。汤斌之人品未必下于陆陇其，然以其学尚陆、王，在道光以前，竟不能言从祀。清之中世，理学守门户甚谨，于此可知。"②而光地实乃"曲学阿世"："以立朝事实论，同僚间颇有异同，如李光地亦以讲学名世，然于陇其之以争捐纳当罢夺官，即以其不谅时艰为罪。光地固以讲学为投时之具者，不数年间，陇其之大名已定，非时论所能游移，则执德固而信道笃者获伸于世。"③孟森先生认为"清之理学，实以帝王好尚为有力之提倡"④，而从陆陇其的从祀经历可窥见雍正以降之学术风尚："清全盛时之学术，由此可观其趋向矣。"⑤

其三，建立各省书院。雍正十一年(1733)正月，世宗上谕内阁曰："各省学校之外，地方大吏，每有设立书院，聚集生徒，讲诵肄业者。朕临御以来，时时以教育人材为念，但稔闻书院之设，实有裨益者少，浮慕虚名者多，是以未尝敕令各省通行。盖欲徐徐有待，而后颁降谕也。近见各省大吏渐知崇尚实政，不事沽名邀誉之为，而读书应举者，亦颇能屏去浮嚣奔竞之习，则建立书院，择一省文行兼优之士，读书其中，使之朝夕讲诵，整躬励行，有所成就，俾远近士子，观感奋发，亦兴贤育材之一道也。督抚驻扎之所为省会之地，著该督抚商酌举行，各赐帑金一千两。将来士子群聚读书，须豫为筹画，资其膏火，以垂永久。其不足者，在于存公银内支用。封疆大臣等并有化导士子之职，各宜殚心奉行，黜浮崇实，以广国家菁莪棫朴之化，则书院之设，于士习文风有裨益而无流弊，乃朕之所厚望也。"⑥孟森先生以为"此为省会遍设书院之始"⑦。据白新良先生的统计，雍正时期，全国

① 《清世宗实录》卷23"雍正二年八月甲午"条。
② 孟森：《清史讲义》，北京：中华书局，2006年，第303页。
③ 孟森：《清史讲义》，北京：中华书局，2006年，第302页。
④ 孟森：《清史讲义》，北京：中华书局，2006年，第190页。
⑤ 孟森：《清史讲义》，北京：中华书局，2006年，第302页。
⑥ 《清世宗实录》卷127"雍正十一年正月壬辰"条。
⑦ 孟森：《清史讲义》，北京：中华书局，2006年，第304页。

新建书院188所[①],并在乾隆时期达到全盛,乾嘉学派中的许多学者均由书院培养出来。[②] 故而孟森先生说:"清一代学人之成就,多在书院中得之。"[③]

世宗除了对学术风尚进行倡导,也对学术思想进行钳制,孟森先生就说:"文字狱不暇细数,果属触犯而成狱,虽暴犹为罪有可加,谓其为违梗也。即无意中得违梗之罪,而遽戮辱,犹谓使人知有犯必惩,不以无意而解免之,所以深惩违梗之嫌疑也。"又说:"雍乾间文字之狱,有最难解者三事。"[④]而"最难解者三事"中,有两件是在世宗朝。其一为谢济世注释《大学》案。谢济世注《大学》,不从朱子《四书集注》本,不用程子所补《格致传》,而从《礼记》本,为锡保所参奏。世宗上谕:"朕观谢济世所注之书,意不止毁谤程朱,乃用《大学》内'见贤而不能举'两节言人君用人之道,借以抒写其怨望诽谤之私也。其注有'拒谏饰非,必至拂人之性,骄泰甚矣'等语。观此则谢济世之存心,昭然可见。朕即位以来,于用人之际,至公无私,不惟可以自信,亦天下臣民所共知者。即以田文镜、谢济世二人之事言之,田文镜在圣祖仁皇帝时为内阁侍读学士,朕从未识其面,亦并未知其姓名。因雍正元年,伊奉差祭告华山,回京陛见,将山西通省荒歉情形,急切陈奏,备极周详。朕以山西被灾,其时之巡抚德音身在地方匿不奏闻,而田文镜以奉差经过之员,念切民瘼,直言无隐,其忠君爱国之忱悃深属可嘉,遂令田文镜前往山西抚绥赈济。伊到彼果能尽心办理,于是将伊授为山西布政使,令与诺岷协衷共济。嗣因河南诸事废弛,调任河南布政使。未几,擢为河南巡抚,现今授以河东总督之任。一二年间,深加信任,尚可谓之见贤而不能举,举而不能先乎?"[⑤]此事实为世宗欲惩其参奏田文镜而发也。但"《礼记》亦颁定之经书,既与'四书'并行,信此信彼,必无大罪"[⑥],而世宗以谢济世注释《大学》未本于朱子而拟斩。孟森先生评论道:"夫济世既注经文,经文自是如此意义,而竟议斩。则如宋儒之说经,多涉事理者,圣经贤传,孰非警戒人君之语,一涉笔即得死罪,程、朱皆寸磔而有余矣。乾、嘉间天下贬抑宋学,不谈义理,专尚考据,其亦不得已而然耳。故清一代汉学之极盛,正士气之极衰,士气衰而国运焉能不替。此雍、乾之盛而败象生焉者一也。"[⑦]其二则是陆生楠的《通鉴论》案。此事与谢济世注释《大学》案同为顺承郡王锡保所劾奏。陆生楠与谢济世同为广西人,从世宗上谕中"伊系广西人,平日必有与李绂、谢济世结为党援之处,故敢如此",可

---

① 白新良:《明清书院研究》,北京:故宫出版社,2012年,第165—167页。

② 白新良:《明清书院研究》,北京:故宫出版社,2012年,第195—198页。

③ 孟森:《清史讲义》,北京:中华书局,2006年,第304页。

④ 孟森:《清史讲义》,北京:中华书局,2006年,第306页。

⑤ 《清世宗实录》卷82"雍正七年六月辛丑"条。

⑥ 孟森:《清史讲义》,北京:中华书局,2006年,第306页。

⑦ 孟森:《清史讲义》,北京:中华书局,2006年,第307页。

见陆生楠之得罪实缘于李绂与谢济世参奏田文镜之事，而并非缘于其论《通鉴》，但其处斩则以其《通鉴论》"抗愤不平之语甚多""言词更属狂悖，显系诽议时政"，孟森先生对此认为："温公作《通鉴》本以为法为戒之故，分别诏人，学者能加以发挥，正是忠君爱国之真意。以此掇杀身之祸，复谁乐致力于史实，以与国家社会相维系乎？乾嘉学者，宁遁而治经，不敢治史，略有治史者，亦以汉学家治经之法治之，务与政治理论相隔绝。故清一代经学大昌，而政治之学尽废。政治学废而世变谁复支持，此雍、乾之盛而败象生焉者二也。"①

由此观之，孟森先生以为世宗之惩处谢济世、陆生楠，一则使学者说经"不得多涉事理"，一则使学者"宁遁而治经，不敢治史，略有治史者，亦以汉学家治经之法治之，务与政治理论相隔绝"。故而使得后来之学者只得专务于考据训诂，绝不敢有涉于时政，从而形成了乾嘉时代的训诂考据之学之盛，但同时也由此开启了清朝灭亡的前奏，"惟乾隆以来多朴学，知人论世之文，易触时忌，一概不敢从事，移其心力，毕注于经学，毕注于名物训诂之考订，所成就亦超出前儒之上。此则为清世种族之祸所驱迫，而使聪明才智出于一途，其弊至于不敢论古，不敢论人，不敢论前人之气节，不敢涉前朝亡国时之正义。此止养成莫谈国事之风气，不知廉耻之士夫，为亡国种其远因者也"②。

三、小结

王国维先生评论有清一代学术曰："故国初之学大，乾、嘉之学精，道、咸以降之学新。"③而大到精之间，世宗一朝起着不可忽视的作用，"学术流变与时消息"④，孟森先生以政治史的视角对雍正朝学术进行梳理，更可看出世宗在继承圣祖所倡的"纯儒"的真理学观念的同时，也逐渐加强对学者的思想钳制，使学者治经不得涉事理，论史不敢谈时政，而逐渐转向经史考据之学，开启了以考据训诂为主导的乾嘉学派。

（作者：朱曦林，中国社会科学院文学研究所博士后）

① 孟森：《清史讲义》，北京：中华书局，2006年，第308页。

② 孟森：《清史讲义》，北京：中华书局，2006年，第306页。

③ 王国维：《观堂集林》卷23《沈乙庵先生七十寿序》，石家庄：河北教育出版社，2001年，第574页。

④ 钱穆：《中国近三百年学术史》，北京：九州出版社，2011年，第20页。

王俊义先生与炎黄文化研究

◇鲁 谆

前不久,接王俊义先生寄赠的大著——《俊义文存》(中国社会科学出版社出版,以下简称《文存》)。俊义先生研究领域广泛,勤奋著述,尤长于清史。大著卷帙宏瀚,内容丰富,非我所能及。鉴于我们曾长期在中华炎黄文化研究会(以下简称研究会)兼职共事,相知相识达20多年之久,目睹他在研究会所做的大量有益工作,近读其书,往事历历在目。这里仅就他在研究会的工作,尤其是对炎黄文化研究所作的贡献,略谈几点感受,以就教于方家。

中华炎黄文化研究会是由一批老干部、老学者、老将军发起创办的,1991年5月10日在北京人民大会堂举行成立大会,推选周谷城为会长,萧克为执行会长,程思远、庄炎林、黑伯理(常务)、李宝光(常务)、冯征(常务)、杜导正(常务)、戴逸、冯其庸、金冲及、李学勤等为副会长。李宝光兼秘书长。

随着改革开放,传统文化热不断升温,研究会一开始就宣告,以弘扬中华民族优秀文化、振奋民族精神、促进祖国现代化建设和统一大业为宗旨。成立大会上,萧克在题为“弘扬中华民族优秀文化　促进社会主义精神文明建设”的讲话中指出:

> 中华炎黄文化研究会是由热心于炎黄文化的学者、专家及各界人士组成的全国性民间文化团体。目的在于研究炎黄以来的几千年中华传统文化,进一步了解国情和社会主义建设的主客观条件,使马克思主义和中国社会主义建设的实际结合得更好;在于继承与发扬中华民族的优秀文化,振奋民族精神,提高民族的自尊心和自信心,促进我国社会主义精神文明建设;在于增进海峡两岸骨肉同胞的联系,加深海内外炎黄子孙的相互理解和友谊,推动祖国的统一大业;还在于开展世界各民族的文化交流,使中华炎黄文化为世界文明作出新贡献。这是一项极有意义的工作,是历史赋予我们的任务。

研究会始终遵循这一指导思想,依靠专家、学者,开展学术文化研究。副会长、著名历史学家戴逸被推选为学术委员会主任,金冲及、冯其庸、李学勤、姜义华为副主任,秘书长王俊义负责学术委员会日常工作。

研究会成立时,我作为第一届理事会理事,已年过六十,尚未办退休手续,仍忙于光明日报社的事。1992年退休后,经常务副会长兼宣传委员会主任杜导正介绍，我担任宣传委员会副主任，主要围绕重大活动组织新闻媒体作相关报道。例如，1992 年 1 月 6 日在北京民族文化宫举行研究会理事会会议，3 月 23 日在民族文化宫举办整修黄帝陵设计规划讨论会，10 月 29 日在人民大会堂举行黄帝陵基金会成立大会等，我都与有关单位和研究会同人一起，邀请人民日报社、新华社、光明日报社等主要媒体记者及时报道。研究会的学术活动如 1992 年 5 月 18 日，学术委员会在北京师范学院（首都师范大学）举行"炎黄文化与中华民族"学术研讨会；9 月中旬，参与主办在河南安阳市举行的国际周易学术研讨会等，我也出席。但此时与俊义先生接触还不多。

1993 年 1 月，研究会要我担任副秘书长，并联系学术委员会。从此，我与俊义先生合作日益密切。

俊义先生时任中国人民大学清史研究所所长、教授，在研究与行政任务十分繁忙的情况下，对中华炎黄文化研究会学术委员会工作呕心沥血，开拓进取，为学术工作的展开奠定了很好的基础，获得有关各界特别是学术界的好评，我也从中获益匪浅。

俊义先生对研究会学术工作的贡献，主要有以下三方面。

一、突出本会特色，深化炎黄二帝及其时代文化研究

研究会成立后，如何找准自己的位置，办出自身特色，是关系研究会发展方向的大问题。中华文化源远流长，博大精深。全国高等院校、科研机构有大批专业人员从事人文社会科学各学科的研究，大都与中华传统文化密切相关，不少学科还集中精力从事中华文化研究。研究会要充分展现其独特价值，就必须名副其实地突出炎黄文化的研究。成立最初两年，研究会就单独或与有关单位合作，连续三次主办以炎黄文化为主题的研讨会，并由中国人民大学出版社、武汉出版社分别出版《炎黄文化与民族精神》《炎黄文化与现代文明》《炎黄文化与中华民族》三本论文集。张岱年、任继愈、戴逸、金冲及、李学勤、张岂之、严文明、方立天、张立文、刘纲纪、冯天瑜等著名学者，都与会和撰写论文，从不同学科、不同视角，就炎黄文化的内涵、演变、发展及现实意义等根本问题作了深度阐述。直到今天看来，其基本见解都是正确的、精辟的，常被学界引用。这三次研讨会及其论文集，都是俊义先生和时任研究会学术委员会副秘书长黄爱平合作具体组织、编辑的，其中包括他们合写的论文《文献传说与考古发掘相结合是推进研究的关键——有关黄帝的文献资料及其研究状况述评》（以下简称《关键》）。俊义先生不但为研究会学术研究工作开了个好头，而且对全国炎黄文化研究也有一定影响。

俊义先生充分肯定了炎黄二帝对开创中华文明的伟大贡献。他说："炎黄二帝是中华民族的始祖，是中国古代文明的象征，这一论断从古至今，源远流长，

绵延不断,当前愈益为海内外炎黄子孙所认同。"(《文存》,第809页)他认为,由于炎黄二帝是史前传说人物,当时尚无正式文献资料,也无直接的地下发掘证明,后人依据口耳相传形成的文献资料,真实程度不一,既反映了一定的历史真实,又有荒诞离奇的神话与迷信,各种传说资料还常常互相矛盾,致使人们对于炎黄二帝及其时代常感扑朔迷离、将信将疑。加上20世纪初期兴起的以"古史辨"派为代表的疑古思潮,过多地否定中国史前时期的历史与文化,提出"东周以上无史论",对炎黄二帝的事迹几乎一股脑儿否定,在一段时期内,有关炎黄二帝的文献传说,被普遍认为是子虚乌有。有鉴于此,俊义先生旗帜鲜明地加以澄清,并始终不渝狠抓炎黄二帝及其时代文化的研究不放。

在2005年宝鸡举行的"炎帝与中华民族"学术研讨会上,俊义先生说:"人所共知,炎帝与黄帝都是中华民族的人文始祖,他们都为缔造中华文明、熔铸中华民族精神做出了不可磨灭的贡献。"(《文存》,第833页)又说:"近年来学术界对于炎黄二帝及炎黄文化的研究已逐渐取得一些共识,如绝大多数学者都认为中国古代文明的起源要往前推;炎黄二帝是中华民族的人文始祖,中国古代文明的象征;炎帝黄帝或是某一具体祖先的名字,或是炎帝氏族与黄帝氏族领袖的共同称谓,但都是人而不是神,被后世敬为神灵则是另外的事情;由于炎黄两大远古氏族部落都曾各传多世,并都有流动迁徙,所以,在今天全国的许多地方都有炎黄的遗址或遗迹,当可并行不悖,不必争论我是你非与上下高低。"(《文存》,第853页)俊义先生所概括的这些基本观点,是学术界所认同的。

强调把文献传说与考古发掘结合起来,是确认炎黄二帝的中华民族始祖地位并进一步取得研究成果的关键。俊义先生对历代有关轩辕黄帝的记载作了分析,将其概括为三大系统。一为古史传说系统,二为以《山海经》为代表的神话系统,三为道教仙话系统。其中最有价值的是古史传说系统,如《左传》《国语》等先秦两汉史籍,特别是司马迁的《史记·五帝本纪》,是我国正史第一次较为系统、全面、详细记载黄帝的历史文献。"既是对《左传》《国语》及诸子百家对黄帝记述的有鉴别的总结,也是后世研究黄帝事迹的基本依据。"另两系统,虽有些光怪陆离、荒诞迷信,但也曲折反映了某些历史真实,不可简单抛弃,而应具体分析。

俊义先生指出,之所以早在汉代以前,黄帝的民族始祖地位就已形成,后来又不断得到论证和确认,而到今天仍然争论不休,主要在于以往的研究和争论只拘泥于文献资料,肯定与否定都是在文献资料中兜圈子,而没有把文献资料与地下发掘结合起来研究。他认为,随着新石器时代遗址的不断发掘,一些史学家和考古学家逐渐打破殷商是中国古代文明起点的论断,将其大大提前,并说:"素擅于将历史文献与考古成果相结合,从事古史研究的历史学家李学勤先生,……认为'以黄帝为《五帝本纪》之首,可以说是中华文明形成的一种标志'。"(《文存》,第818页)又引用著名考古学家苏秉琦的论述说:"二里头文化更像夏文化，假如这个判断没有大错，那么五帝时代的下限就应是龙山时代，……五帝时代的上限应不早于仰韶时代后期。简言之，苏秉琦的基本观点是：五帝可能实有其人其事。”(《文存》，第818页)

俊义先生强调在炎黄研究中把文献资料与地下发掘结合起来研究，实际上就是王国维所倡导的历史研究方法“二重证据法”。这在俊义先生所写的论文《山西长治高平炎帝遗迹考察散记》中得到很好的体现。2002年6月，他应邀到山西长治、高平一带考察，翻山越岭，兴致盎然，亲眼看到百花山、羊头山及其周边存有大范围、高密度的炎帝文化遗迹，包括历代大量碑刻、旧石器时代和新石器时代遗址。他查阅有关地方志，了解到当地既有经久不息的神农炎帝祭祀活动，又有广泛的民间传说和民俗文化。因而断定上党地区(即长治、高平一带)是中国古代文明的发祥地之一，表示“若要研究炎黄文化，特别是如欲研究炎帝文化，探讨炎帝及其部族的足迹所至、迁徙流动的情况，不发掘、不研究、不利用这里的宝贵资源，势必要造成重要的遗缺”(《文存》，第843页)。当时，陕西黄陵、湖南炎陵、河南新郑、湖北随州、陕西宝鸡、河北涿鹿等地炎黄文化遗迹，通过举办祭拜仪式、学术研讨和文化旅游等活动，已广为人知，比较起来，上党地区的炎帝神农文化却默默无闻。俊义先生这篇文章，由于将文献资料与考古发掘结合起来论述，具有较强的说服力，对于鼓励当地干部群众“做好炎帝这篇大文章”起了积极推动作用。

俊义先生高度评价弘扬炎黄文化对凝聚海内外炎黄子孙、促进中华民族伟大复兴的重要性。他认为，确认炎黄二帝是中华民族的人文始祖、中国古代文明的象征，“对于弘扬民族优秀文化，振奋民族精神，增强民族凝聚力，激发爱国主义传统，促进海内外炎黄裔胄的团结统一，无疑有深远的历史和现实意义”(《文存》，第809页)。2012年，为纪念辛亥革命100周年，在论文《辛亥革命前后尊黄思潮的演变与中华民族的伟大复兴》中，他说：“我们如此盛况空前地纪念，根本目的是要继承发扬中国民主革命的先行者孙中山先生领导的辛亥革命所开拓的事业和精神，在面临复杂多变、既有发展机遇又有严峻挑战的国内外形势下，在21世纪使整个中华民族空前地统一与团结，为中华民族的和平崛起与伟大复兴而共同奋斗。”(《文存》，第907页)举办炎黄文化学术研讨会，参与各地炎帝黄帝祭拜活动，出版有关炎黄文化书刊等，都是促进炎黄子孙不忘始祖，认同5000年血脉，增进凝聚力向心力，实现中华民族伟大复兴的中国梦的有意义的事情，俊义先生在研究会的学术工作中，对这些事情的坚持与实践始终是一以贯之的。

二、把握时代脉搏，推进中国特色社会主义文化建设

炎黄文化有狭义、广义之分。狭义的炎黄文化，即炎黄二帝及其时代的文

化;广义的炎黄文化,是指炎帝黄帝为代表和象征的中华民族文化。俊义先生说:“炎黄二帝作为中华民族的人文始祖,是中华民族古代文明的奠基者、肇造者,几千年来,……他们开创的中华文化,源远流长,博大精深,影响深远。同时,所谓炎黄文化不能狭义地理解为只是炎黄二帝及其时代的文化,其实,广义上的炎黄文化,就是几千年来亿万炎黄子孙世世代代经过实践创造的中华传统文化。”(《文存》,第 880 页)中华炎黄文化研究会从成立时起,就十分明确地以弘扬中华优秀文化为己任,而不局限于炎黄时代的文化。萧克执行会长主持并组织百余名专家学者,编纂十典百卷《中华文化通志》,由上海人民出版社出版,在学术界产生巨大影响,就是最好的例证和表率。炎黄时代文化是中华文化的源头,5000 多年来的中华文化是炎黄时代文化的传承、发展与不断创新。俊义先生在主持学术委员会日常工作中,既抓狭义炎黄文化的研究,又抓广义炎黄文化的研究,并使二者互相促进,相得益彰。

我与俊义先生的合作,是从 1993 年为纪念毛泽东诞辰 100 周年筹备“毛泽东与中国传统文化”学术研讨会开始的。从制定方案、提出拟邀请学者名单,到征集论文,我们与研究会同人反复研究,并同湖北省炎黄文化研究会负责同志紧密合作。当年 12 月,在武汉开会时,俊义先生因时任中国社会科学出版社领导职务年末工作繁忙,未能与会,但他积极参与筹备工作,表现出的高度负责精神,至今难忘。1995 年,我们又一起筹备研究会与山东省华夏文化促进会合作主办的“爱国主义与传统文化”学术研讨会。5 月在曲阜开会期间,我们同住一间客房,对会议每项议程共同商议,分头推进。俊义先生还撰写论文《鸦片战争时期的爱国思潮与传统文化》。会后,我们又合作主持编辑论文集,次年 1 月即由华龄出版社出版。这些学术活动,紧扣时代脉搏,弘扬中华优秀文化,其内涵远远超出炎黄时代文化的范围。

1998 年 6 月,中华炎黄文化研究会举行第二届理事会会议,费孝通被推选为会长,张岂之被推选为副会长,后兼学术委员会主任。俊义先生任学术委员会常务副主任。当时正值世纪交替之际,全球目光聚焦于世界文明走向上。研究会把握时机,于 1998 年 12 月,与香港中文大学、香港中华文化促进中心,联合在香港主办“中华文化与 21 世纪”国际学术研讨会。费孝通在会上发表题为《中华文化在新世纪面临的挑战》的论文,进一步阐明他所倡导的“文化自觉论”,尤其是“各美其美,美人之美,美美与共,天下大同”的精辟概括,指出“中华文化的建设,只有贯通中西、融汇古今,才能创造出反映时代精神的现代新文化”。会议开得很成功,不但为中华文化走向世界作出了贡献,也为研究会扩大了海内外影响。会上,研究会发起创办“21 世纪中华文化世界论坛”,提出每两年举办一次国际学术研讨会。在常务副会长李宝光、副会长兼学术委员会主任张岂之等领导下,俊义先生不辞劳苦,克服重重困难,做了大量细致的筹备工作。我作为研究会副会长兼秘书长,积极协助配合,深感此次会议对于研究会学术工作具有前瞻性和开拓性。正如俊义先生所说,“这是世纪之交对中华文化进行回顾与前瞻的一次国际盛会”(《文存》,第946页)。

2006年5月,第三届理事会推选许嘉璐为会长,俊义先生担任常务副会长兼学术委员会常务副主任,更加积极全面地承担起学术委员会的日常工作。

2000年、2002年、2004年、2006年、2008年,研究会先后在北京、香港、澳门、台北、广州,分别与中国人民大学、香港浸会大学、澳门大学、台湾辅仁大学、暨南大学等合作,主办了五届“21世纪中华文化世界论坛”。俊义先生按照研究会部署,在学术委员会主任张岂之指导,王才、黄爱平、李尚英等同人积极参与下,组织国内外专家学者与会,均获得圆满成功,受到学术界好评。

费孝通教授自1998年以88岁高龄出任中华炎黄文化研究会第二任会长以来,直到2005年辞世,始终高瞻远瞩,孜孜不倦,潜心学术,深入基层,调查研究,给研究会同人留下难以磨灭的印象,被大家视为学习的楷模。俊义先生先后写了《一位世纪学人的人文情怀——费孝通先生“文化自觉”论解读》和《哀思无尽忆费老》两篇文章,表达对费老的崇敬之情,同时也阐明了自己对于弘扬中华文化的基本见解:

第一,顺应时代潮流,创造辉煌灿烂的中华现代文化。俊义先生认为,费孝通的“文化自觉论”,既是他晚年进行学术反思的结晶,也是他“站在时代高度,对当今世界经济全球化、文化多元化格局作出的积极反应”(《文存》,第932页)。俊义先生强调,弘扬中华文化要着眼于“提高全民族的综合素质”,这是一个长期过程,需要经过几代人甚至几十代人坚持不懈的努力。他说:“我们一定能朝着建设有中国特色社会主义文化,代表先进文化的方向前进,不负于前人,无愧于后人,既能符合时代潮流,又能适应未来发展,创造出更加辉煌灿烂的中华现代文化。”(《文存》,第940页)

第二,端正学风,推动中华民族精神家园建设。俊义先生说:“中华民族精神家园,乃是中华民族在历史长河中形成的民族精神,通过物质的与非物质的载体和标志予以集中反映,呈现于民族大家庭之中,既有益于民族精神的凝聚与弘扬,又便于和世界各国家、各民族之间的思想文化交流。”并认为,建设中华民族精神家园,“是学术文化研究自身发展的内在要求”(《文存》,第940页)。为此,学术界要共同营造良好的学风。在他看来,凡是在学术事业上作出重要成果的学者,不仅在学术思想上有卓越成就,而且在学风上也堪称典范,二者相互促进,相辅相成。他充分肯定改革开放以来我国人文社会科学事业取得的显著成绩,认为求真务实、开拓进取、扎实严谨的学风,在一批老中青学者的著作中都有所体现和发扬。同时,尖锐批评当前浮躁虚夸、急功近利的不良学风,有碍于民族精神家园的建设。这是实事求是、切中时弊的。

第三,中华文化的传承与创新,需要多领域、多层面、多学科、多视角的有机结合。俊义先生说:“21世纪中华文化研究的深化,需要多学科的共同努力,以便从不同的角度去发扬中华文化的精蕴。”又说:“人文精神与科技精神的结合,已引起普遍的重视。另外,还要注意民间文化与精英文化的结合,普及与提高的结合,继承与发展的结合。”(《文存》,第950页)

第四,中华文化要走向世界,对世界文明发展作出新的更多贡献。俊义先生认为,中华文化光辉灿烂,历史上曾经远播海外,对世界文明发展作出了不可磨灭的贡献。从欧美工业革命以来,中国却逐步落后了。但应当看到,中华文明宝库中有许多独有的思想精华,如“天人合一”“己所不欲,勿施于人”“和而不同”“重义轻利”“天下为公”等,对解决当今世界面临的生态失衡、冲突对立、强权政治、霸权主义、南北差距、重利轻义、道德沦丧、精神空虚等问题,都可发挥积极的作用和影响。他认为:“要更清楚地认识自己的文化,要发挥传统文化中的优秀成分,要找出现实生活与传统文化的内在联系,更清楚地认识中国文化的重要和特点,使之在世界多元文化格局中发挥积极的作用和贡献。”(《文存》,第940页)在俊义先生曾参与筹办的历次国际学术研讨会中,他都为促进中华文化走向世界、世界文明多元互补贡献了力量。

三、耕耘学术园地,努力办好《炎黄文化研究》期刊

《炎黄文化研究》,是俊义先生主持、为中华炎黄文化研究会创办起来的期刊,也是面向全国的一块炎黄文化学术园地。他为此辛勤耕耘十余年,耗费不少心血。

早在研究会成立之初,作为学术委员会秘书长,俊义先生就主动联系组织专家学者,经常举办学术活动,写出一批批有关炎黄文化的学术论文。为了能及时刊载这些论文,他当时即建议,研究会办一份学术期刊《炎黄文化研究》。由于研究会成立当年,经有关部门批准,已创办起纪实性刊物《炎黄春秋》,另外再申请刊号、办一本学术刊物的要求始终未获批准。在此情况下,经学术委员会讨论提出,经研究会同意,按照有关部门规定,以《炎黄文化研究》作为《炎黄春秋》的增刊,第1期于1994年7月面世。编委会成员由戴逸、金冲及、冯其庸、张岂之等知名学者组成,主编李学勤。日常编务工作由兼任副主编的俊义先生负责。作为研究会副秘书长的我和宋文茂也兼任副主编,主要是从研究会和杂志社角度予以支持。《发刊词》满怀期待地说:“我们热切欢迎大家来一起耕耘这块园地,使它开满美丽的花朵,结出丰硕的果实。”

创刊伊始,俊义先生就强调,在学术刊物如雨后春笋般涌现的情况下,《炎黄文化研究》要生存发展,就必须办出自身特点,具有较高品位。按有关部门规定,增刊每年只限一期,共出版了10期。随着研究会学术活动日益增多,学术交流更加频繁,俊义先生又倡议,《炎黄文化研究》改为以丛刊面貌出版,即所谓“以书代刊”。俊义先生任主编,王才、李尚英任副主编。第1辑于2004年11月

由大象出版社出版。在《历史赋予我们的责任——新版〈炎黄文化研究〉主编寄语》中，俊义先生总结增刊经验，指出“在百花争艳、刊物林立的园地里，一个刊物要立于不败之地，既要有较高的学术价值，又必须有自己的特色，《炎黄文化研究》既不同于高等院校和科研机构的综合性社科人文期刊，也不同于各个学科的专业刊物，作为中华炎黄文化研究会主办的一份综合性学术文化丛刊，它的特色就在于关注炎黄二帝及其时代的研究，重视中华文明探源，强调与之相关的文物与考古、地域文化与民族文化研究”。尤其强调“通过编辑部同人的共同努力，把《炎黄文化研究》办成其他刊物不可取代的独具特色的学术文化丛刊”。他还提出，创新是一个民族不断发展的灵魂，也是一个刊物是否有生命活力的根本所在。因此《炎黄文化研究》刊发的文稿，既要功底扎实，探讨传统文化研究中的一些问题，又要富有时代气息，关注现实，关注社会，关注当今与人类命运相关的文化问题。由于学术文化研究在不断地前进，新的视角、新的观点乃至新的方法层出不穷，在栏目设置上，既要保持相对稳定，又要适时调整和更新。如《炎黄二帝及其时代研究》《中华文明探源》《民族文化与地域文化》《思潮与学派》《文物与考古》《探索与争鸣》《中华学人》《社会礼俗》等，其中许多是一般刊物少见的，十分符合中华炎黄文化研究会的会情，特色鲜明。

改革开放以来，陕西黄帝陵、湖南炎帝陵，作为中华民族人文始祖陵寝，吸引着越来越多的海内外炎黄子孙前往祭拜，影响不断扩大。中华炎黄文化研究会与黄帝陵基金会、炎帝陵基金会合作主办的学术文化活动也随之增多。经三方协商，从 2004 年 7 月出版的第 4 辑起，丛刊改由中华炎黄文化研究会与黄帝陵基金会、炎帝陵基金会共同主办。编委会成员相应扩充，主编由俊义先生续任。增加了《祭祀文化》等栏目，黄帝陵、炎帝陵祭祀历史文化的论文显著增多，丛刊办得更有生气，更接地气。

从 2009 年 12 月出版的第 10 辑起，俊义先生辞去了《炎黄文化研究》丛刊主编职务，由研究会常务副会长赵德润任主编，副会长兼学术委员会副主任王震中任副主编，主持日常编务。俊义先生主持《炎黄文化研究》工作长达 15 年多，刊物先后以增刊、丛刊面目出版共 19 期。尽管没有正式期刊刊号，没有专职人员，没有稳定的经费来源，受到多方面制约，俊义先生在本职工作十分繁忙、工作中困难重重的条件下，仍使这块学术园地充分展现了独特的风貌与价值。《炎黄文化研究》刊登了季羡林、张岱年、戴逸、金冲及、张岂之、方立天等许多知名学者的文章，始终保持了较高的品位。究其原因，与俊义先生的深厚学养、开阔视野是密不可分的。他长期从事清史研究，又曾任中国人民大学清史研究所所长，中国社会科学出版社副总编辑、总编辑和中华炎黄文化研究会常务副会长，治学严谨，涉猎面广，编辑经验丰富，学界联系密切。他为人耿直，办事认真，诚以交友，重视情谊，尊重长者，提携后进，因而在学界交了许多老中青朋友。他又善于团结编辑部同人，使大家愉快合作，协同努力。

辞去主编职务后，俊义先生仍然关怀着曾经辛勤浇灌培育的这块园地，深情地写道："我当然希望它继续生存和发展，而且盼望其越办越好。"（见《〈炎黄文化研究〉的生存与发展》）我想，这不仅是俊义先生的殷切期望，也是所有关怀炎黄文化研究的人们，尤其是曾经为这块园地作过贡献的同人的共同心愿。

（作者：鲁谆，光明日报社原副总编辑，中华炎黄文化研究会原常务副会长）

纹饰的意义

——容庚及其《商周彝器通考》

◇姜彦文

一、容庚其人

容庚(1894—1983),原名肇庚,字希白,号颂斋,广东东莞人,我国当代著名的古文字学家、考古学家、书法篆刻家、书画鉴赏家、收藏家。1925年,北京大学研究所国学门研究生毕业,先后任教于北京大学、燕京大学,兼任《燕京学报》主编,倡导成立我国第一个考古学组织"考古学社",并主持编辑出版《考古学社社刊》。1946年南归,任广西大学、岭南大学教授。1952年,任中山大学教授。晚年将一生心血所购藏的书画碑帖、古铜器文物千余件分别捐赠给多家图书馆、美术馆等研究单位。

容庚先生治学严谨周密,矜审赅博,形成了以目录为阶梯、以原材料为基础、以考据为手段、以善通变为目标的治学特点,展现了以编纂丛帖书画为工具的目录学、以青铜器为重点的考古学、以考订史实为目的的考据学、以金文为中心的古文字学的学术大视野,培养了一批专业人才,为我国的学术发展作出了重要贡献。①

通过各种传记资料、回忆性文章,纵观容庚先生的一生,其勤勉和气节尤其让人印象深刻,从中可以让我们看到学术背后的人,并给我们更多与学术研究密切相关的有益启示,略谈一二如下。

(一)关于勤勉

"人一能之己百之,人十能之己千之。果能此道,虽愚必明,虽柔必强。"《礼记·中庸》中的这段话,是容庚先生为自己立下的信条。他的确也是这么做的,我们在很多文章中都可以看到对其勤奋和谨严的描述:"他治学谨严,从青年到

① 本部分材料主要来自中华书局编辑部:《容庚学术著作全集出版说明》,容庚:《商周彝器通考》出版说明,北京:中华书局,2012年。

壮年以至耄耋之年，孜孜不倦，一丝不苟”①，“他一生孜孜不倦，在学问上作出了重大的贡献，作为一个学者，可说是‘生无废事’”②，“无论严寒酷暑，每天早上五点半他就起床，在他的书房里，不停地写他的著作，除三餐饭之外，大都是在书房里、教室里度过他的一生”③，“每天黎明即起，必伏案写作数小时，天天如是”④。

（二）关于气节

容庚先生的民族气节常为人所称道，“为人耿直，刚正不阿，只信真理，不怕邪恶”⑤，“荣老一生高风亮节，在民族危难之际，曾经拍案而起，任燕京大学教职员工抗日委员会主席，叱咤风云的气概令人振奋不已”⑥。“抗战时，爸爸就曾被推举为燕京大学教职员抗日委员会主席。在家庭中，他反复教育家人要抵制日货。记得我曾买过一件小小的日本工艺品，回到家后被爸爸发现，将我训斥了一顿，并当场拿去烧毁，以示惩戒。”⑦

容庚先生曾自称“野马”和“鬼锁”⑧，意为谁也驾驭不了，谁也打不开。1983年容庚逝世，中山大学老校长黄焕秋在悼词中说：“在十年动乱期间，他身处逆境，备受迫害，依然刚正不阿，不讲违心之话，不做悖理之事。”⑨1974年夏天，在举国“批孔”的政治氛围中，容庚先生“认为对孔子应该有一个争取的态度，不能否定一切，不能断章取义”。有人强迫他批孔，他说：“我不能批孔，如果硬要我批孔，我就跳珠江。”⑩

有一件事不得不说，虽然大家都显然在有意回避，那就是容庚先生在抗战中任“伪教授”，以及后来与傅斯年的矛盾纠葛。正如《容庚传》的作者所言，虽为“白璧瑕疵”，但“这确是容庚一生中最大的失误，他的后半生也为此付出了极高

---

① 曾汉民：《纪念容庚先生百年诞辰暨中国古文字学学术研讨会开幕词》，广东炎黄文化研究会、纪念容庚先生百年诞辰暨中国古文字学学术研讨会合编：《容庚先生百年诞辰纪念文集》，广州：广东人民出版社，1998年，第1页。后文凡引该书，均为此版本，不再一一注明。

② 欧初：《生无废事　死毋遗忧》，《容庚先生百年诞辰纪念文集》，第11页。

③ 容璞：《怀念爸爸》，《容庚先生百年诞辰纪念文集》，第19页。

④ 曾宪通：《容庚先生的学术贡献与治学特色——在纪念容庚先生百年诞辰暨中国古文字学学术研讨会上的讲话》，《容庚先生百年诞辰纪念文集》，第8页。

⑤ 曾汉民：《纪念容庚先生百年诞辰暨中国古文字学学术研讨会开幕词》，《容庚先生百年诞辰纪念文集》，第1页。

⑥ 郑群：《纪念容庚先生》，《容庚先生百年诞辰纪念文集》，第9页。

⑦ 容璞：《怀念爸爸》，《容庚先生百年诞辰纪念文集》，第20页。

⑧ 《容庚传》的封面上印有“我是野马，我是鬼锁”的字样。见易新农、夏和顺：《容庚传》，广州：花城出版社，2010年。

⑨ 徐静：《我是野马　我是鬼锁》，2012年6月1日《广州日报》W3版。

⑩ 欧初：《生无废事　死毋遗忧》，《容庚先生百年诞辰纪念文集》，第11—12页。

的代价”①。

（三）关于捐赠

根据容璞的回忆，容庚先生在20世纪50年代已将他节衣缩食所购得的珍贵文物铜器赠送给国家，改革开放以来，他又毫不计较个人的恩怨，分批将他所收藏的千余件古字画及万卷书籍全部捐献。“当这些陪伴了他几十年，用他心血换来的书籍和字画搬走之后，他面对着四壁空空的房子，一连几夜不能成眠。”②

二、《商周彝器通考》

容庚先生一生著述二十余种，发表学术论文数十篇③，涉及文字学、青铜器、书画碑帖三方面的著录与研究。其中《金文编》《商周彝器通考》是其最受推崇并影响深远的著作。

《金文编》是容庚先生的成名作。容庚先生家学丰厚，自幼随舅父邓尔雅对金石文字学产生了浓厚的兴趣。中学毕业后便不再升学，开始编著《金文编》。1922年，28岁的容庚持《金文编》书稿拜见了罗振玉先生，并深受后者赏识，被推荐进入北大研究所国学门作研究生，其间完成了《金文编》的编著和出版。④这是我国第一部专门的金文大字典，是古文字研究者的必备工具书。正如曾宪通先生所言：“几乎没有一个研究古文字的人，不从这部名著中获得教益的，历史证明，《金文编》至今仍然是一部学术价值和实用价值极高的著作。”⑤

---

① “就事论事，容庚致傅斯年信中自辩‘人有子女，待教于我；我有子女，亦待教于人’是合乎情理的。周启博在《我的父亲周一良》一文中谈及此一事件时，曾将中西文化进行比较，认为西方文化重视个体生命、个人权利，而中国文化则强调抽象的主义、礼教或道德规范。这应是我们理解当年‘伪教授’事件的一个关键。借此写《容庚传》的机会，让我们反思中国式的思维或中国文化的缺失，应是不无裨益的。”参见易新农：《我为什么写〈容庚传〉》，2011年7月3日《南方日报》11版。关于此事原委，详见易新农、夏和顺：《容庚传》，广州：花城出版社，2010年，第138—158页。

② 容璞：《怀念爸爸》，《容庚先生百年诞辰纪念文集》，第20页。

③ 此据《容庚学术著作全集出版说明》，详见容庚：《商周彝器通考》出版说明，北京：中华书局，2012年。另根据马国权先生的统计，容庚先生“先后成专著30种，论文90余篇”。马国权：《容庚先生的三本文集》，《容庚先生百年诞辰纪念文集》，第732页。

④ 《金文编》初版于1925年，贻安堂印订；1939年香港商务印书馆出版修订本；1959年科学出版社出版增订本；1985年中华书局出版第四版。参见容庚：《金文编》，张振林、马国权摹补，北京：中华书局，1985年。

⑤ 曾宪通：《容庚先生的学术贡献与治学特色——在纪念容庚先生百年诞辰暨中国古文字学学术研讨会上的讲话》，《容庚先生百年诞辰纪念文集》，第4页。

《商周彝器通考》①是容庚先生的另一部重要学术著作,也"是第一部全面研究青铜礼器的著作"②。青铜器研究专家马承源先生对这部书介绍如下:

全书分为上下两编,1941 年哈佛燕京学社铅印本。上编通论十五章,下编各论四章。通论中包括:一、起源③。即青铜器制作的起源。二、发见。叙述自秦汉以来各地的重要发现,发掘的时间、地点、器的数量,分别根据资料加以综述。三、类别。分为食器、酒器、水器、杂器及乐器五类。四、时代。有关各家考订青铜器时代的方法,分为商、西周、西周后期、春秋、战国。五、铭文。自商、西周至春秋、战国铭文的演变。六、花纹。取所见花纹和其特征加以解释。七、铸法。参证古籍,说明商代青铜器的范铸。八、价值。记述各代关于古器的价值。九、去锈。说明各种去锈的方法。十、拓墨。说明墨拓的技术。十一、仿造。叙述宋明两代仿造的青铜器。十二、辨伪。叙述青铜器作伪方面的鉴别经验。十三、销毁。列举古代青铜器历代遭受重大的损失。十四、收藏。记载自宋至清代藏家对青铜器的收藏情况。十五、著录。评价自宋以来 57 种关于青铜器的重要著作。

下编则依分类详述各种器物,在青铜器研究的历史上,第一次详尽地把有关青铜器的各类问题,组成具有科学系统的著作。在此前,青铜器的研究者大多偏重于一个特定的方面,而且大多为铭文,本书则是较为全面的综合研究,共三十万言,附图千余帧,插图三百余幅,旁征博引,材料丰富,使青铜器的研究脱离了旧日的金石学,而成为一项专门的学科,是书具有青铜器研究史上里程碑的意义。④

根据马承源先生的介绍,这部书最大的意义在于"使青铜器的研究脱离了旧日的金石学,而成为一项专门的学科",所以具有"里程碑的意义"。

那么,青铜器研究是如何成为一门独立学科的呢?马承源先生认为,宋以来青铜器的著录和研究,是以铭文和文字训诂为重点的。王国维将铜器铭文和历史学密切结合起来,最先以金文来研究殷周历史。而将青铜器作为一门综合研究的学科,则是由郭沫若、容庚奠定基础的。郭沫若对两周青铜器作了系统的分期和断代研究,把青铜器铭文的研究与古代历史的研究更明确地结合起来,并试图解决古代社会的性质问题,从而使青铜器的研究不再属于旧式的金石学范畴。而"容庚的《商周彝器通考》在当时条件下把青铜器的彝器部分作了尽可能的综

---

① 关于此书的版本情况,据笔者统计至少有五种:1941 年,哈佛燕京学社铅印本;1973 年,台湾大通书局版;1979 年,日本东京汲古书院版;2008 年,上海人民出版社版;2011 年,北京中华书局版(影印哈佛燕京学社版)。

② 马承源:《中国青铜器》(修订本),上海:上海古籍出版社,2003 年,第 12 页。

③ 根据哈佛燕京学社铅印本,原文目录为"原起",正文部分为"起原"。

④ 马承源:《中国青铜器》(修订本),上海:上海古籍出版社,2003 年,第 564 页。

合考察，进行了缜密的论证，构成了比较完整的研究体系。于是，青铜器研究开始形成了独立的学科"①。

作为同乡挚友，著名历史学家张荫麟先生对容庚先生学术道路的概括是，"由文字而及于器物，由器物而及于史迹"，可谓一语中的。

其实，对于器物（图像资料）的关注，更早的尝试在容庚先生于 1933 年出版的《颂斋吉金图录》中已经表现出来。此书所收青铜器，"每器皆有图像，图像之后附考释，摹拓铭文及花纹"，"过去著书皆以铭文为主，忽视花纹，此书重视青铜器花纹"，"此种编法在图录中甚为新颖"②。

曾宪通先生高度评价了《商周彝器通考》一书："这部鸿篇巨制是先生充分吸收宋清两代金石学研究的成果并益以近代考古学的成就而集大成的。它的出版是标志青铜器研究由旧式金石学进入近代考古学的里程碑，具有划时代的意义。半个多世纪以来，至今还没有一部研究青铜器的同类著作能够像它这样全面和系统，充分显示它具有无可争辩的科学价值。"③

当然这并不是说这部著作已经尽善尽美。每位作者都无法逃脱时代、材料、理念和方法的局限。比如以传世铜器作为研究的主要对象，缺乏大量科学考古材料的支撑，西方考古学刚刚传入，将青铜器作为金石学研究依然深入人心等，这样的背景必然会影响甚至束缚研究者的手脚，进而影响著作的内容和结构。

1941 年于省吾先生为此书所作序言这样写道："自民国肇造，三十年来，古器物出土滋多，学风丕变，考古者多知以同一时代之器物文字，以证补同一时代之史实。而吾友容君希白精研商周秦汉之彝器制度与其铭文，尤为斯学巨子。"④就是说，在于省吾先生看来，容庚还是一个出色的金石学家，其工作也还是属于金石学的范畴，研究的目的就是"证经补史"。容庚将其作为序言，或许他对这样的看法也并没有感觉有什么不妥。

三、关于青铜器花纹

在《商周彝器通考》的第六章中，容庚先生列举了七十七种不同类型的青铜器花纹，并得出结论：

> 据上述花纹观之，则商代主要之花纹，为饕餮，为夔，为两尾龙，为蟠龙，为蝉，为蚕，为龟，西周前期为鸟，为凤，为象，均有雄奇伟丽之观。西周后期

---

① 马承源：《中国青铜器》（修订本），上海：上海古籍出版社，2003 年，第 6 页。

② 马承源：《中国青铜器》（修订本），上海：上海古籍出版社，2003 年，第 560 页。

③ 曾宪通：《容庚先生的学术贡献与治学特色——在纪念容庚先生百年诞辰暨中国古文字学学术研讨会上的讲话》，《容庚先生百年诞辰纪念文集》，第 5 页。

④ 容庚：《商周彝器通考》序言，北京：中华书局，2012 年，第 1 页。

为蛟龙，为瓦，为重环，为环带，为窃曲，则质朴无文，渐趋退化。春秋战国期为蟠蛇，为兽带，为鸟兽，为象鼻，为蟠虺，为绹，为贝，纤巧繁缛，与前异趣。其车马、战斗、狩猎诸纹，极生动活泼之致，如放异彩。要之商与西周前期，大致相沿，无急遽之变化，形制如此，花纹亦然。西周后期以降，其形制变，花纹亦随之而变，故形制花纹每有不易名状者焉。①

对于容庚先生在纹饰研究上的贡献，杨晓能认为，这部著作"在图案鉴别和图案注解方面借鉴了古典文献。书中还提供了各种不同图案的拓片，描述了不同类型纹饰的特征，给出了它们的流行时段，并对某些类型做了更细的划分。容庚指出，西周晚期青铜器图案有明显变化，但西周早期青铜器与商代青铜器互相联系，装饰图案的变化不明显，很难描绘其间的差异。容庚的著作首次对青铜器纹饰进行了全面分类和年代排序。在某种程度上，该书可视为学习青铜器纹饰的最早的优秀入门教科书"②。

以饕餮纹为例，《商周彝器通考》认为："此种纹饰通行于商及西周初期，西周后期已不多见。《吕氏春秋》言，'周鼎著饕餮'，不知饕餮纹已盛行于商代矣。"③今天我们读马承源先生的著作，无可否认，分期更加精细了，但得出的结论是大体一样的。④

对于纹饰的意义，杨晓能认为："一些学者从中国历史文献中引申出解释，认为青铜器纹饰是服务于道德目的或反映了某种消失已久的神话观念。容庚的研究就是一个范例。"⑤

四、纹饰的意义：一点儿思考

1995年，巫鸿（Wu Hung）先生的"Monumentality in Early Chinese Art and Architecture"⑥出版，此书在西方的艺术史界引起过一场争论。其中涉及一个问题，就是美术史是否应该研究古代艺术的意义。巫鸿在回应争论的文章中介绍了关于青铜纹饰有无意义的两种不同观点：

---

① 容庚：《商周彝器通考》，北京：中华书局，2012年，第155—156页。

② ［美］杨晓能：《另一种古史：青铜器纹饰、图形文字与图像铭文的解读》，唐际根、孙亚冰译，北京：生活·读书·新知三联书店，2008年，第51—52页。

③ 容庚：《商周彝器通考》，北京：中华书局，2012年，第103—105页。

④ 马承源：《中国青铜器》（修订本），上海：上海古籍出版社，2003年，第14—15页，第316—320页。

⑤ ［美］杨晓能：《另一种古史：青铜器纹饰、图形文字与图像铭文的解读》，唐际根、孙亚冰译，北京：生活·读书·新知三联书店，2008年，第56页。

⑥ Wu Hung："Monumentality in Early Chinese Art and Architecture"，Stanford：Stanford University，1995.

了解美国的中国青铜器研究的人都知道，在这个领域中一直存在着围绕这一问题的两种不同观点：一种观点认为青铜纹样，特别是兽面等动物纹和人物形象，肯定具有社会、文化和宗教的含义；而另一种意见则坚持这些纹样并无这些意义，其形状和风格是由艺术发展的自身逻辑所决定的。绝大多数学者认同前一种意见，其中有些人试图从古文献中寻找青铜纹样的图像志根据，另一些人则把青铜器纹饰的意义定位于更广泛的象征性和礼仪功能。对"无意义"理论提倡最力的是原哈佛大学美术史系教授罗樾（Max Loehr），其师承可以追溯到著名的奥地利形式主义美术史家亨利希·沃尔夫林（Heinrich Wolfflin）。贝格利是罗樾的学生，虽然他的研究重点与其老师不尽相同，将注意力从青铜器艺术风格的演化转移到铸造技术对形式的影响，但在青铜器纹饰有无意义这一点上，他完全秉承了形式主义学派的理论，否定青铜器装饰的宗教礼仪功能和象征性，也拒绝社会和文化因素在形式演变中的作用。①

杨晓能也指出了学术界的这两种意见，"毫无疑问，变形与抽象的动物图案是商代和西周早期青铜器纹饰的主要特征。然而，关于青铜器是否承载具体的含义、是否具备特定的功能，却众说纷纭。在学术界总体上是两派对立，一派认为青铜器纹饰有其含义，另一派则认为它们不过是纯粹的装饰。前一派无论就人数、出版物数量、观点的多样化与活力的充沛而言，均居主导地位"②。

英国的罗森认为："在过去五十多年中，对这些母题的讨论有两种不同的观点：一种是隐喻学派，另一种是风格学派。隐喻学派的学者们认为青铜器的纹饰与一种信仰体系相关，这一体系是独立于青铜礼器存在的。"③

马承源先生也提出了这个问题，他关注的是艺术的社会功能："一种观点认为任何艺术都有一定的社会功能，在天命论充斥的古代，青铜艺术和同时代的其他艺术一样，都具有社会功能。而另一种观点完全相反，认为青铜器的艺术装饰初期没有任何特殊的意义和社会功能。"④

我们暂且不论两种观点的是非，我们对形式主义学派的理解或许有偏颇之嫌，罗森说，"贝格利（原文为贝格立）并不认为饕餮没有意义，但他的确认为一个信仰的体系不太可能决定选择眼睛作为首选的器物纹饰，或随后把饕餮公式

① ［美］巫鸿：《中国古代艺术与建筑中的纪念碑性》中文版序，李清泉、郑岩等译，上海：上海人民出版社，2009年，第3页。

② ［美］杨晓能：《另一种古史：青铜器纹饰、图形文字与图像铭文的解读》，唐际根、孙亚冰译，北京：生活·读书·新知三联书店，2008年，第55页。

③ ［英］罗森：《晚商青铜器设计的意义与目的》，《中国古代的艺术与文化》，北京：北京大学出版社，2002年，92页。

④ 马承源：《中国青铜器》（修订本），上海：上海古籍出版社，2003年，第14—15页。

化的方式"①。

罗森文章的观点是,"纹饰的最重要的目的似乎在于使一件礼仪容器变得醒目。……虽然饕餮纹可能具有某种意义,但表达这种意义只是青铜器纹饰的目的之一"。

笔者以为,对于青铜纹饰是否具有社会功能,应该在演变过程中来看,不能静止地来看。② 那些具有装饰性和一定社会功能的青铜纹饰,随着时代的演变,会发生功能、意义流失的危险,甚至沦为纯粹的装饰。这样,我们观察青铜器的纹饰就不再是一条"是与非"的线索,而是两条并立、缠绕、交织的线索,一条是偏重功能的,一条是偏重装饰的。这两条线索均在回应着它们时代发生的种种变化。

以"兽面纹"为例,早期兽面纹是相对松散和简单的,最简单的仅有一对兽目,角不发达,也不具体。而商代晚期至西周早期兽面纹最为发达。在西周晚期又开始衰落、减少,甚至仅仅沦为一条装饰带。③ 以功能意义的流失为例,西周晚期的兽面纹或许更多地仅仅是纯粹的装饰。就类似于中国古代建筑的斗拱,在早期实用的意义非常突出,也非常美观。但后来,斗拱不再负担曾经的功能,而慢慢沦为纯粹的装饰,艺术的品质也随之下滑。就是说,很多纹饰(包括最初)也许并没有那么多的功能、意义和内涵。

将时间的概念纳入到青铜器纹饰研究当中,或许会减少一些不必要的争论,也更有利于对纹饰意义的追索。

(作者:姜彦文,天津美术学院讲师)

---

① [英]罗森:《晚商青铜器设计的意义与目的》,《中国古代的艺术与文化》,北京:北京大学出版社,2012年,第93页。

② 其实马承源已经注意到这个问题,他说的另一派是认为"青铜器的艺术装饰初期"便"没有任何特殊的意义和社会功能"。这里面隐含的意思就是,后期或许有特殊的意义和社会功能。

③ 马承源:《中国青铜器》(修订本),上海:上海古籍出版社,2003年,第316—320页。

2017 年湖北远安“嫘祖文化论坛”综述

◇魏晓红　刘洪哲

黄帝正妃嫘祖，是有史籍记载的中华民族的伟大母亲，其人文女祖形象深入人心，具有十分广泛的群众基础和无与伦比的亲和力，与炎黄二帝一同构成中华民族凝聚力的源头所在。嫘祖故里湖北远安紧紧把握国家实施“一带一路”倡议的历史机遇，以“一县一品”创建为载体，以“加强基础研究推广，挖掘历史文化内涵，弘扬人文女祖精神，打造特色文化节会，服务时代社会发展”为主线，传承国家级非物质文化遗产“嫘祖信俗”，将特色鲜明的嫘祖文化品牌推向全国。

2017 年 4 月 11 日，由中华炎黄文化研究会、宜昌市人民政府主办，湖北省炎黄文化研究会、宜昌市文化新闻出版广电局、宜昌市文学艺术界联合会、宜昌市台湾事务办公室、远安县人民政府共同承办的丁酉年湖北远安“嫘祖文化论坛”如期举办。本次学术交流会以“大爱嫘祖　情怀丝路　诗画远安”为主题，来自中华炎黄文化研究会、中国社会科学院、湖北省（宜昌市）炎黄文化研究会、湖北省社会科学院、河南省社会科学院、中国人民大学、北京语言大学、河南大学等 10 余所高校和研究机构的嫘祖文化研究专家、学者集聚一堂，探嫘祖文化人文之源，叙同祖同源之谊，谋弘扬嫘祖文化之计，将嫘祖文化研究推向新阶段。

本次“嫘祖文化论坛”成功举办的意义有以下几点：

一是进一步提升了远安嫘祖文化节会活动的规格与层次。论坛由国家级权威机构中华炎黄文化研究会主办，邀请全国嫘祖文化研究领域的权威专家参与，此外还邀请了河南新郑、河南西平、陕西黄陵、四川盐亭、湖北随州、山西高平等炎黄文化友好地区嘉宾参加，其规格之高、规模之大是远安嫘祖文化研究历程中的全新高度，是远安在新时期加强嫘祖文化研究、实施嫘祖文化研究五年规划的重要举措。

二是学术交流主题鲜明，学术氛围融洽。无论是主旨演讲、学术主持，还是学术总结、论文交流、个别访谈，都能紧紧围绕嫘祖文化与全面小康社会、嫘祖文化与中华文化自信、嫘祖文化与“一带一路”倡议、嫘祖故里研究、嫘祖与中国丝绸文化、嫘祖文化遗产的保护利用、嫘祖文化的历史地位与文化影响等十余个议题，开展学术研究和讨论交流，较好地体现了论坛宗旨。湖北省社会科学院副院长、华中师范大学教授、湖北省炎黄文化研究会副会长刘玉堂先生提出“南方丝绸之路”这个令人耳目一新的研究领域。无论是研究嫘祖文化、炎黄文化的共有规律、共同内涵，还是专题研究远安嫘祖文化、远安国家级非物质文化遗产“嫘祖信俗”的鲜明特征与独有价值；无论是着力将来探讨嫘祖文化的传承保护，还是探讨嫘祖文化的当代价值等，都从不同侧面、不同角度拓展了我们的视野，丰富了我们的知识，廓清了我们的研究思路。

三是远安嫘祖故里的认同感与权威性显著提升。一批与会专家学者在嫘祖故里研究或“嫘祖信俗”传承开发研究中发出了“远安声音”。中华炎黄文化研究会首席顾问、河南省委原书记、中宣部原副部长徐光春在论坛开幕式致辞中指出：在嫘祖故里远安举办“嫘祖文化论坛”，就是要隆重纪念嫘祖，传承和创新嫘祖文化，这不但具有重要的学术价值，而且具有重大的社会价值与现实意义。湖北省炎黄文化研究会会长马敏指出：嫘祖文化是炎黄文化的重要组成部分，湖北远安是西陵之女嫘祖的故乡，立足本土，接续传统，薪火相传，革故鼎新，将嫘祖文化发扬光大，是我们义不容辞的责任。北京语言大学孔子与儒家文化研究所所长、教授，中国屈原学会会长，光明文学遗产研究院专家委员会主任方铭在《嫘祖教民治桑与富强价值观的内涵》一文中指明，《水经注》说西陵即夷陵，湖北远安县历史上有大量关于嫘祖的传说和文化遗迹，说明嫘祖已是远安的一个文化符号。远安一年一度举行嫘祖的纪念活动，正是传承中华文明的切实举措。华中师范大学楚学研究所教授蔡靖泉指出：据文献记载，最早称西陵的地方，当在今宜昌境内，宜昌暨远安在传承发展、保护利用嫘祖文化遗产方面有其优长，如其西陵得名最早也就意味着与嫘祖传说关联最早，或许是嫘祖文化最早的发源地，其“嫘祖信俗”已经列入国家级非物质文化遗产名录。此外，围绕本次论坛，新华社、中新社、《光明日报》、《中国文化报》、《中国妇女报》、香港《大公报》、香港《文汇报》、人民网、中青网、新浪网、凤凰网、网易网、《湖北日报》、《楚天都市报》、湖北卫视、湖北垄上行、荆楚网、腾讯大楚网、《湖北画报》、《湖北文化》、《三峡日报》、《三峡晚报》、三峡电视台、宜昌广播电台、宜昌发布等全国40余家重要媒体进行了专题报导，大大提高了远安嫘祖故里的社会影响力。

四是直接或间接形成了一批学术研究成果。在为期1天的学术交流与考察中，与会专家、学者与两岸三地数万群众共同观看了祭拜嫘祖大典非遗表演，大典隆重庄严，仪程完备，内涵丰富，充分展示了中华民族慎终追远的人文精神。湖北远安“嫘祖文化节”已经成为集拜祖祭祀、商业贸易、文艺展演、文化研讨、寻根旅游等于一体的综合性民俗文化盛会，其文化内涵十分丰富，时代特色极为鲜明。在学术交流大会上共8位专家作主题发言，1位进行学术总结。会前编印《嫘祖文化论坛论文集》，收入论文10篇。会后还将结集出版一本《嫘祖文化论坛论文集》、一期《三峡文化、远安嫘祖文化专号》、一期《沮漳文学、嫘祖文化专号》。一批专家的访谈与一系列促进嫘祖文化研究与弘扬的宝贵建议，大大充实了远安嫘祖文化内涵，这些成果将会为促进远安嫘祖文化研究奠定坚实的基础。

五是为今后举办高规格的嫘祖文化学术论坛和学术交流会畅通了渠道，积累了经验。论坛的举办使我们获得中华炎黄文化研究会等一批高端研究机构、院校与部门的大力支持，同时也与一大批权威的专家、学者们和炎黄文化（嫘祖文化）友好地区结下深厚的友谊，为今后开展高规格、深层次的研究提供了专家团队与专业机构的保障。中华炎黄文化研究会首席顾问徐光春表示：今后将协调各方力量，融合各方资源，为远安嫘祖文化研究和品牌打造提供更多的帮助，努力把远安嫘祖文化的研究和弘扬推向更高的阶段。华中师范大学楚学研究所教授蔡靖泉指出：期待宜昌暨远安加强对嫘祖文化遗产的开掘和研究，发挥自身优长，彰显鲜明特色，树立先导意识，鼓足勇气，更具创造性地发展和利用嫘祖文化遗产，为强化同祖同源的民族认同感，实现中华民族的伟大复兴、促进世界文明的健康发展作出贡献。

中共中央办公厅、国务院《关于实施中华优秀传统文化传承发展工程的意见》明确指出：实施中华优秀传统文化传承发展工程，是建设社会主义文化强国的重大战略任务，对于传承中华文脉、全面提升人民群众文化素养、维护国家文化安全、增强国家文化软实力、推进国家治理体系和治理能力现代化，具有重要意义。今后，我们将解放思想、理清思路，充分把握好"一带一路"的历史机遇和嫘祖文化这一宝贵人文资源，大力弘扬嫘祖筚路蓝缕、以启山林的开拓精神和心怀黎民、天下为公的奉献精神，进一步坚定文化自觉和文化自信，不断完善工作机制，促进学术交流，夯实产业之本，加快开发利用，服务时代发展，将嫘祖文化研究提升到新境界，将嫘祖文化打造成湖北省乃至全国的顶级文化品牌。

（作者：魏晓红，远安县文联主席、书法家协会主席，湖北省普通高校人文社科研究基地巴楚艺术发展研究中心研究员；刘洪哲，远安县档案局副局长）

历史感谢发现

——米东明与炎帝文化的不解之缘

◇王　静

2016年1月23日，“山西高平神农炎帝文化学术研讨会”在北京召开。全国各地包括香港、台湾的百余名专家、学者参加了研讨会。全国人大常委会原副委员长、中华炎黄文化研究会会长许嘉璐出席了会议并作重要讲话。研讨会成果丰硕，形成六点共识：历史遗存相对完整；考古发掘佐证有力；文字记载翔实丰富；碑记石刻独一无二；祭祀活动由来已久；炎帝民俗风情影响深远。

2016年至2017年，海峡两岸同胞神农炎帝故里民间拜祖大典在山西省高平市炎帝陵成功举办。2017年5月3日，第二届“问祖炎帝·寻根高平”海峡两岸同胞神农炎帝故里民间拜祖大典成功举办，原国务委员、第十一届全国人大常委会副委员长陈至立，中国国民党前主席连战，新党主席郁慕明，山西省省委副书记、省长楼阳生出席拜祖大典，专程前来拜祖的600余名台湾同胞齐聚高平炎帝陵，共同拜谒神农炎帝。

2017年5月，中共中央台湾工作办公室、国务院台湾事务办公室决定授予高平炎帝陵“海峡两岸交流基地”。5月3日，中共中央台湾工作办公室、国务院台湾事务办公室副主任龙明彪在高平炎帝陵宣布关于授予高平炎帝陵海峡两岸交流基地批复的决定，并向高平市授牌。山西省委副书记黄晓薇出席授牌仪式。

在中国共产党山西省第十一次代表大会上，省委书记骆惠宁明确指出，要挖掘炎帝农耕文化、尧舜德孝文化、关公忠义文化、能吏廉政文化、晋商诚信文化等传统文化的时代价值。五种传统文化中，炎帝农耕文化被摆在了首要位置。

近年来，高平炎帝文化发展得风生水起，在国内外引起巨大反响，同时也成为高平经济转型升级的重要抓手。说起高平炎帝文化历史脉络，原中国作家协会影视委员会副主任黄亚洲先生送给高平市炎帝文化研究会会长米东明的一则题词“历史感谢发现”恰如其分。

1994年，米东明担任神农镇(当时叫团池乡)党委书记时，为寻找新的经济增长点，发展全乡经济，带领党政一班人走遍团池乡33个行政村47个自然村，最后得知羊头山六名寺内九华池有一眼清泉，其泉水不仅终年不断，甘甜无比，而且还有药用价值。当地群众常来这里用水洗眼，医治眼病。经过这次上山考察,米东明萌发了建矿泉水厂的念头。为此,他亲自提取水样赶赴河北省正定县对水样做全面分析检测,得出羊头山泉水含锶量为华北地区之最的结论。水质不仅符合人类饮用矿泉水标准,而且含有多种对人体有益的微量元素。鉴定中心化验室周主任说:“现在是市场经济,光有优质矿泉水还不行,占领市场还必须有好的牌子。既要好听好记,又要有本地特色。”从河北回来的路上,米东明一直考虑牌子名称问题。与他同行的原东沙煤矿矿长申重信说:“许家村有个几代教书的民办教师许钦顺,据说他家藏有一本介绍团池的古书,或许会有所启发。”第二天一早,米东明让申重信借书来看,是一本线装《泽州府志》,其中有一篇文章是明代朱载堉写的《羊头山新记》。《羊头山新记》中记载了许多羊头山上与炎帝神农氏有关的古迹,如神农城、神农庙、神农井、神农泉及五谷畦,书中还详细描写了这些古迹以脚步测量的具体位置。

有了《羊头山新记》的记载,米东明吩咐申重信和居住在羊头山六名寺附近最熟悉羊头山情况的放羊人朱红有一同寻找神农遗迹。功夫不负有心人,经过三天的查找,果真找到了古书上标注的神农炎帝遗迹。米东明亦上山一一对照,又发现了五谷畦、清白二泉。

发现羊头山上的神农炎帝遗迹后,米东明在乡党代会和全乡党员大会上讲,这是一个伟大的发现。当时有人不以为然。当米东明决定以炎帝文化产业为龙头开发旅游产业时,有人认为他“不务正业”。这也难怪,文化旅游产业当时在高平还是一个新名词,人们主抓的仍是煤铁经济、计划生育。

飞逝的时间证明着一切,现在看来他的想法颇具前瞻性,全域旅游已上升为国家战略。但是回望20多年前,在山西一个资源型的小县级市提倡发展旅游,与当时的主流经济发展规划还是有点格格不入,是什么样的动力支持着他一如既往地寻找、挖掘和推介神农炎帝文化呢?

米东明第一次到团池乡工作是1984年10月,到团池乡任乡长,当时乡里的资源主要是黑、褐、黄(黑是指煤铁矿,褐是硫黄,黄是黄梨),与高平的市情相仿。然而,煤、铁、硫黄这些地下资源是不可再生资源,总有枯竭的一天。要想发展本乡经济,必须独辟蹊径。羊头山上发现神农泉、神农井、五谷畦等炎帝文化遗迹及团池乡众多的炎帝文化遗址,是新资源、新优势,具有很好的发展前景。旅游业是一个朝阳产业,既节能环保又福泽后代。作为团池乡的“一把手”,应该比其他人更具有前瞻性的思维能力和长远的规划,不能因循守旧、墨守成规,必须抓住振兴团池经济的难得的机会,确实为老百姓找到一条能产生长远利益的出路。

众所周知,高平的炎帝文化有得天独厚的优势。其文献记载翔实丰富,历史遗存相对完整,碑记石刻独一无二,其中,现存于神农镇庄里村明万历三十九年(1611)的炎帝陵碑,是全国唯一一块有明确记载“炎帝陵”的碑记石刻。这块尘封了数千年的炎帝陵碑在米东明带领团池乡轰轰烈烈开展的挖掘和保护神农炎帝文化资源的运动中重新登上了历史的舞台。

羊头山上的神农炎帝遗迹被发现后，米东明在全乡党代会和各村支书大会上讲，凡是发现“神农”“炎帝”字样的文物古迹立即向乡党委汇报。不久，有人向米东明反映，庄里村五谷庙可能和炎帝有关，五谷庙又叫“皇坟”。随后，米东明带着乡党委副书记梁晋高来到庄里村五谷庙，先在庙外发现了一些残碑。庙里住的是张根昌夫妇，张根昌介绍说早年这里叫皇坟，供的是一位城隍老爷，但不知道这位城隍老爷究竟是何人，常有人来烧香上供，逢庙会时来人就更多了。既然是“皇坟”、城隍老爷，应该会有碑刻说明，可张根昌一直说没有碑刻，且话语支支吾吾，闪烁其辞。米东明耐心给老人解释，要他打消顾虑，并说明自己就是团池乡党委书记。老人一听才道出实情：“碑是有，就在家里。”顺着老人手指的方向，正堂供桌后有一张写有“天地英雄气”的大字画卷。老人说：“就在那后面。”米东明掀开画卷，是一幅因年久而颜色发黄的毛主席像。揭开毛主席像贴附的旧报纸，一个凹陷进去的墙洞呈现在眼前。墙洞里黑乎乎一片，什么也看不清。用手摸，像是一块沾满厚厚油烟黑灰的石碑。米东明立刻拿来毛巾，蘸着清水，反复擦洗起来。擦了足足有 20 多遍，才看清碑上有三个大字“炎帝陵”。

高平发现“炎帝陵”，这是一个重大的新闻。但是怎样让全国乃至世界华人知道高平炎帝陵的存在呢？媒体报道非常重要。

1994 年 12 月 3 日，山西电视台驻省计生委记者站副站长程原生与特约记者陈戊在团池乡拍摄计划生育的电视新闻。米东明和计生委主任陈俊生特地找到他们说：“我们乡最近发现了一块炎帝陵碑，羊头山上也发现了炎帝文化遗迹。能否帮我们报道一下？”听到这个消息后，两位记者以多年来形成的特有的职业敏感性感觉到，这绝非一个普通信息，而是一条千载难逢、非同寻常的新闻线索！面对这意外的收获，两位记者当即改变了行程，前往羊头山炎帝陵实地采访拍摄。

1995 年 1 月 20 日，山西电视台播出了这条新闻。2 月 21 日，中央电视台《新闻联播》也播出了这一消息——“上古炎帝陵碑重见天日”，随后日本 NHK 电视台、香港《新晚报》相继进行了报道。

炎帝陵碑在中央电视台、山西电视台报道后，米东明更坚定了开发团池乡旅游产业的决心，并提出了“弘扬炎帝文化、开发团池旅游、振兴团池经济”的新思路。于是，他在全乡党委会议上，把炎帝文化古迹的发掘和保护工作列入党委重要议事日程，并多次在各村支部书记参加的工作会议上强调，各村凡是发现了有关“炎帝”字样的碑刻和文物古迹都要保护起来，同时立即向乡里汇报。在一次会议上，故关村的党支部书记申民则汇报说，在故关村小学的大门上写有“皇华馆”三个字，不知道和炎帝是否有关系。散会后，米东明立即和申书记来到故关村小学，果然看见大门顶的木制门框上赫然写着“皇华馆”三个字，每个字约有一尺见方，十分醒目。米东明又将整个大门及周边仔细端详了一番，发现门梁的墙壁上还有烧饼大小的四个小字，仔细一看，竟然是“炎帝行宫”。进了学校大院后，米东明看到一位村民在院子里洗衣服，她使用的石头搓衣板很特别，拿出来一看，竟是块石碑，再仔细看，上面刻有“神农炎帝行宫，盘基在故关里村前，肇建太古，无文考验。祠在换马村东南，现存坟冢，木栏绕护，然祠与宫，其相去几柒（七）百余步矣”等字样。后来他们又在正殿西侧的墙角发现了重修炎帝行宫碑。

下台村支书袁天才为响应乡里的挖掘和保护炎帝遗迹的号召，积极组织发动全村二三十名60岁以上的老人回忆本村有关炎帝文化的线索。一些老人说，在村小学占用的庙宇正殿里，1953年前还有炎帝神像，后来全部被毁掉了。大队医生郭发弟回忆说，他爷爷生前说，此地曾是炎帝中庙。得到这一线索，米东明立即带着袁天才书记赶往下台村古中庙，在正门偏西的拐角处发现一处凹陷的痕迹，下面有个被封的门洞，擦掉外层的石灰，上有“炎帝中庙”四个字。米东明随即联系程原生和陈戊二位记者前来拍摄炎帝中庙。紧接着，炎帝寝宫、北齐天保二年（551）碑刻等一系列神农炎帝遗址遗迹及碑记石刻也被发现。

越来越多的与神农炎帝有关的古庙石碑的发现及一波接一波的媒体报道，引起了晋城市市委市政府、高平市市委市政府的高度重视，由此开始了神农炎帝文化的宣传推介和开发保护工作。目前，据普查统计，整个上党地区现存的有关炎帝的庙宇共有55座，其中在高平有炎帝行宫、炎帝寝宫、炎帝中庙、羊头山炎帝高庙等庙宇院落42座，记载有关炎帝活动的石碑130余通。

《路史》记载，黄帝“封参卢于潞，守其先茔，以奉神农之祀”，可见自黄帝封参卢于潞以来，历朝历代的陵庙都举办规格不同的祭祀活动。元朝初年，炎帝高庙从羊头山迁建皇坟东侧后，“亦尝遣祭，禁樵采，有司岁时致祭焉”，清同治年间的《高平县志》记载：“神农庙，一在羊头山，曰上庙，为神农尝五谷之处；一在换马镇东南，曰中庙，有神农遗冢，有司春秋致祭；一在东关，曰下庙，近改祭于此。”也就是说，官府祭祀炎帝陵，从清朝同治年间起就由庄里改为县城东关炎帝下庙了。1995年5月7日，团池乡政府在庄里村五谷庙举行了“中华民族祖先炎帝祭祀大会”。晋城市市长李拴纣，高平市委书记徐治业、市长李小旺等参加祭祀并考察参观了炎帝陵。

自此，已断了百余年的炎帝陵祭祀活动在1995年得以接续。

（作者：王静）